中国石油天然气集团有限公司
2019 年 HSE 优秀论文集

中国石油天然气集团有限公司质量安全环保部　编

石 油 工 业 出 版 社

内 容 提 要

本书收集了中国石油天然气集团有限公司2019年HSE论文评选活动中获奖的43篇论文，其中，一等奖19篇，二等奖24篇。这些论文从体系建设、风险管理、安全监督、应急管理、消防安全、环境保护、职业健康、节能减排等诸多方面展示了中国石油天然气集团有限公司在健康、安全、环保方面所取得的丰硕成果，同时，也反映出了各企业在健康、安全、环保工作中遇到的实际问题及解决这些问题的成功经验。

本书适合石油石化企业的HSE管理人员及相关岗位员工阅读。

图书在版编目(CIP)数据

中国石油天然气集团有限公司2019年HSE优秀论文集/中国石油天然气集团有限公司质量安全环保部编．—北京：石油工业出版社，2020.4

ISBN 978-7-5183-3574-9

Ⅰ．①中… Ⅱ．①中… Ⅲ．①中国石油天然气集团公司-企业管理-文集 Ⅳ．①F426.22-53

中国版本图书馆CIP数据核字(2020)第060908号

出版发行：石油工业出版社
（北京安定门外安华里2区1号 100011）
网 址：www.petropub.com
编辑部：(010)64523548 图书营销中心：(010)64523620

经 销：全国新华书店

印 刷：北京中石油彩色印刷有限责任公司

2020年4月第1版 2020年4月第1次印刷
787×1092毫米 开本：1/16 印张：17.5
字数：433千字

定价：70.00元

本书编审人员

邱少林　齐俊良　胡月亭　黄力维　黄山红　曲天煜

陶　辉　田红岩　于长武　魏云峰　袁　磊　朱文军

刘恩忠　王　铁　马会涛　郭良平　主志宇　朱明刚

赵跃凯　陈宝良　李　毅　施培华　赵　伟　彭　力

李嫣宁　何明俊　王丽红　吴金桓　刘秀兰　苏芳云

前 言

为总结、交流和推广健康安全环境(HSE)管理的成功经验和有效做法,促进HSE 管理工作持续改进,中国石油天然气集团有限公司(以下简称“集团公司”)多年来在全系统持续开展 HSE 论文征集评选活动。2019 年的 HSE 论文征集活动,得到了各单位的高度重视和大力支持,共有 74 家企业报送了 2145 篇 HSE 论文。经过专家认真的预审和集中评审,共评选出一等奖论文 19 篇,二等奖论文 24 篇,三等奖论文 112 篇,优秀奖论文 181 篇。

从本次论文征集活动可以发现: 征文的数量、质量和覆盖面明显提升,充分体现了 HSE 管理工作的广泛参与性。各级主管领导亲自撰写 HSE 论文,充分体现了领导对 HSE 工作的重视。征文突出主题,展示了 HSE 体系建设的可喜成果;突出重点,总结了基层风险管控的好做法;突出实用性,为其他单位提供了有价值的借鉴。

本书收集了本次征文活动中获一等奖和二等奖的论文共 43 篇编辑出版,希望能为各级领导和管理人员提供研究改进健康安全环境管理工作所需的参考资料,为各企业学习借鉴成功的管理经验提供丰富的素材,为提升集团公司 HSE 管理水平,实现安全环保形势的持续稳定发展做出更大的贡献。

由于编者水平有限,书中难免有疏漏之处,敬请广大读者批评指正。

编 者

2020 年 4 月

目　　录

一　等　奖

二　等　奖

一 等 奖

浅谈破解防爆挠性软管安全隐患的途径

刘新港[1]　宋　伟[1]　张　华[2]

（1　中国石油长庆油田分公司安全环保监督部　陕西省西安市
2　中国石油长庆油田分公司物资供应处　陕西省西安市）

摘　要　本文通过列举防爆挠性软管在油气场站使用过程中易见的三种现象，分析问题及存在的安全风险，提出防爆挠性软管规范使用建议，帮助消除安全隐患。

关键词　防爆挠性软管　使用　检查维护　效益

引言

在易燃易爆危险环境场所，防爆设备与布线导管之间用作连接的防爆挠性软管被广泛使用。但防爆挠性软管在不规范安装及使用过程中造成的安全隐患却常被忽视，从而导致易燃易爆危险环境场所存在巨大风险。通过长期对油气田160个集输生产场站，计8600套防爆电气装置的12800根防爆挠性软管进行观察统计发现，因磨损、老化、腐蚀，不规范安装和使用，无维护措施等因素，导致防爆挠性软管在使用中普遍存在三类问题。

本文通过列举防爆挠性软管在油气场站使用过程中易见的三种问题，分析问题及存在的安全风险，提出规范使用建议，帮助消除易燃易爆危险环境场所安全隐患。

1　防爆挠性软管

防爆挠性软管是防爆电气的配线管与仪表、电气连接的用于穿线的软管。其用途是当防爆挠性软管及其相连的隔爆型仪表内部发生可燃气体爆燃时，爆燃能量（热量及压力）一部分可被防爆挠性软管吸收，一部分压力通过接头向外界及配线管泄放，泄放过程中热能进一步被接头金属吸收，最后达到不会引燃（引爆）外部可燃气体的目的。

1.1　防爆挠性软管结构组成

防爆挠性软管由接头与连接管组成，连接管由内管与护套组成，内管由波纹管或金属软管制成，管接头由不锈钢制作或优质碳素钢电镀处理后制作。结构如图1所示。

1.2　防爆挠性软管分类

按防爆挠性软管适用温度，可分为金属网编织护套防爆挠性软管、橡胶护套防爆挠性软管、塑料护套防爆挠性软管。

按防爆型式，可分为隔爆型挠性软管和增安型挠性软管。

1.3　防爆挠性软管适用范围

防爆挠性软管适用于可燃性粉尘环境20区、21区、22区，以及ⅡB、ⅡC级、T1至T6组爆

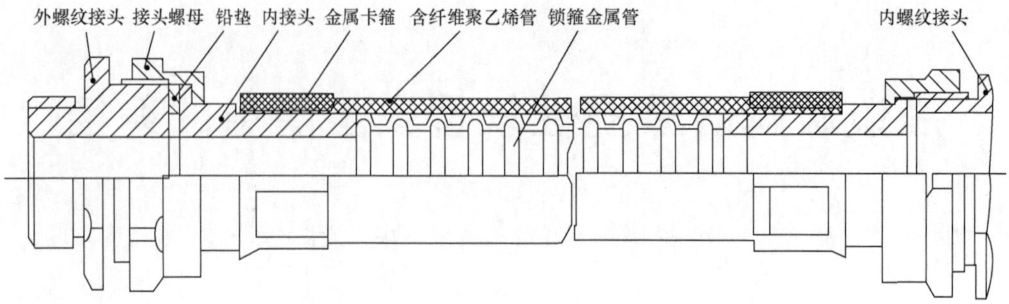

图1　BNG 系列防爆挠性软管结构示意图

炸性混合物场所。

2　防爆挠性软管使用中易见问题

通过对油气行业及危险爆炸场所统计发现,选择使用橡胶管防爆挠性软管占比 85% 以上。其在使用过程中易见老化龟裂、接口脱离与金属接头松动现象。

2.1　防爆挠性软管橡胶管老化龟裂

导致防爆挠性软管橡胶管老化龟裂(图 2)的因素很多,见表 1。

图 2　防爆挠性软管橡胶管老化龟裂

表 1　橡胶老化因素表

因素	老化类型
温度	热氧老化,添加剂迁移
紫外光	光老化
电离辐射	辐射氧化,交联
湿度	水解
流体(气体、有机物、挥发物)	化学降解、溶胀
机械载荷(拉力、压力)	疲劳、蠕变、应力松弛、压缩永久变形

橡胶管的平均使用寿命为3a，而生产场所往往环境复杂，从而加快了防爆挠性软管橡胶管的老化、龟裂。通过分别对油气场站150根不同工况的BNG Ⅰ系列防爆挠性软管进行“老化龟裂”跟踪检测发现，在油气场站工况下，BNG Ⅰ系列防爆挠性软管的平均龟裂寿命为198d。如图3所示。

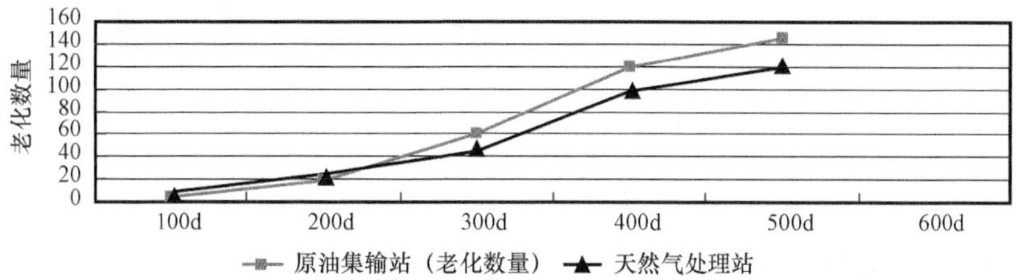

图3　150根BNG系列防爆挠性连接软管橡胶管老化龟裂统计图

原因分析如下：

(1)防爆挠性软管使用工况环境复杂：由于防爆挠性软管使用环境属于防火、防爆、危险化学品、腐蚀、有毒、高温等场所，加快了橡胶的老化速度。

(2)防爆挠性软管使用于设备连接处，长期处于不同程度的弯曲变形状态，橡胶管的表面张力长期作用而导致橡胶管开裂。

(3)无相应防爆挠性软管使用规范要求，检查和维护处理措施不到位。

2.2　防爆挠性软管接口脱离

防爆挠性软管接头接口脱离(图4)是防爆挠性软管使用过程中的致命缺陷。一旦接头脱离，在生产现场不但起不到防爆作用，反而会引起静电荷聚集，引发火灾爆炸。

图4　防爆挠性软管接口脱离

通过对油气生产场站200根BNG Ⅰ系列防爆挠性软管接口脱离统计分析，在使用过程中防爆挠性软管接口脱离率为98%，如图5所示。

原因分析如下：

(1)因材质不同所造成。由于热胀冷缩金属管接头与橡胶连接管收缩率不同而导致连接管接口脱离。

(2)因设计缺陷所造成。由于防爆挠性软管接头设计时金属接头与橡胶连接管之间采用

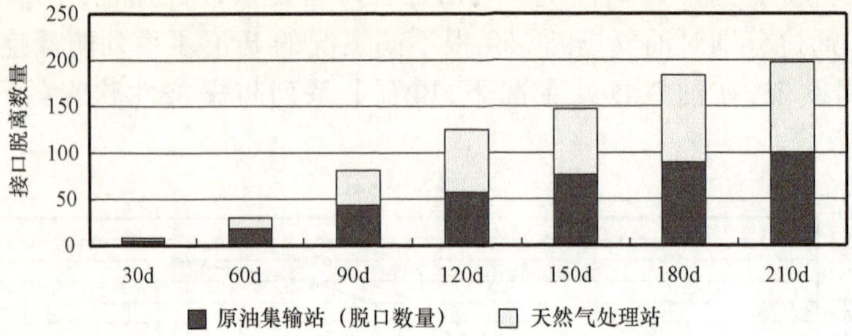

图5　BNG Ⅰ系列防爆挠性软管接口脱口统计

机械式压接而成，交联和密封性不好，极易导致接口脱离。

(3)受现场使用的环境因素影响，橡胶连接管老化龟裂也是接口脱离的重要原因之一。

2.3　防爆挠性软管金属接头松动

由于防爆挠性软管在安装过程中的不规范操作，导致其在使用过程中经常出现金属连接头松动，形成安全隐患。此类问题隐蔽性强，安全风险大。

原因分析如下：

(1)安装过程不规范。多数操作人员在安装过程中为了方便快捷，经常在接头连接处不加装密封垫片，安装不紧固，导致接头螺纹密封不严，接头松动。

(2)由防爆挠性软管自身扭转应力造成。在金属接头安装过程中，经常一端先拧紧后，再拧紧另一端，这导致防爆挠性软管产生扭转应力，后在扭转应力作用下接头逐渐松动。

(3)振动是造成防爆挠性软管接头松动的主要原因之一。

3　防爆挠性软管使用建议

鉴于防爆挠性软管在易燃易爆危险环境场所使用数量巨大，因此，保证防爆挠性软管在使用过程中符合相关技术条件要求，实现其防爆功能完好，具有重大意义。

3.1　规范防爆挠性软管的选用

(1)根据爆炸性危险区域的等级和爆炸物质的类别、级别和组别选用。

(2)根据防爆挠性软管材质或功能，结合运行环境中的显著影响因素进行选用。

(3)根据防爆挠性软管专用要求选用。

(4)选用有国家检验机关颁发的防爆合格证书的防爆挠性软管。

(5)选用有明显永久标志，依次标出合格编号，Ex 标志、防爆标志、产品型号规格、产品使用温度范围，制造厂名或商标的防爆挠性软管。

(6)吊挂灯具等电气设备时，选用注明允许悬挂载荷的防爆挠性软管。

(7)选用适宜的线缆直径和长度，且适宜两端防爆活接头螺纹连接方式的防爆挠性软管。

3.2　规范防爆挠性软管的安装

(1)根据现场布线方式选择防爆挠性软管安装顺序，将防爆挠性软管一端的防爆活接头与配线管螺纹拧紧，固定牢固。将防爆挠性软管拉直穿入电缆，拧紧接头螺母，避免防爆挠性软管接头断开、脱离电缆。将电缆穿入电气设备引入装置，然后将防爆挠性软管另一端的防爆活接头与电气设备引入装置拧紧固定。

(2)防爆挠性软管的防爆活接头与电气设备引入装置的压盘或预紧螺母必须以螺纹连接方式进行连接,连接后两件啮合的螺纹扣数不得小于5扣。

(3)防爆挠性软管紧固过程中应防止产生扭转应力。可能对防爆挠性软管产生扭转应力的电气设备,防爆挠性软管与电气设备相连端的防爆活接头螺纹紧固方向应与应力方向相反,防爆挠性软管另一端螺纹紧固方向应与应力方向相同,以防止使用过程中防爆接头松动。

(4)防爆挠性软管与电气设备引线装置的连接,不宜用电缆密封接头。

(5)单根防爆挠性软管宜穿入一组线缆。

(6)防爆挠性软管不宜串接使用。

(7)防爆挠性软管与导管或电气设备连接头尺寸应匹配,弯曲半径不应小于管外径的5倍。

3.3 规范防爆挠性软管的检查维护

(1)为保证防爆挠性软管处于良好状态,并在危险场所长期使用,应对其进行定期检查,周期不宜超过一个季度。

(2)防爆挠性软管的检查和维护人员应经过包括各种防爆型式、安装实践、相关规章和规程及危险场所分类的一般原理等在内的业务培训,发现异常及时处理。

(3)采用万用表跨接在防爆挠性软管的两端管接头上进行测试,金属部分均应电导通。

(4)防爆挠性软管应按制造厂规定的使用技术条件运行,不应受外力损伤,无裂纹和有损防爆性能的机械变形现象。

(5)防爆接头及金属连接件无锈蚀、松动。

(6)检修工具应符合易燃易爆危险环境场所国家标准规定的相关使用要求。

(7)当防爆挠性软管出现下列情形应进行更换:护套破损,如断裂、穿孔、金属网编织护套断股、龟裂等;管接头螺纹损坏;接头与连接管脱离;防爆型式不适用危险场所。

3.4 加强防爆挠性软管日常管理

(1)企业应按照防爆挠性软管相关标准要求,结合企业生产特点建立健全相关管理制度。

(2)开展防爆挠性软管相关安全知识培训工作,确保现场选用合理、安装规范、使用安全。

(3)严格按照防爆挠性连接产品说明及相关要求,做好储存分类及出入库登记管理,防止螺纹损坏、锈蚀、胶管龟裂等现象发生。

(4)按照爆炸性气体环境用电气设备相关规定,对防爆挠性软管定期进行防爆性抽查检测,确保其完好、可靠、安全。

4 结论

防爆挠性软管的防爆性能与生产安全息息相关,目前虽然没有专门的防爆挠性软管使用标准和规范作为指导,但对其在易燃易爆危险环境场所的使用却不能轻视。本文对防爆挠性软管的选用、安装、检查、维护和管理提出一些见解,希望能为易燃易爆行业人员提供一些借鉴和参考,以保证其在使用过程中符合相关技术条件要求,保持其防爆功能完好。

承包商安全管理的一体化融合实践与应用

梁玉磊　杨德才　熊　伟

（中国石油塔里木油田公司　新疆维吾尔自治区库尔勒市）

摘　要　承包商管理水平的高低很大程度上影响着企业的管理效能和发展目标的实现。本文以塔里木油田公司工程技术部在承包商安全管理方面采用的“选择＋培养”的一体化融合式管理模式为基础，重点介绍了企业如何摈弃零和博弈的旧思维，开创甲乙双方合作共赢局面的历程，期望通过本文的介绍，为各级企业在承包商安全管理方面提供新的思路和方法。

关键词　安全　管理模式　承包商　合作共赢

塔里木油田公司工程技术部（以下简称“工程技术部”）作为塔里木油田公司重点生产保障单位之一，拥有工程技术类、检维修类、运行维护类、物资供应类等多类别的三十余家承包商。随着工作量的逐年增加，承包商业务范围不断扩大，在具体运作过程中，诸如检维修质量缺陷、人员技能不足、违章行为等问题层出不穷。近年来，为解决承包商管理粗放的问题，工程技术部围绕承包商选择、履约、评价等各经营管理环节进行革新优化，逐步摸索出了一系列行之有效的典型实践做法。

1　优化选择，从过多强调经济指标到统筹整体效益

传统的管理模式中，在选择承包商时往往偏重于成本效益的考虑，“价低者得”几乎成为承包商选择的常态。这种现象带来的后果就是市场恶性竞争加剧，“劣币驱逐良币”的情况时有发生，承包商工作质量提升困难，队伍人员变动频繁，专业技术骨干人员流失严重，安全管理水平逐年下降、安全事故事件时有发生，承包商管不住的风险长期存在。为应对这一状况，工程技术部从源头出发，在承包商选择环节狠下功夫，加强承包商质量管控，确保所选择的承包商在安全管理、人员素质等方面的整体素质能满足在体系管理方面的要求，更好地适应一体化融合式管理的需求。

1.1　科学编制招标方案，确保中标承包商的良好素质

招标是降低成本的有效手段之一，但是招标这种选商方式面向的是所有的符合要求的承包商队伍，各家的安全管理水平参差不齐，如何确保中标承包商的安全管理水平符合发包方的需求是编制招标方案时必须考虑的问题。工程技术部在实践过程中形成了招标方案三级审查机制，在招标方案编制上狠下功夫，通过根据不同项目科学设置投标人资格审查标准和评标标准，把住了入口关，保证了所选择承包商的基本素质，奠定了后期良好合作的基础。

工程技术部结合实际，在确定评标标准的时候把安全绩效、专业技术人员配备情况、管理体系运行状况、诚信、业绩、质量管控水平等同进度、报价一道进行综合考量，并将安全绩效升格为否定项。在实际操作中，工程技术部主要采用线性权重评价方法，对上述指标根据项目性

质和特点赋予不同的权重，项目越复杂、安全管理难度越大，价格指标所占权重越低，反之价格指标所占权重越高，但最高不超过50%。

1.2 优选谈判对象，确保可不招标项目承包商的良好素质

对于一些金额较小的项目，谈判选商是一种可行的方法，相比招标的选商方式可以节约大量的时间成本和人工成本。但是，谈判选商如果没有用好也可能导致选中的承包商虽然资质满足要求但管理水平低下，给后期安全管理带来很大的麻烦。在长期的实践中，工程技术部在选择谈判对象的时候将安全绩效、信誉、队伍素质等作为选择因素，加大了承包商评估结果的运用，确定了“优先选用评估结果为A级的承包商，正常使用评估结果为B级的承包商，无特殊原因不使用评估结果为C级的承包商，决不使用评估结果为D级的承包商”的原则，与安全绩效好、业务能力强、技术水平高的承包商建立长期合作关系，对于不合格的承包商坚决不用，形成了“良币驱逐劣币”的良好市场环境，把好了较小项目承包商入口关。

2 融合管理，从重点监督乙方履约到监管培养并重

承包商的管理过程中，企业与之签订合同，通常总是单纯注重合同的履行，不同程度地带有“划清界限”“事后考核”的色彩。然而事实上，一旦发生承包商责任事故，企业虽然可以依据合同处罚，但处罚之后企业仍将蒙受巨大的损失和负面影响，承包商无法全部“买单”。工程技术部本着事前防范的原则，着力推进一体化融合式管理，在监管的同时，更加注重承包商的培养，帮助其提升技术水平和管理能力水平，引导其主动融入工程技术部的管理体系，从单纯的被管理对象转变为主动适应工程技术部的管理需求，与工程技术部共同推动安全管理水平提档升级，形成长期的、良性的合作伙伴关系。

2.1 重点培育人员履职能力与素质提升

员工的安全意识和安全技能是制约安全管理上水平的重要因素。为保证承包商员工的整体素质“过关”，工程技术部主动延伸安全培训触角。首先，将三级入场安全培训的范围和内容拓宽，对本该由承包商自行开展的一级安全培训采取共同组织、统一考核、统一建档的管理方式，解决了一级培训走形式的问题；其次，规范二级培训程序、培训内容和考核形式，结合制度标准、工程性质开展专项培训。不仅要告诉承包商什么不能做，如果做了会有什么不良的后果，更要告诉他们什么可以做，怎么做，如何做到最佳状态，切实提高承包商员工作业过程中控制风险的意识和能力；最后，转变三级培训的方式，更多地采用实际演练，通过可操作性更强的现场模拟，强化承包商作业人员对高危作业风险的认知，传授高危作业过程中风险控制的关键环节、技巧和方法。通过骨干人员60d提升培训班的模式，对安全文化、标准制度、高危作业、应急管理、现场管理、事故分析等进行系统的培训，承包商员工的安全意识、安全技能、履职能力等方面的综合素质得到了明显提升。

2.2 全面培养承包商提升自身管理水平

工程技术部在承包商管理的过程中逐步探索出了“两清五个一样”法，全面帮助承包商提升自身管理水平。“两清”是职责清和管理要求清。工程技术部通过工程技术部承包商HSE管理实施细则和项目HSE合同，明确了双方的职责和管理要求，方便承包商履职和自主提升。培养“承包商的事情也是甲方的事情”的理念，通过“五个一样”将承包商纳入工程技术部日常管理工作中。“五个一样”标准，即“前线后线一样、甲方乙方一样、工作内外一样、安全标准一

样、岗位成长一样”。“前线后线一样”是指，无论前线生产还是后线保障系统的承包商，都纳入安全管理体系范畴。“甲方乙方一样”是指，将承包商事故视为自己的事故，纳入各单位的业绩考核。“工作内外一样”是指，大力推行甲乙方一体化融合式管理，尽最大可能为承包商提供工作生活便利，在现场同吃同住同劳动，加强沟通，树立相互尊重、信任的良好风气。“安全标准一样”是指，对承包商实行统一的管理体系，执行统一的安全制度标准、统一的现场管理要求。“岗位成长一样”是指，甲乙方共同参与各项安全革新、安全攻关等活动，鼓励承包商员工发挥专长，不断成长。通过上述措施的有效落实，承包商队伍的面貌焕然一新。

3　积极激励，从单纯优胜劣汰到引导共同提升

很多企业和承包商的合作关系，往往是合同结束、各走各路，对于非主体类的承包商更是如此。工程技术部实践发现，相对稳固的、合作时间较长的承包商在安全管理体系上的差异相对较小，在安全管理中的产出比和效果更好，因此，工程技术部通过建立战略联盟、技术支援、积极鼓励等方式帮助承包商不断发展壮大，逐步形成互帮互助、荣辱与共、合作共赢的长期合作伙伴，实现真正的一体化融合。

3.1　奖惩并举促使承包商追求更高目标

工程技术部建立了符合本单位实际的评价考核体系，评价包括日常表现评价和项目结束后的 HSE 总体评价。日常表现评价包括安全环保、质量管控、人员资质及变更、生产组织等主要指标，每一项指标里面又根据项目的特点和管理要求有更加细化的指标，由属地主管根据承包商现场表现定期进行。项目结束后的总体评价由项目管理单位结合日常评价结果、项目承诺落实情况、HSE 计划书执行情况等进行综合评定。评价结果直接与承包商的奖惩挂钩，依据奖惩办法，对于表现优秀的承包商，在下一个合同周期及其他项目中拥有优先权，对于评价结果不合格的承包商，实行合同费用扣减直至清除市场等处罚。在应用合同奖惩的基础上，工程技术部还引入了“反向考核”，作为对承包商安全管理的新尝试。“反向考核”即以承包商反馈为主的项目管理过程考核。具体做法是职能部门通过定期与承包商进行沟通交流，获取承包商对项目管理过程的意见和建议，并将承包商对甲方属地主管的反馈意见纳入属地主管的绩效考核中，反向促进甲方项目管理人员落实管理责任；同时依据承包商的反馈，有针对性地解决了承包商管理工作中的困难和问题。双向考核实践的应用，促进了各方责任的落实，也让承包商感受到了企业与其共同成长的诚意，从而更加注重自身管理水平的进步和综合绩效的提升。

3.2　无保留帮助承包商优化安全管理体系

在实践过程中，工程技术部充分认识到，承包商队伍的稳定与发展壮大，自身安全管理体系的建设，可以有效降低甲方对承包商的管理难度，更利于消减安全风险。因此，工程技术部长期以来对主要承包商提供全方位的支持，帮助其优化自身管理体系，并在甲乙方当中选派精兵强将组建了联合 QHSE 委员会，共同维护作业过程安全。联合 QHSE 委员会可以共同到作业现场开展安全观察与沟通、共同讨论制订高危作业方案，共同讨论制修订相关规章制度、共同讨论分析解决现场问题，也可以互相交流安全观察与沟通技巧、工作安全分析要领、安全经验分享方式等。通过甲方的带动和帮扶及承包商的积极努力，承包商员工主动参与安全管理的积极性大幅提升，队伍的安全管理体系更加完善。目前，工程技术部四家主要承包商队伍的安全管理体系建设和安全绩效在同行业企业内均已取得了领先地位。

4 结论

“选择+培养”的一体化融合式管理模式摒弃了传统的“重经济效益,轻安全管理”的理念,进行了从“事后处理”到“优化选择”、从“严格监管”到“积极培养”、从“优胜劣汰”到“合作共赢”的大胆实践。同时也激励着双方共同朝着更高的目标携手并进,开创了和谐发展的良好局面。

参考文献

[1] 杨保勇. 如何加强承包商安全管理. 现代职业安全,2018,(9).

[2] 曾彦波. 基于承包商差异化安全管理的创新机制. 项目管理技术,2018,(7).

[3] 李晖. 承包商与业主关系价值的评价研究. 天津大学(硕士论文),2016.

无人机集输气管道巡检系统应用

郭赵辉　汪　洋　高　玥

（中国石油西南油气田公司川东北气矿　四川省达州市）

摘　要　近年来，我国已将无人机应用于集输气管道领域。随着无人机技术的不断发展，无人机安全性与稳定性已大大提升，使用成本也在不断下降，可以弥补常规巡线的不足，有效地提高集输气管道的管控能力。目前无人机技术在集输气管道领域的发展与电力等其他行业相比还处于起步阶段，但这一技术对集输气管道巡护是一项巨大而又持久的创新，也将会是未来发展的趋势。随着数字化气田的建设，建立无人机监控网络，将实时影像传递到调控中心也会成为可能。可以预见，在未来的集输气管道管理中，无论是管道巡护或是应急处置，无人机将发挥越来越重要的作用。

关键词　无人机　管道巡护　应急处置

1　实施背景

川东北气矿管道敷设环境多为山地、丘陵，地势陡峭，人员巡护难度较大。自2016年起，气矿运用无人机巡检系统，对黄金线、铁竹线、龙会集气干线、黄宣线等管道共计开展无人机巡检561个架次，巡检长度共计2652km，无人机总飞行里程达到了6164km。巡检发现隐患与疑似隐患（包含道路施工、房屋修建、滑坡及预测、开挖、焚烧）共计27处，管理单位分别进行了隐患的处理与疑似隐患的排查，使巡检更具有针对性和目的性，为集输气管道安全管理提供了很大的帮助。

随着无人机技术的不断进步，一些新的巡检技术相继有了不小的发展。川东北气矿基于已有的无人机巡检系统应用经验，开展无人机集输气管道巡检系统在管道泄漏检测与应急搜救等领域的应用研究，为今后建立无人机巡检系统在集输气管道生产运行和应急处置集成化应用提供有力支撑，为气矿集输气管道安全管理和应急管理提供进一步保障。

2　系统应用

2.1　管道泄漏检测

2.1.1　技术介绍

该项技术是利用搭载遥感检测设备的无人机通过现场遥控对集输气管道失效等应急突发状况进行管道巡检，利用遥感检测设备实现管道泄漏区域的可燃气体浓度报警，从而快速确定泄漏点和泄漏影响区域范围。

2.1.2　应用情况

在保证安全、环保前提下，利用川东北气矿达州作业区龙会2井净化气作为模拟泄漏气源，通过放空系统对净化气进行放空，将龙会 2 井放空火炬出口作为模拟泄漏点，采用无人机搭载甲烷遥感检测仪进行巡检系统应用。无人机在模拟泄漏区域上方进行直线飞行和环绕飞行，发现天然气泄漏，检测泄漏情况，系统监测到泄漏值超标并报警，最终生成巡检报告。

在无人机起飞巡检作业之前，须严格检查各项参数和设备完好性，如 GPS 是否正常，电池电量是否充足，云台控制是否正常等，并将系统甲烷报警浓度值设置为 75mg/L (50ppm)(图 1)。

图 1　无人机起飞前设备调试

通过调整放空火焰的高度 2m 左右来模拟适当的泄放量。熄灭火焰后，设备就地压力表显示放空压力约为 0.3MPa。无人机调试测试完成后，开启放空流程 10min 后，无人机根据巡检路线进行巡检作业。

无人机升空到达巡检起始点后，可以选择自主飞行模式或者航线飞行模式，且在系统上可以实时看到检测的目标画面，地理位置信息，巡检目标点与起飞点的距离，实时的浓度值曲线等，还可以通过拍照、录像等功能键留取现场画面(图 2)。

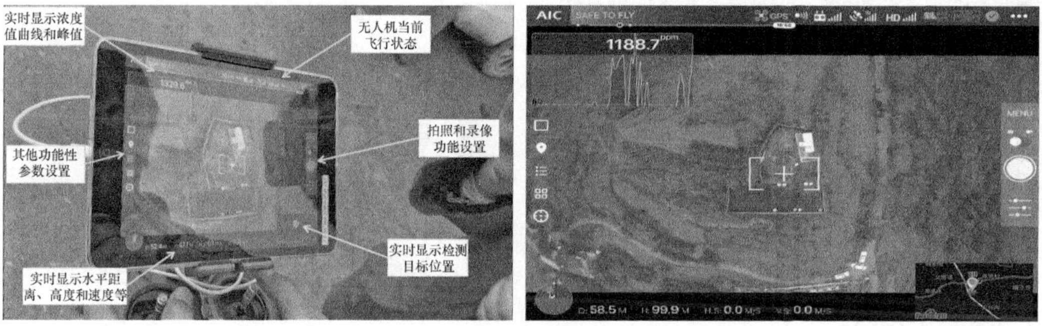

图 2　巡检系统界面

无人机巡检飞行作业结束后，系统会生成该次作业的巡检报告，详细记录系统巡检的相关数据。巡检报告可以在巡检系统上直接查看，也可以通过邮件发送，还可以导入到后端管理平台系统，进行存档、数据关联等管理(图 3)。

第一次巡检无人机沿直线从西向东飞行，高度为 70m，在距离泄漏点较远时，未检测到泄漏天然气，在接近泄漏点约 40m 时，开始检测到天然气，巡检系统开始记录报警点和浓度值，记录值分别为 1718.7mg/m^3 (1145.8ppm)、1055.0mg/m^3 (703.3ppm)、868.2mg/m^3 (578.7ppm)、123.5mg/m^3(82.3ppm)、9416.4mg/m^3(6277.6ppm)。

第二次巡检为环绕巡检，飞行高度为 100m，模拟发现泄漏点后，对泄漏区域进行环绕飞行来最终锁定泄漏点位置(图 4)。

从第二次飞行可以看出，泄漏出的天然气受各个方向的风力影响，随着时间的推移向四周不断扩散，多个方向均检测到不同浓度的天然气泄漏。从表中数据结合现场地形环境可以看出，距离泄漏点越近，检测浓度越高；受热力环流影响，地势越低洼检测到天然气的成功率越高。

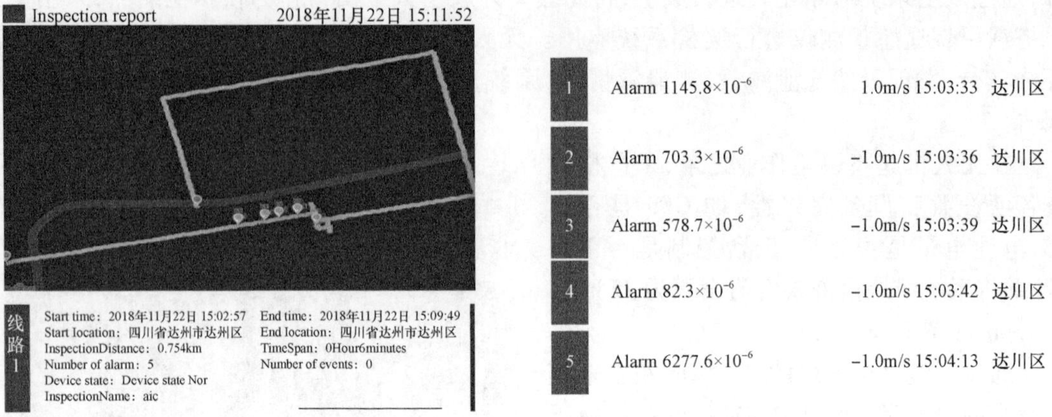

图3　第一次直线巡检报告及各报警点总表

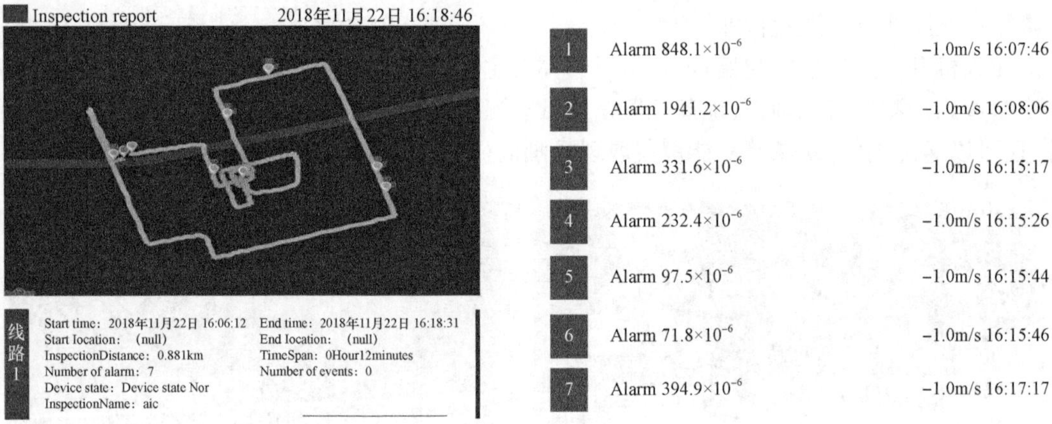

图4　第二次环绕线巡检报告及各报警点总表

2.1.3　效果分析

本次应用研究在调研、分析和比较现有的气体传感器、无人机及集成方案后，在软、硬件多方面系统性地解决了无人机天然气快速泄漏的技术问题。利用无人机搭载甲烷遥感检测仪构建无人机巡检系统，进行泄漏管道甲烷含量检测，准确定位并传输到后端管理平台系统，实现了天然气管道泄漏快速发现和报警功能。从该技术应用初期，就考虑到开展无人机天然气泄漏检测的必要性，将其作为日常的巡线手段和突发事件的应急手段都将会有重要意义。普通无人机巡检带来的是上帝视角的“第三只眼睛”，无人机天然气泄漏检测带来的将会是我们的“第三只手”，能感知到现场的天然气泄漏情况。成熟的无人机巡检检测技术应用将有效减少人员在天然气泄漏危险区域的暴露频次，对人员应急处置提供安全保障，也将对气矿乃至整个石油行业的管道突发事件应急管理产生深远的影响。

2.2　无人机点火

2.2.1　技术介绍

在管道失效、井喷等事故情况下，该项技术利用无人机携带喷油式点火装置或魔术弹远程操作，对泄漏点进行点火处理。这可有效防止近距离人工点火造成的人员伤亡。且无人机飞行路径、速度都较人工处置更为快捷，对快速应急响应效果良好。

2.2.2 应用情况

在无人机起飞巡检作业前，须严格检查各项参数和设备完好性，如 GPS 是否正常、电池电量是否充足、携带点火装置完好性等(图5)。

图5 现场调试无人机及点火装置

在保证安全、环保前提下，利用川东北气矿宣汉作业区黄龙 8 井净化气作为模拟泄漏气源，通过放空系统对净化气进行放空，将黄龙 8 井放空火炬出口作为模拟泄漏点，利用无人机携带喷油式点火装置和魔术弹点火装置对模拟泄漏点进行点火技术应用试验(图6)。

图6 无人机搭载装置点火技术应用试验

2.2.3 效果分析

在川东北气矿宣汉作业区黄龙 8 井模拟试验场，采用无人机携带喷油式点火装置和魔术弹点火装置，利用无人机巡检系统远程操控，成功实施对模拟泄漏气源点火，证明了无人机携带点火装置在油气泄漏突发事故时进行点火应急处置的可行性。在今后实际运用中，可利用该技术实现远程监控和更迅速、更安全的点火应急处置，有效防止处置不及时造成的次生事故、人员伤亡及环境污染。

2.3 无人机应急救援

2.3.1 技术介绍

在集输气管道发生油气泄漏等事故后，在事故处置过程中，使用无人机搭载高清摄像机对事故现场进行近距离拍摄，能够提供精准的灾情信息，使后端应急管理人员能够实时监视事故现场情况，帮助应急指挥人员及时掌握事故动态情况，从而快速、准确地制订出更具针对性的应急处置方案，最大限度地减少事故损失，消减应急处置安全风险。利用无人机集成或者灵活携带关键器材装备，能够为多种情况下的应急救援工作提供有效帮助。如集成语音、扩音模块传达指令后，可利用无人机实现空中呼喊或者转达指令，较地面喊话更具实效；尤其是在集输气管道泄漏等事故的应急救援中，以无人机为载体，可有效传达应急撤离、紧急疏散等关键指令，为应急救援的有序开展提供有力支撑。

2.3.2　应用情况

在川东北气矿达州作业区铁竹线管道开展的无人机搜救应急演练，首先利用无人机巡检系统对搭载热成像仪的无人机进行远程操控，对模拟泄漏影响区域进行人员搜救。通过在巡检系统中的热成像影像，应急救援人员迅速发现、定位了受灾人员准确位置（图 7）；然后采用无人机搭载应急救援物资对定位位置精准投放物资；最后，通过搭载高音喊话装置的无人机利用巡检系统进行远程喊话，向事故现场周边群众进行空中警戒和应急疏散指令下达（图 8）。

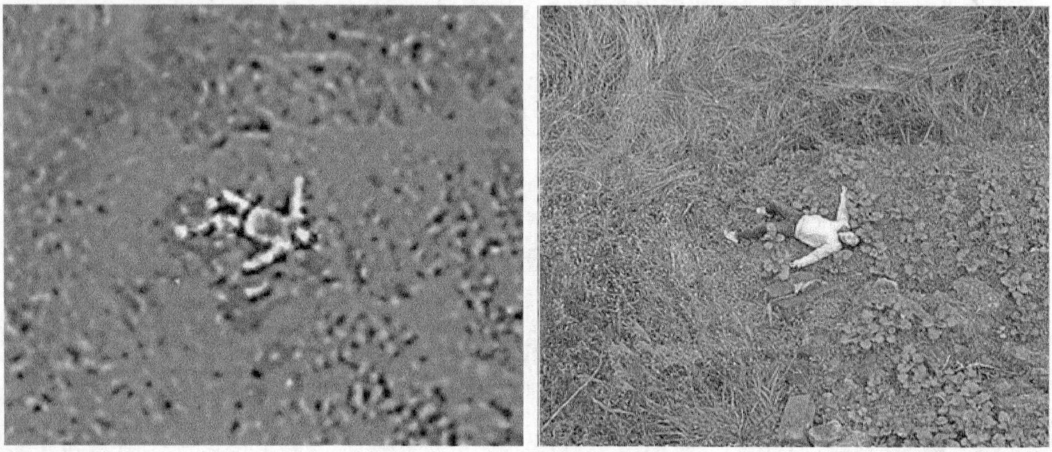

图 7　无人机巡检系统热成像效果

图 8　无人机搭载应急救援物资和高音喊话装置

2.3.3　效果评价

通过在铁竹线管道采用无人机搭载各类应急设备，成功开展热成像搜救、应急物资投放、空中警戒疏散等无人机巡检技术应用，基本实现了各项无人机应急救援功能，有效验证了各项应急救援功能在现场应用中的实用性。为更有效发挥无人机巡检系统在天然气管道生产运行和突发事件应急处置中的作用，后续将开展针对各种恶劣天气或不同条件下的现场应用。通过持续技术更新，再结合气矿的配套管理制度，让无人机巡检技术在应急管理中发挥出更成熟、更稳定、更具实效性的功能，最终成为管道应急管理的强有力手段。

2.4 无人机三维建模

2.4.1 应用效果

无人机巡检时，搭载倾斜摄影设备，同时从垂直、前视、左视、右视与后视共5个不同的角度采集影像。其中，垂直摄影影像可经过传统航空摄影测量技术处理，制作4D（DEM、DOM、DLG与DRG）产品；前视、左视、右视与后视4个倾斜摄影影像，倾斜角度在15°～45°之间，可用于获取地物侧面丰富的纹理信息。

通过高效自动化的三维建模技术，快速构建具有准确地物地理位置信息的真三维空间场景，直观地掌握目标区域内地形地貌与所有建筑物的细节特征，可为地质灾害应急指挥等提供现势、详尽、精确、逼真的空间基础地理信息数据支持（图9）。

图9 倾斜摄影原理及管道三维模型成果

2.4.2 效果评价

利用无人机可将生产的三维模型数据导入GIS平台进行应用分析，对集输气管道进行坐标、距离和面积统计，绘制平面图，优化集输气管道路由设计等。

3 存在不足及建议

在各项新技术应用研究中，模拟条件较为理想，具有一定局限性，新技术应用也存在不足之处。如无人机巡检会受操控范围（禁飞区、操控距离等）局限；无人机应急救援受恶劣天气影响。同时，无人机技术还受到硬件设备可靠性、巡检系统后端平台的技术缺陷及新技术应用的实战经验的影响。为更好地提高无人机集输气管道巡检系统应用的可靠性，现有以下四点建议：

（1）随时掌握无人机及气体检测仪器的最新技术进展。

（2）打造更加成熟通信链路，保障无人机的实时监测功能在山区环境正常运行。

（3）根据需要进一步优化后端管理平台，使平台的使用更加成熟。

（4）进行更多的实战应用，搜集更多的经验数据，将理论研究转化为常规运维技术。

4 结论

川东北气矿大力推进数字化气田建设，在无人机集输气管道巡检系统技术应用与推进方面深下功夫。目前在管道管理方面，已实现利用无人机在管道建设初期进行管道基础数据收集、无人机巡检、无人机检测、无人机应急处置、无人机救援等，并取得了一批成果，为无人机技术在石油天然气行业内的推广发展起到了借鉴性成效。采用“人机”结合方式可更加高效地解决现目前在管道管理与应急管理等方面存在的多个短板，为管道安全运行保驾护航。

参考文献

[1] 李克，李振林，宫敬，等．天然气管道小泄漏高空激光检测试验．中国石油大学学报（自然科学版），2010，(34)1.

[2] 薛凯喜，胡艳香，潘贵生，等．我国天然气行业发展态势[J]．煤气与热力，2011，31.

[3] 张娅玲，李泉明，赵胜利，等．便携式甲烷激光遥感探测仪在天然气泄漏检测的应用[J]．城市燃气，2010(8).

强化事故事件管理　提升风险管控能力

王　东[1]　刘王子[2]

（1　中国石油西南油气田公司输气管理处　四川省成都市
2　中国石油西南油气田分公司输气管理处仁寿输气作业区　四川省眉山市）

摘　要　本文以“预防为主”为安全理念，以事故事件管理为抓手，立足前端处置，从明确制度、突出检查、强化激励等方面优化顶层设计，从培训分享、现场指导、闭环整改等方面多措并举，从数据分析、提前预警、举一反三等方面运用分析，有效达到了减少事故发生的目的。

关键词　事故事件　前端处置　预防为主

引言

事故的发生是相互联系的多种因素共同作用的结果。从表面上看，突发事件具有一定的随机性和偶然性，但是从HSE管理的角度来看，在事故发生前，人的不安全行为、物的不安全状态、管理缺陷等安全隐患就已经潜伏。本文以事故事件管理为抓手，通过优良的顶层设计、有效的改进措施、数据的分析运用等举措，将事故事件的前端处置融入企业管理，杜绝事故的出现。

1　事故事件上报数据分析

分析某公司全年上报数据，2018年共计上报不安全行为及状态41631起，同比上年增加26305起，同比增幅67%；上报事件178起，同比上年减少415起，同比降低70%；典型事件分析86起，同比上年增加42起，同比增幅49%。从2016至2018年上报数据趋势发现（图1），不安全行为及状态上报数量递增，而事件数量递减，通过强化不安全行为及状态的上报、分析、处置与改进，极大地提高了不安全行为及状态的上报数量与质量，有效地减少了事件的发生。

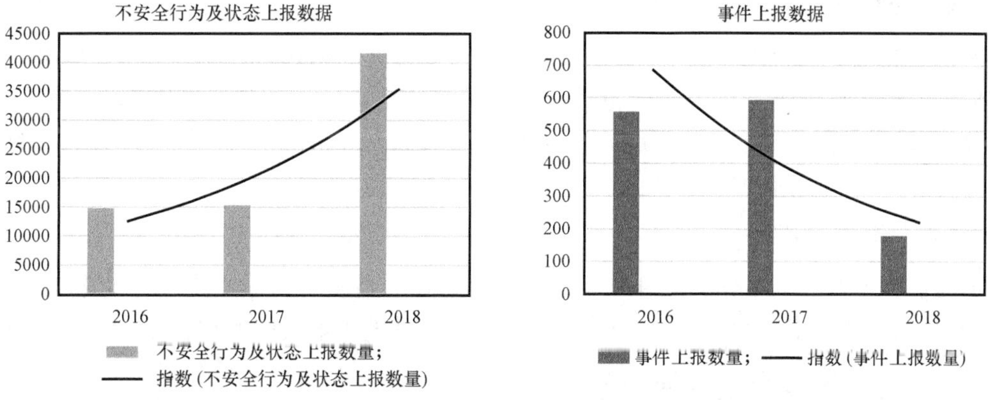

图1　上报数据趋势图

2 事故事件管理短板

2.1 上报比例不均匀

通过上报数据分析发现，主要存在三类问题：一是机关人员人均上报条数大于一线操作人员。而一线操作人员人数较多，更加贴近生产实际，应为上报的主力，这反映着一线操作人员发现与上报问题的积极性较为薄弱；二是上报人员年龄存在严重分化。根据2017年数据对比，20至30岁员工上报比例占53%，30至40岁员工上报比例占35%，40岁以上员工上报比例占12%，经验丰富的员工未起到良好的“传、帮、带”作用；三是上报时间划分不均匀。如某处实行每月轮岗制，接班时间上报比例占27%，交班时间上报比例占64%，其余时间上报比例占9%，存在“临时抱佛脚”的应付指标现象，仍处于“被动上报”状态（图2）。

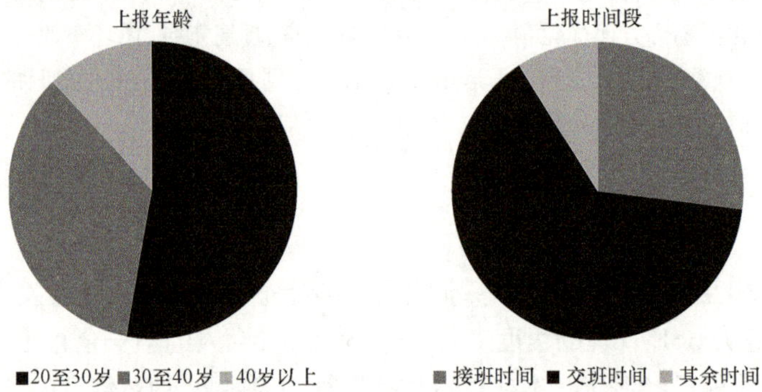

图2 上报数据分布饼状图

2.2 上报质量有待提高

一是存在“重复报、反复报”的现象。例如某月有五位不同的人员分别上报了“清洗高级孔板阀时站位不佳”的不安全行为，某站连续三月上报了“阀门目视化脱落”的不安全状态，均反映出员工发现问题具有局限性。二是现象描述不清。如某站上报了“危害因素辨识不全”的不安全状态，未详细描述具体情况，不具有统计分析的价值。三是存在“事件漏报”现象。如对于“引压管轻微泄漏”等“跑、冒、漏、滴”问题不够重视，当作不安全状态进行上报。

2.3 问题分析整改不到位

通过HSE信息系统进行统计，全年不安全行为及状态的闭环整改率为63%，存在大量的“未整改”“未闭环”现象。究其原因是缺少专人的追踪管理与相应的考核制度。根据每月的数据分析，每月上报数量最多的问题均为设备设施方面，对应得出设备设施管理为现有的管理短板，但举一反三的整改工作未到位，短板现象未得到改善。

2.4 事件分享力度不足

如某输气作业区全年分享学习事件材料86起，其中来源于本作业区上报的事件仅有54起，没有紧贴一线员工的生产实际，导致许多员工对事件的了解仅停留在表面，无法引起共鸣。

3 事故事件管理的前端处置

针对以上短板，进一步优化管理制度，切实落实改进措施，立足前端处置，强化不安全行为及状态管理。

3.1 优化顶层设计，重统筹

（1）明确制度要求。在加强生产单位不安全行为与状况上报的同时，新增生产科（部）室、辅助生产单位的上报要求，要求人均达到2条/月以上，有效提升了全员参与的氛围，极大拓展了发现问题的范围；突出“四不两直”检查，明确处领导每月至少2次，基层单位领导每月至少4次的“四不两直”的现场检查要求，确保及时发现与上报生产现场最真实的不安全行为及状态。

（2）强化全员参与。全面推广HSE信息系统，以“信息保障、提高效率”为原则，充分利用HSE信息系统高效快捷的收集和统计分析的辅助管理，开通各生产现场、各单位辅助生产班组长、技术干部的HSE信息系统上报权限，共计开通1800余个，确保不安全行为及状态及时上报、及时处置、及时改进，使不安全行为及状态的管理更为高效化、科学化。

（3）实行自主管理。以“自主管理，相信基层”为原则，由基层班组对发现不安全行为及状态进行原因分析并制订纠正预防措施，由专业人员提供技术支援及跨部门协调，最大限度调动了一线员工参与的积极性，使问题整改更接“地气”。

（4）加大激励力度。在年度QHSE责任书中加大对事故事件上报的绩效加分奖励，明确每上报30例不安全行为及状态，加0.1分，每上报5件生产及工作场所事件，加0.1分；修订完善安全环保风险控制奖实施方案，将不安全行为及状态上报按6.5元/条实施奖励，事件按20元/条实施奖励。对不安全行为及状态能切实解决生产实际问题，根据重要程度对上报人员按20至1000元不等进行专项奖励；对漏报情况，根据严重程度按照50至500元不等加大考核。2018年累积奖励3.3万余元，累计考核1.4万余元，极大地提高了员工发现问题的积极性。

3.2 强化多措并举，重落实

（1）积极践行“有感领导”。各级领导结合“四不两直”检查、安全联系、专项检查等形式，深入到生产一线，通过班组、作业场所实地访谈，收集信息，进一步挖掘发生的不安全行为及状态，并将相应的改进措施第一时间予以落实。同时，基层作业区以“三联”工作联系点为单元，以领导干部带头干、技术干部牵头干、班组长带着干的三级分包管控模式，帮助员工加强对不安全行为及状态的认识，指导员工有效发现、上报与处置不安全行为与状态，有效提高了发现问题的数量与质量。

（2）强化分层级培训。通过每周生产经营会、每月轮岗培训、每季度QHSE管理委员会等方式，分层次组织员工开展对行业内具有震撼性的事故，以及近期发生的具有代表性的事件开展培训。两级领导干部重在管理，技术干部重在标准、制度，一线员工重在操作；落实培训矩阵管理，有针对性地开展事故事件专项培训（表1）。

表1 事故事件培训矩阵

序号	培训内容	行政领导	分管生产领导	分管安全领导	事故事件管理员	生产部门负责人	技术管理干部	一线操作员工	后辅员工
1	事故事件管理理论	★	★	★	★	★	★	★	★
2	事故事件汇报处置流程	★	★	★	★	★	★	★	★
3	事故事件审核流程	★	★	★	★	★	○	○	○

续表

序号	培训内容	行政领导	分管生产领导	分管安全领导	事故事件管理员	生产部门负责人	技术管理干部	一线操作员工	后辅员工
4	不安全行为状态的观察与干涉	★	★	★	★	★	★	★	★
5	事故事件调查分析	★	★	★	★	★	★	○	○
6	事故事件分享	○	○	○	★	★	★	○	○
7	事故事件统计分析	○	○	○	★	○	○	○	○
8	HSE 信息系统使用	★	★	★	★	★	★	★	★

注:★表示掌握,○表示了解。

(3)加强案例分享。不安全行为及状态的上报只是暴露了问题,当事人的纠正措施也可能只是解决了一个点的问题。以“经验共享、坏事变好”的重要原则,落实专人每周对各单位不安全行为及状态上报情况进行提醒,把不安全行为及状态的数据进行分析梳理,换个角度作为一种经验进行分享,吸取教训,采取系统的纠正预防措施,全面解决问题,全年开展分享5500 余次。

(4)注重现场指导。机关部门利用业务检查、QHSE 监督检查等契机,积极帮扶员工厘清对不安全行为及状态的理解,及时消除员工顾虑,极大地提高了上报数量与质量;“三联”工作组针对不同层面、不同岗位类型的员工,以发现的不安全行为及状态作为反面教材,开展差异化培训,重点讲解岗位操作规程和安全防护技能;基层单位通过对输气站场、管线的实地调研,寻找管理难点,与一线员工探讨、总结出“不愿报”“不会报”“不敢报”“不值报”四大问题,针对性地制订了管理办法。

(5)强化闭环整改。处机关、基层单位两级落实专人负责跟进不安全行为及状态的闭环管理,每周对 HSE 信息系统进行清理,筛选未整改的不安全行为及状态。坚持业务主导,形成闭环清单,落实整改时间、整改部门及整改责任人,由分管领导签署整改指令,利用网页、“钉钉”软件等实时公示问题的整改过程及整改结果,强化整改闭环力度。

(6)强化监督检查。将不安全行为及状态上报作为每月监督检查的专项检查内容,重点从员工培训、上报情况、事故事件管理、事件信息系统、事件安全经验分享、闭环整改情况等方面进行检查,分类梳理典型问题、重复问题、普遍性问题,编写专项检查专题报告,对各单位存在问题、好的做法进行收集归类整理,进行原因分析,提出整改建议,并在生产视频会上进行通报,提升了全员重视程度。

3.3 注重运用分析,重预防

(1)强化数据分析预警。定期统计、分析与归纳日常不安全行为及状态的类型,重点关注交接班、员工意识、员工技能等方面存在的问题,有针对性地制订预防控制措施,落实阶段性监督检查重点内容,并通过 QHSE 管理委员会、安全月报、生产经营会等形式发出预警提示,2018年共预警提示六十余次,有效改进了安全管理短板。

(2)强化数据运用。各基层单位每月组织召开事故事件分析会,对不安全行为及状态进行阶段性统计、分析并分级分类通报。主要包括发生次数较多的类别、时间、人员等,并与相关业务部门沟通,深度分析发生原因及管理漏洞,积极制订整改计划,将隐患扼杀在萌芽状态。

(3)强化问题排查整改。充分利用 QHSE 体系问题整改“三个层面、五个方面”的优秀方法,严格“业务部门直线主导,责任单位落实整改”的原则,从“场站、作业区、处机关”三个层面，指导各单位深入分析在“职责、制度、操作、能力意识、督导检查”五个方面存在的问题，形成有针对性且可操作的整改措施，确保发现的不安全行为与状态能及时、有效、全面整改，控制措施得到有效改进，见表2。

表2 “三层面，五方面”整改方法

<table>
<tr><th rowspan="2">问题</th><th rowspan="2">三层面</th><th colspan="5">五方面</th><th rowspan="2">改进意见</th></tr>
<tr><th>职责</th><th>制度</th><th>操作</th><th>能力意识</th><th>督导检查</th></tr>
<tr><td rowspan="3"></td><td>生产一线</td><td></td><td></td><td></td><td></td><td></td><td rowspan="3"></td></tr>
<tr><td>基层单位</td><td></td><td></td><td></td><td></td><td></td></tr>
<tr><td>处级机关</td><td></td><td></td><td></td><td></td><td></td></tr>
<tr><td colspan="8">(1)职责分工关联(谁来干)：发现问题对应的岗位是否有明确的职责？职责是如何规定的？目前是如何履行职责的？
(2)制度规程关联(怎么干)：发现问题是否在作业区或输气管理处所发布的制度、文件、操作规程中找到对应要求，查看制度与文件。
(3)操作执行关联(干没干)：发现问题是否有效落实作业区或输气管理处所发布的制度、文件、操作规程。
(4)能力意识关联(会不会干)：针对发现的问题，前期作业区或输气管理处机关是否组织开展相应培训，查看培训课件，培训计划，培训签到表，考试结果等。
(5)督导检查关联(有无验证)：针对发现问题，作业区或输气管理处是否在日常管理检查中列入检查项或明确检查标准，是否检查出该问题并制订整改措施。</td></tr>
</table>

4 结论

通过事故事件管理的前端处置，有效减少了事件的数量，杜绝了事故的发生，取得了良好的成效。

4.1 建立良好的安全文化

通过不安全行为及状态工具的推广使用，培育了安全文化，逐渐形成一套对事件和不安全行为及状态管理的有效经验，形成“开放自主管理”“分享与互助”的良好氛围，使员工安全意识和参与安全管理的积极性显著提高。

4.2 提高员工对安全管理工作的积极性

通过各种激励、奖励和考核机制，明确上报要求，极大地提高了员工参与发现、上报不安全行为及状态的积极性，确保了生产现场的问题能被及时发现、及时上报和及时处置，确保了事故隐患被扼杀在萌芽状态，极大地降低了事故事件发生的概率。

4.3 提高事故事件的预警能力

从不安全行为及状态的调查研究、统计和数据分析，有效地掌握了事故事件可能发生的情况、原因和规律，并针对安全生产工作中的薄弱环节，有的放矢地采取避免事故的对策，并通过举一反三、异地排查整改，有效防止了类似不安全行为及状态重复发生，杜绝了由此产生的严重后果。

4.4 推进本质安全建设

通过对不安全行为及状态的上报、数据的分布分析，与各专业部门进行对接，反思问题产生根源，找到设备设施、工作环境、工作条件上存在的漏洞和缺口，并及时弥补改进，进一步提升了本质安全水平。

4.5 提高处置问题的能力

用“分析”代替“调查”，对不安全行为及状态进行原因分析、制订和实施纠正预防措施，对识别出来的风险进行分享和交流，解决了实际的问题。同时，暴露出来的问题为开展下一步安全管理提供了重要依据。例如发现电力设施防雷接地不符合要求，便可开展专项整治，有针对性地加强电力设备设施管理，防患于未然，有效消除了潜在风险。

4.6 充分体现单位的管理业绩

通过对不安全行为及状态的调查研究和统计分析，反映了一个单位、一个系统的安全生产成绩，有助于找到与同类单位、系统的差距。统计数字是检验安全工作好坏的一个重要标志，能够为领导层及时、准确、全面地掌握本系统安全生产状况，发现问题，并做出正确决策提供依据，有利于监察、监督和管理部门开展工作。

参考文献

[1] 王国平. 安全行为科学与电力安全生产管理[J]. 科技视窗，2010，358(10).
[2] 王哲，白云杰. 基于行为安全模式的煤矿安全管理研究[J]. 经济师，2010(3).

过硫酸钾对总氮监测的影响及改进措施

许　磊　韩　涛

（中国石油玉门油田公司钻采工程研究院　甘肃省酒泉市）

摘　要　总氮是水质监测的重要指标，多项环境标准对总氮限值有要求。碱性过硫酸钾分光光度法是常用的总氮测定方法，控制总氮测定过程中的空白值对提高水质总氮监测数据的准确性有重要意义。本文分析了实验室现有的四种过硫酸钾试剂对总氮空白值的影响，结果表明不同厂家过硫酸钾试剂的空白值差别较大，而重结晶能够显著降低过硫酸钾的空白值，提高总氮测定的准确度。

关键词　过硫酸钾　总氮　重结晶

引言

总氮是指水体中有机氮和无机氮含量的总和，水体中氮类含量过高，会引起水中生物和微生物大量繁殖，水中溶解氧含量降低，水质恶化，是水质环境监测的重要指标。GB 3838—2002《地表水环境质量标准》、GB 21900—2008《电镀污染物排放标准》、GB 31570—2015《石油炼制工业污染物排放标准》等多项国家标准对水环境及企业排放废水中总氮限值有要求，是地表水环境监测及污染物排放监测的必测指标。

碱性过硫酸钾分光光度法操作简单，准确度高，是测定总氮的常用方法之一。但该方法对试剂及实验环境要求严格，在测定过程中易出现空白值较大的现象，影响总氮测定的准确度。HJ 636—2012《水质　总氮的测定　碱性过硫酸钾消解紫外分光光度法》要求总氮测定的空白值应小于0.030。空白值不仅能够反映实验过程中实验试剂、实验用水以及实验仪器的质量状况，也能够反应实验室的环境条件、分析人员的技术水平等各方面问题。因此，控制总氮测定的空白值对提高水质总氮监测数据的准确度有重要意义。

过硫酸钾是总氮测定的关键试剂，不仅能够使实验样品中的含氮物质氧化为可被测定的硝酸盐氮，其纯度对总氮的空白值也有决定性影响。本文主要分析了实验室现有的四种过硫酸钾试剂对总氮空白值的影响，同时通过重结晶对过硫酸钾进行提纯，验证重结晶过硫酸钾对总氮测定的空白值及准确度的影响。

1　实验方法与材料

1.1　实验方法

总氮测定使用碱性过硫酸钾分光光度法，依据 HJ 636—2012《水质　总氮的测定　碱性过硫酸钾消解紫外分光光度法》的相关要求开展。

1.2　实验仪器及试剂

高压蒸汽灭菌锅：新华 XYQG04B 型。

分光光度计:HACH DR5000,经甘肃省计量研究院检定合格,并出具证书。

移液管,比色管,容量瓶,移液器等,计量器具均经甘肃省计量研究院或玉门油田分公司炼油化工总厂计量中心检定合格,并出具证书。

实验所使用试剂见表1。

表1 总氮测定试剂一览表

试剂名称	试剂厂家	纯度	生产日期	含氮量
氢氧化钠	凯信化学(天津)	优级纯	2018. 1. 15	≤0. 0005%
盐酸	科龙化工试剂厂	优级纯	2016. 1. 4	—
过硫酸钾	凯信化学(天津)	优级纯	2016. 3. 26	≤0. 004%
过硫酸钾	福晨化学试剂(天津)	分析纯	2015. 5. 20	≤0. 005%
过硫酸钾	试剂三厂(天津)	分析纯	1977. 1. 31	≤0. 002%
过硫酸钾	Fluka(德国 sigma)	ACS 级	2016. 6. 1	—

1.3 实验条件

若无特殊说明,实验所使用的实验用水为新制备的超纯水,消解时间30min,消解温度120℃。实验室环境洁净,无氨干扰,所使用的玻璃器皿在正常洗涤程序后,经1+9的盐酸浸泡4h以上,用实验用水冲洗干净后立即使用。

1.4 数据处理及结果表示

以Dixon检验剔除原始数据中的离群值。

测定结果表示为:六次测定的平均值(剔除离群值后)±标准偏差。

使用SPSS 22.0对实验结果进行方差齐性检验及均值检验,置信水平95%。方差相等时($\sigma>0.05$),用LSD法(最小显著法)对各组数据均值进行检验;方差不等时($\sigma<0.05$),用Tamhane's T2法对各组数据均值进行检验。结果表示中含有相同字母,表示两组数据无显著差异,反之,则差异显著。

2 实验结果及讨论

2.1 过硫酸钾纯度对空白值的影响

使用实验室现有的四种过硫酸钾试剂(表1),按照HJ 636《水质 总氮的测定 碱性过硫酸钾消解紫外分光光度法》的方法测定不同过硫酸钾试剂的空白值,结果如图1所示。

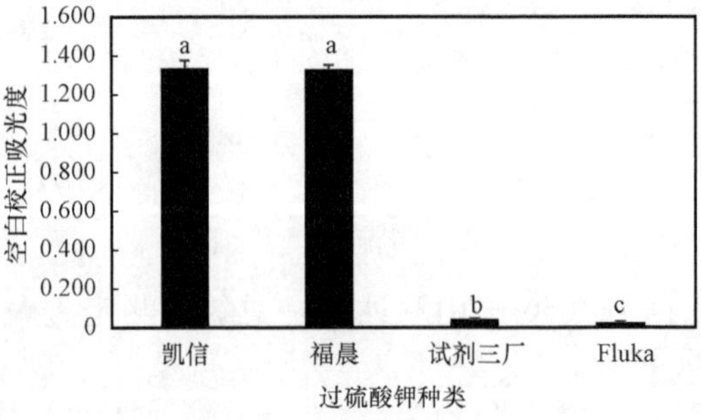

图1 过硫酸钾纯度对空白值的影响

从实验结果可以看出,使用凯信优级纯的过硫酸钾和福晨分析纯的过硫酸钾测得的空白值分别为1.337和1.331,远高于HJ 636《水质 总氮的测定 碱性过硫酸钾消解紫外分光光度法》要求的0.030。试剂三厂分析纯的过硫酸钾测得的空白值分别为0.046,略高于HJ 636要求的0.030,显著低于凯信试剂和福晨试剂。进口Fluka试剂测得的空白值为0.016，符合HJ 636《水质　总氮的测定　碱性过硫酸钾消解紫外分光光度法》的相关要求，并且显著低于前三种试剂。

大量文献表明，过硫酸钾的纯度直接影响总氮测定的空白值。本文的实验结果也表明，使用不同厂家的过硫酸钾，测得的空白值差别很大。实验室现有的国产优级纯与分析纯的过硫酸钾测得的空白值均不符合相关国家标准的要求，仅有进口Fluka试剂测得的空白值满足HJ 636《水质　总氮的测定　碱性过硫酸钾消解紫外分光光度法》的相关要求。

2.2　过硫酸钾重结晶对空白值的影响

过硫酸钾的溶解度随着温度的降低显著变小，通过将过硫酸钾在高温溶解低温结晶的方法，可以对过硫酸钾提纯。本文选用了空白值为1.337的凯信过硫酸钾和空白值为0.046的试剂三厂过硫酸钾分别进行重结晶提纯，测定每一级提纯后对总氮测定空白值的影响。

重结晶方法为：在1L烧杯中加入约800mL水，55℃水浴锅中加热，然后逐渐加入过硫酸钾，直至不能溶解为止。用玻璃砂芯漏斗将溶液趁热过滤，去除不溶性物质。将滤液置于烧杯中室温自然冷却后，放入4℃冰箱冷藏过夜。倒掉上层清液，用冷藏的去离子水清洗晶体2至3遍，吸干晶体表面水分放入50℃烘箱烘干。若需多次重结晶提纯，则重复上述操作，干燥好的过硫酸钾保存于干燥器中备用。

过硫酸钾重结晶对空白值的影响如图2所示。试剂三厂过硫酸钾试剂经过两次重结晶提纯，空白值从0.046依次降为0.032、0.005，凯信过硫酸钾试剂经过三次重结晶提纯，空白值从1.337依次降为0.416、0.081、0.005。从实验结果得知，经过两次或三次重结晶后，试剂三厂试剂和凯信试剂的空白值均符合HJ 636《水质　总氮的测定　碱性过硫酸钾消解紫外分光光度法》不大于0.030的要求。每一级提纯可降低试剂含氮60%～80%不等，这与试剂溶解时的温度、溶液饱和程度及重结晶后的洗涤程度有关。

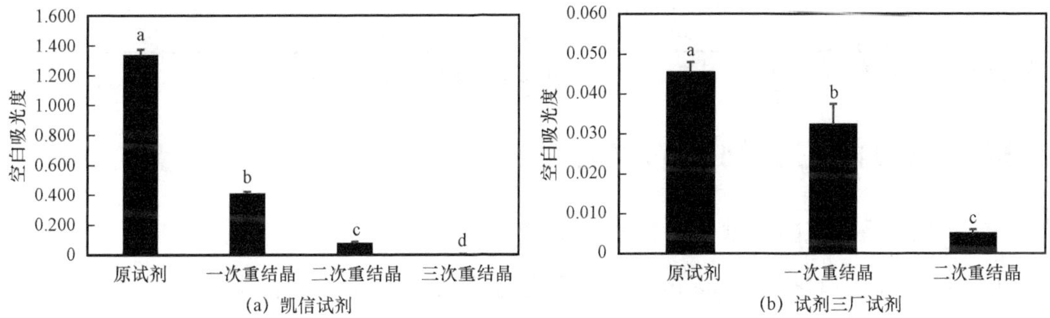

图2　过硫酸钾重结晶对总氮测定空白值的影响

综上可知，重结晶可以显著提高过硫酸钾的纯度，降低总氮测定空白值。

2.3　重结晶过硫酸钾对总氮测定准确度的影响

分别使用凯信过硫酸钾试剂和经三次重结晶的凯信过硫酸钾试剂，配制碱性过硫酸钾溶液，并用其绘制标准曲线，结果如图3所示。

从实验结果可以看出，使用未经重结晶的凯信试剂所绘制的标准曲线斜率b为0.0041，截距a为0.0078，相关系数R仅为0.9913；使用经三次重结晶的凯信试剂所绘制的标准曲线斜率b为0.0086，截距a为0.0013，相关系数R为0.9999。未经重结晶的凯信试剂所绘制的标准曲线不符合HJ 636《水质　总氮的测定　碱性过硫酸钾消解紫外分光光度法》中相关系

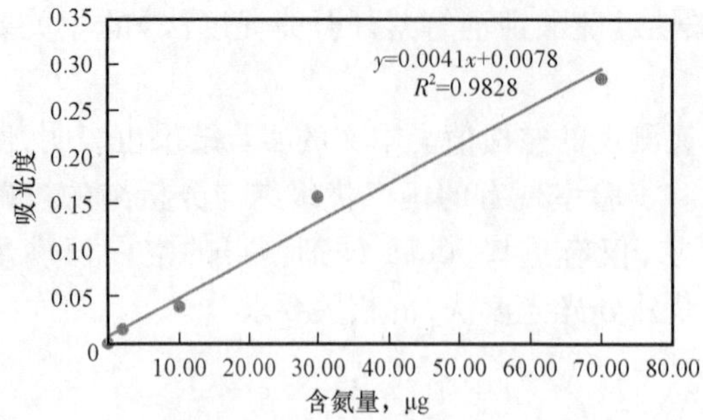

(a) 凯信试剂

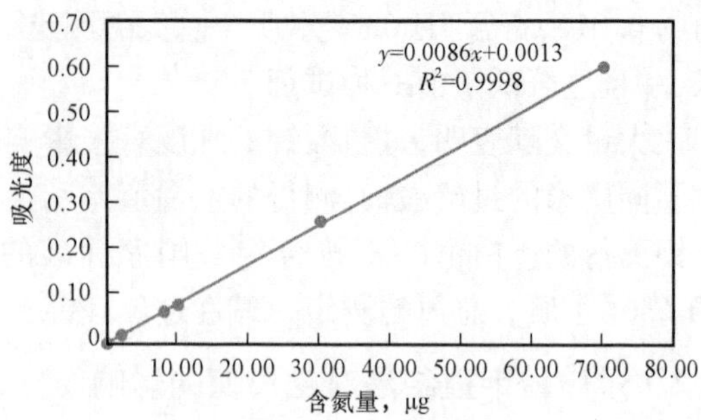

(b) 三次重结晶的凯信试剂

图3　过硫酸钾重结晶对总氮标准曲线的影响

数 R 大于0.999的要求，且斜率仅为重结晶试剂的一半，不适用于样品分析。而经三次重结晶的试剂空白值降至0.005，所绘制的标准曲线满足相关标准的要求。

使用经三次重结晶的凯信试剂测定浓度值为2.18mg/L（不确定度为0.14）的环境标准样品，通过控制样品的加入量，模拟高中低浓度样品，并将测定结果带入重结晶试剂绘制的标准曲线计算浓度值，实验结果见表2。从结果看出，无论样品中含氮化合物含量的高低，使用重结晶试剂测得的结果均处在标准值的不确定度范围内（2.04～2.32mg/L），测定结果的相对误差和相对标准偏差较低。可见重结晶不影响过硫酸钾的氧化性，并且能够提高总氮测定的准确度和精密度。

表2　过硫酸钾重结晶用于总氮测定的准确度

含氮化合物加入量，μg	测定结果，mg/L	相对误差，%	相对标准偏差，%
54.5	2.08	−4.6	1.0
27.2	2.20	0.9	0.4
5.45	2.18	0.0	1.9

注：所使用环境标准样品（总氮），样品编号为203244，浓度2.18mg/L，不确定度（$k=2$）0.14。

3　提高总氮测定准确度的改进措施

3.1　使用重结晶过硫酸钾试剂替代进口试剂

从图1可知，只有进口Fluka试剂的空白值满足HJ 636《水质　总氮的测定　碱性过硫酸钾消解紫外分光光度法》不大于0.030的相关要求，但进口试剂价格昂贵，价格高达4.8元/g。国产过硫酸钾试剂经过重结晶提纯，可以显著降低总氮测定的空白值。重结晶试剂每一级提纯的回收过硫酸钾的质量见表3，凯信试剂经过三次重结晶提纯可使空白值降至0.005，105g原始试剂经过三次重结晶得到干燥过硫酸钾试剂38.9g，回收率约37.0%。试剂三厂试剂经过两次重结晶可使空白值降至0.005，30g原始试剂经过两次重结晶得到干燥过硫酸钾试剂14.85g，回收率约49.5%。

表3　过硫酸钾重结晶回收率

试剂厂家	原试剂质量，g	一次重结晶质量，g	二次重结晶质量，g	三次重结晶质量，g	回收率，%
凯信	105.00	83.24	58.88	38.90	37.0
试剂三厂	30.00	22.42	14.85	—	49.5

国产过硫酸钾试剂约0.4元/g,经过两次重结晶,回收率以49.5%计算,重结晶后的试剂成本为0.81元/g;若经过三次重结晶,回收率以37.1%计算,重结晶后的试剂成本为1.08元/g。无论重结晶两次还是三次,都比进口试剂4.80元/g经济得多。按年使用过硫酸钾500g(1瓶),国产过硫酸钾需要重结晶3次计算,相比于进口过硫酸钾,重结晶过硫酸钾年可节约试剂成本1800元左右。

3.2 实验条件的控制

(1)在总氮实验中要控制空白值小于0.030。使用经重结晶提纯的过硫酸钾试剂可以控制空白值在标准要求范围内,配置好的碱性过硫酸钾溶液在低温下保存于塑料试剂瓶,保存时间不超过7d。

(2)准确控制消解时间。消解30min既可使过量加入的硫酸钾分解,也可使各种形态的含氮化合物转化为硝酸根的形式。消解过程对实验准确度影响较大,建议开始加热至温度升至96℃以上,排尽锅内冷空气后,关闭安全阀,开始消解过程。

(3)测定未知浓度样品时,合理确定样品取样体积和稀释倍数,使样品浓度在校准曲线最大浓度的30%~70%范围内,测定结果更准确。

4 结论

通过使用重结晶提纯后的国产过硫酸钾试剂,同时优化并严格控制总氮测定的实验条件,可以降低总氮测定的空白值,提高总氮测定的准确度,进一步加强玉门油田环境监测中心对总氮的监测能力,夯实玉门油田总氮排放超标的预防控制,消减总氮超标可能引起的环境风险。

参考文献

[1] 叶玲,胡明娟. 总氮测定中空白吸光值的控制方法[J]. 污染防治技术,2016,29(4).

[2] HJ 636—2012 水质 总氮的测定 碱性过硫酸钾消解紫外分光光度法[S].

[3] 潘忠成,李敏. HJ 636—2012 测定总氮时影响空白值因素分析[J]. 环境工程,2016,34(1).

[4] 董纪珍,宋莹,李建坡,等. 测定总氮时影响空白吸光值的因素[J]. 光谱实验室,2006,23(4).

[5] 黄玲,章方扬. 总氮测定中空白值的影响因素及其控制方法[J],中国无机分析化学,2016,29(4).

[6] 陈英. 分光光度法测定总氮的准确度研究[J]. 环境科学与管理,2017,42(2).

油气田企业作业许可管理存在的问题及改进措施

范　良　赵国安　唐培林

（中国石油浙江油田公司　浙江省杭州市）

摘　要　油气田企业针对高风险作业普遍采用的作业许可管理方法仍存在较多问题。浙江油田针对以上薄弱环节，从明确职责、优化票证、强化培训、提高工作前安全分析质量、严格现场监管、建立持续改进机制等方面制订落实改进措施，通过两年的运行，作业许可管理水平明显提升，高风险作业风险得到有效管控。

关键词　油气田　作业许可　问题　改进措施

石油天然气行业属于高风险行业，生产场所普遍存在高温高压、易燃易爆风险。各油气田企业高度重视安全生产工作，投入了大量人力物力。针对生产建设过程中非常规作业、非计划性检维修、吊装、动火等高风险作业，油气田企业普遍采用作业许可管理，希望能够实现风险受控。作业许可制度是一项系统化的管理制度，它由一系列相互关联的要素组成，而不是仅指作业票本身。只有通过认真准备，严格落实作业许可的各项要求，才能实现其对风险控制之本质目的。对油气田企业 2000 至 2018 年 114 起工业生产安全事故进行统计分析，其中有 56 起事故是由于作业许可管理不到位造成的，占比达到 49.1%。生产安全事故数量和人员伤亡人数虽逐年下降，但远没有得到有效遏制，急需进一步提高作业许可管理效率。

1　作业许可管理存在的主要问题

对油气田企业 56 起工业生产安全事故原因进行分析，并结合浙江油田公司实际，作业许可管理主要存在以下五方面问题。

1.1　将作业许可证当开工令来使用

没有把作业许可真正当作风险管控工具，而是当作开工许可令来使用。在作业开始前才到现场去"办票"，才开始填写工作前安全分析表、安全措施落实表等，往往出现安全风险分析不到位、现场措施不到位。

1.2　直线管理不到位

将作业风险管理推向基层，直线管理部门责任不落实，没有做到"管工作管安全，管业务管安全"，对方案审批流于形式，没有同现场实际相结合，没有严格审查现场安全措施制订是否符合要求，使风险控制措施流于形式。

1.3　培训管理不到位

对制度要求不熟悉，没有按照制度要求履行作业许可职责。公司组织对作业许可进行了多次培训,但没有覆盖到全部人员。各单位由于师资力量的不足,无法将相关制度的新要求进一步宣贯。尤其是在承包商队伍发生大幅变化和更新后,部分单位仅仅是将制度发给承包商队伍,没有对承包商开展针对性的培训。

1.4 现场风险管控不到位

各级监督、管理部门对作业风险管控环节关注不够,忽视了方案或工作前安全分析是否符合作业现场实际,安全措施是否落实等关键环节,对作业许可监督管理重心放在票证填写上,造成各单位在填票、签字上下功夫,偏离了作业许可管理的初衷。

1.5 多种风险管控方法同时使用

五想五不干风险控制卡、工作前安全分析表及作业票证上的风险管理三种风险管控方法的核心都是作业风险识别和控制措施制订。目前存在重复记录,没有充分发挥三种方法各自的优势,需要将三种记录表格进行整合和优化。

2 作业许可管理改进措施

为进一步规范作业许可管理,需着力解决相关人员职责不明确、方案审批流于形式、作业风险辨识不全、安全措施无针对性、作业许可培训不到位、多种风险管控方法没有有效整合等问题,消除管理漏洞,确保作业风险受控。2016 年 11 月,浙江油田公司全面调研各单位作业许可管理现状,针对管理漏洞,提出针对性解决措施,于 2017 年 3 月印发实施新版作业许可管理制度,经过两年的运行,作业许可管理成效明显,实现了安全生产。主要从以下八个方面采取措施来实现高风险作业风险受控。

2.1 明确业务部门、生产单位及相关人员职责

生产运行、基建、工程技术等两级业务部门根据管理权限,按分级管理要求,组织审查、审批业务管理范围内作业方案,督促落实各项控制措施;并指导业务分管范围内高风险作业管理目录的编制工作。生产单位对参与许可作业的本单位及承包商人员“七类人”(作业申请人、方案审批人、现场作业批准人、作业监护人、属地监督、气体检测人员、作业人员)开展作业许可培训和能力评估,并对合格人员进行授权,确保持证上岗。进一步明确实施许可作业关键人员履职条件和职责,如方案批准人应按照直线责任的原则确定,并具有提供、调配、协调风险控制资源的权限,由各级单位的分管领导、业务部门管理或技术人员担任。其主要职责包括:进一步开展危害识别和风险分析,审核工作前安全分析和作业方案,补充、完善安全措施,必要时可要求作业申请人与属地单位负责人再次到现场或亲自到现场核实情况等。

2.2 细化作业许可管理适用范围

明确公司所属各单位及其承包商,都要执行油田公司统一的作业许可管理要求和作业票证。生产单位可以结合生产实际,对危险性较小的,且有操作规程的高危作业(如高处、管线打开等作业、抽油机维护保养、更换煤层气管线流量计等),通过生产单位安委会讨论,经审批发布后,可不实行作业许可管理。公司产能建设工程中钻井、压裂、管道建设、场站建设等承包商可以自主办理作业许可证,生产单位不需审批作业许可证。

2.3 优化作业许可票证

对风险识别、安全措施确认、工作前安全分析、五想五不干等要求进行优化、合并,将“五

想五不干”风险控制卡、作业许可证上风险识别和安全措施确认部分均合并在工作前安全分析表（表1）上。优化后的作业许可证通过打钩选择的方式，既可以作为大票使用，也可以作为动火、动土等各种专项作业票证使用。避免了作业申请人、方案审批人、现场作业批准人等相关人员需要同时在多张票证上签字。现场作业批准人由确认作业许可证上的安全措施改为确认工作前安全分析表中的安全措施。作业单位、属地单位及方案审批人的风险识别和安全措施集中记录在工作前安全分析表上，减少不必要的重复性记录，同时有利于风险识别更加全面，安全措施制订更加有针对性，避免现场安全措施确认出现遗漏。在工作前安全分析表中增加了危害、控制措施、工具、环境、资质五方面内容，实现“五想五不干”与工作前安全分析的有机融合。作业许可证更加简洁明了，方便相关人员签字、确认。

表1　工作前安全分析表

<table>
<tr><td colspan="3">作业项目名称：</td><td colspan="2">对应作业许可编号：</td></tr>
<tr><td colspan="2">准备内容</td><td colspan="2">作业前准备情况确认要求</td><td>现场作业批准人确认</td></tr>
<tr><td colspan="2">人员资质</td><td colspan="2">特种作业人员\关键作业人员资质等</td><td>□</td></tr>
<tr><td colspan="2">工器具和劳保用品</td><td colspan="2">需要对什么样的工器具进行检查\确认，特殊劳保用品的检查确认</td><td>□</td></tr>
<tr><td colspan="2">作业环境</td><td colspan="2">是否需要隔离警示作业区域\气体探测\隔离能量源\天气情况等</td><td>□</td></tr>
<tr><td colspan="2">工作步骤</td><td>危害</td><td>控制措施</td><td>现场作业批准人确认</td></tr>
<tr><td rowspan="4">作业活动核心步骤</td><td>1.</td><td></td><td></td><td>□</td></tr>
<tr><td>2.</td><td></td><td></td><td>□</td></tr>
<tr><td>3.</td><td></td><td></td><td>□</td></tr>
<tr><td>4.</td><td></td><td></td><td>□</td></tr>
<tr><td>作业完成</td><td>清理作业现场</td><td>垃圾、废料环境污染，影响安全操作及通道</td><td>作业人员对场地进行清理（材料、工器具、撤除设备、垃圾）、属地人员验收</td><td>□</td></tr>
<tr><td rowspan="2">补充措施</td><td colspan="3">1.</td><td>□</td></tr>
<tr><td colspan="3">2.</td><td>□</td></tr>
<tr><td>分析人员签字</td><td colspan="3">作业申请人：　　　　现场作业批准人：　　　　方案批准人：
其他参与分析人员（应涵盖所有作业人员）：
月　　日　　时</td><td>现场作业批准人签字：</td></tr>
</table>

2.4　细化升级管理要求

在国家法定节假日、国家、地方和上级重大活动和会议期间，实行作业许可升级管理，并细化升级管理具体措施。即作业许可方案审批和现场审批上升一个行政级别，并实行“双人审批”制度，即原方案批准人应先审核方案并签字后，再报升级后的方案批准人审批；原现场作业批准人应先确认现场安全措施落实情况并签字后，再由升级后的现场作业批准人审批。两位方案批准人必须严格审查方案，确保风险识别全面，防控措施具体、有效；两位现场批准人必须到现场确认安全措施落实，严禁授权审批。作业单位必须设置专职监护人，属地单位必须全程旁站监督。所有交叉作业必须进行联合应急演练，作业现场必须安排专人统一指挥协调。公司及承包商业务分管领导要分层级对不同风险的许可作业实施现场指挥。结合实际，生产单位已固定的周六、周日正常上班，不实行升级管理，以减少不必要的升级管理，提高工作效率。

2.5 提高工作前安全分析质量

进一步加强工作前安全分析工具和方法的培训、指导，确保承包商单位现场负责人及相关人员熟练掌握。作业前要留有足够的时间开展工作前安全分析，如当天工期紧张，则提前一天开展工作前安全分析，保证分析质量。方案审批人必须严格把关，指出问题，修改完成后方可签字批准，并对方案审批人履职情况进行严格考核。

2.6 提高作业许可培训效果

修订完善作业许可标准化培训课件，避免遗漏关键管理环节。保证学习课时，每种专项作业培训时间不得低于1课时。严格作业许可培训考核，严肃考核纪律，杜绝作弊现象。考核不合格要重新培训考核，确保培训合格方可实施高风险作业。

2.7 严格作业现场监管

每项高风险作业属地单位指定一名属地监督，根据风险大小，对现场进行巡查或旁站监督。作业单位指定一名监护人员，全过程监护。生产单位结合实际，将各类高风险作业涉及的常规安全措施全部纳入监护记录，确保关键安全措施落实到位。公司监督中心每天收集各单位高风险作业信息，结合特殊天气、事故案例分析、典型违章分析等提出针对性预警措施，并指派监督进行现场巡查或视频监控，确保安全措施落实、风险可控，严肃查处违章行为。

2.8 建立持续改进机制

全面实施基层单位月审、二级单位季审、公司半年审三个层面的作业许可审核模式，促进作业许可管理持续改进。生产单位对作业许可管理审核存在的问题及时统计汇总，有针对性地编制培训课件，组织对出现的问题进行宣讲讨论，有效减少了类似问题重复出现。近三年体系内审，作业许可要素得分率逐年提高，2016年得分率为54%；2017年得分率为69%，2018年得分率为88%。

3 结束语

在中国石油天然气集团有限公司作业许可管理制度要求的基础上，结合油气田企业生产实际，明确职责、规范流程、细化措施，制订出符合企业管理体制实际的作业许可管理制度是高风险作业管控取得实效的基础。同时，提高作业许可制度执行力是关键。“七类人”必须各司其职，安全监管人员必须严格监管，业务部门必须落实直线责任，才能充分发挥作业许可管理的作用，实现零伤害、零事故目标。

参考文献

尚鸿志，刘玉东．国内外作业许可制度建立与实施的初步探讨[J]．中国安全生产科学技术，2012年，第8卷增刊．

VOCs治理工艺的运行风险与防范措施

王静丽　景合义　黄传龙

（中国石油独山子石化公司乙烯厂　新疆维吾尔自治区克拉玛依市）

摘　要　VOCs是挥发性有机化合物（volatile organic compounds）的英文缩写。随着环保对VOCs治理的重视，VOCs治理项目逐步建成投用。VOCs处理工艺正常操作时一般不会产生爆炸事故，但当有机VOCs废气浓度瞬间高于爆炸下限或运行温度达到其闪点时，就可能发生爆炸意外。本文主要探讨采用吸附浓缩+催化氧化组合工艺的VOCs处理工艺的运行安全问题及其预防措施。

关键词　VOCs　催化氧化　安全

引言

独山子石化公司的化工污水中存在的VOCs主要来自污水产生过程中夹带的挥发性污染物，特别是上游掺炼哈萨克斯坦原油，含硫量较高。来水中含有氨、苯乙烯、非甲烷总烃，这些污染物与污水处理产生的污泥、油泥混合散发出挥发性有机物，即VOCs。

净化水联合车间1#工业水场VOCs处理装置开工于2017年6月，是首套采用吸附浓缩+催化氧化组合工艺的VOCs处理装置。随着公司对VOCs治理的重视，依据VOCs浓度及其组分特点，陆续开工建设投用一批VOCs治理工程。2018年4月2#工业水场和固废处理场同时投用了该工艺处理单元。VOCs处理工艺正常运行时一般不会产生爆炸事故，但当有机VOCs废气浓度瞬间高于爆炸下限或温度达到其闪点时，就可能发生爆炸意外。近两年随着全国VOCs治理加快，因技术问题导致的VOCs装置着火爆炸也给企业VOCs治理蒙上了一层阴影。本文主要探讨采用吸附浓缩+催化氧化组合的VOCs处理工艺在运行中存在的安全问题及其预防措施。

1　VOCs处理装置工艺概况

净化水联合车间三套除臭单元的VOCs治理采用的工艺路线均为蜂窝活性炭吸附床—催化氧化再生法，设计处理量根据装置的臭气量及其浓度确定。

1.1　工艺原理

有机废气经风机抽送，经过蜂窝活性炭吸附层，有机物质被活性炭特有的作用力截留在其内部，处理后的气体达标排放；活性炭最大运行120h（根据VOCs浓度可适当调整吸附时间），活性炭吸附接近饱和状态时，切出吸附流程，有机物已被吸附浓缩在活性炭内。

催化氧化装置内设加热室，将吸附接近饱和状态的活性炭室停止吸附运行，启动脱附再生流程，通过循环风机作用，活性炭室与催化再生室形成运行回路，循环气进入活性炭室，当循环气的温度达到有机物的沸点时，有机物从活性炭内溢出，被带入催化室进行催化并分解成二氧化碳和水，同时释放出能量。释放出的能量又被利用以加热气流再进入吸附床进行脱附，此时加热装置完全停止或间歇性工作，有机废气在催化燃烧室内被氧化降解，最终达标排放，该过程实现了活性炭室内活性炭的再生，有机物得到深度催化分解处理成二氧化碳和水。

1.2 VOCs 单元工艺主体设备及流程示意图

(1) VOCs 单元主体设备简图如图 1 所示。

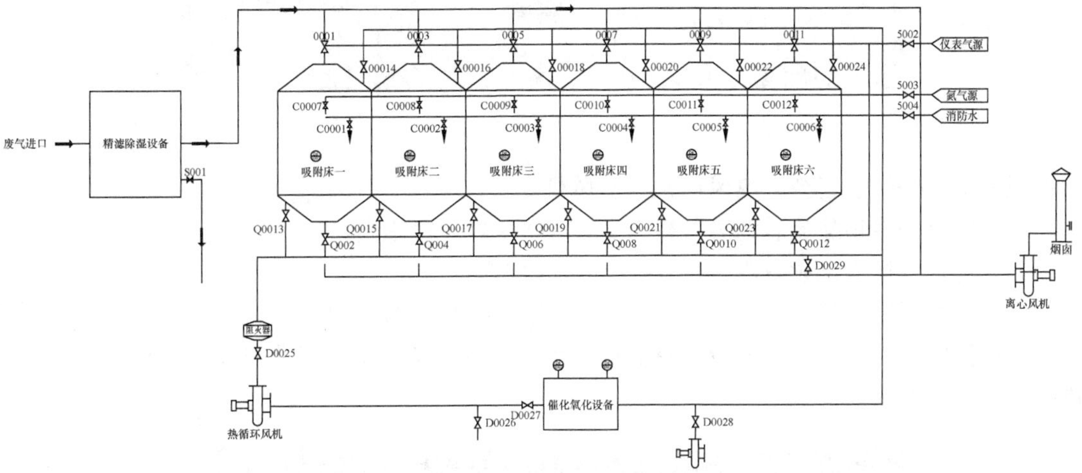

图 1　VOCs 单元主体设备简图

(2) 工艺流程示意图如图 2 所示。

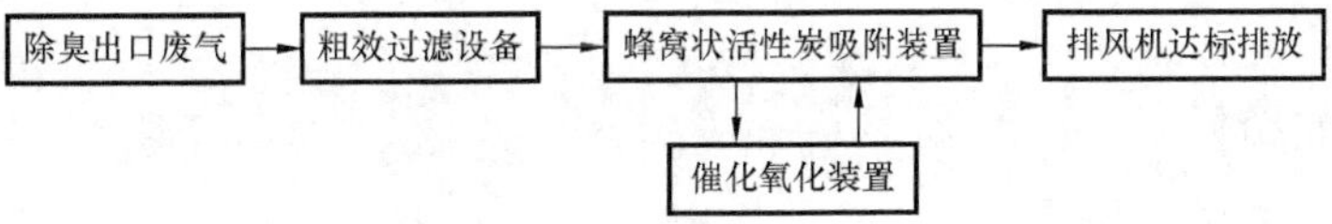

图 2　工艺流程示意图

1.3 VOCs 单元工艺特点

(1) 该设备占地面积小、重量较轻。吸附床采用类似抽屉形式结构，装填方便，更换容易。

(2) 采用新型的活性炭吸附材料——蜂窝状活性炭，其与粒（棒）状相比具有优势的热力学性能，且低阻低耗、吸附率高，极适合于大风量下使用。

(3) 催化燃烧室采用陶瓷蜂窝体的铂钯贵金属催化剂，阻力小，用低压风机就可以正常运转，不但耗电少而且噪声低。

(4) 催化燃烧装置的风量约是废气源风量的十分之一（具体根据浓度计算），同时加热功率维持时间为 1h 左右，节约能源。

(5) 吸附有机物废气的活性炭床，可用催化燃烧处理废气产生的热量进行脱附再生，脱附后的气体再送催化燃烧室净化，不需要外加能量，运行费用低，节能效果显著。

(6) 现场装置图片如图 3 所示。

(7) 具体的工艺流程叙述如下，VOC 吸附流程界面如图 4 所示：

——装置包括一套精滤除湿设备及 1#至 6#活性炭室、每组活性炭室内置 $10m^3$ 高效防水

图3　现场装置

活性炭块,一组催化氧化室、热风风机及新风机。

——原有的生物除臭后的废气接入新建 VOCs 处理设施内。

——进入精滤除臭设备内,进行废气过滤及除湿。

——过滤后的废气进入 1#至 6#活性炭室进行活性炭吸附。

——按照时间或者处理的废气指标的高低判断活性炭室是否吸附饱和,吸附饱和后切出进行催化氧化脱附。

图4　VOC 吸附流程

1.4　催化氧化室催化氧化脱附机理

(1)加热室为 16 组电加热棒,为脱附的活性炭室进行加温。

(2)加热室上部为催化室,由铂钯贵金属制成的催化剂颗粒,用于分解恶臭气体内的污染物质。

(3)催化氧化室设定 3 段脱附温度及时间,按照程序控制分别为 60℃、80℃、100℃温度下的脱附,脱附时间设为每一阶段 30min,需脱附的污染物气体可以在三个不同温度下进行脱附,不同的污染物可以在不同的温度下得到消减,同时,可以依据脱附效果及脱附时的污染物浓度对脱附的温度及时间进行更改,以保证脱附效果。

(4)脱附过程中脱出的废气依旧进入正在运行的活性炭室进行处理,未直排,因此可以有效地避免脱附时的高浓度废气直排引起的排放超标。

1.5 VOCs 单元运行方式及效果

(1)根据气量换算及进出口的污染物浓度,目前 VOCs 治理设施采取 5 室运行,1 室脱附备用的运行方式,活性炭室的脱附周期为 48h。

(2)目前运行效果及处理效率。

1#工业水场 VOCs 自 2017 年 6 月 28 日投用以来,根据污染物的浓度及排口污染物指标情况,运行脱附周期从 240h 调整至 96h,再调至 48h,活性炭室采用 5 运行 1 备用的运行方式,截至目前,运行情况良好,排放口指标持续达标;2#工业水场及固废处理场自 2018 年 4 月 26 日投用以来,根据进口污染物浓度及组分运行脱附周期在 48h 以内,活性炭室采用 5 运行 1 备用的运行方式,截至目前,运行情况良好,排放口指标持续达标。

图 5 为 2017 年 4 月至 2019 年 4 月 VOCs 治理设施投用前后 1#工业水场排口非甲烷总烃数据:

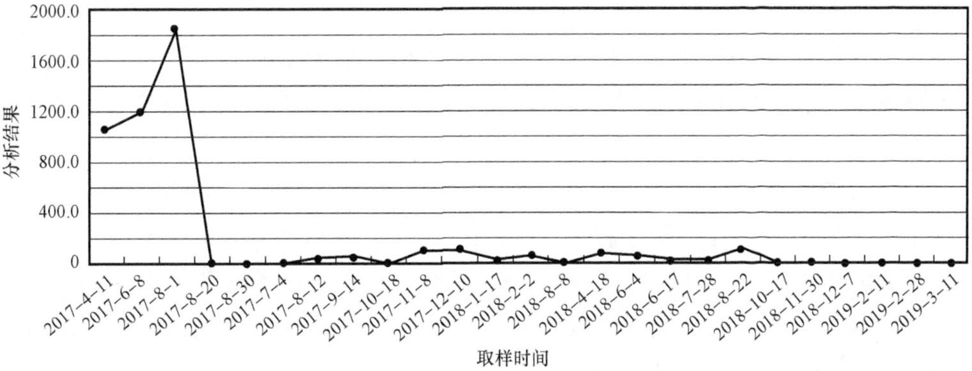

图 5　非甲烷总烃分析结果统计与趋势图

2 VOCs 处理单元风险因素分析

2018 年车间以双重预防机制的建立为契机,使用 HAZOP 分析方法对 VOCs 治理单元进行危害分析,识别运行过程中存在的风险,合理制订消减措施,有效降低风险,确保装置运行平稳。

2.1 爆炸风险

化学性爆炸,是在下列三个条件同时具备时才能发生:

(1)可燃易爆物(包括可燃性气体或者可燃性粉尘)。

(2)可燃易爆物与空气混合并达到爆炸极限,形成爆炸性混合物。

(3)可燃易爆物遇明火或者点燃条件下(有时是电火花等)。

结合本车间采用的蜂窝活性炭吸附床—催化氧化再生法处理工艺,只有在脱附阶段即催化燃烧装置运行时,才会有足够的热源和高浓度的挥发性有机气体产生爆炸风险。

2.2 着火风险

燃烧必须同时具备下列三个条件:有可燃物、有助燃物及点火源。

结合本车间的处理工艺,只有在脱附阶段即催化燃烧装置运行时,在脱附阶段较高温度的气体与吸附 VOCs 的活性炭有可能满足燃烧条件,形成着火风险。

3 VOCs处理单元的风险防范措施

3.1 设备方面对风险点的控制

3.1.1 设计和采用的设备及电器元件必须按照规范要求符合防爆等级

建立完善爆炸危险场所电气设备采购、安装、验收、使用、维护、检修、报废等管理制度，并严格检查落实。

3.1.2 电气设备安装方面控制防爆安全隐患

在爆炸性环境设备工程设计、选型、采购、安装、调试、验收、运行全过程，引入防爆专业检验/把关单位，由专业机构承担防爆专业把关工作，及早发现火灾及爆炸隐患，及早科学处理，把事故隐患消灭在萌芽阶段，把经济损失，人身伤亡降低到最小。

3.1.3 安装阻火器

如果VOCs设备本体产生着火爆炸，火焰可能传播到整个管网产生回火事故。为防止次生事故的发生，在催化氧化设备前加装阻火器。建议在初效过滤器后再加装一个阻火器来预防回火事故。

3.1.4 加强检查维护

要实行日常检查维护和定期专业检测检查制度，在检查维护时发现防爆电气设备因外力损伤、大气锈蚀、化学腐蚀、机械磨损、自然老化等原因导致防爆性能下降或失效时，应予检修。确保在爆炸危险场所配置的可燃气体探测报警器与粉尘检测仪在计量有效期内使用，一旦超标或报警，所有装置应立即停车检查处置。

3.2 工艺方面对风险点的控制

从工艺运行状态上分析，VOCs单元有六个仓室，保持五开一备的运行状态，吸附过程是连续运行的，停用活性炭室有五种工艺状态：停用、脱附预热阶段、脱附预热放空阶段、脱附阶段、脱附冷却阶段。经分析，停用状态及脱附冷却阶段存在的风险是极低的，脱附过程中有两个阶段存在较大风险隐患：

(1)脱附预热放空阶段。

(2)脱附阶段。

下面重点讨论吸附过程和脱附过程(预热阶段和脱附阶段)的工艺控制。

3.2.1 吸附过程中的风险点及工艺控制

VOCs单元在正常运行时(无检维修)都是有五个仓室连续进行吸附运行的，通过工艺概况分析，吸附是利用活性炭多微孔的吸附特性吸附有机废气，此时的风险隐患是仓室中活性炭的着火风险。在吸附运行时并无放热反应，所以要严格监控温度变化，如个别或全部仓室的温度有异常上升，一定要及时查找原因，确定异常发生的原因并采取相应的措施进行消减，直至指标恢复至正常范围；当温度大于120℃时，现场手动打开新水阀进行降温。

3.2.2 脱附过程中预热阶段的风险点及工艺控制

在预热及预热放空阶段，空气经过风机进入催化燃烧装置，加热空气温度并建立内部循环

(不经过仓室)，当系统温度达到设定温度时，打开放空阀放空。此阶段的危险源在于残留在催化燃烧装置的可燃性有机物通过加热而挥发聚集形成爆炸源，而建立的内部循环基本属于密闭状态，容易达到爆炸极限。虽然在脱附完成后，程序会进行冷却吹扫，将残留气体置换排出，但不可避免地会有吹扫死角和其他可燃性物质集聚的可能。

改进措施如下：

(1)将预热及预热放空两个程序合并，在预热阶段将放空阀留一定开度，防止可燃性有机物的挥发聚集。

(2)增加可燃气高报时氮气保护措施。

3.2.3 脱附阶段的风险点及工艺控制

脱附阶段，即脱附气流经催化床的燃烧机装置加热至300℃左右，在催化剂作用下起燃，燃烧后生成二氧化碳和水并释放出大量热量，该热量通过催化燃烧床内的热交换器，一部分用来加热脱附出的高浓度废气，另外一部分加热室外来的空气做活性炭脱附气体使用。达到热平衡后可关闭电加热装置，这时再生处理系统靠废气中的有机溶剂做燃料，在无需外加能源的基础上使再生过程达到自平衡循环。

在脱附过程中，被加热的活性炭会在短时间内将高浓度废气释放在系统中，这段时间可燃性有机物通过加热而挥发聚集会形成爆炸源，在此过程中，出现下列四种情况之一时必须立即停止脱附：

(1)活性炭室温度超过150℃。

(2)催化室或加热室超过350℃。

(3)活性炭室温度骤升。

(4)巡检时VOCs单元有异响或其他异常情况。

3.3 管理方面对风险点的控制

3.3.1 加强人员培训

对操作人员一定要加强培训，按“三懂四会”的要求和标准进行学习和考试，让员工充分认识VOCs装置运行中所存在的风险点源，并掌握如何控制运行风险并对异常情况进行判断和应急处理。

3.3.2 严格按照操作规程操作

要求操作人员必须严格按照操作规程进行操作，并严禁私自修改设定参数。建立完善的记录和监督检查体系，对VOCs装置运行状态的记录要确认并监督检查，对违反制度的员工进行再培训和考核。对操作过程中与操作规程不符的地方，应及时记录并汇报相关人员，严格控制相关操作。

3.3.3 严格落实双重预防机制

构建安全风险分级管控和隐患排查治理双重预防机制，识别VOCs装置运行中的安全工艺风险，以安全风险辨识和管控为基础，从源头上系统辨识风险、分级管控风险，努力通过操作、设备、工艺技术将风险控制在可接受范围内，防止运行中出现事故。对VOCs单元运行中出现的隐患一定要及时发现并处理，认真排查运行中出现的缺失、漏洞和风险控制失效环节，坚决把隐患消灭在事故发生之前。

4 结论

VOCs 单元整套吸附和催化燃烧过程由 PLC 实现自动控制，在现有废气运行情况下正常操作时一般不会产生爆炸事故，但当有机 VOCs 废气浓度瞬间高于爆炸下限且温度达到其闪点时，就可能发生爆炸意外。通过设备、工艺、管理三个方面的控制措施，明确其运行过程中存在的风险点源并做到精细的过程控制，可有效控制 VOCs 单元运行出现的风险，在安全平稳生产的同时实现污染物达标减排。

催化裂化装置异常工况下实现再生烟气环保达标排放的措施

刘爱民

（中国石油锦西石化公司催化气分车间　辽宁省葫芦岛市）

摘　要　催化裂化再生烟气环保排放指标主要有二氧化硫含量、氮氧化物含量和烟尘含量。催化裂化异常工况指的是催化裂化装置处于装置开停工过程、烟机和余热锅炉切除检修期间的工况。催化裂化装置停工过程保持烟机继续运行一段时间，起到调节余热锅炉入口烟气温度的作用。在烟机停机状态下和余热锅炉停炉状态下，利用烟机出口和余热锅炉旁路喷水减温系统，降低催化再生烟气的温度。这些措施都是为了防止再生烟气超温，保证再生烟气按照原有流程进入脱硝脱硫单元，实现再生烟气达标排放。

关键词　催化裂化　再生烟气　开停工　氮氧化物　硫氧化物　烟机　余热锅炉

引言

中国石油锦西石化分公司二套催化装置于 1987 年投产，2013 年改造后设计加工能力为 90×10^4t/a，包括 50×10^4t/a 的蜡油、30×10^4t/a 的大庆减压渣油和 10×10^4t/a 的焦化蜡油，再生器型式为前置烧焦罐完全再生。2013 年建成再生烟气脱硫单元，采用 Exxon - Mobil 公司的喷射式烟气脱硫工艺（WGS）。2016 年对锅炉进行改造，采用选择性催化还原法（SCR）脱硝工艺，增加烟气脱硝模块，脱硝床层催化剂为丹麦托普索（Topsoe）公司的波纹板式催化剂。脱硝单元由中国石油工程建设公司大连设计分公司进行设计，设计过程中增加余热锅炉旁路，并在烟机出口烟道和锅炉旁路烟道各增设一组喷水减温器，以便在烟机停机和余热锅炉切除时能够给烟气降温，防止烟气从老烟囱直排。二催烟机组为三机组，即烟机—主风机—电机，此外还有两台备用主风机，两台备用主风机加起来的负荷与烟机的主风机相当。再生压力由烟机入口蝶阀和双动滑阀分程控制。

GB 31570—2015《石油炼制工业污染物排放标准》中对催化裂化再生烟气的氮氧化物、硫氧化物、颗粒物和镍及其化合物等的一般排放限值和特别排放限值做了严格的限制。随着环保要求的提高，催化裂化再生烟气的达标排放关乎达标许可证的总排放指标完成情况和是否合法排放的问题。目前，正常生产时，催化裂化装置再生烟气经过烟气脱硝和脱硫单元都能满足催化裂化再生烟气的排放限值要求。但是在开停工及烟机或余热锅炉故障等异常工况下，如何保证催化裂化再生烟气达标排放仍然是企业面临的一个难题。

1　催化裂化装置异常工况再生烟气超标排放原因分析

1.1　装置停工过程再生烟气超标排放原因分析

再生烟气流程示意如图 1 所示，中国石油锦西石化分公司二套催化装置（以下简称"锦西二催化”）再生烟气经烟机和双动滑阀进入余热锅炉后，在余热锅炉 SCR 进行脱除 NO_x 处理，然后再进入 WGS 烟气脱硫的洗涤塔，除去 SO_x 和颗粒物。流程中保留了原未经脱硝和脱硫的老烟囱流程，但在正常生产时采用关闭蝶阀和封水封罐措施控制烟气不走老烟囱。

在催化装置停工过程中，为保证安全，当处理量降低到设计值的60% ~80%时，就会将烟机切除，开备用主风机。烟机停机后高温再生烟气直接进入余热锅炉，同时又因为反应降量造成外取热器发汽量减少，这就导致余热锅炉过热蒸汽温度超高，即余热锅炉过热管束超温。即使投用余热锅炉过热蒸汽喷水减温器，并将喷水阀及其副线阀全开，余热锅炉过热段温度仍然会超温。根据以往的装置使用经验，这时需打开余热锅炉旁路去原来老烟囱的蝶阀，放出一部分再生烟气才能满足锅炉过热段温度指标要求。然而这样不仅造成能源浪费，而且由于放出的再生烟气没有经过脱硝脱硫单元处理，其各项指标均超标。

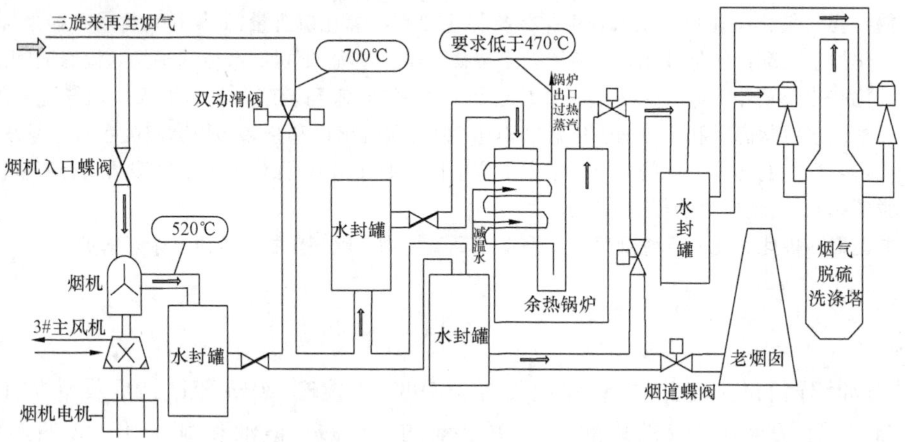

图1　再生烟气能量回收流程示意图

1.2　装置开工过程和烟机故障停机期间再生烟气超标排放原因分析

催化裂化装置开工过程中，为保证安全和长周期，烟机在开工平稳运行后才并入。高温烟气不经烟机直接进入余热锅炉，造成开工过程中余热锅炉入口温度出现超标。为防止超温，同样需打开锅炉旁路去原来老烟囱的蝶阀，放出一部分再生烟气才能满足锅炉过热段温度指标要求，这样也会造成再生烟气未经脱硝脱硫单元而直接超标排放。烟机因故障停机期间，也会由于同样的原因造成再生烟气超标排放。

1.3　余热锅炉故障停炉过程再生烟气超标排放原因分析

由于材质的限制，催化装置 WGS 烟气脱硫洗涤塔入口烟气设计温度为不大于300℃。而在余热锅炉故障停炉时，会造成500℃以上烟气经余热锅炉副线直接进入烟气脱硫洗涤塔。为防止超温，只能打开锅炉旁路蝶阀，走原来的老烟囱排放再生烟气，这样就停掉了烟气脱硫单元，因此造成了再生烟气未经脱硝脱硫单元处理，直接超标排放。

2　催化裂化装置异常工况下再生烟气实现达标排放的措施

2.1　催化裂化停工过程中的控制措施

在停工过程中再生烟气达标排放的控制措施就是，保持烟机继续运行一段时间，利用烟机入口蝶阀和双动滑阀调节余热锅炉入口温度在正常范围内，防止余热锅炉过热器超温，保证再生烟气正常进入余热锅炉进行脱硝后再去烟气脱硫，从而实现达标排放。

具体措施为：在停工过程中，备用主风机并入再生系统后，图 1 中的 3#主风机（烟机主风机组）切除再生系统，此时停掉烟机—主风机—电机三机组中的电机，但不要关闭烟气入口蝶阀和闸阀，保持再生烟气继续经烟机带动 3#主风机运行，并保持 3#主风机出口处于放空状态。再生烟气经双动滑阀的温度为 700℃左右，经烟机后出口温度为 520℃左右。此时利用烟机入口蝶阀与双动滑阀来调节再生烟气入余热锅炉的烟气温度，可以防止锅炉入口过热蒸汽超温的问题。若锅炉入口过热蒸汽温度高，则开大烟机入口蝶阀，关小双动滑阀；若锅炉入口过热蒸汽温度低，则关小烟机入口蝶阀，开大双动滑阀。

这种措施有以下几方面优点：

（1）调节过程中能够同时保持再生压力恒定。

（2）可以控制余热锅炉过热蒸汽温度在正常范围内，则锅炉出口蒸汽不致因温度过低而切除放空或减压。

（3）再生烟气不必经过老烟囱超标排放，烟气可以不走老烟囱，按原烟气流程进入脱硝脱硫单元，实现了再生烟气达标排放。

（4）减少了很多停工过程中的不必要操作，不需要撤老烟囱水封、开老烟囱的蝶阀等，内操调节烟机入口蝶阀和双动滑阀即可实现。

2.2 烟机停机期间的再生烟气环保指标达标控制措施

为满足在烟机和余热锅炉切除状态下实现催化裂化再生烟气环保指标达标控制，锦西二催化利用 2016 年大检修机会，由中国石油工程建设公司大连设计分公司设计，增加余热锅炉旁路，并在烟机出口入锅炉水封罐前烟道和余热锅炉旁路烟道分别增加一组除盐水喷水减温设施。每组喷水减温器设计最大喷水量为 8t/h，并设有温控阀，流程示意如图 2 所示。

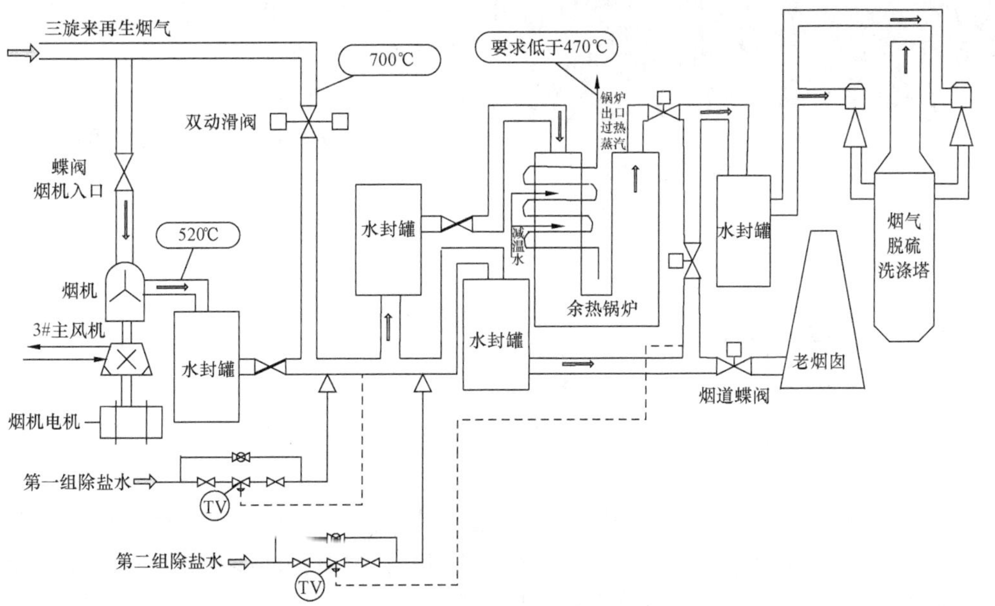

图 2　再生烟气余热回收烟道喷水控制流程示意图

在停烟机期间，只投用图2中第一组除盐水，通过控制余热锅炉入口烟气温度就可以实现控制余热锅炉过热蒸汽温度的目的。同时，可以较好地控制锅炉SCR脱硝反应器温度在350℃左右，有效避免了烟机停工期间由于锅炉入口烟气温度过高导致烟气去老烟囱不能达标排放的问题。同样的方法，用于开工过程烟机没开时的再生烟气达标排放控制。

2.3 余热锅炉切除期间的再生烟气环保指标达标控制措施

一般情况下WGS烟气脱硫入口温度设计值在300℃左右，在余热锅炉出现泄漏、堵塞等故障停炉期间，也可以利用图2中第二组除盐水喷水控制再生烟气去烟气脱硫的温度满足设计要求。这样就有效避免了因再生烟气入烟气脱硫温度超高而造成再生烟气走老烟囱超标排放的问题。

余热锅炉停炉期间，由于SCR脱硝单元停，为了保证停炉期间的氮氧化物合格，需提前在再生器加入脱硝助剂，并且脱硝助剂需占两器催化剂藏量的2%左右，这样对于完全再生催化裂化装置，其再生烟气的氮氧化物能降到标准状态❶下50mg/m^{3}以下。

3 增设烟道喷水减温的注意事项

(1)使用软化水作为减温水。软化水能有效防止喷嘴处结垢堵塞。

(2)使用反吹风防止减温喷水的喷头堵塞和软化水管线腐蚀。由于再生烟气中含有粉尘和SO_x，因此容易造成烟道喷水的喷头堵塞和软化水管线的露点腐蚀。喷头前设置反吹风并加孔板，在平常不喷水时，虽然消耗一定量工业风，但可有效预防喷头堵塞和软化水管线腐蚀。

(3)喷头安装方向能够顺着烟道流向进行喷流，这样流场均匀，降温均匀。

(4)烟道减温水需设计布置在水封罐前，如果出现喷水过量情况，水可以进入水封罐排出(图3)。

图3 再生烟道喷水减温系统现场图

4 实施效果

4.1 停工过程实施效果

由于2016年停工前锦西二催化还未上SCR脱硝，因此在再生器加注一氧化碳脱硝助燃剂来控制再生烟气的氮氧化物含量，一氧化碳脱硝助燃剂占藏量约2%，可以将再生烟气的氮氧化物含量降低到标准状态50mg/m^{3}以下。

2016年9月锦西二催化停工过程中，处理量降到90t/h时，并入1#、2#备用主风机，切除烟机组的3#主风机，将3#主风机改为放空，停烟机电机。此时，反应岗位内操通过调节烟机入口蝶阀和双动滑阀的开度，控制余热锅炉入口3.5MPa过热蒸汽温度在430℃左右，一直处于

❶ 本文所说的标准状态是指烟气在温度为237K、压力为101325Pa时的状态。

过热状态，同时控制再生压力平稳，再生烟气全部经锅炉进入烟气脱硫单元实现达标排放。调节方法：若是余热锅炉入口过热蒸汽温度高了，开大烟机入口蝶阀同时关小双动滑阀保持再生压力不变，降低余热锅炉入口温度；若是余热锅炉入口过热蒸汽温度低了，则开大双动滑阀同时关小烟机入口蝶阀保持再生压力不变，提高余热锅炉入口温度。直到烟机入口蝶阀全部逐渐关闭，而双动滑阀全部打开，此时烟机停。整个过程装置内的 3.5MPa 蒸汽未放空或经减温减压器进入 1.0MPa 蒸汽系统，而且再生烟气全部进入余热锅炉和烟气脱硫系统，再生烟气实现达标排放。利用烟机入口蝶阀和双动滑阀调节余热锅炉入口烟气温度，确保再生烟气按照原有流程进入脱硝脱硫单元，实现再生烟气达标排放（图 4）。

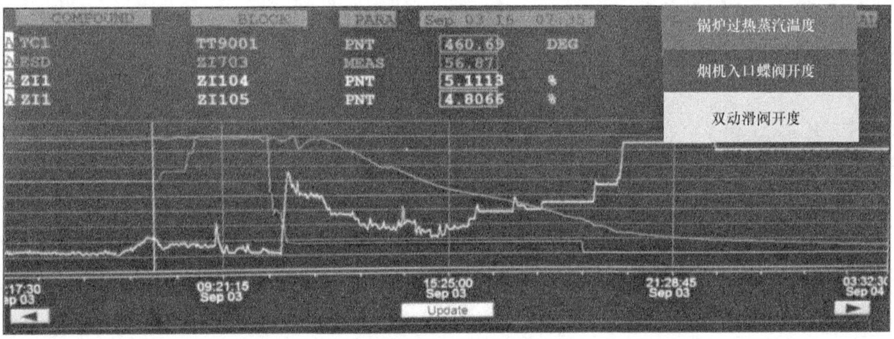

图 4　2016 年锦西二催停工时 DCS 曲线图

降量阶段，烟机入口蝶阀开度由 57% 逐渐开大到 97%，双动滑阀由 5% 关小逐渐到 1.5%，保证锅炉出口 3.5MPa 过热蒸汽温度平稳在 460℃附近。处理量 68t/h 时，锅炉过热蒸汽流量 23t/h，高温过热器减温水开 21%，锅炉出口过热蒸汽温度 460℃（上限指标为 470℃）。直到切断进料 3h 后，锅炉 3.5MPa 过热蒸汽出口温度仍然保持 390℃（下限指标为 380℃）并始终与系统贯通。

4.2　烟机停机期间实施效果

锦西二催化在 2018 年 4 月 2 日至 2018 年 4 月 20 日期间，由于烟机振动高，停机检修，期间投用图 2 中第一组除盐水，如图 5 所示。喷水控制阀（TIC1315 OUT）开度 29% 左右，控制烟气入余热锅炉温度（TIC1315）在 556℃左右，余热锅炉过热蒸汽温度（TT9001）较平稳地控制在 429℃左右。为防止汽轮机结盐，余热锅炉过热蒸汽减温水未投用。同时，SCR 脱硝反应器温度在 350℃左右，再生烟气全部经脱硝和脱硫实现达标排放。

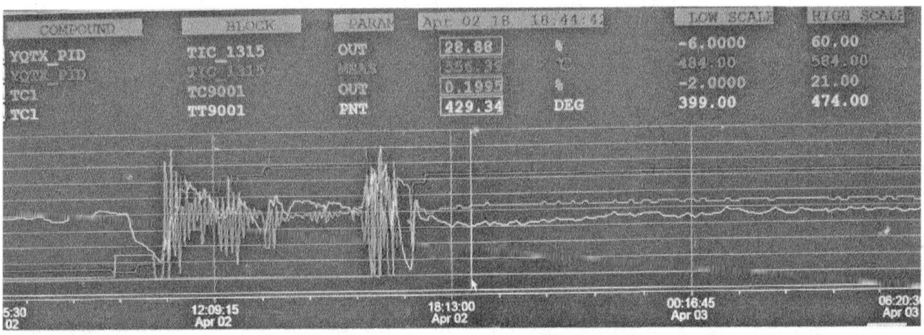

图 5　2018 年 4 月 2 日锦西二催化停烟机时 DCS 曲线图

5 小结

(1)催化裂化装置停工过程,虽然烟机主风机切除系统,但要保持烟机继续运行一段时间,实现利用烟机入口蝶阀和双动滑阀控制再生烟气入锅炉温度的目的,从而保证停工过程再生烟气走正常流程实现达标排放。

(2)在烟机停机状态下和余热锅炉停炉状态下,利用烟机出口和余热锅炉旁路喷水减温系统,降低催化再生烟气的温度,保证再生烟气按照原有流程进入脱硝脱硫单元,实现再生烟气达标排放。

(3)在余热锅炉停炉期间需使用脱硝助燃剂或脱硝助剂来实现再生烟气氮氧化物的达标排放。

论应急预案的模块化思维

唐新明　钟明筱　雷　涛

（中国石油克拉玛依石化有限责任公司炼油第二联合车间　新疆维吾尔自治区克拉玛依市）

摘　要　建立健全应急预案的管理机制和体系，能有效地提高企业迅速合理处理生产过程中紧急情况和突发事件的能力。新时期的应急预案内容复杂多变，如何有效地开展应急预案培训，准确地运用应急预案，成为一大难题。“它山之石可以攻玉”，本文在应急预案中引入模块化思维，尝试利用模块化管理的简化性、灵活性、延展性实现应急预案的优化运用，最后通过实际演练进行验证，收到了良好的效果。

关键词　应急预案　演练　模块化　管理

引言

近年来石油炼化企业安全事故事件频发，已经严重地影响、制约了企业的生产和发展。石油炼化行业由于自身的高危险性，生产的连续性及长周期性，决定了其突发事件的发生频率较高，危害性也较大。准确有效的应急处置在事件控制、减少损失、降低影响方面起着极为重要的作用。因此，建立健全应急预案的管理机制和体系，切实有效地提高企业快速合理处置生产过程中紧急情况和突发事件的能力，已成为日常安全管理的重要组成部分。然而，随着经济发展和技术进步，炼化装置的规模越来越大，温度、压力等各项生产参数指标越来越高，工艺操作越来越精细化，应急预案的内容也随之增多，变得更为复杂。例如 120×10^4 t/a 加氢改质装置应急预案中，针对各种不同突发情况的应急操作卡多达 29 份。操作工需要在有限的时间内学习这么多的应急操作并熟悉掌握，无形中大大增加了人员负担，应急处置的效果也令人堪忧。如何让人员熟悉应急预案内容，熟练掌握各种不同情况下的应急操作，在实际操作中准确应对而不混淆，成为新的问题和挑战。

1　模块化理论

“模块”是指“半自律性的子系统，它可以通过和其他同样的子系统按照一定的规则相互联系并构成的更加复杂的系统或过程”。模块化是指解决一个复杂问题时自顶向下逐层把系统划分成若干模块的过程，有多种自有属性，分别反映其内部特性。而把复杂的系统分拆成若干能够独立执行的不同模块，然后通过不同模块之间动态整合实现系统扩展变化的运作模式，则称之为模块化管理。模块化管理是一种将复杂系统分解为更好管理的模块的方式。它是产业组织领域中较为新颖的应用课题，并取得了重大发展，具有革命性的意义。

模块化管理能够化繁为简，与解决应急预案现阶段问题的思路不谋而合，因此可以尝试将模块化思维带入应急预案的管理之中。适宜采用模块化组织方式的系统一般有如下三个特征:结构复杂、同步操作和不确定性。将应急预案演练与此对照可以发现:应急预案较之过去,其结构和内容都更为复杂;应急预案演练中的操作需要应急人员分工协作,各司其职,而不同人员之间的操作是同步进行的;针对不同突发情况的应急操作卡之间处于并行关系,其中的应急操作各不相同。故而应急预案演练完全符合前面提到的三个特征,而这也正是模块化能最大限度发挥作用的方面。

2 应急预案的模块化构想

首先,对应急预案自上而下进行拆分,找出范围合适的单元模块。从顶层开始看,应急预案中各项应急操作卡都是针对特定的典型问题,之间相互独立,没有太多的关联性,缺少模块之间整合的接口。接着往下一层分析,应急操作卡内部也只是简单地将操作划分为:初期应急处置阶段、工艺处置阶段和收尾阶段。范围较大,内容驳杂,无法发挥模块的作用。继续向下,在应急操作卡每一阶段内的很多操作都是并行的,各部分操作交织在一起,难以划分开来。从正向很难进行系统拆分,因此尝试进行逆向推导。应急处置目的是让突发事件的影响得到控制,最终使现场处于一种相应稳定的状态。从应急处置后的结果分析,不同的稳定状态都有与之相对应的操作,因而可以通过最终稳定状态来拆分对应的应急操作。还是以 120×10^4t/a 加氢改质装置应急预案为例,分析其所有的应急操作卡,归纳出该加氢改质装置应急处置后分为五类稳定状态:(1)装置大循环。(2)反应系统热氢循环,分馏系统循环。(3)反应系统停工,分馏系统循环。(4)反应系统热氢循环,分馏系统停工。(5)装置全部停工。

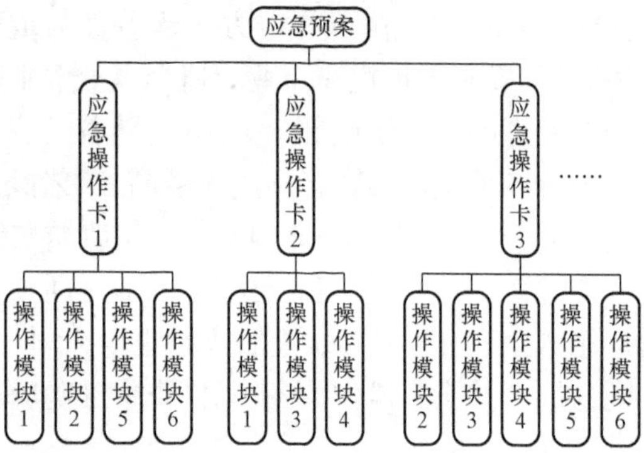

图1 应急预案模块结构关系示意图

进而对比不同应急操作卡中得到相同稳定状态的具体处置动作,发现这一部分的内容和步骤是完全相同的,这些应急处置动作相互关联并且顺序固定,形成了一个稳定的操作组合。这些操作组合自成一体,相对独立,符合模块划分的定义,由此可构建为子模块,模块结构关系如图1所示。

由此类推,最终将应急处置可拆分为以下几大模块:(1)降温降量操作。(2)防止反应器飞温操作。(3)改大循环操作。(4)停原料操作。(5)改分馏循环操作。(6)停分馏侧线操作,煤油系统停工。(7)辅助系统停用。(8)冬季防冻保温措施。(9)人员中毒、受伤救援。(10)对外联络、报警。(11)非装置相关人员疏散,装置内巡回检测警戒,消防车、救护车引导对接。

拆分后的模块是否合理适用,可以再反过来整合成系统进行验证。在设计应急预案时,运用这些模块,先针对具体的突发事件对应选择应急操作模块,再按照现场轻重缓急的需要进行顺序排列,然后相互组合,若是遇到具体的设备泄漏情况,再相应地增加泄漏现场检查确认,泄漏点隔离、前后流程切断操作,即可构成一套完整的应急操作卡。

最后,利用模块组合的灵活多变特性,当遇到新的突发事件时,实时调用各个模块再辅以一些针对性的操作,即可实现应急预案的扩展。

3　应急预案演练模块化的实际应用

$120\times10^4t/a$ 加氢改质装置一直开展以班组为单位的应急预案演练，每季度拟定一个主题，因此将模块化的应急预案带入实际演练中进行验证。

3.1　模块化应急预案的培训

从内容上，29 份应急操作卡拆分为 11 个应急操作模块，人员需要掌握的应急操作得到了很大程度的合并简化，减少了记忆负担。单个模块内部定义完整，条理清晰，操作参数和步骤相对固定，可以单独提出来反复进行模拟学习，有助于人员加深印象，形成条件反射，从而提高应急响应的熟练度和准确性。每个模块都是包含有内操、外操等多个人操作的组合，在学习模块内的操作配合时，可以提升人员之间的默契程度，同时逐渐了解其他人的操作，在需要时也可以实现人员相互替换。

3.2　人员的分工协作

内操按照操作关联性可以分为：内操一负责反应部分监盘操作；内操二负责分馏部分监盘操作。外操则按照装置内活动区间划分为：外操一组负责加热炉区、分馏平台和分馏泵房区域的现场操作；外操二组负责压缩机房、原料泵房及界区的现场操作；外操三组负责事件现场检查、人员疏散及救援、消防急救车辆引导交接、装置环境监测与警戒。班长通观全局、居中指挥，掌控应急进度，检查操作疏漏。由此可以看出，人员分工也是模块化的一种，若说应急预案的模块化是一种横向划分，那么人员分工则是纵向划分。两者相互交织、相辅相成，构建出一张结实致密的应急之网。

3.3　应急指挥

最后，在实际演练过程中，班长作为应急指挥，根据现场和监盘反映的情况进行分析判断，灵活调用各个操作模块。单个操作模块启动后，内外操各司其职，配合完成操作，然后反馈给班长。如此建立起高效的工作循环，顺利地完成了应急预案演练。通过应急预案演练的实践观察，可以清楚地看到应用模块化管理后的应急演练过程较过去更为流畅，人员跑位、操作也更为熟练准确，整个演练脉络清晰。内外操不再是简单地等待班长指令去操作，而是在班长指出的操作大方向下，主动相互配合完成相关的应急处置。同时，班长减少了细节工作安排的考虑，留有更多精力思考大局方向，推演预判事件的发展，为后续的工作提前做准备。总之，所有的应急人员对应急预案的理解都提高了一个层次。

4　结语

将模块化思维引入应急预案管理当中，能够很好地解决现阶段应急预案存在的诸多问题，极大地提升了应急预案的应用效果，增强了员工的应急处置能力，为突发事件的应急处置增加了一份保障。模块化管理为完善应急预案管理体系开辟了一条新思路，是一次有益的尝试。

参 考 文 献

[1] 青木昌彦，安藤晴彦编著，周国荣译．模块时代：新产业结构的本质．上海：远东出版社，2003.
[2] Kirk Knoernschild 著，张卫滨译．Java 应用架构设计：模块化模式与 OSGi. 北京：机械工业出版社，2013.

加油站废旧油罐惰化工艺研究

马东奎　龚　宇　王文华

（中国石油福建销售分公司　福建省福州市）

摘　要　加油站防渗改造是近几年销售企业的重点工作。在施工过程中，拆除旧油罐存在极大风险。2017年以来，福建销售公司对旧油罐处置开展研究，探索出一套“三段式”油罐惰化处理新工艺并付诸应用，保证了防渗改造过程安全，减少了油气排放污染，缩短了工期，节约了费用。

关键词　防渗改造　废旧油罐处置　惰化　极限氧含量　最大允许氧浓度

引言

按现行《加油站防渗改造工程施工指导手册》规定，旧油罐拆除前需要进行清洗和空气吹扫，油气浓度达到汽油爆炸下限10%以后再注入氮气，才具备施工条件。经实际测量，汽油罐内油气浓度大约在40%上下，空气吹扫会导致大量油气排空，环境污染严重；更严重的是，在空气吹扫过程中，随着大量空气补入，油气浓度下降，油罐内混合气体将进入爆炸极限，风险极大。由于防渗改造项目实施集中、工期要求短，因此必须采取特别措施控制风险。

1　惰化理论

1.1　燃烧三要素

根据爆炸燃烧三要素（图1）分析，抑制爆炸的方法有三种，即清除可燃物、控制点火源和抑制助燃物。其中，清除可燃物是常见的处理方法，控制点火源难度最大。可以认为抑制助燃物也就是惰化，在某些条件下是抑制爆炸的最好手段。

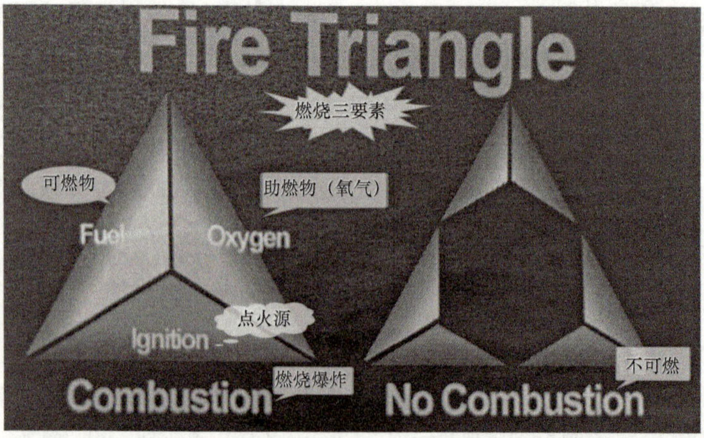

图1　燃烧三要素

1.2 工艺背景及目的

油品移库和直接空气吹扫油罐存在一定的危险，会导致爆炸性混合气的形成；油罐的清洗会产生大量含油污水，现场很难处理，且费用较高。

研究和实践表明，惰性气体对燃烧爆炸具有良好抑制作用，采用惰性气体对油罐内环境进行惰化置换处理，不仅效率高，而且安全性好。通流惰化置换是一个复杂的过程，涉及多组分的紊态扩散流动，影响因素复杂，对通流惰化置换过程的规律和机理的研究存在一定难度。文献表明，氧气浓度由初始浓度降到抑制燃烧所需氧气浓度14%时，是整个惰化置换过程的最危险时间段，需要加强对油罐内外环境的控制。

福建销售公司对汽油罐在安全移库后采用压力式惰化的方式进行，经过输入惰性气体进行正压条件下的充分混合，确保油气—空气—惰性气体处于安全的组成。

理论研究及实验表明，以 CO_2、N_2 为主的惰性气体是一种简单易得、性能良好的防爆抑爆介质。有学者基于化学动力学和湍流机制共同控制的二维湍流爆炸数学物理模型，对预惰化条件下采用90#汽油和庚烷配比作为油料开展油气爆炸过程深入数值仿真研究，在狭长受限空间计算结果分析表明：无惰性气体的抑制作用，火焰传播速度在受限空间中急速增加，并逐渐自持，形成稳定传播的爆轰波，将会造成较大的破坏后果；随着惰性气体的充入及其含量的不断增加，爆炸强度逐渐降低，压力峰值降低，且爆炸压力上升速率也大大降低，使上升到最大压力的时间延长，缓和了爆炸的发展或使爆炸变成缓慢的燃烧。

按照英国标准协会（BSI）提供的压力惰化效果理论计算方程［式(1)］：

$$c_n = c_i + (c_o - c_i) \cdot (p_1/p_2)^n \tag{1}$$

式中 c_n——n 次惰化处理后的氧气浓度；

c_i——惰性气体中的氧浓度；

c_o——油罐内原有含氧浓度；

p_1——较低的惰化体系压力值（绝对压力）；

p_2——较高的惰化体系压力值（绝对压力）；

n——充压/释压操作次数。

可以预估需要的升压降压循环次数，达到需要控制的氧含量，确保惰化油罐处于安全的状态。

2 油气惰化爆炸性实验室测试结果与操作分析

在实验室通过对体积分数为0%、5%、10%、15%、20%、25%的 CO_2 进行的测试，得到二氧化碳对油气—CO_2—空气组分的抑爆临界区间体积分数为20%～25%，因此取中间点23%作为二氧化碳检验浓度，测试当 CO_2 体积分数为23%时，不具有可燃和爆炸性的混合组分。推算出该配比组分情况下的氧气体积分数为15.12%，因此根据实验数据可以确定汽油油气，二氧化碳及空气混合组分的极限氧含量（LOC）为15.12%。

为弄清惰化处理工艺条件中存在的可燃气体对LOC的影响，通过测试固定氧气浓度（14%）环境下的 CO_2 对不同浓度的92#汽油蒸汽的抑爆效果，可以确认氧气体积分数为14%的汽油油气—CO_2—空气组分不具有燃烧、爆炸性，因此将14%作为修正后的LOC。

根据英国标准协会（BSI）惰化指南，建议汽油油气和二氧化碳及空气混合组分的工艺处理终点操作氧含量设定为7%以下，以确保工艺操作的安全。

在实际的惰化处理过程中，需要对油气—二氧化碳—空气混合组分的氧含量进行严格控制，以确保操作安全；按照惰化指南 CEN/TR 15281:2006《Guidance on Inerting for the Prevention of Explosions》，设定7%以下氧浓度控制是合适的。

在油气惰化预处理移库抽油的过程中，特别需要注意维护好管道法兰连接的密闭性，确保油罐油气浓度高于20%，注意非防爆设备不可在防爆区域操作，并进行有效的静电接地保护。

在油气惰化处理的操作过程中，需要对系统温度、压力及点火源严格控制，油罐压力的控制调节需要确保上游 CO_2 进罐压控阀门的密闭性。通过在油罐上设置独立的自保控制，在压力超高的情况下报警并切断 CO_2 来料是一个重要的保护措施，根据油罐设计压力，压力超高值设为8kPa是合适的。

3 油罐惰化处理工艺

在我国惰化标准尚未出台的情况下，中国石油福建销售分公司以英国标准协会(BSI)的 CEN/TR 15281:2006《Guidance on Inerting for the Prevention of Explosions》为参考，经过大量研究和现场试验，探索出一套"三段式"油罐惰化处理新工艺。

惰化前的安全移库是很有必要的，是开展惰化作业的前提。根据经验，当加油站停业时，汽油库存较多的油罐在常规移库时，随着油品的移出，吸入大量的空气，导致原来高于爆炸上限的油气浓度下降，有进入爆炸极限的可能。安全移库是指在油品进入油罐车的同时，将油罐车的油气再返回油罐，要通过测量确保罐内油气浓度高于20%。

(1)采用压力式三段惰化工艺，惰化剂使用液态二氧化碳，采用冷凝式油气回收，汽油油气和二氧化碳及空气混合组分的极限氧含量(LOC)确定为14%，最大允许氧含量(MAOC)为13%，惰化终点控制氧含量低于7%。

(2)工艺描述：第一阶段，将油罐使用气态二氧化碳加压到6kPa后停止，启动油气回收单元(VRU)，混合气经冷凝处理后排放，压力下降到0后启动下一一次加压过程，如此循环，直至氧含量达到10%停止；第二阶段，启动循环回收工艺，以90%回收效率计，油气浓度达到10%初始浓度后停止；第三阶段，启动二次惰化，重复阶段一，直至进入完全惰化状态(氧含量降到7%以下)。

根据压力惰化公式(1)，以15%初期氧浓度降到7%为例，约需要12个循环周期。

(3)油罐设置自保系统，当罐体压力达到(8kPa)时，自动切断 CO_2 进料，防止油罐超压；正压惰化方式使用了高动能的 CO_2 也有效地保证了物料的均匀混合。

(4)在 CO_2 不断补充下，汽油罐中混合气体(空气、CO_2、碳氢化合物)经油气回收单元(VRU)处理后排放，过程中氧含量逐步降低，到7%后停止，虽然汽油油罐中还有部分可燃气体存在，残存的油泥还有可能蒸发，但油罐已完全惰化，燃烧爆炸风险消除。

(5)为了识别加油站废旧金属油罐惰化处理工艺过程中氧气含量在操作中可能引起燃烧爆炸的风险，中国石油福建销售分公司委托厦门熙宝源化工技术有限公司进行了油气惰化爆炸性测试、工艺安全评价和 HAZOP - LOPA 分析，确定了极限氧含量 LOC，识别了惰化处理工艺条件中的最大允许氧含量 MAOC，并作为处理工艺控制参数的设定依据。此外，HAZOP - LOPA 共分析偏离21项，并提出了9条建议，并对后果较为严重的风险进行 LOPA 分析，确定了功能安全仪表回路应有的安全完整性(SIL)等级。

惰化完成的油罐，罐内混合气氧含量低于7%，不具备燃烧爆炸性，拆除油罐附件、盲板封堵、起吊、运输、切割全链条安全可控，节省了现场处置时间，也为污废集中处理提供了条件。

4 结论

目前，福建销售公司已在两百多座加油站防渗改造过程中实施了“三段式”油罐惰化处理工艺，效果符合预期。主要工艺优点如下：

(1)有效节省作业时间。由于无需再进行油罐清洗，实施惰化工艺后，油罐处置时间由原来单站清罐加氮气处理需要3d缩短到1d。

(2)有效减少现场油气排放。通过VRU装置将置换出来的油气进行液化，回收了约70%的油气，单站平均回收50kg，大大减少了油气排放污染。

(3)有效降低安全风险。装有残渣废油的油罐惰化后密封，消除了燃烧爆炸风险，为施工、运输、含油污废和集中处置创造了安全条件。

(4)有效降低成本。惰化处置较常规处理单站可节约费用1万元以上。

参考文献

[1] 李林成，刘余威等．油罐油气惰化置换实验研究[A]．中国油气管道安全运行与储存创新技术论坛(C).
[2] 陈思维，杜杨，薛楠．预惰化条件下油气爆炸的数值仿真研究[J]．系统仿真学报，2008，20(5).
[3] CEN/TR 15281:2006 Guidance on Inerting for the Prevention of Explosions(S).

安全管理对标世界一流能源企业的探索与实践

尚卫忠[1]　张永利[1]　邹明韬[2]　张　威[1]

（1　中油国际(哈萨克斯坦)公司　哈萨克斯坦阿拉木图市

2　中油国际中亚公司　哈萨克斯坦阿拉木图市）

摘　要　本文从安全理念、安全KPI、事故事件管理、从业资质、检查与审计等方面，对标世界一流综合性能源企业，切实揭示差异，实事求是地分析了安全管理各方面存在的短板，阐述了改进提升的努力方向。

关键词　安全管理　世界一流企业　对标

引言

近年来，国内很多企业在安全管理上取得了很大进步，一些企业已经开展了与世界一流能源企业的对标工作。但还需从以下几个方面进行改进，以实现通过对标持续提高安全管理水平的目的：

（1）进一步深入研究和分析世界一流能源企业安全KPI，避免对标趋于表面化和形式化。

（2）避免对标仅停留在对比LTIF、TRIR、FAR等关键指标数值大小上，忽视KPI指标的内涵；研究世界一流企业KPI值的合理区间，避免盲目地自我肯定。

（3）开展事故事件管理、从业资质管理、检查与审计、执行力、监督管理界面等其他各要素的对标。从而全面、科学地借鉴世界一流能源企业在安全管理和实践方面的先进经验。

本文抛开民族文化、地域文化、生活习惯、组织原则、用工机制、薪酬体系等无法更改或难以更改的因素，与世界一流能源企业安全管理实践对标，与当前国内石油企业的现行做法对标，分析产生关键性指标差距的原因，探索在安全理念、安全信息上报、主要管理人员安全从业资质要求、安全培训模式、全员执行力等方面存在的提升空间，梳理安全文化理念与KPI的关系，为提升企业的安全管理能力和建立合理的安全业绩考核机制提供科学的对标依据。

1　安全理念对标

安全管理的进步是安全管理全要素的提升，这需要不断破除对部分安全管理要素的理解和把握的误区和盲区，并对一些传统的安全理念和习惯做法进行彻底的优化或改进。通过对公司安全管理工作的梳理和总结，深入研究世界一流企业的安全管理实践，对差距较大的安全要素进行对标分析，找出安全管理工作的努力方向和改进方案，有效提升安全管理能力，助推安全管理进入可持续提升通道。

1.1　安全事故的分类标准

现行《生产安全事故报告和调查处理条例》（中华人民共和国国务院令　2007年第439

号)规定:造成3人以下死亡是“一般事故”。按此规定,“不以牺牲员工生命为代价的红线意识”将难于形成。通过与世界一流企业事故分类标准的对比,可以看出安全意识差距是明显的,还有很大的提升空间(表1)。

表1　安全事故的分类标准

世界一流企业分类(交通)		国内现行安全生产事故分级(包括交通事故)	
事故分类	分类标准	事故分类	分类标准
灾难性事故	任何导致公司、承包商和分包商一人或多人死亡的交通事故;任何公司、承包商、分包商所属车辆导致第三方一人或多人死亡的交通事故	特别重大事故	造成30人及以上死亡,或者100人及以上重伤,或者1亿元及以上直接经济损失的事故
重大事故	任何导致公司、承包商、分包商人员受伤,且严重到导致误工事件的交通事故;任何公司、承包商、分包商车辆的翻车事故	重大事故	造成10人及以上30人以下死亡,或者50人及以上100人以下重伤,或者5000万元及以上1亿元以下直接经济损失的事故
较大事故	任何导致公司、承包商、分包商人员受伤,但不足以构成误工伤害事件的交通事故	较大事故	造成3人及以上10人以下死亡,或者10人及以上50人以下重伤,或者1000万元及以上5000万元以下直接经济损失的事故
一般事故	任何公司、承包商、分包商车辆发生交通事故,导致急救箱事件;正在道路上行驶的车辆出现问题不能继续行驶;其他不足以构成上述后果的交通事故	一般事故	造成3人以下死亡,或10人以下重伤,或者1000万元以下直接经济损失的事故

1.2　安全事故的统计口径

世界一流企业安全事件、事故的统计范围包括公司、承包商、分包商及其他第三方。而国内一些企业的事故统计口径不统一,部分企业不包括承包商、分包商和其他第三方相关的事故、事件。境外中资企业的部分指标统计口径则仅局限于中方员工。

世界一流企业,具有对生命与安全一致的价值观,统一的安全意识。表现为从上到下的全员安全行为和安全习惯,对生命的敬畏,对员工生命的珍视,对安全工作的重视,对本职工作的尊重等。

安全管理既要强调“帽子”“位子”的威慑作用,也不能忽略基层员工在安全工作中的极端重要性。基层员工对“帽子”“位子”不感兴趣,甚至可能因对公司或管理的不满,产生希望发生事故从而更换现任领导的想法。致使未能形成统一的安全理念,不同的人对安全的理解不同。

2　安全KPI指标对标

安全KPI指标是安全事故、事件及其原因分析等安全数据的统计、分析与归纳,开展KPI指标统计分析的基础是安全事故、事件信息的如实、完整上报。按照国际惯例,安全KPI指标主要包括FAR、LTIF、TRIR和亡人事故发生概率等。一流企业统计口径、KPI指标数值内涵与中方控股企业存在较大差异,所以不能通过简单比较KPI数值的大小,判断一个企业安全管理绩效水平的好坏和安全管理能力的高低。

2.1 LTIF 对标

通过将欧洲、北美世界一流企业的 LTIF 数值范围与非洲、亚洲、中亚地区企业的 LTIF 对比，揭示 LTIF 数值大小无法直接反应安全管理水平的高低。只有做到安全信息 100% 上报率之后，比对 LTIF 的数值大小，才会具有判断一个企业安全绩效水平的价值。

欧洲 IOGP 企业 2013 年至 2017 年 LTIF 平均值为 0.8；北美洲为 0.47；亚洲为 0.16；非洲为 0.22；俄罗斯/中亚为 0.19。如果简单比较 LTIF 数值大小判断一个企业的安全管理状况，得出的结论显然比较荒谬。首先，LTIF 反映出一个企业的事故、事件的上报率，数值过低反映出该企业的误工伤害事件的上报存在漏报和瞒报现象；其次，北美和欧洲 IOGP 企业代表世界一流能源企业，也代表世界一流的安全管理水平，因此，可以认为就目前世界范围内，世界一流能源企业的 LTIF 合理区间为 0.4 ~ 0.8（表 2）。

表 2　分地区 LTIF 对比数据表

LTIF	2013	2014	2015	2016	2017
非洲	0.31	0.30	0.19	0.15	0.15
亚洲/澳大利亚	0.15	0.17	0.14	0.16	0.16
欧洲	1.02	0.81	0.70	0.71	0.76
中东	0.21	0.17	0.17	0.10	0.11
北美洲	0.74	0.39	0.41	0.40	0.39
俄罗斯/中亚	0.33	0.18	0.19	0.08	0.16
中南美洲	0.85	0.77	0.66	0.59	0.59
平均	0.45	0.36	0.29	0.27	0.27

因此，在统计分析本企业指标并与 IOGP 对比时，不能简单对比数值的大小，也不能因为本企业的 LTIF 数值比 IOGP 平均值低，就得出本企业安全工作比 IOGP 成员企业更加优秀的结论。首先看 TRIF 是否达到一流企业的区间值，安全事件上报率的可信度、真实性是否得到保证，这是开展 LTIF 对标的必要条件。

2.2 TRIF 对标

总可记录事件率更能真实反映出一个企业的安全事件上报率，通过比较不同地区 IOGP 成员企业的总可记录事件率，发现世界一流能源企业的 TRIF 的合理区间。

欧洲 IOGP 企业 2013 年至 2017 年 TRIF 平均值为 2.30；北美洲为 2.18；亚洲为 0.89；非洲为 0.76；俄罗斯/中亚为 0.61。同 LTIF 一样，不能简单地通过比较 TRIF 数值大小判断一个企业的安全管理状况。首先，可以看出欧洲、北美洲 IOGP 成员基本保持相对一致的 TRIF 值，处在 2 ~ 2.3。如果一个企业的 TRIF 大幅低于世界一流企业，甚至明显低于其他地区的 TRIF 平均值，说明其安全事故信息上报可能存在严重问题（表 3）。

表 3　分地区 TRIF 对比数据表

TRIF	2013	2014	2015	2016	2017
非洲	1.05	1.02	0.76	0.50	0.48
亚洲/澳大利亚	0.97	1.01	0.92	0.81	0.75
欧洲	2.58	2.58	2.22	2.07	2.07
中东	0.90	0.86	0.73	0.48	0.55
北美洲	2.58	2.40	2.13	1.84	1.96
俄罗斯/中亚	0.81	0.59	0.69	0.52	0.44
中南美洲	3.13	2.82	2.08	1.83	1.44
平均	1.60	1.54	1.21	1.03	0.96

就目前全球能源企业安全管理水平来看，安全管理能力越低的企业，其 TRIF 值就会越低，这与我们的直观认识背道而驰。如果一个企业的 TRIF 很低，首先要考虑该企业的安全信息上报是否存在漏报、迟报、瞒报的现象。

3　安全事故事件管理对标

3.1　安全事故事件上报

通过 KPI 指标分析可以看出，世界一流能源企业的安全事故、事件的上报率远远高出亚洲、非洲、中东地区企业上报率，这反映出后者的安全意识所停留的实际层次，且说明安全管理基础还比较薄弱。如何切实提高安全意识，实现安全事故事件上报率 100% 的目标，是企业管理层、企业管理者必须面对的严峻课题与挑战。

3.2　信息统计分析

选择性上报，导致安全信息统计失实。基于虚假安全统计数据的分析，难以形成有说服力的分析报告，难以形成科学有效、针对性强的指导意见。

3.3　事故资源管理

事故通报应该具有安全警示和事故事件本质原因分享的双重作用，千篇一律要求“举一反三”、立即开展安全大检查、短时间内上报检查结果等，导致形式作用大于实际意义。一些企业存在事故通报过于简单化和形式化的现象，不能揭示安全事故的本质原因，整改措施缺乏可执行性，强调行政处罚，轻视安全作业标准、规范的建立和落实，长治久安的目标因而难以实现。

4　安全从业资质对标

世界一流企业，按岗位制定安全从业资质要求或安全培训资质要求，统一标准，不分国籍。中方控股境外合资企业，中方管理岗既要参加当地法律要求的安全资质培训，也要参加中方要求的安全资质培训。而当地主要管理岗位人员只参加当地法律要求的安全资质培训，不参加中方组织的资格培训。安全从业资格要求的不统一，导致安全理念的不一致。由于安全管理能力存在差异，无法在联合公司安全管理过程中形成合力。

5 安全检查与审计对标

世界一流企业的安全审计与检查工作由专业人员、第三方专业咨询机构负责。部分国内企业习惯于组织行政领导带队的安全审计与检查，其专业性、合理性受到质疑。另外一个普遍现象，审核发现的问题全部归因于被检单位，没有对审核发现问题的原因和整改建议进行分类，如分为上级的、本级的、所属单位、基层单位的等。

6 安全执行力对标

一流企业的员工有统一的安全理念，对安全重视，对生命珍视与尊重，相信发布的安全标准规范将会完全贯彻执行，绝无例外。而部分国内企业在安全标准规范制度执行过程中有时会出现例外、特殊情况，“破窗效应”得以验证（图 1），从管理层到一般员工都不完全相信安全制度的严肃性和无例外性，安全生产执行力偏弱。

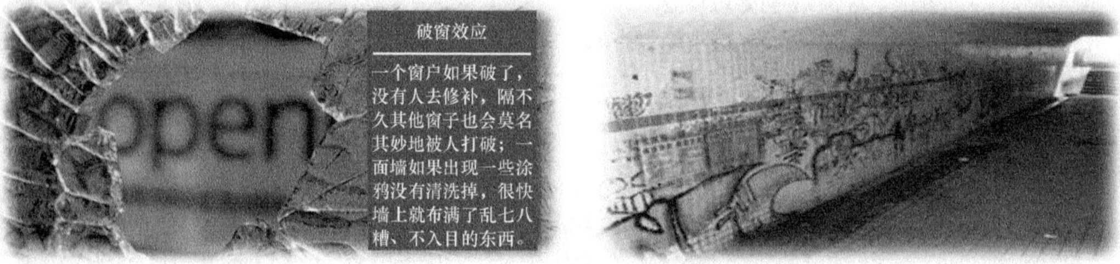

图 1　破窗效应

7 安全管理界面对标

7.1 监督管理、服务界面

部分企业安全监督、支持、考核等管理界面混乱，无所不管，又无所能管。考核不注重不同下属公司的具体工作计划和目标，上级部门与下属公司的管理范围重叠。安全管理业务相关文件的随意性大，临时性通知、机械式转发文件，将下达了通知等同于完成安全管理任务。上、下级单位管理监督的工作界限模糊，对所属单位生产经营过程中的日常性安全管理工作重复监督、审核，对下属单位实际安全工作缺乏针对性指导。

世界一流企业以专业化咨询服务代替大水漫灌式管理，监督管理和技术支持界限分明，专业有效。安全管理通过工作程序和操作标准实现，发现问题通过优化工作程序和作业标准来实现。发挥安全工作计划的严肃性和指导性，上级行政部门一般不对日常性安全工作发布行政指令。

7.2 法人治理

部分企业对不同下属单位采取一刀切式的安全监督、支持、考核机制，欠缺全面、针对性的分析，实施强加式或捆绑式服务，为了完成任务而开展支持服务。无法发挥应有的监督、支持优势。

世界一流企业，注重法人治理线管理。建议合资公司，小股权企业通过股东、协议、合同、章程等法人、法律治理线实施安全管理。

8 结论

安全管理的基础是实事求是的工作态度，需要正视自身安全管理工作的不足之处。通过与世界一流企业的对标，科学分析安全管理的短板，找准努力的目标和方向，认真学习先进的安全理念、理论和科学的管理方法，形成企业的安全管理改进方案（表4），不断提升企业安全管理能力和水平。

表4　安全管理要素对标一览表

对标要素	部分企业、项目	世界一流企业	改进方案
要素对标——安全意识			思考与实践
安全理念	帽子、位子；习惯和盲从文化	对生命的尊重和敬畏	建立全公司从上到下一致的安全理念
事故信息统计范围	公司、承包商	公司、承包商、分包商、第三方	公司、承包商、分包商、第三方
事故分类	特别重大、重大、较大、一般	灾难性、重大、较大、一般	引进国际通用安全事故分类管理
要素对标——KPI			思考与实践
LTIF、TRIF	形式主义的统计分析，数据与实际偏差较大，对数据的真实性欠分析考量，形成外行人不知所以，内行人不屑一顾的KPI统计结果，通过比较KPI值的大小，判断安全工作的现状	安全信息真实可靠，KPI反映公司的安全管理水平和管理能力；通过KPI的科学比对，准确判断一个公司的安全工作、管理状况	分析安全KPI的科学内涵，掌握世界一流企业KPI的合理区间值，开展KPI对标分析，发现与世界一流企业的真实差距，指导公司安全工作
要素对标——事故事件管理			思考与实践
安全信息的上报	迟报、漏报、瞒报形成习惯，选择性上报普遍，各级管理层习以为常，数据统计严重失实	如实上报安全信息形成一种工作习惯和责任，瞒报是企业零容忍事件	实施相应举措，确保上报的真实性，切实杜绝漏报、迟报和瞒报现象
信息统计分析	数据偏离实际，事故分析不深入，难以形成科学有效、针对性强的分析报告和指导意见	数据真实可靠，开展大数据分析，形成针对性强的分析报告和指导意见	研究推广事故事件SAP管理系统，形成科学动态研究报告，为公司决策提供依据
事故管理	“八股文”式事故通报，形式大于实际意义，很多不能揭示本质原因。强调行政处罚，轻视原因分析	强调资源分享，注重原因分析。安全专业人员的四项工作职责清晰明确：培训、咨询、审计、事故调查	利用信息化平台，加快分享速度，注重事故原因分析。明确安全管理人员的职责
要素对标——安全从业资质			思考与实践
安全从业资质	对于境内外企业区别对待，只要求中方管理人员，不要求管理人员，安全管理无法形成合力	不分国籍，统一要求标准，按岗位制定安全从业资质要求或安全培训要求	中方与联合公司岗位统一标准，按照岗位制定安全资质从业标准，取得安全培训资质
要素对标——安全检查与审计			思考与实践
安全检查与审计	审核发现分析不充分，审核发现全部归因于被检单位，没有对审核发现原因和整改建议进行分类，如分为上级的、本级的、所属单位、基层单位的等	专业的安全检查与审计，安全资格认证，上级单位不组织行政领导带队的安全审计与检查	充分发挥自有安全专家资源优势，引入第三方安全专项审计队伍，发现安全隐患。审核发现60%以上的所属单位发生同样的问题，需要审核发起单位协调解决

续表

对标要素	部分企业、项目	世界一流企业	改进方案
要素对标——执行力			思考与实践
管理者和基层员工	执行力逐级减弱，纵向无法深入，公司文件制度执行的严格性和严肃性受到怀疑，“破窗理论”得以验证	全员对安全的重视，对生命的珍视与尊重，相信发布的安全标准规范将100%贯彻执行，相信不遵守安全规范就会被开除	安全管理按照程序严格开展，不允许“破窗效应”的发生
培训	以会议代替培训，以传达文件代替培训	务实开展培训，杜绝形式主义，按照计划和规范进行培训，培训不合格将无法开展工作是全员的共识	按照培训矩阵进行，保证培训质量。注重一线员工的首训、复训和强化培训
要素对标——管理界面			思考与实践
监督管理界面	混乱，无所不管，又无所能管，事无巨细，眉毛胡子一把抓，考核激励作用不明显	以专业化咨询服务代替大水漫灌式管理，监督管理和技术支持界限分明，专业有效	开展专业化审计和认证，制订具有激励效果的考核机制，对不同的项目实行差别化管理
服务界面	有什么给你什么，想给你什么就给你什么，不管项目公司的具体需求，强加式服务和捆绑式服务，为了完成任务而开展支持服务	按照项目公司的需求，提供专业化的支持服务	开展项目公司的安全管理需求调研，实行针对“需求”的支持服务
法人治理	法人治理意识淡薄，行政命令成为管理的主要手段	通过股东、协议、合同、章程等法人、法律治理线进行治理	弱化行政管理，强化法人治理。最大限度地减少临时的、不必要的安全管理行政命令

参考文献

[1] International Association of Oil & Gas Producers. Safety Performance Indicators—2017 Data.

[2] International Association of Oil & Gas Producers. Safety Performance Indicators—Motor Vehicle Crash Data—2008 - 2017.

[3] James Q. Wilson & George L. Kelling. Broken Windows. The Atlantic Monthly, 1982(3).

压裂返排液再利用技术研究及应用

贺恩利　汪军英　袁明波　魏建新　曾　科

（中国石油集团西部钻探工程有限公司苏里格气田项目经理部　内蒙古自治区乌审旗）

摘　要　压裂返排液中不仅含有大量化学添加剂，而且在其返排过程中还会将地层中的细菌、地层水和矿化物等一起携带出来，使其成分复杂且处理难度大。通过对常用压裂液返排液污染物组成的分析找出了影响因素，完成了对压裂返排液处理再配制压裂液的室内研究。结果表明：经过氧化絮凝沉降再经去除过胺和交联剂处理后的压裂返排液对基液的增黏性基本无影响，0.45%粉比的压裂液在110℃、$170s^{-1}$剪切速率下连续剪切2h后，冻胶黏度仍保持在101mPa·s并且破胶彻底。采用絮凝沉降固相残渣多级净化装置和橇装去交联剂设备，在苏里格气田苏11块进行了现场实践，经处理过的返排液所配制的压裂液在压裂施工中压力平稳、加砂顺畅，加砂规模达到设计量，能够满足再次施工的要求。该技术的成功应用，不仅减少了返排液的外排压力，而且节省了大量的水资源，在保护环境的同时又保障了油气田的持续生产。

关键词　压返液　化学添加剂　苏里格气田　处理回配液

引言

压裂液是油气田增产改造措施中必须用到的工作液，随着压裂工艺技术的不断进步，储层改造规模不断加大，压裂液的用量成倍增长，导致压裂施工后的返排液量也随之增加，这些大量的返排液成为增产措施中的主要污染物。长城钻探压裂公司在苏里格气田地区平均年配制压裂液量在$30\times10^4m^3$左右，返排率按50%～70%折算的话，最少也将产生$15\times10^4m^3$的返排液量。以往这些压裂返排液主要采用挖坑填埋、固化、焚烧等方法处理，这在一定程度上控制了返排液的对外排放，但填埋法有严重环境污染隐患，固化法操作复杂且成本较高，焚烧法对大气污染较严重。无论是从减少环境污染还是从节约水资源的角度考虑，压裂返排液的处理再利用都是必然的发展趋势。有资料表明若直接把这些压裂返排液用于配制压裂液，则性能无法满足要求；但压裂返排液通过除铁、除固相颗粒、掩蔽残余交联剂处理后可实现循环再利用。如果能将这些压裂返排液收集并进行适当处理后，再用于配制压裂液利用的话，不仅可节省大量的水资源，而且还减轻了返排液的外排压力，并能为实现返排液不落地的工艺要求奠定基础。

1　压裂返排液再配液影响因素分析

压裂返排液是压裂液进入地层后与原始地层水及储层矿物间进行的物理及化学反应之后的混合物，要对返排液再利用，就要对返排液的组成进行分析，以找出不利于再配液的各项因素。

1.1　返排液水质分析

压裂液中超过90%的组成是水，其水质成分将直接影响到返排液的组成。现场配液用地表水与压裂返排液水质分析见表1。

表1 压裂液配液用地表水与压裂返排液水质分析

项目	配液用地表水 浓度,mg/L	压裂液返排液1# 浓度,mg/L	压裂液返排液2# 浓度,mg/L
$Na^{+}+K^{+}$	41.4	2410.4	1932.0
Ca^{2+}	46.1	1270.5	561.1
Mg^{2+}	17.0	29.2	68.1
Cl^{-}	26.6	5886.4	3892.0
SO_4^{2-}	48	4.8	52.8
HCO_3^{-}	167.8	274.6	549.2
CO_3^{2-}	30	—	—
总矿化度	376.9	9875.9	7055.2
水型	$NaHCO_3$	$CaCl_2$	$CaCl_2$
pH值	6.5	6.0	6.5

由表1可知,与地表水相比,返排液中存在有大量的Ca^{2+}、Mg^{2+}等二价金属离子,将抑制稠化剂在水中的溶胀作用,导致基液黏度下降。

1.2 压裂液成分分析

压裂液是根据储层岩石矿物和流体特点优选的,由不同功能的多种添加剂组合在一起的一种混合物,表2为苏里格地区苏11块常用的羟丙基瓜胶压裂液体系的成分组成。

表2 压裂液各添加剂化学成分

名称	加入比例,%	基本化学成分
稠化剂	0.35~0.50	羟丙基瓜胶
防膨剂	0.5	聚胺或表面活性剂
起泡剂	0.5	十二烷基硫酸钠等
助排剂	0.3	多离子型、非离子型表面活性剂
杀菌剂	0.1	醛类
pH值调节剂	0.03~0.2	碳酸钠、氢氧化钠
温度稳定剂	0.10~0.30	硫代硫酸盐
交联剂	0.25~0.40	有机硼
破胶剂	0.01~0.05	过硫酸盐(过硫酸铵、过硫酸钾)

返排液的组成与压裂液中的化学成分有直接关系,不同的压裂液体系的化学成分也大为不同,因此对不同的压裂液体系进行再配液处理时应做具体的研究分析。

1.3 返排液组分分析

通过对返排液水质、压裂液成分及对压裂液进入地层后有可能携带出的各种储层物质进行综合分析,得出返排液中可能含有的各种组分及其对再配液的影响见表3。

表 3　返排液中组分分析及对再配液的影响

返排液组分	主要来源	对再配液的影响
悬浮物	压裂液、储液罐	分散不好，起黏不均匀
黏土颗粒	地层矿物	堵塞孔喉，对储层造成伤害
地层微粒	地层矿物	堵塞孔喉，对储层造成伤害
压裂砂	支撑剂	造成泵送困难
破胶残渣	压裂液	堵塞孔喉，对储层造成伤害
微生物、细菌	压裂液、储液罐、地层	导致二次配液黏度下降，黏度维持难
高价金属离子	地层水、地层矿物	起黏困难、产生沉淀、压裂液抗剪切性能差
无机盐	压裂液、地层	低浓度几乎无影响
残余破胶剂	压裂液	压裂交联性能差，提前破胶，流变性能差
残余交联剂	压裂液	形成絮凝状、胶状团块，影响流变性
残余其他添加剂	压裂液	几乎无影响，配液时可适当降低添加剂比例

返排液再配液的处理应该按照保留有用物质去除有害成分的原则，也就是说处理时即要保留对再配液有用的成分避免做无用功，同时又要去除对再配液有影响的成分保证性能不受影响。通过上述对返排液的水质、压裂液的化学成分及对返排液中组分对再配液影响的分析可以得出，影响压裂返排液再配液的主要因素有固相杂质、悬浮物、高价金属离子、微生物细菌、残余的破胶剂和交联剂，需要进行有针对性地处理（见表 4），其余化学组分对再配液时压裂液的性能几乎没有影响，可以不予处理。经这样处理过的返排液中既含有一定程度的表面活性剂又存在与地层相似的离子成分，重复注入地层更加有益于对储层的保护。

表 4　选择影响压裂返排液的主控因素进行处理

主要影响因素	来源	所造成的影响	对策
Ca^{2+}、Mg^{2+}、Fe^{2+}、Fe^{3+}	地层	影响胍胶基液交联、耐温性能和生成沉淀	研发高效复合水处理体系，解决返排液中 Ca^{2+}、Mg^{2+}、Fe^{2+} 等金属离子超标对压裂液性能造成的影响
细菌腐蚀（SRB、TGB、FB）	残胶/残渣腐败	造成稠化剂腐败，降黏	通过水处理剂去除返排液中已经存在的绝大多数细菌，添加配套杀菌剂或水质调碱性，抑制细菌再生
自由基	残留破胶剂	提前水化、影响压裂液耐温性能	研发自由基清除剂，消除自由基对压裂液耐温性能的影响
B^{3+}	交联剂	碱性反胶，影响压裂液耐温、抗剪切性能	研发特殊材料或装置，对 B^{3+} 选择性去除

2　压裂返排液处理再配液技术研究

2.1　压裂返排液的处理

2.1.1　固相杂质及高价金属离子的去除

压裂施工后返排出的液体都较浑浊，用絮凝沉降固相残渣多级净化处理设备（集氧化、絮凝、沉淀、过滤等方式于一体）对返排液进行处理，可有效去除压裂返排液中的固相颗粒、降低悬浮物、COD、阳离子和固相残渣含量，消除上述对再配液的不利影响，实现出水水质的达标利用。

通过固液分离的方法将淡黄色的返排液进行处理,得到清水。采用沉淀剂将处理后的清水中的高价阳离子进行去除。进一步去除有害的离子。

蒋继辉等证明,当溶液中存在大量的Fe^{2+}、Fe^{3+}、Ca^{2+}、Mg^{2+}等高价阳离子时,配制的基液黏度会显著地下降,而且还会与破胶剂还原所产生的SO_4^{2-}反应生成大量沉淀,造成残渣量的增加。这些高价金属阳离子可以通过络合等方式加以去除。林雪丽等得出要想配制出性能优良的压裂液,需将水中的Ca^{2+}、Mg^{2+}浓度控制在1%以下。

2.1.2 微生物细菌的处理

压裂返排液中存在一定量的硫酸盐还原菌、腐生菌等微生物细菌,若不进行处理的话,会导致大量细菌繁殖。它们不仅会导致植物胶的生物降解,严重影响再配液性能,而且再次进入地层后也可能会导致生物污染,从而影响储层渗透率,降低改造效果。因此向返排液中加入不同种类的灭菌抑菌剂处理后再配液,并将其与清水配液基液的黏度稳定性进行测定对比,结果如图1所示。

由图1看出,返排液加入2#灭菌抑菌剂处理后,基液的黏度稳定性较差。而加入1#灭菌抑菌剂处理后,所配制的压裂液与清水配制压裂液基液的黏度稳定性相当,且随着放置时间的延长,处理后的返排液配制的压裂液黏度保持稳定性更好,说明返排液对微生物处理得比较彻底。

2.1.3 残余破胶剂的处理

由于返排液中一般会含有没反应完的残留破胶剂,这些残留的破胶剂对返排液再配液会产生影响。当浓度超过一定量时,甚至会使配液不起黏,压裂施工时也会影响冻胶的携砂能力。所以在返排液的处理中必须考虑去除残留的破胶剂。在返排液中加入不同量的过胺去除剂分别测定不同种类过胺去除剂对过胺的去除效果,结果如图2所示。

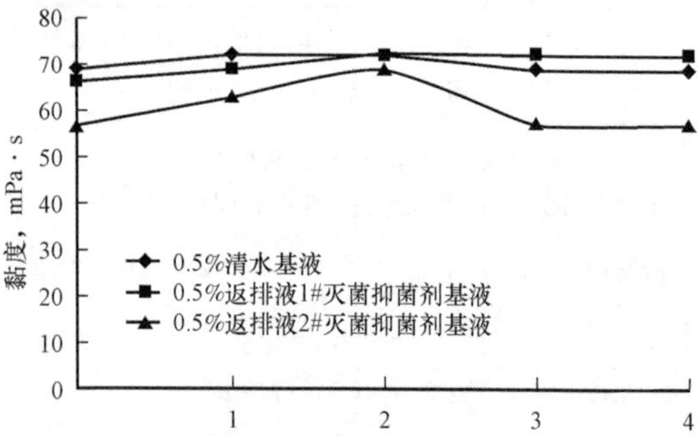

图1 清水与经不同灭菌抑菌剂处理后返排液配制基液的黏度稳定性

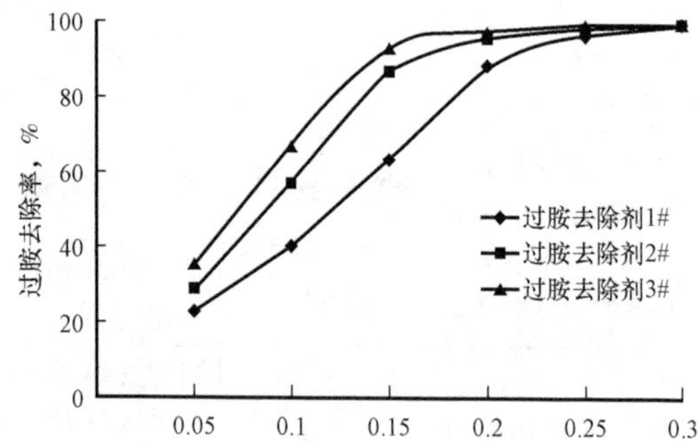

图2 不同种类过胺去除剂的加量对返排液中过胺的去除率

从图2可以看出,通过加入不同浓度的过胺去除剂可以将返排液中过胺的含量加以去除,在0.15%浓度加量情况下,3#过胺去除剂对过胺的去除效率就能达到90%以上,现场处理时过胺去除剂的浓度可以随着返排液中过胺含量的多少来做具体调整。

2.1.4 残余交联剂的处理

残余交联剂的处理方法如下:

(1)化学沉淀法——高浓度去除,适用于6200 ~ >450mg/L。

(2)电絮凝(电混凝)——与电流密度有关,电荷密度的控制需要十分精确。

(3)电渗析——容易受到其他离子干扰影响,拮抗作用明显。

(4)纳米吸附法交换法(金属氧化物、活性炭、双层羟基化合物)——吸附剂昂贵,可以实现。

(5)反渗透法——受 pH 值影响大,对膜损害大,维护困难,运行操作较为复杂。

(6)萃取法——难以寻找两相分配系数大的低价产品,萃取相价格高,损失大,难以获得。

由于返排液中一般会含有没反应完的残留交联剂,这些残留的交联剂对返排液的下次重新配液会产生影响,当浓度超过一定量时,甚至会在配液时发生交联反应,从而影响液体的再次使用。利用橇装交联剂处理设备通过纳米吸附的方法去除返排液中残余的硼离子,可达到返排液回用的目的。经处理后的返排液中硼离子浓度检测如图 3 所示。

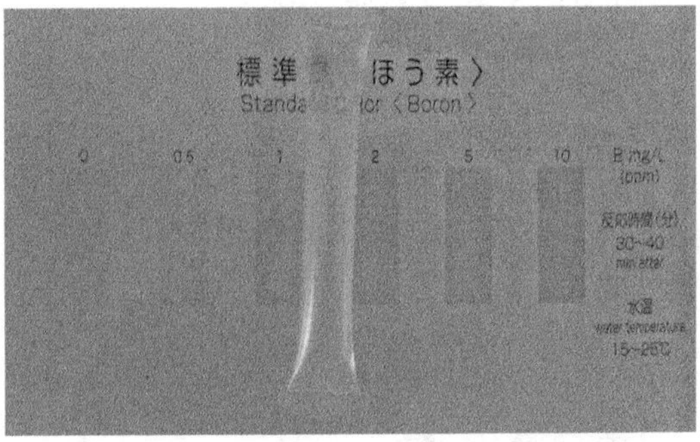

图 3　处理后的返排液中硼离子浓度检测

从图 3 可以看出,返排液处理后的硼离子浓度不超过 2mg/L,完全可以达到再配液的使用要求。

2.2　压裂返排液处理再配液性能评价

清水配置压裂液与返排液处理后再配制压裂液的配方见表 5。

表 5　清水配置压裂液与返排液处理后再配制压裂液的配方

清水压裂液配方	返排液处理后再配制液压裂液配方
0.45% HPG	0.3% ~0.5% HPG
0.3% 助排剂	0.1% ~0.2% 助排剂
0.5% 起泡剂	0.2% ~0.3% 起泡剂
0.5% 防膨剂	0.2% ~0.3% 防膨剂
0.03% pH 值调节剂	0.08% ~0.15% pH 值调节剂
0.35% 交联剂	0.35% 交联剂
0.1% 杀菌剂	0.1% ~0.2% 杀菌剂
0.1% 温度稳定剂	0.1% ~0.3% 灭菌抑菌剂 1#
	0.1% ~0.3% 过铵去除剂 3#

2.2.1　常规性能评价

两种配方的常规性能评价情况见表 6。表 6 说明清水与处理后的返排液配制的压裂液经交联实验,其各项常规性能均可达到配方要求。

表 6　清水配液与返排液配液常规性能对比

项目	配方要求	清水	返排液
基液黏度,mPa·s	≥50	64.5	66
pH 值	9.0～10.5	9.5	10.5
缓交时间,s	60～150	96	138
成交状态	可挑挂	可挑挂	可挑挂

2.2.2　耐温抗剪切性能评价

用 HAKKE MARS－Ⅲ高温流变仪在 110℃、$170s^{-1}$剪切速率条件下,对清水和处理后的返排液所配制的压裂液进行了耐温耐剪切性能测试,结果如图 4 所示。

从图 4 可以看出返排液处理后配制的压裂液与清水配制的压裂液的耐温耐剪切性相当,经 170^{-1} 连续剪切 2h 后黏度保持在 101mPa·s,满足黏度不低于 50mPa·s 的要求。

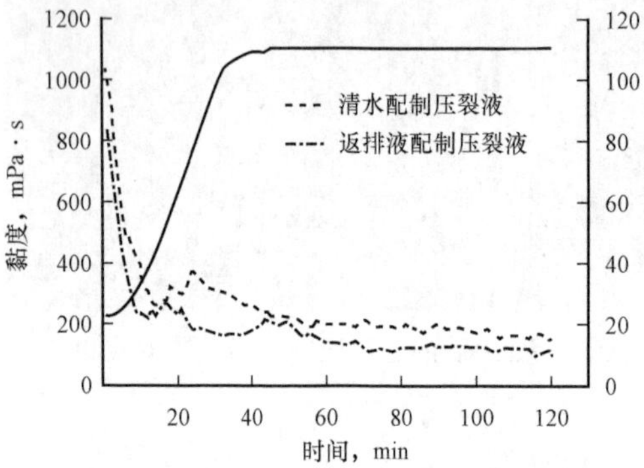

图 4　清水与处理后返排液配制压裂液的耐温耐剪切性

2.2.3　破胶性能评价

采用静态破胶法在 95℃的恒温水浴中对处理后的返排液和清水所配制的压裂液冻胶进行破胶性能实验,结果见表 7。

表 7　清水与返排液配制的压裂液冻胶破胶性

项目	APS,%	破胶液黏度,mPa·s				
		0.5h	1h	2h	3h	4h
清水配制	0.06	冻胶	变稀	丝状	溶胶	水化
	0.1	变稀	丝状	水化	7.12	3.35
返排液处理后配制	0.06	冻胶	变稀	丝状	溶胶	水化
	0.1	变稀	丝状	水化	9.36	4.61

由表 6 可知,在相同温度下,采用相同的压裂液配方,返排液与清水配制的压裂液冻胶均能在规定的时间内破胶,只是测量结果略大于清水配制的压裂液冻胶。

综上所述,用处理后的压裂返排液再配制的压裂液体系交联冻胶无论在常规检测,还是在耐温抗剪切和破胶方面都具有良好的性能,可以满足现场压裂施工的作业要求。

3　压裂返排液再配液技术的应用

3.1　压裂返排液再配液处理工艺

采用的处理工艺比较简单高效、合作开发设计的橇装处理设备具有体积小,流动性强,能够去除对再配液的有害组分;具有单独的硼离子去除模块,对硼离子去除率可达到 95% 以上,彻底解决了返排液处理中硼离子无法处理这一技术瓶颈,且水处理药剂使用种类少,操作简便。压裂返排液再处理工艺流程图如图 5 所示。

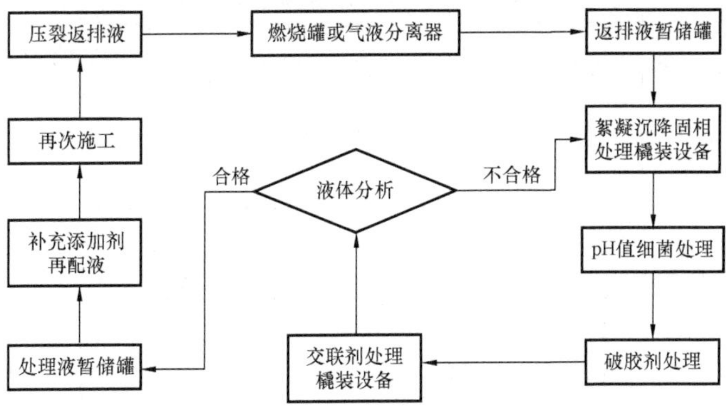

图5　压裂返排液处理再配液工艺流程

压裂返排液经过处理再配液工艺流程前后水质测定结果见表8。

表8　压裂返排液经过处理再配液工艺流程前后水质测定结果

项目	单位	处理前	处理后
$Na^{+}+K^{+}$	mg/L	7339	1195
Ca^{2+}	mg/L	1045	87.4
Mg^{2+}	mg/L	1291	112.8
Cl^{-}	mg/L	5861	3521
$SO_4{}^{2-}$	mg/L	2785	1115
$HCO_3{}^{-}+CO_3{}^{2-}$	mg/L	2121	535
$Fe^{2+}+Fe^{3+}$	mg/L	3846	3
pH值	—	8.5	6.5
悬浮物	mg/L	744	14.3
浊度	NTU	587	12
硼离子	mg/L	42	2

返排液的处理主要以降低悬浮物含量和控制高价金属离子为目的，以充分减少他们对再配压裂液时的基液黏度、交联、抗温和破胶性能的影响。由表8可以看出，处理后Ca^{2+}、Mg^{2+}离子，尤其是$Fe^{2+}+Fe^{3+}$离子得到了有效去除，$HCO_3{}^{-}+CO_3{}^{2-}$离子、悬浮物和浊度指标也大幅度降低，Cl^{-}、$SO_4{}^{2-}$离子下降幅度较小，可以满足再配液需求。

3.2　压裂返排液处理再配液现场试验

以苏×-34　22井应用为例，说明压裂返排液处理再配液用于二次压裂施工。现场检测液体黏度：63mPa·s，pH值9.6，缓交时间75s，挑挂性能良好。该井施工共计泵入压裂液718.5m^3，累计加砂量80m^3，从曲线上看该井最高施工压力64MPa，停泵压力32MPa，加砂顺利，加砂量达到设计要求，表明压裂返排液处理后再配液能够满足现场施工的要求。施工参数和施工曲线见表9和图6所示。

表9 苏×-34-22井施工参数表

井段	厚度,m/层数	层位	破裂泵压 MPa	施工泵压 MPa	停泵压力 MPa	入地液量 m^3	平均砂比 %	加砂量 m^3
3397~3402	5/2	山1	51	63~51	22	468.3	20.6	55
3373~3375	2/1	盒8	53	64~53	32	250.2	19.5	25

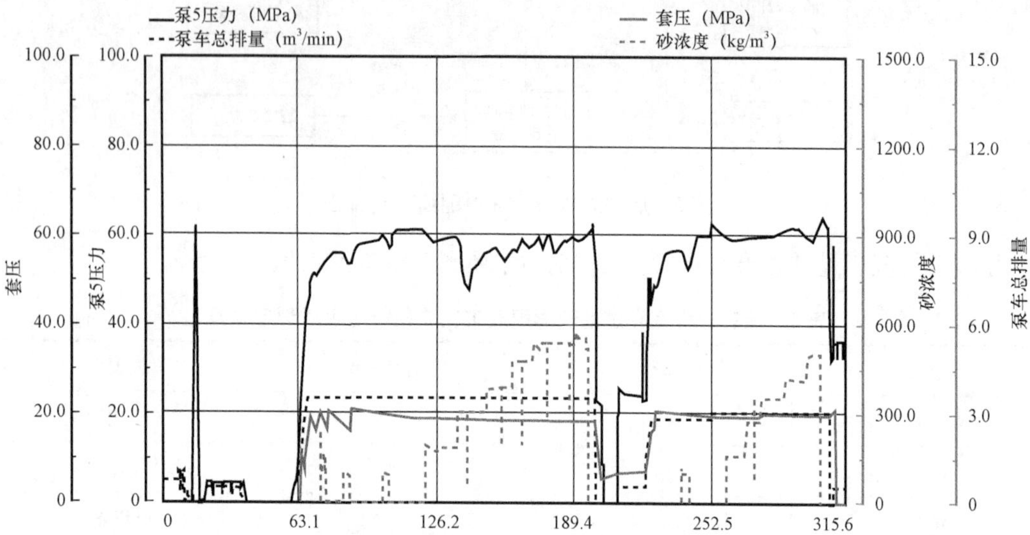

图6 苏×-34-22压裂施工曲线

该井压裂施工完进行试气求产测得日产气量为$1.39\times10^4 m^3$,产气量与邻井相当,取得了较好的压裂增产效果。

4 结论

(1)分析了压裂返排液再配液的影响因素,通过实验找出了解决方法,确定了压裂返排液再配液处理工艺流程。

(2)返排液再配液的现场试验表明,经处理后的返排液再行配制压裂液的性能能够满足压裂施工的要求并取得了较好的增产效果。

(3)压裂返排液处理再配液技术的成功应用,解决了返排液的外排问题,为返排液不落地工艺的实施奠定了基础,在保护环境的同时又可以节约水资源,还保障了油气田的可持续生产。

参 考 文 献

[1] 马云,何顺安,侯亚龙,等. 油田废压裂液的危害及其处理技术研究进展. 石油化工应用,2009,28(8).

[2] 马兵,宋汉华,牛鑫,等. 环江油田抗高矿化度水质压裂液体系研究. 石油与天然气化工,2011,40(6).

[3] 吴新民,赵建平,陈亚联,等. 压裂返排液循环再利用影响因素. 钻井液与完井液,2015,32(3).

[4] 蒋继辉,冀忠伦,赵敏,等. 油田井场废水中无机盐对配制压裂液的影响. 石油与天然气化工,2013,42(2).

[5] 林雪丽,黄海燕,赵启升,等. 返排废液中无机盐离子对压裂液特性的影响. 钻井液与完井液,2013,30(2).

[6] 侯若昕,顾平,韦晓竹,等. 水中硼的去除方法研究进展. 工业水处理,2012,32(3).

一次蓄能器爆炸事故原因的推断及危害分析

孙增生　张全伟　甘树楠　宋仁智　蒋玉明　杜兴隆

（中国石油集团长城钻探工程有限公司　北京市）

摘　要　囊式蓄能器是液压系统中常用的压力容器。在更换胶囊和（或）充装氮气时如操作不当，则有发生事故的风险。本文通过对一起蓄能器爆炸事故的调查，经计算、推论，得出此次爆炸是一起物理爆炸。并就事故的发生原因及其爆炸强度、危害程度进行了分析。提出：生产商和使用单位应制订科学的、可行的标准操作程序（Standard Operation Program SOP），并要求每个工人在实际操作中严格执行，加强过程控制，以避免事故的发生。

关键词　蓄能器　支承环　物理爆炸　SOP

引言

在钻修井机设备上经常使用蓄能器，例如封井器远程控制房中的蓄能器就是用作能量储备的一种设备，它通过释放储备的能量快速关闭或打开封井器。

使用过程中，随着时间的推移，蓄能器的充气压力可能会有所下降，胶囊破损的情况也时有发生。所以按照规定需定期检查胶囊压力。如发现压力下降或漏气，则需补充氮气或更换胶囊。一旦设备出现故障或操作不当，则有爆炸的危险。2001 年至 2010 年国内石化行业中 1700 起事故中的 47% 是压力容器爆炸事故。本文所报告的这起更换蓄能器爆炸的高风险险兆事件，就是由多方原因导致的一起物理爆炸事故。本文旨在分析并总结此事故的原因，提请操作人员、管理者及生产商加强防范，杜绝此类危险的发生。

1　实例分析

1.1　事件经过

某钻井队远控房为 FKQ－1280 型，配备了 16 只 80L 的蓄能器。2018 年 11 月 20 日机械师及其助手在例行检查中发现第 15 号蓄能器（厂家制造编号：10669）胶囊损坏、漏气，在与系统进行安全隔离，释放胶囊内残余压力后，拆卸 15 号蓄能器上部锁紧螺母、压环、支承环等。过程顺利。取出胶囊后，发现胶囊已经漏气。随即更换新胶囊并逆向安装各部件。机械师在紧固锁紧螺母过程中，始终感觉锁紧螺母没有拧紧。但他担心如果继续旋紧可能会把胶囊从蓄能器内带出来，便停止继续拧紧该锁紧螺母，且未查找导致一直拧不紧的原因。随后安装气嘴和气门芯，开始充气。使用了 2 瓶氮气充到了 4.9MPa 后，发现现场已经没有多余的氮气，决定临时结束充气，等采购氮气后再补充至 7MPa。两人离开远控房后约 3min，行走到距远控房约 20m 处，突然听到远控房发出巨响，看到远控房上的天窗被撞开。观察数分钟无再发异响、异味及其他异常情况，进入远控房检查。发现原充氮气的第 15 号瓶顶部连接体被炸飞。

后在场地11.5m远处发现顶部连接体，在远控房四周发现崩出的尼龙密封圈（已损坏），在15号蓄能器瓶体下方发现变形的铁质压环。检查蓄能器顶部瓶口周围无燃烧痕迹，无任何变形、损伤。胶囊从充气连接口处断裂，剩余部分仍然留在瓶体内。

此次事件没有造成人身伤害，被定义为高风险险兆事件。

1.2 调查结果

事件发生后，井队立即停止作业，由相关人员组成联合调查组进行了调查。调查发现：

（1）远控房型号是FKQ1280－7，2012年出厂，符合API Spec 16D：2004 *Specification for Control Systems for Drilling Well Control Equipment and Control Systems for Diverter Equipment*。蓄能器为16只80L ASME Ⅷ－1－2010 *Rules for Construction of Pressure Vessels* 的储能器。中间曾数次更换胶囊，一直工作正常。

（2）在距离远控房11.5m处发现爆炸碎片，为蓄能器顶部连接体、锁紧螺母（无变形）、撕裂的胶囊等，称重共3.1kg。

（3）远控房为钢结构，除蓄能器上方天窗盖板变形损坏外，外观无异常发现。室内未发现其他物体损坏。

（4）蓄能器目视无任何破裂、变形，无燃烧痕迹，瓶口光滑。瓶体周围有变形的铁质压环等。

（5）蓄能器内胶囊的残体取出后经检查较完整，与爆炸碎片上的胶囊能拼接为一个完整的胶囊。

（6）未能找到支撑环的金属部分或其碎片。

（7）回顾调查蓄能器内的胶囊运输与储存符合国标HG 2331—1992《液压隔离式蓄能器用胶囊》规范。

（8）充装过程中使用的两瓶氮气浓度分别为99.4%和99.6%，符合国家工业氮气浓度标准。

（9）蓄能器按国家特种设备规范TSG 21—2016《固定式压力容器安全技术监察规程》中要求定期检测、维护，所用计量器具均按要求进行过标定。

（10）机械师50岁，体健，从事本工作多年，曾进行过类似维修。助手为当地员工，已经在井队工作数年。

（11）生产商和使用单位均没有完整的更换蓄能器胶囊的标准操作程序（SOP）。

（12）维修前开具了作业许可（Permit to Work，PTW）。

2 讨论

蓄能器是液压系统中的一种常用的能量储蓄辅助装置。它在适当的时机将系统中的能量转变为压缩能或位能储存起来。当系统需要时，又将压缩能或位能转变为液压或气压等能而释放出来，重新补供给系统，以达到补充和稳定液压系统的流量和压力的目的。蓄能器在液压系统中起着重要的作用。

囊式蓄能器是气体蓄能器的一种，工作原理以波义耳（Boyle）定律为基础，通过压缩气体完成能量转化。因规格齐全，胶囊惯性小、反应灵敏、油气隔离等优点，是目前使用最多的一种蓄能器。钻修井远控房就是使用了这种蓄能器作为应急能量储备。

蓄能器作为压力容器的一种，因使用或维护不当则有可能发生爆炸，其中多数为化学爆炸。但本起爆炸经判定是物理爆炸。所谓物理爆炸即物质状态参数迅速发生改变,在瞬间释放大量的能量并对外做功的现象,较化学爆炸影响范围小。

2.1 爆炸原因的推断

(1)爆炸能量计算。

压缩气体的爆炸力相当于气体绝热膨胀时做功,可通过式(1)计算:

$$E_g = \frac{pV}{k-1}\left[1-\left(\frac{0.1013}{p}\right)^{\frac{k-1}{k}}\right]\times 10^6 \tag{1}$$

式中 E_g——气体爆炸的能量,J;

p——气体爆炸前的绝对压力,MPa;

V——容器的容积,m^3;

k——气体的绝热系数,对于氮气,$k=1.4$。

代入相关数据,其中,$p=4.9+0.1=5(\text{MPa})$;$V=80\text{L}=0.08\text{m}^3$。在此状态下发生物理爆炸所释放的能量为:$E_g \approx 671\times 10^3\text{J}$。

因本次爆炸点聚集在蓄能器的顶部,可视为点爆炸源,故使用 TNT 当量模型计算。此次爆炸的 TNT 当量(W_{TNT})见式(2):

$$W_{TNT} = \frac{671\times 10^3}{4520\times 10^3} = 0.1485(\text{kg}) \tag{2}$$

爆炸能量在向外释放时以冲击波能量、碎片能量和容器残余变形能量三种形式表现出来,而后两种能量只占总爆破能量的 3% ~15%,则在本例中碎片能量和容器残余变形能量区间范围是:$20.13\times 10^3 \sim 100.65\times 10^3\text{J}$。

(2)爆炸碎片的能量计算。

爆炸碎片的飞行轨迹如图 1 所示:

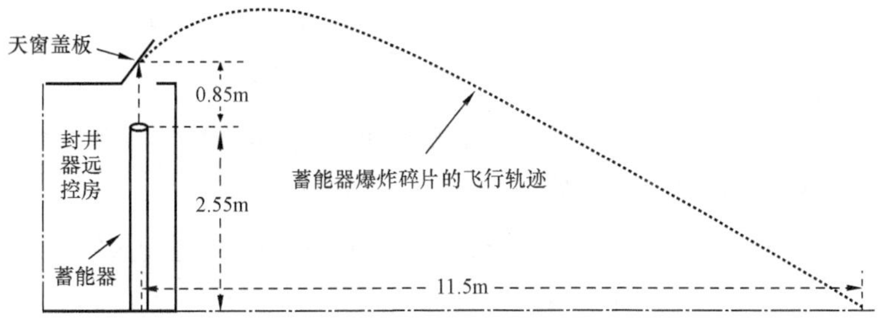

图 1 爆炸后顶部连接体的飞行轨迹示意图

假设空气阻力可以忽略不计,上飞的爆炸碎片在远控房天窗盖板的作用下改变了运动方向,做匀变速曲线运动,它的运动轨迹则是抛物线。根据运动独立性原理,可以把斜抛运动看成是做水平方向的匀速直线运动和竖直上抛运动的合运动来处理。设定爆炸碎片的初速度为 V_0;在与天窗盖板碰撞后的速度为 V_1,物体的水平射程见式(3):

$$S = \frac{V_1^2\sin 2\theta}{g} \tag{3}$$

在落点低于抛点时，最佳初射角则为式(4)：

$$\theta = \frac{\sin^{-1} v_1}{\sqrt{2v_1^2 + 2gh}} \tag{4}$$

假设爆炸碎片以飞行最远的角度射出，通过以上公式可以计算出爆炸碎片的 v_1 = 9.176m/s，此时的动能见式(5)：

$$E = \frac{1}{2} m v_1^2 = \frac{1}{2} \times 3.1 \times 9.176^2 = 130.5(\mathrm{J}) \tag{5}$$

爆炸碎片落地时飞行速度因势能转化为动能，速度已经增至12.28m/s，动能为233.7J。

(3)爆炸能量分析结论。

通过以上分析可以得出：撕裂胶囊和变形的天窗盖板消耗了$20 \times 10^3 \sim 100.52 \times 10^3$J的能量。通过计算和现场调查发现，蓄能器内压缩空气的爆炸能量足以导致胶囊撕裂和爆炸碎片的飞行。鉴于现场无其他设备在爆炸过程中损坏，故无直接证据证明爆炸过程中释放的能量大于压缩气体储存的能量，且充装的气体经检测为高纯度氮气，无发生化学反应的可能。从而可以判断此爆炸过程是一个物理爆炸过程。

2.2 爆炸危害的分析

压力容器爆炸时，容器内的高压气体迅速冲出，使周围的空气受到冲击而发生扰动，形成冲击波。空气冲击波压力的突跃变化形成冲击波超压，多数情况下冲击波的伤害、破坏作用是由超压引起的。正常充气作业时，机械师与其助手距离蓄能器爆炸点可能在 $R = 0.5 \sim 1.5$m 区间范围内工作，蓄能器能量的85% ~97%产生冲击波，计算与1000kg TNT模拟比见式(6)：

$$\alpha = \sqrt[3]{\frac{0.1485 \times 85\%}{1000}} \sim \sqrt[3]{\frac{0.1485 \times 97\%}{1000}} \tag{6}$$

故与1000kg TNT模拟比为0.05016 ~0.05242之间。与模拟实验中相当距离见式(7)：

$$R_0 = \frac{R}{\alpha} = \frac{0.5}{0.05242} \sim \frac{1.5}{0.05016} \tag{7}$$

则相当于在9.54 ~29.90(m)区间范围内活动，根据已知药量实验所测得的超压值，利用表1来估算相应距离下爆炸时的超压值(Δp_a)：

表1 1000kg TNT炸药在空气中爆炸时所产生的冲击波超压

距离 R_0，m	5	6	7	8	9	10	12	14
超压 Δp_a，MPa	2.94	2.06	1.67	1.27	0.95	0.76	0.50	0.33
距离，R_0，m	16	18	20	25	30	35	40	45
超压 Δp_a，MPa	0.235	0.17	0.126	0.079	0.057	0.043	0.033	0.027

则在机械师与其助手活动范围内的超压范围为0.061 ~0.85MPa，而当超压大于0.10MPa时，大部分在场人员会死亡。故在进行蓄能器充气过程中，操作人员应尽量远离此区域，否则一旦意外发生，冲击波会导致人员死亡。

有研究资料表明爆炸碎片能量大于60J时，可致人员轻度骨折；能量大于200J时可致重度骨折，能量大于400J时可致人员死亡。在本次爆炸过程中，若无天窗盖板消耗一定的爆炸碎片能量,则爆炸碎片会具有更高的动能,足以致人死亡。

2.3 事故原因分析

蓄能器顶部结构示意图如图 2 所示,安装完成后示意图如图 3 所示。

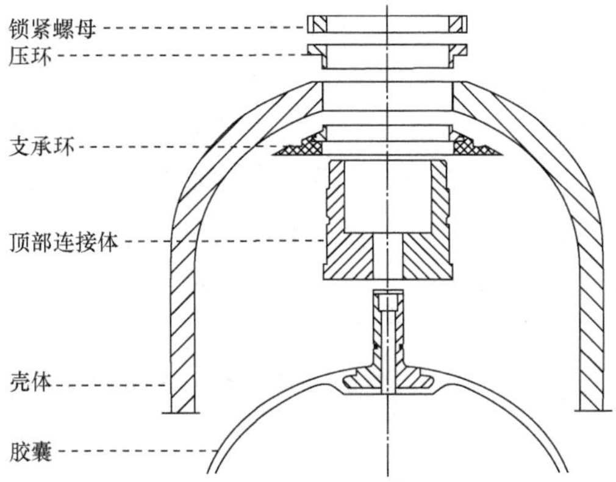

图 2　蓄能器顶部结构示意图

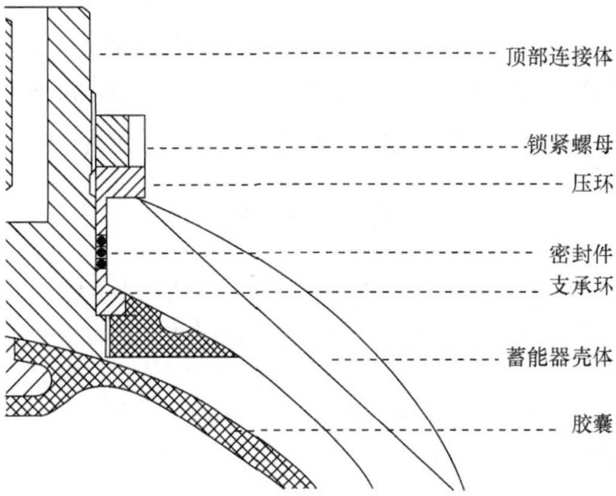

图 3　蓄能器组完成后示意图

经拆检同批次的蓄能器其支承环为一体式支承环,从上图可以看出,只要支承环安装到位,未完全碎裂,顶部连接体是不能脱出的。

事后重复了组装过程,证实了只有在支承环位置安装错误时(即把支承环安装在顶部连接体的下方)或未安装支承环,这种爆炸事故才有可能发生。

孙雷研究认为由于蓄能器支承环常会发生疲劳破坏,但即使出现了长的裂纹,它仍然能起支承作用,不易直接导致囊式蓄能器的破坏。因此在以后维护蓄能器时,应该对支承环进行必要的检查,避免事故的发生。

调查中发现,虽然机械师有过更换蓄能器胶囊的经验,但并没有接受过专门的培训。国内生产商和使用单位均没有一个完整的更换蓄能器胶囊的标准操作程序(SOP)。机械师维护蓄能器时进行的风险识别仅仅是把此蓄能器钢瓶从系统中隔离出来。

经上述推论并多次与蓄能器生产商相关部门讨论,确定此次爆炸事故是由于机械师在更换胶囊过程中,支承环位置安装错误或未安装支承环所导致。

3 教训

（1）本次事故的直接原因是：机械师在更换胶囊过程中，支承环位置安装错误或未安装支承环，所以会感觉锁紧螺母一直上不紧。但是机械师并没有停止操作，而是在未明确原因的情况下错误地直接进入下步充气过程，从而导致事故的发生。

加强培训和重视开展标准化作业是有效防止和克服习惯性违章的切实有效的途径，是提高工作质量和产品质量的保证。质量管理的基本要求就是严格按规定操作，按程序操作。没有相应的规定，没有相应的程序，说明组织的质量管理体系存在缺陷。

（2）蓄能器生产商并没有给出一个详细的更换胶囊的标准化操作程序（SOP），使用单位也没有类似程序。此为第二重要原因。不同的蓄能器锁紧螺母扭矩不相同。贺德克（HYDAC）公司的蓄能器维护保养手册给出了具体数值，并提供了一个组装蓄能器的视频供用户参考。建议生产商和使用单位可以借鉴其他（如贺德克公司等）公司的做法，制订一个较为详细的标准化操作程序（SOP）。

设备的设计、制造、安装、使用及维修保养过程中每一个环节都有相应的标准和要求，而这些要求往往被某些人认为是繁文缛节，甚至是浪费时间，不利于提高生产效率。然而这恰恰是员工安全保障的屏障。一旦这个屏障被打破，就可能导致悲剧的发生。

（3）使用单位应制订科学的、可行的标准化操作程序（SOP），要求每个工人在实际操作中严格执行。这种严格的操作规范，是一种安全文化和安全意识的体现。也是对职工进行教育和自我教育的过程。这对于提高工人安全文化素质，保障工人工作安全起着至关重要的作用。

参考文献

[1] 宋前甫，业成，支有冉，等．压力容器爆炸研究及灾害后果计算分析[J]．工业安全与环保，2015，41(3)．

[2] API SPEC 16D：2004：Specification for Control Systems for Drilling Well Control Equipment and Control Systems for Diverter Equipment[S]．

[3] ASME Ⅷ－1：2010：Rules for Construction of Pressure Vessels[S]．

[4] HG 2331—1992　液压隔离式蓄能器用胶囊[S]．

[5] GB/T 3864—2008　工业氮[S]．

[6] TSG 21—2016　固定式压力容器安全技术监察规程[S]．

[7] 孔祥东，权凌霄．蓄能器的研究历史、现状和展望[J]．机床与液压，2004(10)．

[8] 伍红军，金水荣，张良，等．一起囊式蓄能器爆炸事故分析[J]．理化检验（物理分册），2012，48(10)．

[9] 蒋军成，郭振龙．工业装置安全卫生预评价方法[M]．北京：化学工业出版社，2003．

[10] 党文义，刘昌华．压缩气体容器物理爆炸计算模型[J]．东北石油大学学报，2010，34(2)．

[11] 吴粤燊．压力容器安全技术[M]．北京：化学工业出版社，2007．

[12] 赵守辉，汪祯杰，胡刚．压力容器爆炸事故后果预测分析[J]．辽宁化工，2010，39(10)．

[13] 蒋军成．事故调查与分析技术[M]．北京：化学工业出版社，2009．

[14] 孙雷．囊式蓄能用压力容器安全性能的研究[D]．杭州：浙江工业大学，2013．

[15] 李正权．从质量管理角度论安全生产问题[J]．世界标准化与质量管理，2004(5)．

[16] 孙增生．能量隔离确认在上锁挂牌程序中的重要性[J]．安全，2018(8)．

在油服企业与油气田企业双管机制下的钻井队 HSE 标准化建设的探索

史宪法　翟志刚　方景良　崔永兴

（中国石油集团渤海钻探工程有限公司塔里木钻井分公司　新疆维吾尔自治区库尔勒市）

摘　要　本文主要论题是如何解决在塔里木油田施工的工程技术服务单位所属钻井队在工程建设单位和工程技术服务单位共同管理下，两套管理体制在钻井队运行过程中同时存在，造成制度重叠、标准不一致等问题，以及由此带给钻井队的负担。提出了安全管理对标、做实岗位属地管理手册等风险管控理念，并重点叙述了塔里木油田标准化站队创建实例，以求使安全管理工作精简、统一、规范，切实减轻钻井队负担，实现现场风险的有效管控。

关键词　安全 HSE 标准化　钻井队　属地管理手册

1　钻井队现场安全管理现状

1.1　钻井队层面的安全管理

2016 年全年，统计在塔里木油田施工的某工程技术服务单位所属钻井队接受上级 HSE 检查及检查过程中使用的检查标准，发现单支钻井队最多迎检 29 次，使用检查标准至少 6 个，标准中相同要求占比 65%。虽然大量的检查和审核工作推动了现场 HSE 管理水平的提升，但钻井队执行标准依旧是配合上级的检查标准，没有形成自觉理解和主动执行标准的氛围。钻井队在制度，标准执行方面存在选择性和重复性，导致日常 HSE 管理片面性，出现“两张皮”现象。

1.2　机关层面的安全管理

个别工程技术服务单位领导安全观念转变不到位，虽然能够意识到自身的安全管理短板，但没有真正地将补齐短板的措施落实到实际行动上，日常 HSE 管理上要求多，组织参与策划少；职能部门对上级下达的各项管理规定没有结合本单位实际进行分类摘抄，做出具体要求，而是直接转发至钻井队，“二传手”现象严重。这无形中加重了钻井队的负担，导致上级各项管理规定在现场执行效果差；同时，工程技术服务单位受人员流动、施工周期等因素影响，人员培训与评估工作流于形式，缺乏针对性，出现了员工能力与岗位不匹配的现象。

2　通过标准化站队建设实现管理提升

总体的思路是以中国石油天然气集团有限公司 HSE 标准化站队创建指导实施意见为重要抓手，以问题为导向，通过梳理对比，精简管理标准、完善钻井队岗位工作标准（属地管理手册）、规范现场安装标准、定置管理、目视化管理等，解决目前现场存在的突出与典型问题，达到规范、统一管理，并能够在作业现场长期固化，形成常态，养成习惯。具体措施如下：

（1）通过现场调研、交流沟通、查阅资料和自身实际工作，掌握本公司近年体系运行现状，了解塔里木油田每个钻井工程技术服务单位的钻井队 HSE 标准化建设创建情况，收集问题建议和最佳实践。

（2）分析钻井队体系运行的突出问题，查找钻井队和管理层面的缺陷，以问题为导向，通过钻井队 HSE 标准化建设探索与推进，化解体系运行过程中存在的问题

（3）通过对上级 HSE 标准化建设现有要求进行研究，结合本公司的现行做法，借鉴其他工程技术服务单位典型做法，总结经验，探索具体创建模式、落实途径、保障机制并全面实施。

（4）通过组织岗位员工亲自参与编制属地管理手册，完善其中的工作职责、检查标准、操作标准、操作规程、岗位危害识别，解决钻井队岗位属地管理手册编写流于形式，不符合实际，指导意义不强，岗位人员不主动对照学习，成为摆在岗位的“一本书”的突出问题。

3　具体实施过程

3.1　寻求最佳创建方案

以问题为导向，通过沟通、交流、讨论，对中国石油天然气集团有限公司、塔里木油田和工程技术服务单位关于 HSE 标准化站队建设要求解读及参与标准化达标验收，探索钻井队 HSE 标准化建设的方向，并及时和领导沟通个人的想法，得到最佳创建方法。

即按照中国石油天然气集团有限公司的标准化站队创建指导实施意见，结合塔里木油田和工程技术服务单位关于标准化站队创建的具体要求，制订本公司的标准化创建管理要求，研究明确管理标准化、现场标准化、岗位标准化三大模块的具体实施载体（图 1）。

（1）管理标准化：有针对性地梳理整合上级制度，形成规范统一的钻井队 HSE 管理制度汇编，管理记录钻井队 HSE 建设标准。

（2）形成以属地管理手册为核心的岗位标准化建设模式。

（3）固化现场定置化管理、目视化管理，形成钻井队目视化管理图册。

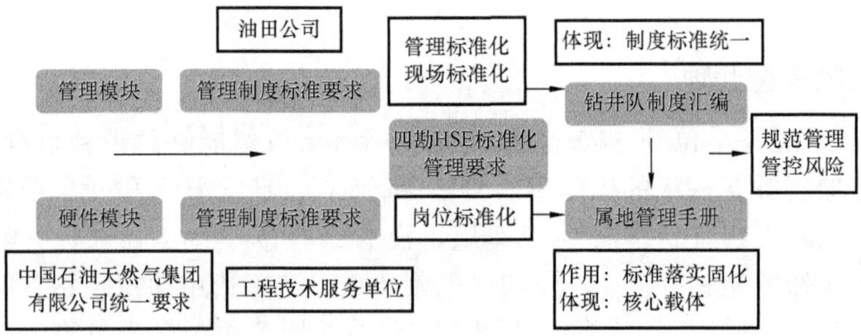

图 1　实施过程图

应该认识到，属地管理手册是实现岗位标准化的核心，是落实管理标准化和现场标准化的重要途径，而统一规范制度是标准化建设的基础。

3.2　具体创建步骤

具体创建分为三个步骤（图 2）：

（1）统一规范制度标准，规范管理标准。收集塔里木油田和工程技术服务单位的管理制

度，初步筛选钻井队应执行标准。通过找同类标准、找不同点，确定钻井队所应执行的最高标准，形成同类唯一标准即钻井队制度汇编，并配套相应的 HSE 基本记录清单及钻井队 HSE 建设标准。

（2）持续完善属地管理手册，实现管理岗位和操作岗位标准化。完善属地管理手册的原则是属地划分和确定岗位职责，这是属地管理手册编写与应用的前提，是岗位差异化的体现。

（3）制度落地。工作标准是实现制度落地的关键，必须结合岗位工作流程，筛选岗位应执行的制度、标准，量化、图示化标准要求，完善并形成符合实际的操作规程，才能达到岗位危害有效识别与控制。属地管理手册的编制目的是管控风险，应先抓关键点，岗位实践后再改进完善。

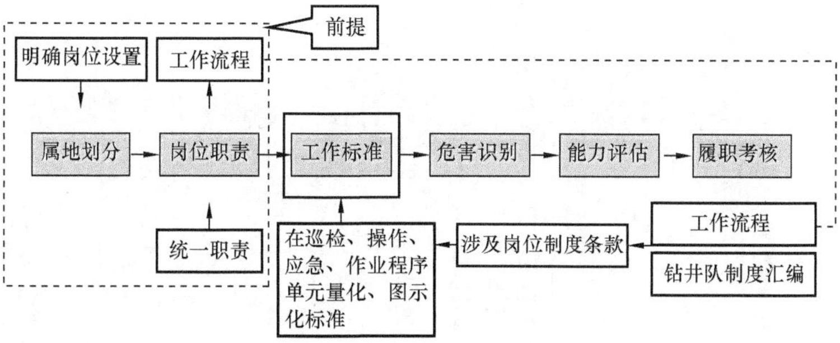

图 2　创建步骤图

3.3　几点认识

编制工作标准只有与现行制度规程结合，在岗位操作时才能有效执行；工作标准不具体、可操作性差主要是因为制度标准存在选择性执行情况；当制度、操作规程和工艺发生变化时，相关的工作标准也要及时更新。属地管理手册作为制度落地的核心载体，在刚刚建立时，肯定存在诸多不足，需持续改进。

4　研究结果的运用

4.1　选择创建样板队

选取×××钻井队作为创建样板队，公司安全管理部门与钻井队共同收集查阅相关材料六百余份，上级制度、标准 198 个，钻井队制度 37 个，对比找出 31 项同类管理制度，查出同类标准中的不同点四十多项，简化整合形成包括 14 个管理制度的钻井队制度汇编、三十余项 HSE 基本记录清单及 15 项零散资料清单。

4.2　完善属地管理手册

（1）将属地管理手册中的岗位属地进行重新划分，结合属地日常巡检，确保现场任何一个区域、任何一台设备都要有人管，属地可以重叠，但绝对不允许有盲区。

（2）去掉以前的能力评估，今后对员工进行的评估严格按照属地管理手册中的要求进行。岗位员工清楚属地巡检标准、操作标准、懂得设备操作规程，满足岗位需要，即可评估合格；同时，通过增加属地考核，明晰扣减分值，以准确反映员工工作中的不足之处。

（3）将岗位应执行制度标准在巡检标准中进行细化、量化、图示化，当标准重叠时整合形成最高标准，形成制度互相弥补，标准更加完善。

（4）将岗位安全防护设施、关键设备的操作标准图示化，做到简单清晰，便于执行（图3）。

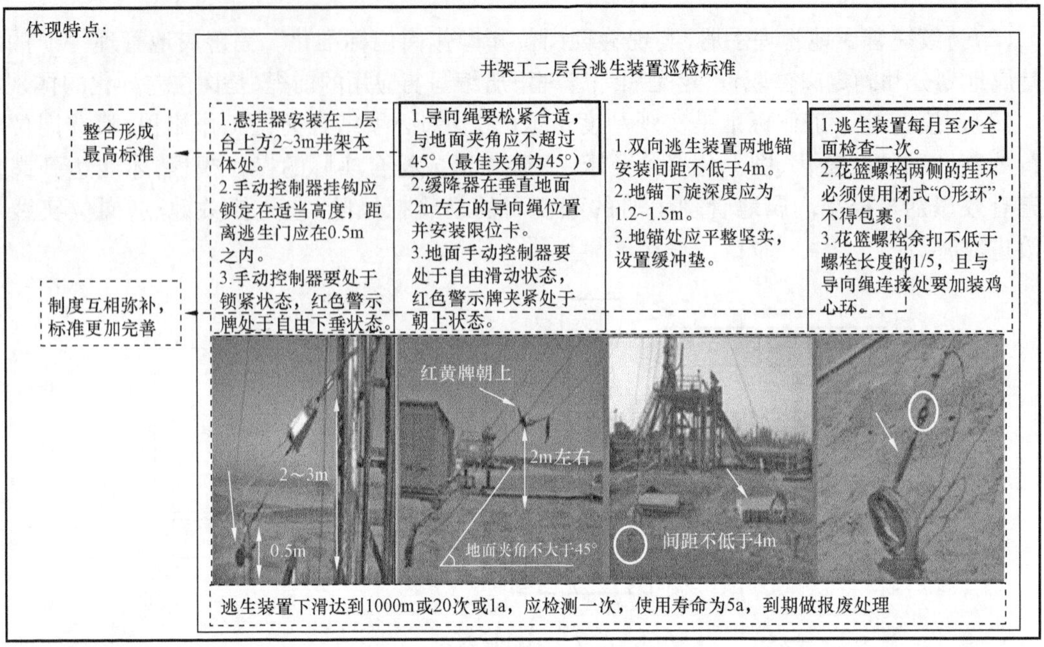

图3　关键设备操作图示化

（5）将岗位所有相关的作业内容及岗位设备的操作规程纳入属地管理手册中，同时识别每项工作存在的风险，每名员工能够通过属地管理手册，了解所要作业的操作标准及注意事项，明白所要操作设备的操作规程及保养注意事项，在日常工作中严格落实，达到操作标准化。

（6）注意事项：工作标准编制必须与现行制度规程结合，在岗位操作时才能有效执行。工作标准不具体、可操作性差主要是因为制度、标准存在选择性执行情况。当制度、操作规程和工艺发生变化时，相关的工作标准也要及时更新。

4.3　形成现场图示化管理手册

通过制度汇编和钻井队 HSE 建设标准，将现场设备按照属地划分到各个岗位，并结合岗位巡检表及各项管理标准内容制定检查标准，形成了现场图示化管理手册，明确了现场定置管理、设备标准安装、目视化标识，岗位员工日常按照标准检查，严格落实标准化现场的相关管理要求。

5　HSE 标准化创建过程中的思考和体会

（1）通过钻井队 HSE 标准化创建工作在试点钻井队的阶段运行，钻井队岗位员工反映简单、实用，工作方向更加明确，岗位风险得到了有效控制。

（2）工程技术服务单位机关检查标准更加明确，日常与钻井队沟通关于如何执行标准，执行谁的标准，该怎么做的问题越来越少，钻井队自觉执行标准的意愿明显增强。

（3）现场对标准的判定疑虑慢慢消退，现场拿着制度汇编和属地管理手册指导工作即可，

“两张皮”现象越来越少。

(4)试点钻井队的标准化建设模式,得到塔里木油田相关管理部门、二级单位的和工程技术服务单位领导一致认可。

(5)作为工程技术服务单位在塔里木油田统一规范管理的范本,非常有必要全面推广和执行试点钻井队标准化建设成果。

(6)建议塔里木油田和其他油气田能够采纳这种做法,作为油田在钻试修领域扎实推进QHSE 管理的举措。

压裂返排液电絮凝处理工艺风险分析与控制措施

杨博丽[1]　兰建平[1]　梁陇霞[2]

(1　中国石油川庆钻探工程有限公司长庆井下技术作业公司　陕西省西安市

2　咸阳川庆鑫源工程技术有限公司　陕西省咸阳市)

摘　要　电絮凝技术集氧化、还原、絮凝及气浮四种作用于一体，对于去除返排液中的悬浮物、石油类效果明显，也可去除部分COD等。利用该技术处理压裂返排液，具有固废产量少、二次污染小，利于后期重配液等优点。但压裂返排液电絮凝处理的工业化应用并不多，因其存在有毒有害及可燃气体聚集、漏电、环境污染等风险。本文针对电絮凝处理返排液工艺流程中的三个关键风险点，逐个进行分析与评估，提出控制措施，从技术和管理双层面进行规范，为该技术的安全实施奠定了基础。

关键词　风险分析　返排液　电絮凝　控制措施

引言

压裂作业是油气井增产稳定的重要技术之一。常用的水基压裂液体系以胍胶及其衍生物为稠化剂，再加入交联剂、破胶剂、杀菌剂、pH值调节剂、助排剂、稳定剂等。压裂返排液不仅含有压裂液的多种添加剂，还含有储层中的石油类、地层水、黏土颗粒、金属离子等。常用的水处理技术，如化学氧化、高级氧化、絮凝、过滤、吸附、膜技术、生物技术等，几乎都被应用于压裂返排液处理。由于压裂返排液黏度大、悬浮含量高、有机物及盐含量高，单一方法很难将其处理至回用水质指标，一般都是多种方法联合处理，普遍存在处理流程长、加入药剂多、产生固废多、重配液性能不好等问题。

电絮凝技术是在电场作用下，利用电极板阳极金属阳离子溶出，生成高活性的多种形态聚铝或聚铁絮凝剂，通过压缩双电层、吸附架桥、集卷网捕等作用吸附凝聚水中的污染物颗粒形成絮体，并利用电解水产生的微小氧气与氢气气泡，将絮体、胶体、乳状油等污染物浮起，并从水中分离的废水处理工艺。N. Esmaeilirad等采用软化和电絮凝技术联合，Char Fernanda Leite Lobo等采用电絮凝与生物炭结合；研究结果显示，该技术可去除压裂返排液中99%悬浮物和浊度。孟宣宇等研究表明，电絮凝在COD和浊度去除效果上均优于化学絮凝，同时产泥量低于化学絮凝产泥量。

尽管电絮凝技术对于压裂返排液中的悬浮物和浊度的去除明显效果，但是目前大部分研究处理均处于室内实验研究阶段，中试试验及工业化应用并不多。因此，为了中试试验的顺利开展，有必要开展电絮凝处理压裂返排液工艺风险分析，分析工艺、设备方面存在的问题、风险、现有的保护措施、风险控制手段，提出可行性建议并予以整改，以确保新工艺安全实施。

1　电絮凝处理压裂返排液主要风险分析

1.1　电絮凝处理压裂返排液工艺流程

电絮凝处理返排液工艺流程可分为七个步骤，如图 1 所示。

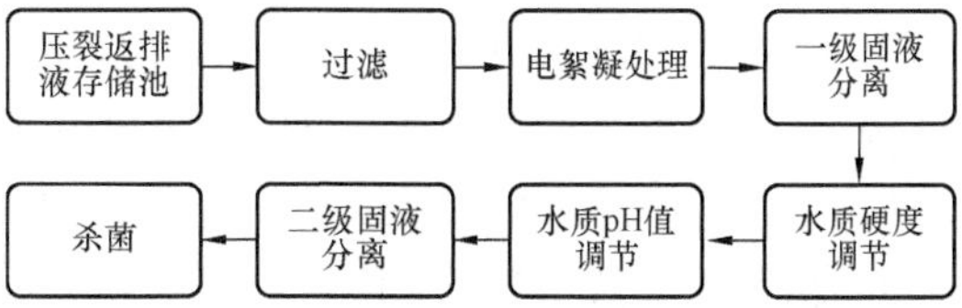

图 1　电絮凝处理压裂返排液工艺流程图

(1)过滤。主要去除返排液中的泥砂颗粒，防止其沉积在电絮凝反应中，影响处理效率。

(2)电絮凝处理。这是该工艺的核心，采用电化学手段去除返排液中的悬浮物、石油、COD 等。

(3)一级固液分离。刮除电絮凝处理后产生的浮渣。

(4)水质硬度调节。部分压裂返排液中二价离子含量高，影响重配液性能，采用化学沉淀法，将水中的钙镁钡锶等二价离子进行沉淀，降低水质硬度。

(5)水质 pH 值调节。由于降低水质硬度过程中采用复合碱，水质 pH 值呈碱性，因此加入酸进行调节，使水质 pH 值在 6 ~ 7，利于重新配液。

(6)二级固液分离。采用压滤方式，对电絮凝、水质硬度调节等产生的固体进行固液分离，液体回收，固体集中处理。

(7)杀菌。对于回收的压裂返排液，澄清透明，硬度、pH 值均符合要求，加入杀菌剂，防止腐败。根据生产需求，便可重配液二次利用。根据工艺风险级别不同，本文重点对电絮凝、水质硬度调节、pH 值调节等 3 个步骤存在的风险进行分析。

1.2　电絮凝处理压裂返排液主要风险分析

1.2.1　电絮凝处理过程中的可燃气体爆炸

电絮凝过程中，水的电解会在阳极和阴极上产生少量的 O_2 和 H_2 气体，并形成细密气泡，气浮絮体上浮分离。经过室内实验检测，返排液电絮凝过程中会产生 H_2、O_2 和 CO_2，反应器中三种混合气体中 H_2 占比 12.78% ~ 15.49%，O_2 占比 4.59% ~ 5.86%，CO_2 微量。H_2 在空气中的爆炸极限是 4.0% ~ 75.6%（体积分数），遇火源就会爆炸。实验中反应器内 H_2 处于爆炸极限范围之内。

1.2.2　电絮凝处理过程中的漏电、触电事故

电源房温度过高，降低设备寿命、绝缘材料失效，会造成人员触电及设备损毁。电絮凝反应器使用一段时间后，电极板接线柱和盖板下部接线点会有腐蚀，容易漏电，发生触电事故。

1.2.3　水质硬度调节中返排液溢流环境污染

电絮凝处理完毕后，流体进入固液分离、硬度调节及 pH 值调节反应装置，该装置是非封闭的敞口装置。由于返排液中含有起泡剂、助排剂等，导致返排液中存在泡沫。同时，经过电絮凝处理后又产生氢气气泡和氧气气泡，因此返排液进入水质硬度调节单元后会产生大量泡沫，必须降低处理量，才不会发生溢流。否则遇到不利天气，很容易吹散泡沫并溢洒在井场地面，发生环境污染事件。

1.2.4 水质硬度调节、pH 值调节中的人身伤害

为降低水质硬度，需要加入复合碱；调节水质 pH 值时，需要加入柠檬酸等。这些强酸强碱处理药剂，在操作不慎时容易伤害人体健康。

2 电絮凝处理压裂返排液风险控制措施

常用的工艺安全分析方法有：故障假设/检查表（What If/Checklist）、失效模式和影响分析、危险和可操作性研究（HAZOP）、故障树分析（FTA）、事件树分析（ETA）等五种。

对于压裂返排液电絮凝处理工艺来说，适合与采用故障假设/检查表法（What if/Check list）进行分析。首先，建立压裂返排液电絮凝的完整处理施工作业流程；其次，识别出安全风险较大的关键步骤；再运用故障假设/检查表进行全面分析，查找出可能存在的风险并提出相应的安全控制措施。最后，将有效的建议措施全部纳入技术标准与管理标准中。

2.1 预防电絮凝处理中可燃气体爆炸控制措施

（1）电絮凝装置内安装防爆型固定式气体检测仪、H_2泄漏检测仪、CH_4泄漏报警器等，对有毒有害、可燃气体全时段进行监测并报警，如图 2 所示。

图 2 电絮凝装置内可燃气体检测仪

（2）电絮凝装置内配备两台大功率轴流风机，必要时强排，加快空气流动，使有可燃气体（有毒有害气体）迅速扩散。

（3）电絮凝装置内，设置两个百叶窗进气口，确保有毒有害、可燃气体不聚集。

（4）电絮凝装置周围严禁一切烟火和产生火苗、火焰的活动，禁止使用电气焊、电炉、火炉、喷灯等，不得携带火种进入工作区域，严禁有高温设备或管道存在于设备附近。

（5）所有电气装置均要求采用防爆电气开关，电线绝缘良好，接头连接良好，防止出现电火花。

（6）由于化纤织物能产生高达上万伏的静电，其能量足以点燃、引爆氢气。所以生产人员应穿棉质工作服和防静电鞋进入生产区域。

（7）严禁敲击运行中的设备，以防止产生火花。

（8）设备和气体出口管道都应做好接地，防止静电聚集，同时避雷设施完备。

（9）电絮凝反应器气体出口不能过小，防止因气体快速流动而产生电火花。

2.2 预防电絮凝处理过程中的漏电、触电事故控制措施

（1）电絮凝装置的电源柜安装在全封闭的电源房内，门四周用橡胶条密封，与外界隔绝；电源房内配置有 5P 空调降温冷却，配有温度计，方便查看电源房内的发热与整流电源功率的关系，确保电源房室内温度不超过 30℃，如图 3 所示。

（2）电源设置有缺相、过压、欠压、过流、过热，限流、限压等保护功能，电源输出端与电网完全隔离。

（3）电源进线、出线采用防爆结构安装。

(4) 电絮凝反应器额定工作压力为0.1MPa,通过入口处压力表实时监控,防止设备超压工作。

(5) 施工完毕后,打开电絮凝反应器排污阀,将积水排出,用清水将电极板冲洗干净,观察电极板接线柱和盖板下部接线点有无腐蚀情况;若有腐蚀,使用防水胶涂抹腐蚀部位,并用防水胶布包裹,确保接触点不发生腐蚀,必要时更换配件。

(6) 电絮凝处理的多台橇装设备均设置有电控柜,为了便于人员操作,在电絮凝 PLC 总柜上设计了流程图式控制系统,实现对所有设备的操作和控制,单人可完成操作,随时监控设备运行状态,如图 4 所示。

图 3　电絮凝装置电控柜空调机

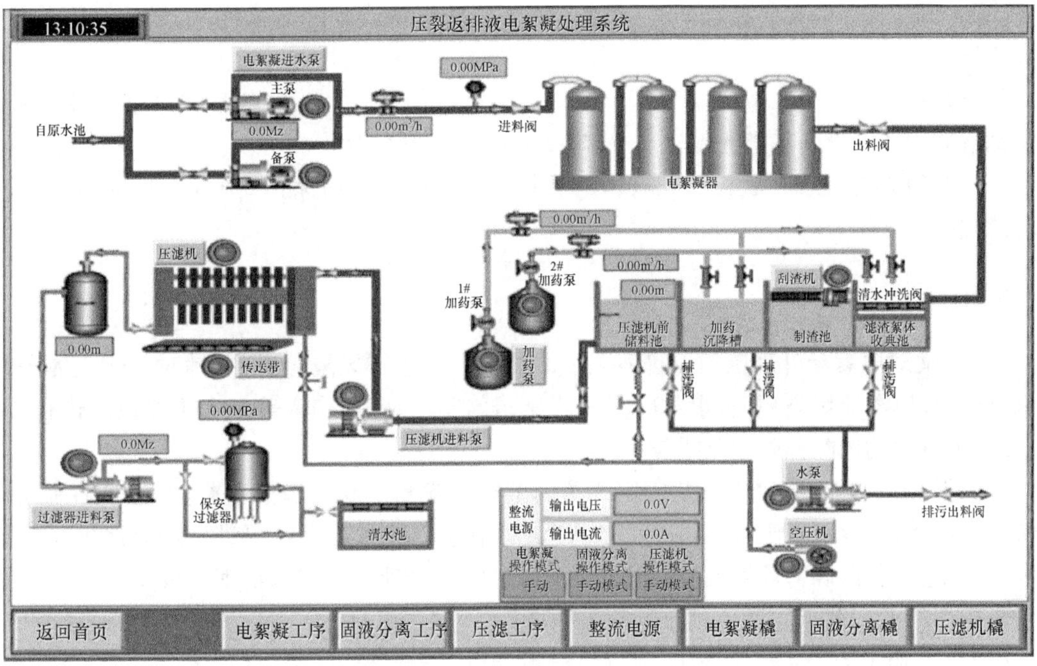

图 4　电絮凝处理压裂返排液 PLC 总柜控制界面

2.3　预防水质硬度调节中返排液溢流控制措施

(1) 开始处理返排液后,观察固液分离装置液面,液面上涨及时停泵。

(2) 优选一种高效消泡剂,通过柱塞泵在一级固液分离时加注,如图 5 所示。

(3) 当消泡效果变差后开启排污泵,将泡沫池的水由底部抽至顶部冲洗泡沫,加速破泡效果,同时根据情况补加消泡剂。

(4) 装置下部铺设防渗布,挖设导流渠。

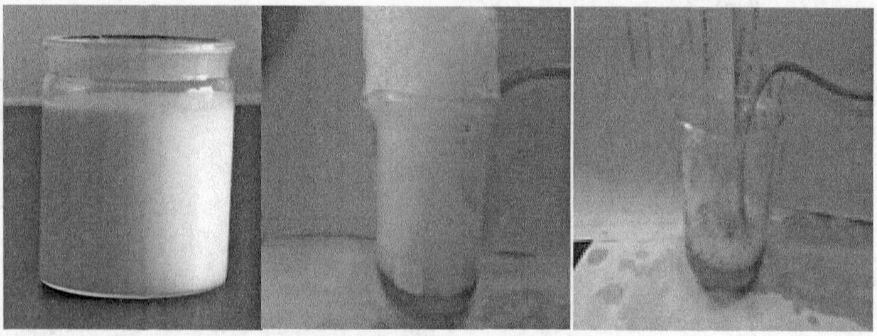

图5　有机硅消泡剂外观、鼓气法测定消泡效果

2.4　预防水质硬度调节、pH 值调节时人体伤害的控制措施

(1)工作人员穿戴好全身防护衣、工帽、口罩、耐热耐腐蚀手套及防护眼镜,劳保齐全。

(2)控制酸液(固体碱)注液排量,避免酸液(碱液)飞溅。

(3)酸液溅到皮肤时,脱去污染衣物,用大量水冲洗,然后涂抹 3% ~5% 碳酸氢钠溶液后清洗。溅入眼内,即以大量温水冲洗,尔后以 2% 碳酸氢钠或生理盐水冲洗,最后用可的松滴眼液治疗。

(4)吸入大量酸气时,立刻转移至上风口通风处,呼吸新鲜空气,如症状严重,可用 4% 碳酸氢钠溶液、0.5% 异丙基肾上腺素 1mL、地塞米松 2mg 雾化吸入。

(5)碱液溅到皮肤时,脱去污染衣物,先用大量水冲洗,然后涂抹 5% 左右硼酸、稀醋酸溶液后清洗。

3　结论

(1)本文对电絮凝处理压裂返排液工艺的关键节点进行风险分析,并针对可燃气体爆炸、漏电触电、液体溢流污染环境、水质硬度调节及 pH 值调节酸碱伤人等四个主要风险进行了分析,提出了有效的风险预防控制措施。

(2)建议在电絮凝装置内安装固定式防爆型气体检测仪及泄漏报警器,大功率轴流风机,加快空气流动,使有毒有害气体迅速扩散;建议对电絮凝的大功率电源进行隔离保护,电源房安装大功率空调等,确保环境温度不超过 30℃;建议在返排液中加入消泡速度快,对二次配液气泡影响小的消泡剂。

(3)针对提出的风险控制措施,建议进一步进行组织分析、评估,寻求工艺、设备硬件和管理上的改进,为实现工艺安全的目标奠定良好基础。

参 考 文 献

[1] 谢璇,张强,陈刚,等. 胍胶基压裂体系研究进展及其在长庆油田的应用. 精细石油化工进展[J],2014,15(5).

[2] 田培蓉. 胍胶压裂返排液重复利用影响因素及消除方法研究. 西安石油大学,2017.

[3] 韩洪晶,杨元林,王宝辉. 压裂返排液无害化处理的研究与现状. 现代化工[J],2017,37.

[4] 杨博丽,张冕,徐迎新. 电絮凝处理胍胶压裂返排废水实验研究. 水处理技术[J],2019,45(1).

[5] 张石磊,江旭佳,洪国良,等. 电絮凝技术在水处理中的应用. 工业水处理[J],2013,33(1).

[6] 杨婷婷. 电絮凝处理油田压裂废水的研究及动力学分析[D]. 南京航空航天大学,2016.

[7] Esmaeilirad N, Carlson K, Ozbek P O. Influence of Softening on Sequencing Electrocoagulation Treatment of Produced Water[J]. Journal of Hazardous Materials, 2014, 283.
[8] Char Fernanda Leite Lobo, Heming Wang, Tyler Huggins, et al. Low – energy Hydraulic Fracturing Wastewater Treatment via AC Powered Electrocoagulation with Biochar[J]. Journal of Hazardous Materials, 309 (2016).
[9] 孟宣宇,朱营莉,林雯杰,等. 页岩气压裂返排液电絮凝处理技术研究. 工业水处理[J],2017,37(11).
[10] 魏武,周长虹,邓虎,等. 气体钻井井控安全分析与控制. 钻采工艺[J],2018,41(5).
[11] 魏武,周长虹,邓虎,等. 气体钻井井控安全分析与控制. 钻采工艺[J],2013,36(3).

船舶火灾报警系统故障分析及维护

曹用顺

（中国石油集团海洋工程有限公司船舶服务事业部）

摘　要　船舶火灾报警系统是船舶重要设备之一，它对船舶火灾及时发现及扑救起着至关重要的作用。文章以中油海282船JBCF161SS火灾报警控制系统为例，介绍了船舶火灾特点、火灾报警系统结构及工作原理，通过典型故障分析，提出日常维护的合理化建议。

关键词　船舶　火灾报警控制系统　典型故障

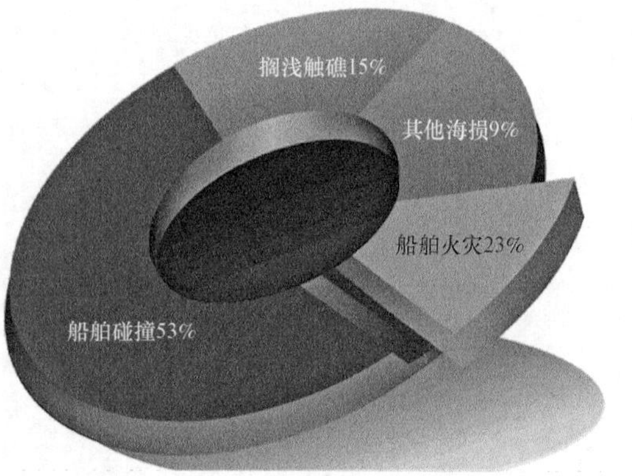

图1　近几年海损事故中碰撞、火灾等所占比例

目前，随着我国经济的不断发展，科学技术在航运业的应用的不断深入，各种类型的船舶应运而生，技术含量也日益增高。船舶火灾和船舶碰撞搁浅触礁一样，都属于船舶海难事故，但是船舶一旦发生火灾、爆炸事故，将致使船毁人亡。火灾扑救难度及火灾危险性始终是危及生命财产安全的重要因素。据有关统计资料分析，每年船舶火灾占海事事故的23%，如图1所示。

近年来，全国各地船舶火灾事故居高不下，给生命、财产、环境造成了重大损失。因此，船舶的防火灭火应引起足够重视，采取切实可行的措施，避免火灾事故的发生。

1　船舶火灾的特点

1.1　火点隐蔽，不易发现

船舶由于受船型设计的局限，空间狭小，特别是机舱，除风机外普遍没有直通外部的通风口，初起火灾不易被船员发现，从而延误灭火时机，导致火灾扩大。

1.2　着火后，火势蔓延迅速

船舶的电缆线、污油水、燃料油、油棉纱等均为易燃物，起火后，火势会沿着机械设备、电缆线、油管线和舱壁很快向四周的上部蔓延，一般起火后，较短时间就可能将火势蔓延到整个船舶。

1.3　船舶结构复杂，火灾扑救难度大

由于受船体的局限，船舶内结构比较复杂，楼梯转弯多而陡，油污粘满的铁板地腻滑，各种

设备分布密集，管道纵横交错。起火后，烟雾聚集，温度上升快，整个船舶迅速弥漫着大量有毒烟雾难以向外扩散。浓烟将船员熏得睁不开眼，迅速迷失方向，逃生困难；且使消防员难以深入内部进行火情侦察、救人、灭火。

1.4 易爆物品较多，极易发生爆炸

船舶内有很多油柜和储气钢瓶、高压容器等易爆器具。这些器具经过高温或烧灼后容易发生物理性膨胀而爆炸，从而导致火势扩大，甚至造成船毁人亡的严重后果。

2 船舶火灾报警控制系统原理与组成

2.1 JBCF161SS 火灾报警控制系统总述

中油海 282 船 JBCF161SS 火灾报警控制器与火灾探测器、复示器相配合，构成一个高科技的火灾报警装置。能对全船各个被保护舱室的火情进行不间断监控，若发生火灾，主控制器与复示器显示发生火灾的部位，并发出报警声。该系统主要由探测部分、火灾报警控制器、复示器和备用电源组成。其中探测部分由感烟感温探测器 PH（60 个）、一氧化碳及感温探测器 CH（23 个）、定温探测器 H 90℃（1 个）、防爆温度探测器 EX 60℃（4 个）、手动报警按钮 CP（10 个）、防水手动报警按钮 CP（17 个）组成。其结构如图 2 所示。

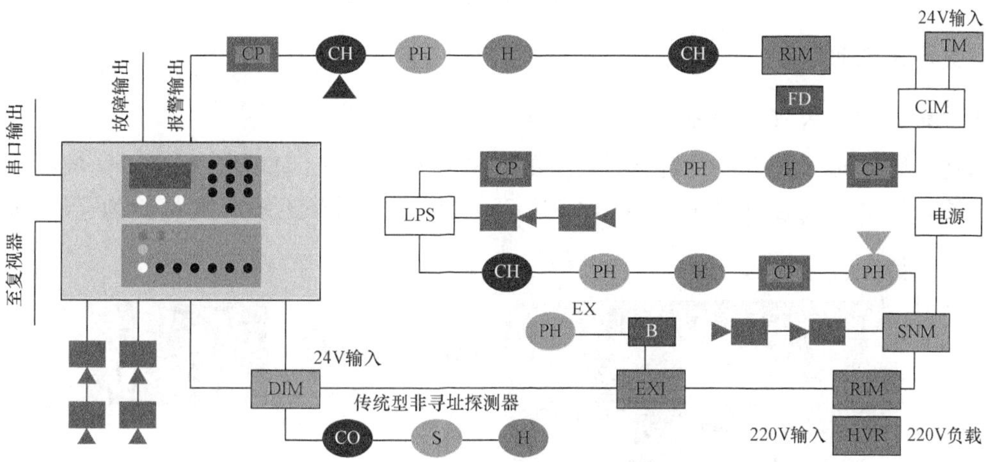

图 2 8000HP 船舶火灾报警系统图

CH—一氧化碳及感温探测器；PH—感烟感温探测器；H—定温探测器；RIM—继电器模块；FD—防火门电磁铁；HVR—高电压继电器；CIM—触点输入模块；TM—计时器模块；▲—5BI 短路保护基座；SNM—驱动模块；LPS—回路电源驱动模块；DIM—传统型探测器接入模块

2.2 工作原理

当船上某点发生火灾时，探测器 CH/PH/H 发出火灾报警信号，并将火灾信号与地址通过总线回路送往火灾报警控制器，火灾报警控制器接收到火灾信号后，通过逻辑处理，发出声光报警，在 LCD 显示面板上显示发生火灾的具体位置、区域；位于船长室门口和 CO_2 室的复示器显示和主控制器一样的信息。

火灾报警控制器备有一套由蓄电池供电的后备电源系统，在正常情况下由船上的两路中的任意一路 AC220V 电源供电，当船上两路 AC220V 电源都失效时，备用电源自动启动投入工

作。当船上 AC220V 电源恢复正常时,备用电源自动退出,转为由船上 AC220V 电源供电,同时自动对备用的蓄电池进行充电。如图 3 所示。

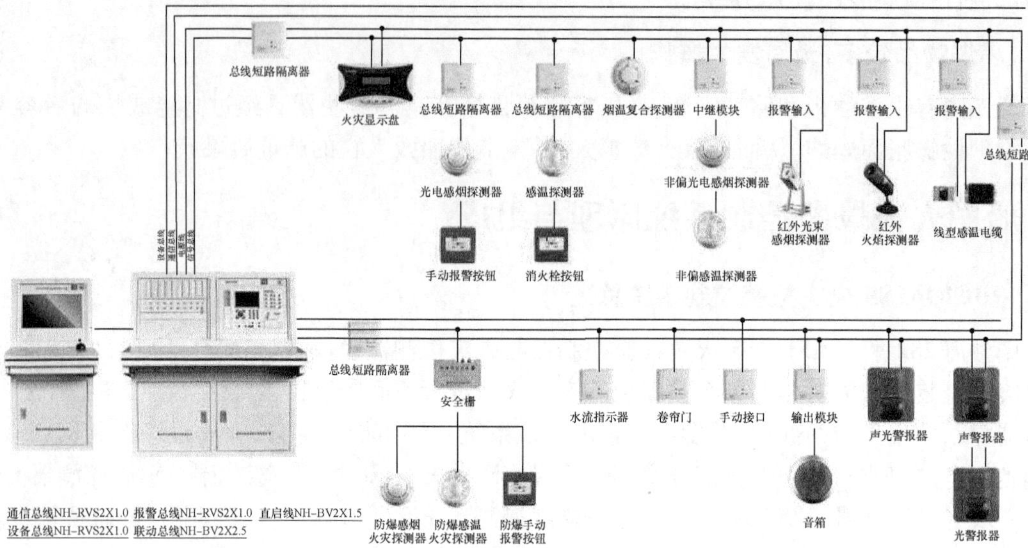

图 3 船舶火灾报警系统原理图

2.3 主要组成部分

2.3.1 基于 PLC 火灾报警系统控制器

中油海 282 船火灾报警控制器位于驾驶台,连接位于船长门口及二氧化碳间的两台复示器,最多支持 8 个回路,每回路最多支持达 250 个地址,回路电缆长度最长为 2km,如图 4 所示。

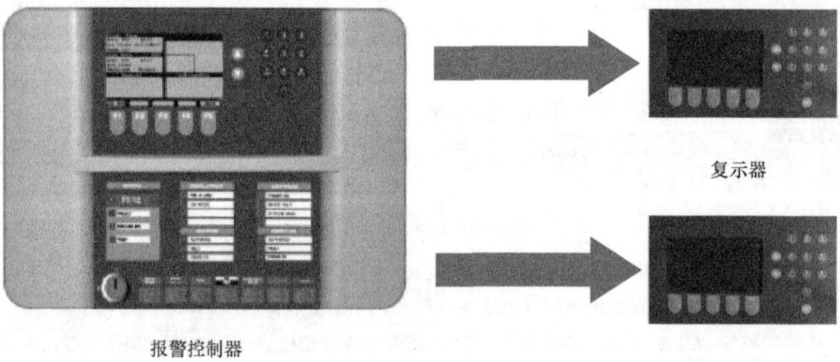

图 4 中油海 282 船 T2000 火灾报警控制器

当火灾报警控制器与火灾探测器之间的连线及电源发生故障时,能在主控制器上发出同火警信号明显区别的声故障信号,声故障信号可以手动消除,光故障信号保持,并且具有火警优先功能。

火灾报警控制器能对总线回路的火警信息、故障信息等进行综合处理,并在显示时加以区分。控制器对火警信息、故障信息进行处理时,优先处理火警信号。

2.3.2　火灾报警探测器

火灾报警探测器犹如人的眼睛,对火灾现场进行实时监控,它的好坏与否对及时遏制船舶火灾发生起着至关重要的作用。JBCF161SS 火灾报警控制系统主要包括:感烟探测器和感温探测器。火灾报警探测器如图 5 所示。

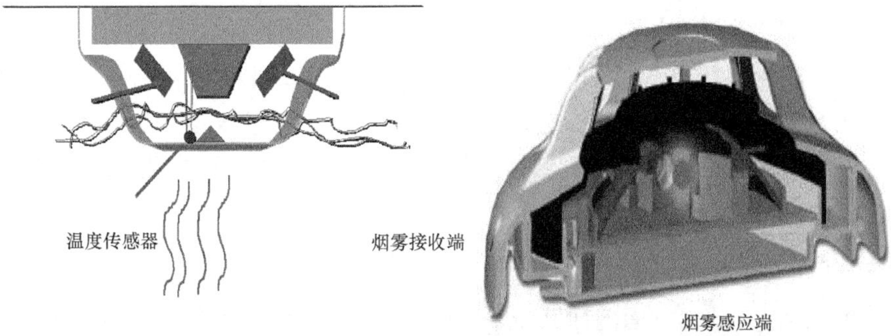

(a) 感温探测器　　(b) 感烟探测器

图 5　火灾报警探测器

船舶发生火灾时,探测器通过感应端、接收端与传感器监测与环境的有关物理量,将其转换成与该物理量对应的电信号并传递给火灾报警控制器,经控制器分析处理后,发出声光报警。

3　典型故障分析

3.1　故障一

中油海 282 船工区作业期间,突然火警灯闪,主控制器内的蜂鸣器长鸣,GENERAL 区的 FIRE 指示灯点亮,主控制器和复示器上的 LCD 显示“主甲板”的“右机舱棚”发生火警。如图 6 所示。

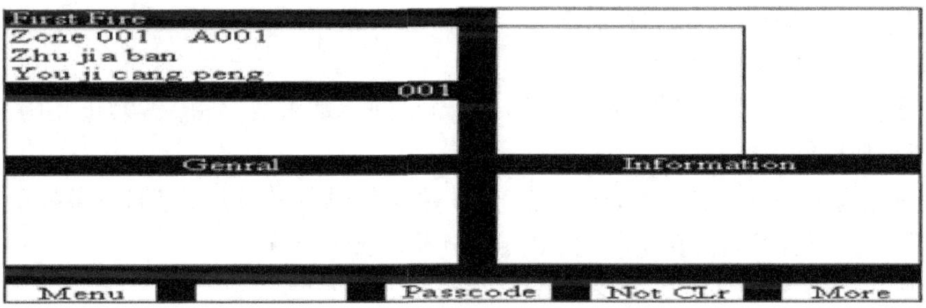

图 6　火灾报警控制器面板

全船启动防火应急预案,相关人员迅速赶到右机舱棚,现场勘查并无火源。主管轮机员拆下探头后,火警消失,由此分析为火警探测器故障。经拆检发现感烟探头烟雾感应端、接收端附有一层灰尘,感应镜片模糊。经清洗后,系统恢复正常。

3.2　故障二

中油海 282 船工区返航进行物资补给,13:23 船舶航行于曹妃甸海域,火灾报警控制器显示船舶“油漆间”无可识别的探头。主管人员迅速赶到油漆间,检查发现火灾探头并无损坏,初步分析为线路松动。紧固相关线路后发现故障仍然存在。为不耽误生产,船舶靠泊后,岸基支持人员迅速赶到船舶,经检测发现,由于长时间风浪颠簸、震动剧烈导致该探头地址编码混乱,经重新输入编码后,系统恢复正常。

4 火灾报警发生原因

在火灾自动报警系统的实际运行过程中,中央单元本身很少出现故障,出现故障最多的是火灾探测器及外围接线。火灾探测器故障主要有漏报或误报两种情况:漏报指的是火灾已发展到应当报警的规模但却没有报警;误报指的是没有发生火灾却发出了报警信号。

4.1 漏报分析

造成探测器误报有结构方面的原因,也有使用方面的原因。

4.2 误报分析

根据实际使用统计,由于使用不当引起火灾误报主要有以下因素:

(1)吸烟:未在船舶指定区域吸烟,触发感烟探头,导致全船火灾报警。

(2)电气焊:电气焊作业时,未按要求对相关区域火灾报警装置隔离。

(3)水蒸气:封闭区域长时间未通风或通风装置损坏有水蒸气凝结。

(4)小昆虫和蜘蛛网。

(5)炊事:炊事员在做饭过程中,厨房门没关闭,烟气泄漏出房门。

(6)缺乏清洁:探头长时间未清洁,触点粘连。

5 船舶管理人员维护保养注意事项

(1)按照规定每月进行消防应急演习,船舶一旦发生火灾,按照应变部署表的规定迅速进入指定任务区域。

(2)定期对火灾感应探头进行测试,对接线柱进行紧固,发现问题及时处理,对震动剧烈区域进行固定,减少探头震动。

(3)由于探头位置与编号属于程序控制,有固定的地址编码,各探头禁止互用,主管人员对探头需统一加以标记区分。

(4)定期清理感应端、接收端玻璃镜片,保证数据传输的精确度;定期对各探头电子控制板用精密仪器清洗剂清洗,防止由灰尘、水蒸气引发错误信号输出。

(5)加强电子技术学习,适应未来智能火灾报警系统的要求。

6 火灾报警控制系统发展趋势

随着科学技术的进步,尤其是半导体技术、计算机技术、网络技术与信息技术的发展,以及人工智能与模式识别理论的应用,为开发新一代智能化火灾监控系统提供了有利的条件。将计算机智能分析与船舶消防系统和水雾喷淋系统联动,可对火灾位置精确定位,及时处理。通过卫星终端实现与岸基的相互联动,增加了岸基技术支持,提高了船舶火灾处理能力,未来船舶火灾报警将更加智能化。

参考文献

[1] 邵建章．船舶火灾的扑救及救援．消防技术与产品信息．2002 年，第 8 期．
[2] 韩敬．火灾报警系统及发展．山西建筑．第 28 卷第 7 期．
[3] 廉保旺．分布式智能火灾报警控制系统设计．电子技术应用，2000. 2.

油品装卸作业静电致灾机制与安全评价方法研究

马端祝　戴丽平　娄仁杰

（中国石油集团安全环保技术研究院有限公司　北京市）

摘　要　静电是石油产品装卸作业中引发事故的一个重要因素。深入了解油品静电产生机理，采用科学的安全评价方法，开展油品装卸作业中的静电安全评估，对预防油品装卸作业静电危害具有重要意义。本文通过研究油品装卸作业过程的不同环节，分析了油品在运输装卸过程中的静电成因，发现油品在流动过程中与管道的接触面产生双电层，形成液流电流是静电产生的主要途径。同时发现，在装卸过程中，影响油品静电的主要因素有高速流动的油品、过滤器、低电导率的油品、接地不良的储罐，它们也是造成油品静电危害的最主要原因。根据对静电来源的研究，本文基于模糊数学理论构建了评价静电危害的层次分析模型。研究了油品装卸作业安全评价指标因素并构建了评价指标体系，在此基础上识别影响静电安全的主要风险源；并应用模糊综合评价法建立评价矩阵，得出油品装卸过程的整体静电安全性。最后通过实例检验表明评价结果与实际基本相符，并提出了相应预防措施。

关键词　安全评价　层次分析法　模糊综合评价法　静电

石油产品在输送、灌装的过程中不可避免地与管壁、储罐产生摩擦和撞击，由于纯净的油品有很高的绝缘性，因此会产生并积累大量的静电。因为油品具有易引燃、易爆炸、易挥发的特点，在此过程中如果处理不当，会因为静电放电而引起事故。据不全面统计，在 1985 年至 2004 年 20 年间我国共发生典型的石油产品静电事故 48 起，其中由于油品装卸作业引发事故 17 起，占总静电事故的 35%。可见油品装卸作业过程发生静电事故的风险还是很大的。

国内外的学者对于石油静电危害做了大量研究，相关理论研究有油面电位计算的研究，油面电位测量的研究，油面电位分布规律的研究，油面放电危险界限研究；相关安全评价方法研究有事故树法、模糊综合评判法、层次分析法结合模糊评判法等。它们都是从静电理论和安全评价的角度对石油静电的危险进行研究的。由于造成油品静电起电和放电的因素很多，无法对油面电位进行准确量化，所以很难对结果的有效性进行验证，因此理论研究还有待于进一步深入；而安全评价方法多是针对油库静电开展的，没有考虑油品装卸过程的静电风险，而装卸过程的不可控性是最大的。因此要降低油品装卸作业静电风险，需要采用有效的安全评价方法，全面综合考虑影响油品装卸作业过程的静电影响因素，科学有效地评价作业过程中的静电风险，使安全管理有针对性，做到有的放矢。本文详细分析了油品装卸作业静电危害的来源及静电事故产生的原因，采取层次分析—模糊综合评判法对油品装卸作业过程静电风险进行评价。

1　油品装卸过程静电危害特征

1.1　油品装卸过程静电产生途径分析

静电的产生是由于物体间的摩擦分离，分开后的物体带上等量的异种电荷从而呈现带电的特性。如图 1 所示,石油产品在管道内流动时,在油品和管道的边界层上的电荷分布是不均匀的,形成符号相反的双电层,双电层内的电荷紧贴在管道表面,厚度约为一个分子的直径,外层带电离子是可移动的,它们分布在双电层外几十至几百个分子直径的范围内,称作扩散层,当油品在管道内因压差作用流动时,扩散层的电荷随油品一起流动,形成电流,即冲流电流,如图 2 所示。

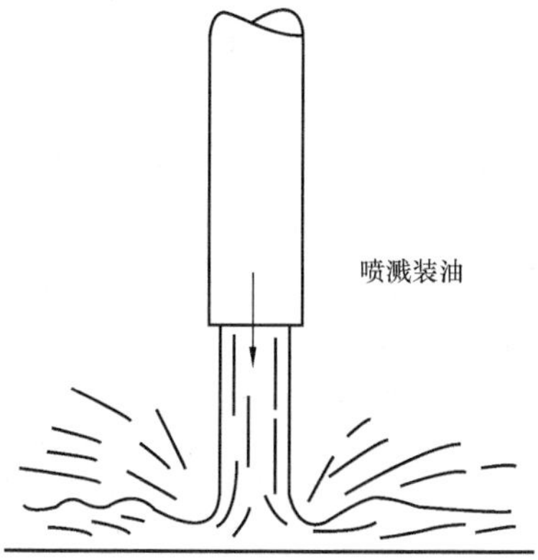

图 1　静电产生过程示意图

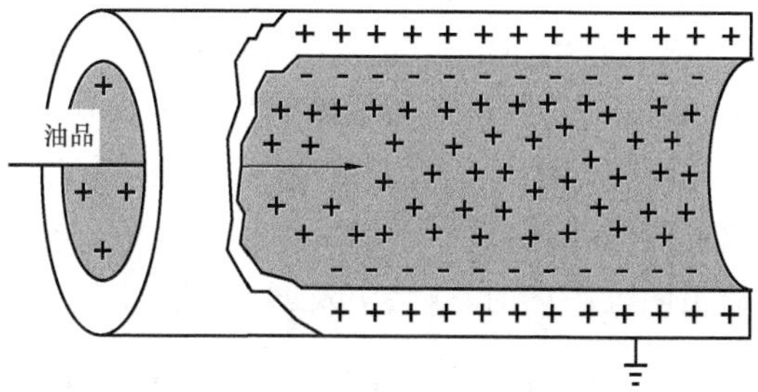

图 2　管道内静电产生示意图

油品在运输装卸过程中,通常要经过油泵、过滤器等设备后进入油罐车,在此过程中,流动的油品与管道、设备、容器会产生摩擦分离,因此会有大量的静电产生。由于管道、泵、过滤器的结构不同,因此经过不同设备会产生不同量的静电。由于过滤器滤网的孔径很细,因此当油品经过滤网时,相当于经过成千上万个细小直径的管道,所以油品在经过过滤器后静电量会高出 10 至 200 倍之多。为此,当油品电导率小于 50pS/m 时,过滤器下游应留出足够的缓和时间。油品在运输装卸各个环节中的起电大小情况如图 3 所示。

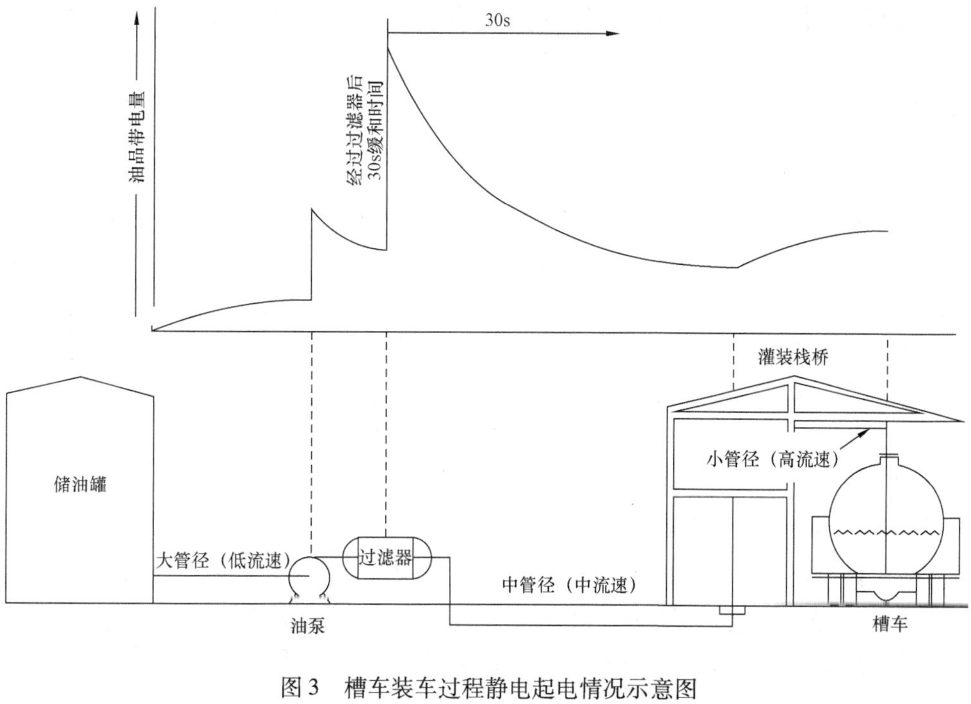

图 3　槽车装车过程静电起电情况示意图

1.2 油品装卸作业静电事故原因分析

油品静电事故的发生,需具备三个条件,即静电的产生和积累、油气空间和静电放电。当三个条件同时存在时,就会发生静电事故。通过以上分析可知,油品在输送、装车过程中难免要产生静电。油罐内油品静电的大小受两个条件的影响,一个是进入油罐油品静电量的大小,一个是油品静电释放速度。影响油品静电量大小的因素主要有油品的流速、过滤器、杂质等因素。而油品释放速度主要受油品电导率和油罐接地状态影响,当进入油罐的油品静电量很大且无有效的释放通道时,油罐内的静电量就会随着油品的进入而逐渐增加,当静电增加到一定量时,就会产生静电放电。比如油品与注油鹤管间发生的刷形放电、鹤管与槽车间发生的火花放电、罐内金属漂浮物与罐体间发生的火花放电、油面与罐内金属突出物间发生的刷形放电,人体与罐体间发生的火花放电,采样器(量油尺)与油面发生的刷形放电等。火花放电、刷形放电的能量都足以引燃最小点火能为0.24mJ的油气。因此,当放电空间内的可燃气浓度在爆炸极限范围内时,就会引发静电事故。

2 油品装卸过程静电危害层次分析

2.1 构建油品装卸过程静电安全评价指标体系

根据构建评价指标体系"系统全面、层次分明、简明科学"的原则,综合考虑分析油品装卸作业过程中引发静电事故的影响因素,构建油品装卸静电安全评价指标因素体系。该体系包含了三个一级指标和十八个二级指标,其中一级指标为造成静电事故的三个因素:静电荷产生和积累、爆炸气相空间和放电激发体;二级指标主要包括油品电导率低、油品流速快、油品经过过滤器、油品静置时间不够、油中含水或不相溶的第二相、作业人员着装不规范、油罐未接地或接地不良、环境湿度低、喷溅式装油、换装油品、非密闭装油、环境温度高、介质(油品种类)、罐内突出金属接地体、罐内金属漂浮物或金属碎片、采样量油作业、注油鹤管、人体放电。

2.2 基于层次分析法确定各指标因素权重

2.2.1 层次结构模型构建

根据油品装卸作业静电安全评价指标因素体系,采用层次分析法,将油品装卸作业静电安全评价模型划分为3层:目标层T——油品装卸作业静电事故;准则层P——静电荷产生和积累P_1、爆炸气相空间P_2、放电激发体P_3;指标层I—油品电导率低I_1、油品流速快I_2、油品经过过滤器I_3、油品静置时间不够I_4、油中含水或不相溶的第二相I_5、作业人员着装不规范I_6、油罐未接地或接地不良I_7、环境湿度低I_8、喷溅式装油I_9、换装油品I_{10}、非密闭装车I_{11}、环境温度高I_{12}、介质(油品种类)I_{13}、罐内突出金属接地体I_{14}、罐内金属漂浮物或金属碎片I_{15}、采样量油作业I_{16}、注油鹤管I_{17}、人体放电I_{18},层次结构模型如图4所示。

2.2.2 构造判断矩阵确定指标因素权重

通过判断确定各指标因素对目标的权重,指标层十八个因素对应三个准则层的相对重要度、三个准则层一级指标对目标层的相对重要度,通过专家经验判断构造矩阵,然后计算每个指标因素对应其准则的权重,并进行矩阵一致性检验,对计算结果进行整理,得到油品装卸作业指标权重及排序境况,见表1。

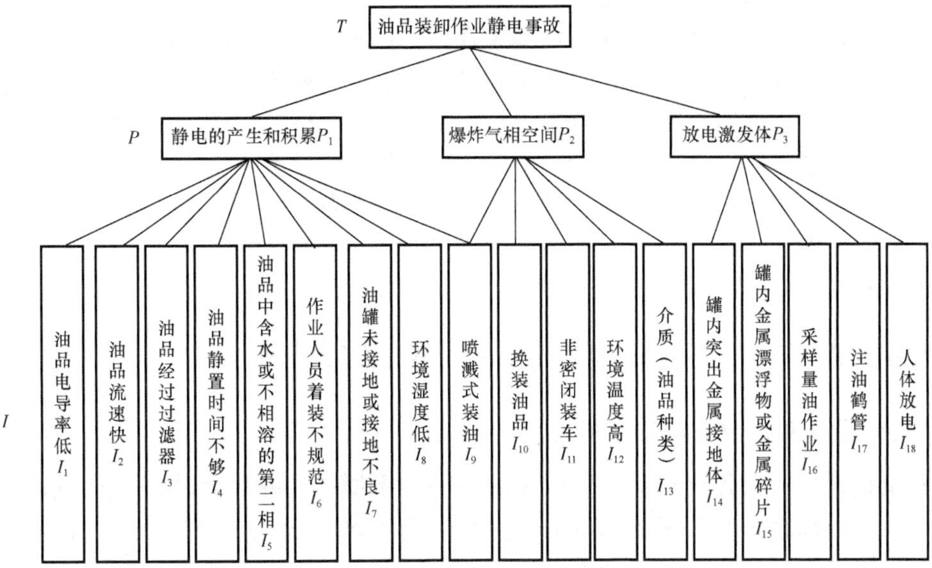

图 4　层次结构模型图

表 1　各层元素对目标层的权重及排序

层次	P_1	P_2	P_3	W_Z	排序	指标
	0.333	0.333	0.333			
I_1	0.173	—	—	0.057	8	
I_2	0.108	—	—	0.035	12	
I_3	0.108	—	—	0.035	11	
I_4	0.046	—	—	0.015	16	
I_5	0.069	—	—	0.023	15	
I_6	0.032	—	—	0.011	17	
I_7	0.268	—	—	0.088	4	
I_8	0.023	—	—	0.008	18	
I_9	0.173	0.109	—	0.093	3	$CI=0.011$ $RI=0.972$ $CR=0.011<0.1$
I_{10}	—	0.109	—	0.036	10	
I_{11}	—	0.370	—	0.122	2	
I_{12}	—	0.206	—	0.068	7	
I_{13}	—	0.206	—	0.068	6	
I_{14}	—	—	0.263	0.087	5	
I_{15}	—	—	0.419	0.139	1	
I_{16}	—	—	0.097	0.032	13	
I_{17}	—	—	0.160	0.052	9	
I_{18}	—	—	0.062	0.031	14	

表中 CI 表示判断矩阵一致性指标，RI 表示引入平均随机一致性指标，$CR=CI/RI$，表示随机一致性比率，$CR<0.10$ 时，判断矩阵具的一致性是可接受；$CR \geqslant 0.10$ 时，需要对判断矩阵进

行修正,使 $CR<0.10$,满足一致性要求。

由于在对比指标因素时,有一定程度的主观性,每个专家的侧重点不一样会导致权重系数的变化,因此,科学合理地选择指标因素,请经验丰富的专家构造判断矩阵,是应用层次分析—模糊综合法进行安全评价的最为重要的环节,也是评价结果科学、可信的关键。从各指标因素的权重分析可以看出,对油品装卸作业静电事故影响较大的因素主要有储罐内金属漂浮物或金属碎片 I_{15}、非密闭装车 I_{11}、喷溅式装油 I_9、油罐未接地或接地不良 I_7、油罐内突出金属接地体 I_{14},因此在油品装卸运行管理中,要多注意这些问题,油罐中避免出现未接地的金属漂浮物,装卸油品的操作工艺需要改进,静电接地措施要做好等。

3 油品装卸作业静电安全评价的模糊综合分析

3.1 建立油品装卸作业静电安全的综合评价集

评价集是评价人对评价对象可能做出的各种结果所组成的集合,用 V 来表示,$V=(V_1, V_2, \cdots, V_n)$,在安全评价中,评价等级数 n 一般取值为 3 到 7。本次评价 n 取 5,即用五个等级来评价油品装卸作业静电安全,分别为安全(V_1),较安全(V_2),中等(V_3),较危险(V_4),危险(V_5),各等级的评分区间如下。

——第 1 等级,安全,评分区间[90,100];

——第 2 等级,较安全,评分区间[70,90);

——第 3 等级,中等,评分区间[60,70)

——第 4 等级,较危险,评分区间[40,60);

——第 5 等级,危险,评分区间[0,40)。

相应的等级参数向量为 $V=(95,80,65,50,20)$

3.2 某装车栈台静电安全评价指标因子的单因素模糊评判

采用单因素模糊评判对某装车栈台静电安全进行评判:应用专家打分法构建评判矩阵,对评价模型中各因素指标对应每个等级的隶属度给出分值(分值取值范围在 0~1,且每个因素指标对应各个评价等级隶属度的和为 1)。

将 I_1 至 I_9 的隶属度组成矩阵,得到评价矩阵 R_1 即 P_1——“静电产生和积累”这一准则的隶属度矩阵:

$$R_1=\begin{bmatrix} 0.5 & 0.45 & 0.05 & 0 & 0 \\ 0.4 & 0.4 & 0.1 & 0.1 & 0 \\ 0.2 & 0.3 & 0.3 & 0.15 & 0.05 \\ 0.5 & 0.4 & 0.1 & 0 & 0 \\ 0.3 & 0.4 & 0.2 & 0.1 & 0 \\ 0.4 & 0.4 & 0.1 & 0.05 & 0.05 \\ 0.3 & 0.3 & 0.3 & 0.1 & 0 \\ 0.3 & 0.3 & 0.3 & 0.1 & 0 \\ 0.4 & 0.5 & 0.1 & 0 & 0 \end{bmatrix}$$

将 I_9 至 I_{13} 的隶属度组成矩阵，得到评价矩阵 R_2 即 P_2——“爆炸气相空间”这一准则的综合隶属度矩阵。

$$R_2 = \begin{bmatrix} 0.4 & 0.5 & 0.1 & 0 & 0 \\ 0.4 & 0.4 & 0.1 & 0.1 & 0 \\ 0.6 & 0.3 & 0.1 & 0 & 0 \\ 0.4 & 0.4 & 0.15 & 0.05 & 0 \\ 0.3 & 0.3 & 0.2 & 0.15 & 0.05 \end{bmatrix}$$

将 I_{14} 至 I_{18} 的隶属度组成矩阵，得到评价矩阵 R_3 即 P_3——“放电激发体”这一准则的综合隶属度矩阵。

$$R_3 = \begin{bmatrix} 0.3 & 0.3 & 0.3 & 0.1 & 0 \\ 0.4 & 0.55 & 0.05 & 0 & 0 \\ 0.3 & 0.3 & 0.3 & 0.1 & 0 \\ 0.9 & 0.1 & 0 & 0 & 0 \\ 0.3 & 0.4 & 0.2 & 0.1 & 0 \end{bmatrix}$$

3.3 某装车栈台静电安全评价指标因子的总评价矩阵

确定了某装车栈台静电安全评价指标因素权重集合 W 和综合模糊评判矩阵 R 之后，采用 $M(\wedge,\vee)$ 算子，通过计算建立总评价矩阵并进行归一化处理得总评价矩阵 B。

总评价矩阵：

$$B = \begin{bmatrix} 0.281 & 0.281 & 0.281 & 0.105 & 0.052 \\ 0.347 & 0.279 & 0.187 & 0.140 & 0.047 \\ 0.338 & 0.354 & 0.223 & 0.085 & 0 \end{bmatrix}$$

模糊评价分析处理并进行归一化处理得到系统评价矩阵 C：

$$C = A \cdot B = [0.323 \quad 0.303 \quad 0.232 \quad 0.111 \quad 0.031]$$

求得系统总分：

$$f = 95 \times 0.323 + 80 \times 0.303 + 65 \times 0.232 + 50 \times 0.111 + 20 \times 0.031 = 76.175$$

由评价结果可知，该装车栈台的安全状况为较安全。

4 评价结果分析及事故预防对策

本文采用了层次分析—模糊综合法对某装车栈台静电安全进行了评价，根据评价结果可知该装车栈台的安全状况为较安全，评价结果符合实际情况。说明采用层次分析—模糊综合法建立的油品装卸过程的静电安全评价指标因素体系和评价模型具有实用性和可行性。尽管该装车栈台的安全状况为较安全，能够进行正常装车作业，但为了确保装车作业的静电安全，仍需要根据评价结果,找出薄弱环节,进一步采取措施。

油品装卸作业的静电安全的影响因素的权重已通过层次分析的评价结果给出,根据结果可知储罐内金属漂浮物、非密闭装车、喷溅式装油、油罐未接地或接地不良、油罐内突出金属接地体等都是油品装卸作业过程中静电安全的主要影响因素。因此预防油品装卸作业静电事故应主要从以下几个方面展开。

(1)确保油罐内不存在未接地的金属漂浮物。油罐在装油前,必须对油罐进行检查,清扫罐底,罐内不能存在漂浮的导体和其他杂物,如液面计的浮子、量油筒、垫片等。进行采样、量油作业时,采样器和量油尺的一端应接地,避免采样器和量油尺成为孤立导体。

(2)尽量采用密闭装车。密闭装车可以有效减少罐车口处油气浓度,避免形成爆炸气体环境,从而有效减少油品静电事故。

(3)避免喷溅式装油。喷溅式装油不仅会对罐内油面造成搅动,增加罐内油品间及油品与罐壁间的摩擦,进而增加了静电的产生,还会增加油品与空气的接触概率,增加产生可燃气体空间的概率,使空间内的油气处于爆炸极限范围内。装油作业时,应从槽车底部进油。不得已顶部进油时,则注油鹤管距离罐底应不大于0.2m。在注油鹤管浸入油面前,流速应控制在1m/s以内。

(4)确保油罐处于良好的接地状态。由于油品是绝缘体,因此带电后不能通过油罐接地迅速导走油品中的电荷,但是罐体接地能给油品中的静电荷提供有效的释放通道;另外,油罐接地后能避免与其他接地体间产生电位差而发生放电,从而避免在油罐外部发生放电引发事故的危险。

(5)避免油罐上方出现突出的金属接地体。若油罐上方存在突出的金属接地体如液位计,装油鹤管及制造缺陷,油罐进油时,由于油品带电,会感应金属突出物带电,当油面逐渐上升靠近金属突出物时,会击穿空气发生静电放电。

参考文献

[1] 刘尚合,武占成. 静电放电及危害防护[M]. 北京:北京邮电大学出版社,2004.

[2] Giles M. Electrostatic Hazards in Liquids and Relevance to Process Chemistry[J]. Organic Process Research & Development,2003,7(6).

[3] 杨柳. 汽车加油站卸油作业火灾事故案例分析与防范措施[J]. 云南化工,2017,44(7).

[4] 徐钢,吕品,谭凤贵,等. 静电安全教育读本[M]. 北京:中国石化出版社,2007.

[5] 刘超卓,陈银吨,王殿生,等. 储罐静电电位的有限差分计算方法[J]. 科学技术与工程,2010,10(9).

[6] 王菊芬. 储油罐内油面电位计算[J]. 石油化工安全环保技术,2014,30(4).

[7] 李世作,施武生,冼月萍,等. 油罐车加油时的静电测试研究[J]. 中国测试技术,2004,30(6).

[8] 张冠军,黎季勋,严璋. 石油静电电位的测量装置和数值计算[J]. 高电压技术,1998,24(3).

[9] 贺敏,马庆春,张来斌,等. 大型储油罐静电电势分布机理研究[J]. 石油化工设备,2014,43(3).

[10] Walmsley H,Mills J. Electrostatic Ignition Hazards in Road Tanker Loading,Part 1:Review and Experimental Measurements[J]. Journal of Electrostatics,1992,28(1).

[11] Walmsley H,Gregory K. Electrostatic Ignition Hazards in Road Tanker Loading,Part 2:Statistical Analysis for Standard Conditions[J]. Journal of Electrostatics,1992,28(2).

[12] Walmsley H,Gregory K. Electrostatic Ignition hazards in Road Tanker Loading,Part 3:The Variation of Risk with Loading Conditions [J]. Journal of Electrostatics,1992,28(2).

[13] 聂桐,赵翔,刘洲,等. 储油区火灾爆炸事故树分析[J]. 四川兵工学报. 2015. 36(10).

[14] 赵连河,孙兆强,熊锦林. 油库静电火灾爆炸事故树分析[J]. 江汉石油学院学报,2004,26(3).

[15] 尹航. 石油储罐爆炸的事故树分析方法[J]. 科学技术与工程,2010,10(20).
[16] 邵虎. 石油储罐静电规律物理模拟实验研究与静电安全评价[D]. 中国石油大学(华东),2011.
[17] 李凌峰. 成品油库风险评价技术研究[D]. 西南石油学院,2003.
[18] 胡玉琴. 油库区静电安全模糊层次综合评价研究[D]. 中国石油大学(华东),2015.
[19] 杨笑源,赵晓刚. 应用改进层次分析法和模糊综合评判的油库静电灾害评估[J]. 重庆理工大学学报(自然科学),2015,29(2).
[20] 郑贤斌,李自力. 油库安全综合评价的 AHP - Fuzzy 方法[J]. 工业安全与环保,2004,30(2).
[21] API RP 2003 Protection Against Ignitions Arising out of Static, Lightning, and Stray Currents[S].
[22] Ebadat V. Assessing and Controlling Electrostatic Hazards: Found in Liquid and Powder Processing[C]. ASSE Professional Development Conference, 2007.
[23] 佟瑞鹏. 常用安全评价方法及其应用[M]. 北京:中国劳动社会保障出版社,2011.
[24] GB 13348—2009 液体石油产品静电安全规程[S].

中国石油 HSE 管理体系总部审核优化工作思考

张　敏　申伟平

（中国石油安全环保技术研究院　北京市）

摘　要　通过长期审核实践及调研分析，梳理总结了中国石油天然气集团有限公司 HSE 体系总部审核存在的问题，并对问题形成原因进行了深入剖析。在此基础上，针对总部审核存在的突出问题进行优化研究，提出了相应的对策措施，有助于中国石油进一步提升审核质量和效果，切实减轻基层负担。

关键词　HSE 管理体系　总部审核　优化

引言

自 2012 年以来，中国石油天然气集团有限公司（以下简称"集团公司"）总部层面始终坚持每年组织开展两次审核工作，至今已进行了 15 次审核。总部审核立足集团公司整体处于严格监管的阶段特征，紧密围绕直线责任落实，紧扣安全环保阶段重点工作，紧盯 HSE 重要领域、特殊时段和关键作业活动等重大风险，有效推动 HSE 管理全面规范完善，持续提升 HSE 管理绩效水平。

总部审核已成为集团公司强化安全环保管理的重要抓手，对规范 HSE 管理，强化风险管控，提高 HSE 绩效发挥了极为重要的作用。主要表现在：

（1）体系审核始终坚持以体系运行为主线，全面推动 HSE 管理持续进步，系统化的管理思维在各层级得到强化。

（2）体系审核始终坚持紧紧围绕重点工作，聚焦关键风险，对杜绝重特大安全生产事故的发生起到了至关重要的作用。

（3）体系审核始终坚持补齐管理短板的工作思路，对以往易忽视环节持续强化管理，促进各单位风险管控能力稳步提高。

（4）各企业工作亮点和经验得到系统总结和推广。

（5）企业间 HSE 管理人员交流比较充分，相互学习借鉴、取长补短，促进了共同提高。

1　存在的问题

随着审核工作的深入，问题也在不断暴露和突出。集团公司总部一直在积极探索和不断创新审核管理，先后采取了量化审核、差异化审核、一体化审核和内审指导等多种方式，持续提升审核质量效果。一些问题在实践中得到了解决，但也有一些问题沉淀下来，影响了总部审核工作的质量和效果。

集团公司结合审核长期实践，通过现场调研、座谈等多种形式收集意见建议，总结梳理总部审核工作存在的具体问题如下：

1.1 审核基础管理

(1)有些审核员能力不足、不会审,较多审核现场隐患问题,不会追溯管理根源;较多关注记录和文件资料,未突出风险防控效果。

(2)审核特别是量化审核和一体化审核的内容多、要求细,审核组负担重、工作量大,影响其工作质量。

1.2 审核策划安排

(1)安排审核组人数较多、审核时间较长,部分企业迎审负担重。

(2)审核组人员多是安全环保管理部门的人员,专业管理部门的人员参与积极性不高,且占比相对较少。

1.3 审核现场实施

(1)审核发现问题多是现场问题,而缺少对现场典型问题、严重问题或普遍性问题的管理追溯;有的审核组为了满足问题数量要求,将一个问题拆分成几个问题来描述,导致问题描述不清;审核发现问题的质量不高、缺少专业深度。

(2)审核组对企业通报的质量不高,问题分析不系统,改进建议重点不突出、针对性不强,无法引起企业重视和具体落实。

2 原因分析

系统分析上述问题,反映出需要进一步深化管理总部审核,继续推动提升审核水平。同时,在很大程度上也反映出一些企业对审核工作的认识有偏差、组织不严谨、落实不到位。主要原因如下:

(1)对总部审核工作重视不够。有的审核组只是单纯地完成审核工作任务,存在消极应付思想,没有结合自身实际进行系统策划,没有全面认真落实总部审核方案要求。

(2)没有真正理解审核工作的目的、意义和特点要求。有的审核组织方把审核当作"一个筐",将各类工作及其要求都放入其中,以致审核重点不突出;每个审核组人数偏多,但专业管理人员力量分散不足,影响了职能部门落实直线责任的积极性。

(3)没有建立起满足总部审核工作要求的审核员队伍。部分审核人员能力素质不高,重查现场、重抓违章,就文件查文件、生搬硬套标准,不善于审管理、查机关、做访谈,不善于分析追溯制度性问题、系统性问题,不善于从管理上提出系统性的改进措施和建议。加之审核员激励机制缺乏,一些企业只是想通过参加审核来培养锻炼人才,难以吸引和抽调高素质人员参加总部审核工作。

(4)未建立起对审核问题整改情况进行有效跟踪验证的机制。审核结束以后,企业在信息系统审核模块中自行填报整改情况,下次审核时由于工作量比较大,没有认真确认整改情况,验证整改效果,导致一些企业对问题整改不重视,敷衍了事。

(5)企业各层级管理人员包括审核员对总部 HSE 制度标准的培训学习重视不够。企业对 HSE 管理的相关要求、对审核标准等理解不透,没有将其真正转化为基层岗位员工容易理解和方便执行的制度规程。

3 对策措施

管理方面需要在继承优化的基础上不断创新发展，因此针对当前存在的突出问题，提出以下对策思考：

3.1 总体思路

加强宣传教育，进一步增强企业上下对审核重要性的认识；突出重大风险管控和责任落实，抓住审核工作"管理审核、抽样审核、重点审核"本质，实施差异化审核、精准施策，促进HSE管理水平的持续提升。

3.2 具体措施

（1）筑牢体系思想，坚定以体系审核为总部HSE管理主要抓手的正确方向。加强体系特别是审核知识的专题培训，强化各级领导的系统思维思想，深化质量安全环保管理先进理念和工具方法的有效应用。组织有经验的审核员实施精准审核，开展有针对性的专项审核。将审核与培训和指导相结合，不仅要关注问题，更要协调并督促问题的解决。从而实现识别大风险、查找大隐患，帮助企业及时消除短板，避免和消除事故隐患。

（2）修订审核标准，认真策划编制审核计划。要聚焦风险管控效果、狠抓重点关键，进一步修订完善HSE相关审核标准、体系要求，减少资料文件记录等容易给基层带来负担等内容的审核。要结合历次审核情况、事故事件的经验教训，修订完善各项规章制度、审核标准。尤其是要在集团公司和专业公司两个层面，对现有要求不清晰的制度、企业自行的做法进行整合、优化、统一。

（3）实施分类监管，优化审核组织方式方法。持续细化总部审核工作要求，实行全要素与专项审核、内审指导三种方式相结合、集中审核和滚动审核互相补充。对HSE管理基础牢、业绩好，以及以往审核发现重大问题、重复性问题较少的企业，降低审核频次、多采取内审指导方式等；对于部分基础薄弱，发现严重问题、整改关闭不及时的企业，加大专项审核及量化审核频次。如：一类风险企业实行每年一次量化审核和一次专项审核；二类风险企业实行每两年一次量化审核、一次专项审核和两次内审指导；三类风险企业每三年一次量化审核。同时，在审核过程中，坚持有所为、有所不为，总部审核更侧重于审核企业领导层及机关职能部门在职责、流程、制度等管理方面存在的问题，更加突出总部审核的示范、引领、导向价值和重大风险管控作用。

（4）突出重点关键，审核不求面面俱到。总部审核要重点关注企业内审推动不力的问题，如领导认识、直线责任落实，特别是审核问题有效整改、要一抓到底。不图大而全，要发扬钉钉子精神，一个一个地解决重大风险和隐患问题。每次审核要确定两个到三个方面专业突出问题，明确规定要求、工作标准、时间期限等；通过专项滚动推进，逐年解决突出问题。企业自查自改，如果不做或敷衍做，总部严肃追责，并且要追究管理责任。

（5）强化内审指导，推动企业规范开展内审。加大《HSE审核管理规定》《企业内审指导工作指南》和《关于进一步规范和强化HSE审核工作的指导意见》的宣贯培训，推动企业各级领导重视审核工作，主动按要求开展内审，不能把审核只是当作任务来做。强化对企业内审工作的监督检查和指导，对内审质量高、效果好的企业，可适当减少总部审核频次，促进企业有效开展审核活动。

(6)建立完善机制,进一步加强审核员队伍建设。审核员的水平在很大程度上影响和决定审核工作的质量和效果。首先要加大审核员特别是审核组长等人员的培养力度,抽调懂业务、会审核、善分析、敢直言的各方面管理人员和技术专家组成审核员队伍,通过集中培训和日常审核,强化对审核标准的理解、对审核方法的掌握及对审核技巧的运用,严格把控培训质量;重点培养审核人员的指导能力、培训能力、推动能力和团队能力。其次要加快健全、完善总部审核员和技术专家库,建立业务素质高的审核员队伍,保证审核人员队伍的相对稳定,确保审核工作的持续性。第三要建立有效的审核员队伍激励机制,促进职能部门管理人员和技术专家积极主动组织和参加审核活动。

(7)强化闭环管理,系统有效整改审核发现问题。有效落实闭环管理思想。审核后续工作包括问题统计分析和整改落实。对于发现的问题,首先,审核组应按照统一尺度,对问题分级分类。其次,专业公司和企业根据审核员对问题严重程度的分级及问题类别的划分,科学合理安排整改工作。对于严重问题,挂牌督办,限期整改;对于普遍性、重复性问题,专业公司和企业从制度上、管理上系统分析解决。所有问题,都应举一反三,从根本上解决,防止重复发生。最后,根据问题的严重程度,由审核人员或专业公司有关部门采取现场跟踪验证、书面跟踪验证、口头跟踪验证等方式,对整改情况进行检验确认。逐步转变通报或淡化通报方式,鼓励企业多暴露问题。扭转企业过于关注问题数量和通报倾向,真正将精力集中在问题整改落实上,切实做到审核一次,推动一次,提高一次。

4 结语

总部审核是集团公司强化安全环保管理的重要抓手,也得到政府主管部门的认同、同行业的认可,已成为集团公司 HSE 管理的一张鲜明和响亮的名片。集团公司针对总部审核工作优化的思考,对有效推动 HSE 管理全面规范完善,进一步提升审核质量和效果,切实减轻基层负担具有重要意义。

利用监控报警大数据分析提升车辆运行安全和数质量管控的效果评价

汪　源　郭松岭　贾建凯

（中国石油运输有限公司　北京市顺义区）

摘　要　随着信息化的发展，车辆运行监控的手段也在不断升级。通过北斗车辆管理系统，能够及时发现车辆运行中的系统超速、离线超时、异常停车、疲劳驾驶和路网超速等报警信息。通过报警大数据分析，有效发现车辆运行监控管理的突出问题，突出监控重点单位和车辆，提前感知车辆运行中可能出现的危险因素，并进行辨识和纠正，有效降低违章，化解车辆运行安全风险和数质量管控风险，为车辆运行安全和数质量管控提供保障。

本文分析了车辆运行监控中所属单位的报警数据，提出了借助数据分析技术筛选出问题突出的单位和车辆，并引导开展有针对性的差异化监控，制订提高车辆运行监控，管控效果的解决方案。

关键词　大数据分析　车辆运行监控　监控报警

引言

车辆运行监控管理，以不间断传输的车辆定位数据为基础，利用监控平台对实时数据进行分析比对，判断车辆运行状态是否正常。如遇到异常情况平台会提示相应的报警信息，进而提醒驾驶员注意减少车辆违章，避免发生交通事故。

交通运输事故的发生虽然表面上存在着很多偶然性，但是从安全管理的本质上讲，事故的发生却又是一个持续性的安全隐患累积过程。按照安全管理经典理论——海恩法则所说：“每 1 起严重事故的背后，必然有 29 次轻微事故，300 起未遂先兆，而这些征兆的背后又是 1000 个事故隐患。”而车辆运行监控过程中，平台提示的一次次报警信息，就是事故隐患。如何利用好这些报警数据，发现规律性问题，找到报警数据与事故事件的内在联系，有效减少车辆违章，保证车辆运行安全，是当前监控报警大数据分析的重要课题。

1　车辆运行监控管理的现状

中国石油运输有限公司（以下简称“运输公司”）自 2003 年开始推行车辆运行监控管理，经过十几年的信息化建设，运输公司建成了北斗车辆管理系统和囊括近 8000 台成品油运输车辆的车载视频监控系统，以及当前运输公司信息化的核心系统 ERP 管理系统。这些共同构成了运输公司的车辆运行监控系统，基本实现了智能派车—任务跟踪—车辆运行实时监控—成本管理的全过程管理。

运输公司也形成了一套有效的车辆运行监控机制，在总公司—二级单位—配送中心（车队）形成了三级监控体系，随着监控层级的下移，调度监控员工作的范围也更加具体，监控的目标也更为明确。在监管过程中，运输公司率先在行业内提出了“三规一限”的管理要求：“规定行车时间、规定行车路线、规定停车地点和分路段限速的要求。”通过合理运用车辆运行监控信息化手段，车辆运行安全和承运货物的数质量安全得到了很好的保证，取得了明显的效果。

2 监控平台的报警种类

北斗车辆管理系统目前引入的报警功能主要有以下五种：

2.1 异常停车报警

车辆在终端正常工作的情况下，没有在规定停车地点，停车时间超过平台限定时间的，平台提示异常停车报警。

2.2 离线超时报警

在规定时间内没有连续定位信息上传的，且车辆最后定位位置，不是规定停车地点的，平台提示异常离线报警。

2.3 疲劳驾驶报警

按照国家相关法律法规要求，车辆运行应满足：“驾驶员 24h 累计驾驶时间原则上不超过 8h，连续驾驶不超过 4h，每次停车休息时间不少于 20min。”目前平台设置为连续性开车 4h，平台提示疲劳驾驶报警，此报警需要车辆停驶达到 20min 后，报警才能解除。

2.4 路网超速报警

根据公司三规一限管理要求，对车辆行驶的每条路线要进行分段限速，目前平台整合了采购的全国的路网地图中的路网限速值，平台按照限速标志进行限速报警；同时对于目前大部分地区没有限速标志的道路，以及在全国路网地图中没有限速值的道路，平台按照道路等级划分限速标准，例如国道限速为 70km/h，乡村道路限速 40km/h 等。

2.5 系统超速报警

北斗车辆管理系统目前设置最高限速为生产车辆车速不得超过 80km/h，客运车辆车速不得超过 100km/h，小车不得超过 120km，当不同车辆超过相应限速标准后，平台提示系统超速报警，发生此类报警的，公司将依据规定进行处罚。

3 报警作用

（1）疲劳驾驶报警和系统超速报警是国家强制要求、监控平台必须具备的基本功能，报警数据是用来规范驾驶员安全行车和事故责任认定的重要依据。

（2）异常停车与离线超时报警，主要应对车辆运行过程中的违规停驶或乱停乱放行为，两种报警是相互配合、相互补充的，车辆停驶以后只要不是规定停车地点，不管监控设备是否正常工作，平台均能发现异常，此功能在出现数质量差异时，判断车辆运行状态效果显著。

（3）路网超速报警是在分段限速要求的基础上，平台引入全路网限速，也就是只要车辆在道路上运行，就有对应的限速标准。

4 报警数据分析原理

按照二八法则：80% 的违章是集中在 20% 的人身上。在车辆违章报警管控中，只要有效控制住排名靠前的20%的车辆，违章量将大幅下降，进而能够有效化解安全和数质量管控的风险。在对报警数据分析中，采取数据动态对比的方式，每月对报警数据进行排名对比，始终严管月度排名靠前的20%车辆，每月将公司报警量均值作为对标数据，各单位进行对比分析，进而实现对各单位、配送中心和车队的综合评价。

5 报警数据分析

2017年份北斗车辆管理系统上线后，经过近两年的时间调整完善，系统总体运行平稳。为保证分析数据结果真实、可靠，且具有代表性，现抽取2019年1至5月的平台报警数据简要分析如下：

5.1 平台总体报警情况

2019年1至5月共计有15699台车辆发生报警，占监控平台总车数(18556台)的84.60%。平台提示各类报警中：路网超速占总报警量的83.91%；异常停车占6.94%；离线超时占比6.58%；疲劳驾驶占比1.49%；系统超速占比1.08%。平均单车报警量为7.73台次(图1、图2)。

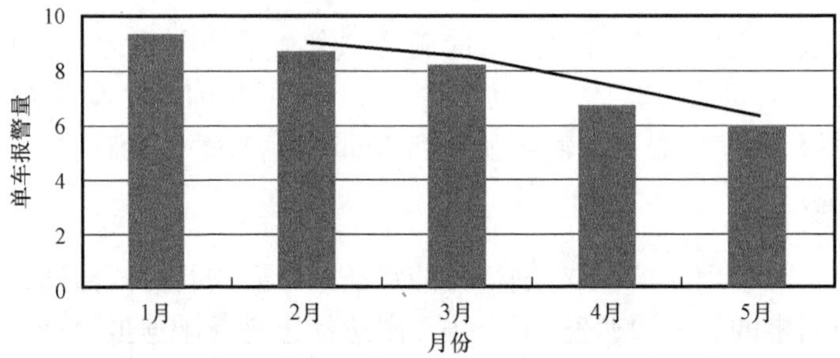

图1 2019年1至5月份公司平均单车报警量变化趋势

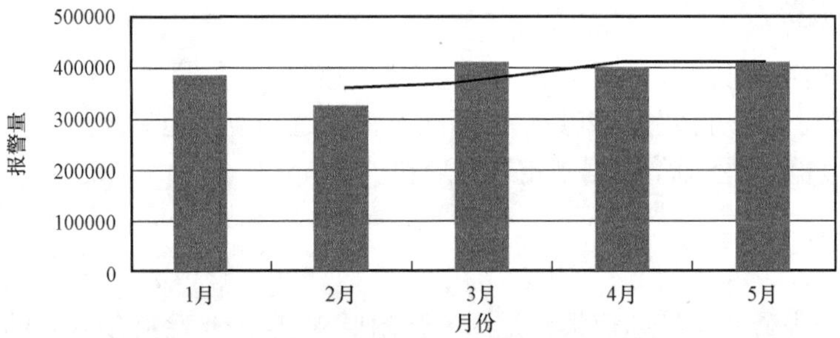

图2 2019年1至5月份报警量变化趋势

5.2 分单位报警分析

1至5月份运输公司41家主营业务单位平台均发生报警提示，报警量较大的单位有：长庆运输公司占总报警量的19.12%、四川分公司占9.93%、内蒙古分公司占5.15%、甘肃分公司占4.23%、黑龙江分公司占4.03%、辽宁分公司占3.96%、云南分公司占3.68%、新疆配送公司占3.57%、华北运输公司占3.49%、吉林分公司占3.29%、山东分公司占3.12%、陕西分公司占2.82%、准噶尔分公司占2.34%、沙运司占2.20%、一公司占2.07%，以上15家单位报警量占公司总体报警量的73.02%(图3)。

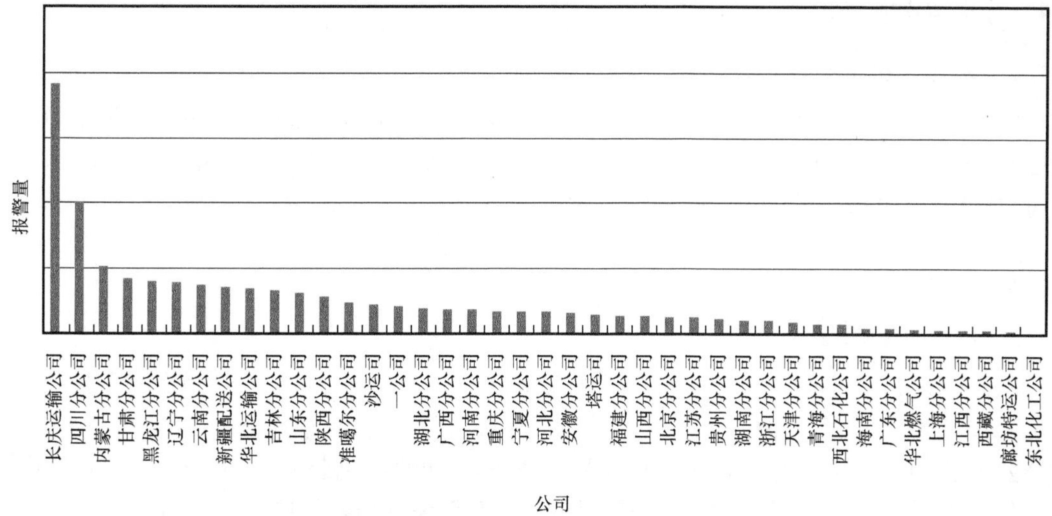

图 3　分单位报警量统计

5.3　结合生产运行动态，对报警进行分析

1 至 5 月份按照公司总体报警量折算，平均每台运行车辆每日出现报警 7.73 台次。其中路网超速约为 6.49 台次，异常停车为 0.54 台次，离线超时为 0.51 台次，疲劳驾驶为 0.12 台次，系统超速为 0.08 台次。

以公司平均单车报警量 7.73 台次作为均值，发现单车日均报警量在公司均值以上的单位有：天津分公司、内蒙古分公司、四川分公司、山西分公司、黑龙江分公司、河南分公司、长庆运输公司、安徽分公司、浙江分公司、甘肃分公司、准噶尔公司、重庆分公司、海南分公司、辽宁分公司、湖北分公司、贵州分公司、福建分公司（图 4）。

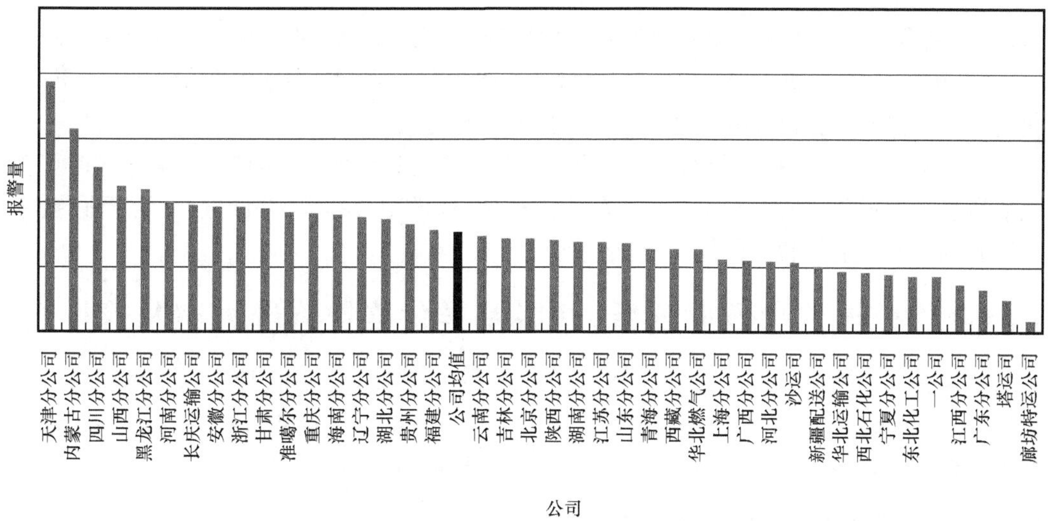

图 4　各单位平均单车报警占比统计

通过监控报警大数据分析，可以找到违章报警量较大的单位和单车报警量较大的单位，进而可以有针对性地采取措施，有效消除安全和数质量管理风险。

5.4 分类型报警分析

5.4.1 系统超速报警

1 至 5 月份公司日度平均单车系统超速报警量为 0.08 台次，其中平均单车报警量较大的单位有：贵州分公司、湖南分公司、河北分公司、重庆分公司、江西分公司、四川分公司、海南分公司、甘肃分公司、天津分公司、新疆配送公司、黑龙江分公司、东北化工公司、江苏分公司、北京分公司、内蒙古分公司、准噶尔分公司、青海分公司、浙江分公司、广东分公司、福建分公司和陕西分公司等单位。

5.4.2 疲劳驾驶报警

1 至 5 月份公司日度平均单车疲劳驾驶报警量为 0.12 台次，其中平均单车报警量较大的单位有：东北化工公司、内蒙古分公司、贵州分公司、山西分公司、福建分公司、吉林分公司、西藏分公司、华北燃气公司、广西分公司、黑龙江分公司、西北石化公司、上海分公司、一公司、河南分公司、安徽分公司、天津分公司、长庆运输公司和青海分公司等单位。

5.4.3 路网超速报警

1 至 5 月份公司日度平均单车路网超速报警量为 6.49 台次，其中平均单车报警量较大的单位有：天津分公司、内蒙古分公司、四川分公司、黑龙江分公司、陕西分公司、安徽分公司、浙江分公司、准噶尔分公司、海南分公司、辽宁分公司、甘肃分公司、湖北分公司、重庆分公司、长庆运输公司、福建分公司、贵州分公司、云南分公司、河南分公司和北京分公司等单位。

5.4.4 异常停车

1 至 5 月份公司日度平均单车异常停车报警量为 0.54 台次，其中平均单车报警量较大的单位有：河南分公司、长庆运输公司、山西分公司、四川分公司、吉林分公司、上海分公司、华北燃气公司、内蒙古分公司和山东分公司等单位。

5.4.5 离线超时

1 至 5 月份公司日度平均单车离线超时报警量为 0.51 台次，其中平均单车报警量较大的单位有：上海分公司、河南分公司、长庆运输公司、四川分公司、甘肃分公司、西藏分公司、西北石化公司、青海分公司、吉林分公司、江苏分公司、重庆分公司。

系统超速、路网超速和疲劳驾驶报警直接反映安全管控风险；异常停车和离线超时报警则反映数质量管控风险。所以对于报警量较大的单位、配送中心和单车要进行重点管理，要采取有效措施预防安全事故和数质量事件发生。

6 结合监控报警大数据分析，开展差异化监控管理方案及管控措施

监控平台报警数据在一定程度上反映出相关单位在安全运行和数质量管控中存在的风险，消除风险隐患是车辆监控工作的重中之重。如何有效减少车辆违章报警，提高车辆安全运行和数质量管控效果，是当前监控工作面临的一项重要任务。

6.1 有效降低重点单位、重点车辆报警量。

目前按照报警种类，对各二级单位、配送中心（车队）和单车的报警量进行排名分析，找到各类报警排名靠前的 30 个配送中心及 200 台车辆，这些是问题最为集中的单位和车辆。按照抓大放小的原则，集中人员和监控力量，针对重点单位、配送中心（车队）和车辆升级管控力

度，以有效减少报警量，有效降低车辆运行管控风险。

二级单位重点管控所属问题突出的配送中心（车队）和单位，基层车队重点管控问题突出的驾驶员。这样将原来的全公司广泛监控41家二级单位、400多个配送中心、20000多台车辆，逐步转变为重点监控十几家单位、几十个配送中心、几百辆车，从而真正提高监控效率和管控效果。

6.2 加大监控考核力度，评价管控效果。

提高各级管理人员对监控管理的重视程度。监控报警数据客观地反映了一个单位的生产运行情况、安全管理情况及未来发生风险的可能性。每月加大考核力度，对监控数据进行亮相排名，对问题突出的单位重点督办落实；在季度监控考核中加大处罚力度，严格按照制度要求执行；在日常监控过程中，对违章行为进行严肃查处，严格落实基层单位的闭环管理，切实将压力传递给基层车队和单车驾驶员，以保证从源头上消除违章。

6.3 优化监控重点，查处习惯性违章，突出事前预防。

利用大数据分析技术，查看车辆过去长时间的累计报警信息，可以查看到报警车次较多的单位、配送中心（车队），报警量较大的单车、驾驶员，可以分析出超速报警高发时间段和地理位置，可以判断出驾驶员是否处于习惯性违章状态。通过数据分析得出的结果，明确监控重点和目标，按照时间规律对监控工作内容进行调整，有所侧重，在监控过程中进行事前预防，使得监控管理更有针对性，提高监控工作效率。

7 开展监控报警大数据分析后，对安全和数质量管控的效果

通过对比2018年四季度监控平台报警数据，2019年一季度报警数据呈现持续下降。相比四季度，在一季度报警数据中疲劳驾驶报警量降幅最大，下降52.97%，异常停车报警量下降42.83%；离线超时报警量下降31.96%；系统超速报警量下降17.85%，路网超速报警量下降17.54%，一季度总报警量较2018年四季度下降21.72%。

截至2019年5月28日，公司各单位上报安全生产事故次数同比下降9%、道路交通事故次数同比下降5%。工业生产安全事故同比下降84%。道路交通事故中，亡人事故与死亡人数，同比分别下降25%和22%。

通过重视分析离线超时和异常停车报警，相关的数质量管控效果明显。针对离线超时和异常停车报警多的车辆，对标分析车辆油品接卸损耗率，通过损耗的对标排名，分析其中的关联性，查找原因，涉及违规的对驾驶员进行处罚，进而降低油品损耗率。截至2019年5月31日，运输公司成品油公路运输损耗率与2018年同期对比下降31.03%（图5）。

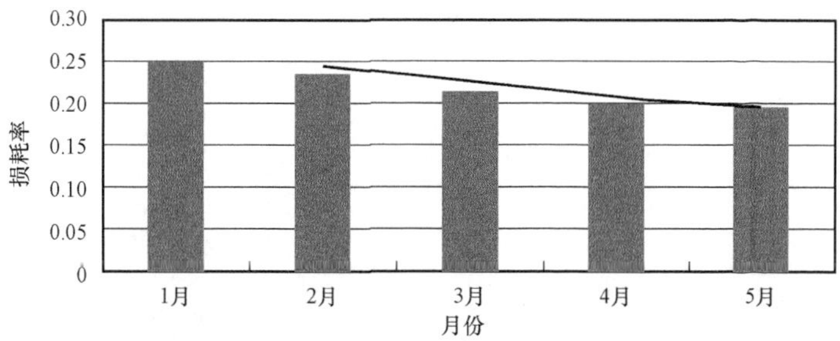

图5 1至5月份数质量损耗率变化趋势

8 结论

随着数据分析方法的普及,未来车辆监控系统中的报警数据会越来越多地被利用、分析和挖掘,会让车辆运行监控管理变得更为智能、高效、安全、可靠。未来车辆运行监控将更为有效地服务生产运行,成为从传统运输向高端物流跨越的桥梁。

二　等　奖

集气站管道典型缺陷原因分析及检测方法介绍

黄　龙

（大庆油田有限责任公司采气分公司　黑龙江省大庆市）

摘　要　本文介绍了大庆油田有限责任公司采气分公司（以下简称“采气分公司”）集气站管道腐蚀现状，将管道建设阶段和运行阶段可能产生的典型缺陷划分为腐蚀缺陷、焊接缺陷、管件制造缺陷和施工不规范等四类，对缺陷产生的部位、发展规律及原因进行分析，并提出相应的预防措施。根据集气站管道管件结构特点和腐蚀特性，提出在常规检测方法的基础上，应用流场分析的检验思路和相控阵、C扫描、高频导波等新技术，提高管道缺陷检出率。

关键词　集气站　管道　缺陷　原因分析　检测方法

引言

集气站作为输气管道系统重要组成部分，承担着输气系统的心脏功能的枢纽作用。随着使用年限的增加、产能的扩充及工艺的改变，部分静设备已达到事故频发的界限。集气站管道总体来说是个相对复杂的系统，存在很多的事故诱因和安全隐患因素，与其规划、设计、施工、运营、维护和检修等各方面都有一定程度的关联。其管道所输送的介质具有高压、易燃、易爆等特点，一旦发生减薄、穿孔、甚至断裂等失效事故，往往会造成不可估量的人员生命和财产的巨大损失，失效后果的严重性不言而喻。

1　集气站管道腐蚀现状

采气分公司共辖34座集气站及4座调压计量站，集气站管道具有运行压力大、介质中CO_2、Cl^-和固体杂质含量较高等特点。随着天然气采输量的提高和井站使用年限的增加，由管道、设备等腐蚀而引发的安全问题也越来越多地暴露出来，并呈恶化趋势。据不完全统计，2008年至2014年，采气分公司共发生因腐蚀造成的设备设施失效事件29起，仅2013年某区块先后有5口气井管道的8个部位发生泄漏而导致停产。针对以上情况，总结集气站管道缺陷产生的部位，对缺陷产生的规律和原因进行分析，采用有针对性的检验思路和检测方法十分必要。

2　管道缺陷分类

对近些年集气站管道检验发现的典型超标缺陷进行分类，缺陷类型主要为腐蚀减薄、焊接缺陷、管件制造缺陷、施工不规范等。腐蚀减薄缺陷主要在管道投产后运行阶段产生，而焊接缺陷、管件制造缺陷、施工不规范等缺陷，主要在投产前的管道元件验收和管道安装施工过程中产生。

2.1 腐蚀减薄

通过总结集气站管道腐蚀规律,易产生腐蚀的位置以高压区的碳钢管道居多,如井口区地面管道的一节后三通和直角弯头、井口区埋地管段、进站阀组区的法兰和直角弯头,加热炉区的大小头及盘管。腐蚀部位包括管件本体、焊接接头及与其相连的直管段。从腐蚀形貌看,有明显的冲蚀痕迹。对腐蚀产物进行分析可知,伴随有电化学腐蚀发生。如图1所示。

2.2 焊接缺陷

从射线检测结果发现,焊接缺陷主要为未焊透和气孔等,缺陷的分布位置相对不固定。其中根部未焊透缺陷对腐蚀的影响较大,易造成焊缝位置介质的湍流强度较大,导致介质对管体的循环冲刷作用加强,发生冲刷腐蚀。此外,CO_2形成的酸性溶液在该区域停留时间较长,为酸性腐蚀提供条件,加剧管道腐蚀。如图2所示。

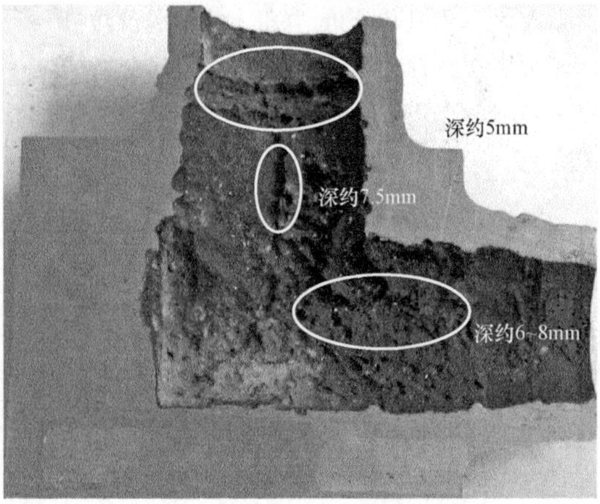

图1 某井口二节后弯头腐蚀减薄形貌

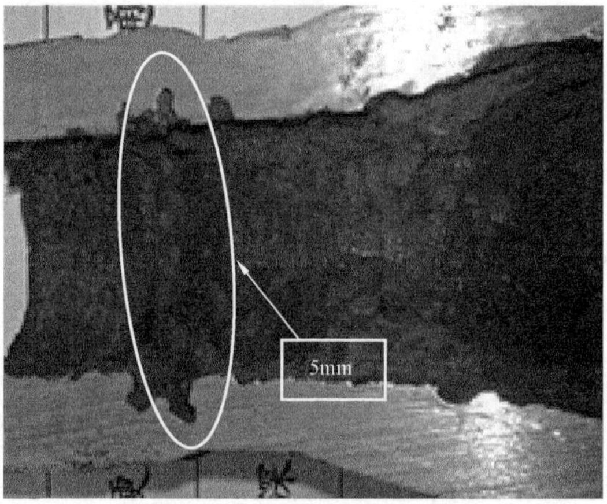

图2 某三级节流阀前大小头焊接接头形貌

2.3 管件制造缺陷

检测过程中发现,部分管件壁厚制造偏差超出标准范围,此类缺陷在不锈钢管件中居多。通过对超标缺陷管件进行切割观察发现,管件内表面布满一层黑色粉末,将黑色粉末清理后,露出光滑金属光泽,未见明显腐蚀痕迹。以图3某扩建区三甘醇进口管线弯头为例,该弯头规格为$\phi219 \times 10$mm,实测最小壁厚6.91mm,经计算可知,该弯头壁厚超出了制造或验收规范所允许的范围。切割后可观察到管件内表面基本无腐蚀的情况,可判定壁厚较薄不是腐蚀原因造成,而是制造负偏差超出了标准范围。

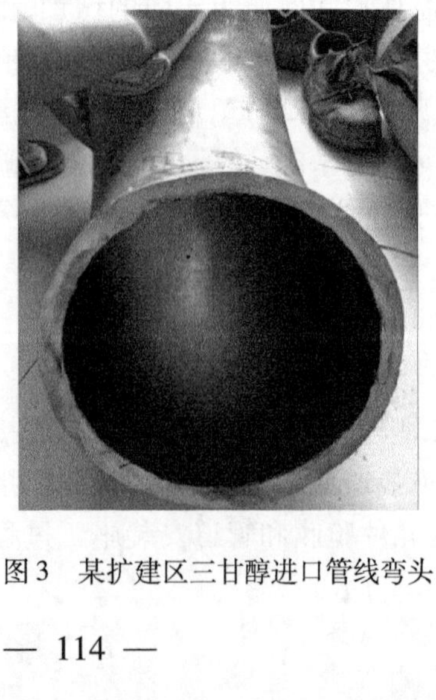

图3 某扩建区三甘醇进口管线弯头

2.4 施工不规范

施工不规范主要是指管道安装施工过程中标准执行不到位,此类缺陷可能会对管道产生一系列的不利影响。如某井口外10m处埋地管道,为两直管呈150°强行焊接对接(图4),而未用弯头或弯管过渡。此结构及其焊接缺陷导致管道内部侧壁腐蚀严重，呈现密集冲蚀和腐蚀凹坑，深度最大为4.0mm，且存在焊缝余高过高，突出的余高金属上面布满了冲蚀孔洞，部分位置焊缝内凹，深度达3.0mm。

图4　某井口外两直管成150°强行对接

3　缺陷原因分析

3.1　腐蚀减薄

从近些年的检测结果可以看出，腐蚀严重区域多位于弯头、大小头、三通、阀门及其前后管段，这些位置均为流场剧烈扰动段，冲刷腐蚀明显加强。流场分析表明，这些管件焊缝附近湍流速度和壁面剪切应力都达到局部最大，局部湍流强度较大，存在涡流，尤其是成形不良的焊缝内部将承受因涡流产生的循环冲刷作用，是发生冲刷腐蚀的高危险区域。另外，流体中携带少量的固体砂粒也加大了磨损腐蚀。同时较大的壁面剪切应力阻碍保护膜的形成或破坏保护膜，加速了局部腐蚀。

从介质成分分析上看，采气分公司所属气井输送天然气、水及固相（砂）共存的多相流介质，主要成分包括天然气、水、氮气、CO_2、砂粒等，水样中含氯离子、碳酸氢根、硫酸根等。二氧化碳溶于水对碳钢有极强的腐蚀性，CO_2 分压大小是影响 CO_2腐蚀的一个重要因素，CO_2分压越大，CO_2腐蚀就越强。一般来说，当分压大于0.207MPa时，碳钢发生严重的局部腐蚀。如徐深气田普遍含有 CO_2，升深2－1区块 CO_2含量为1.8%～3.2%，在整个气田中属于偏高值，其CO_2分压最高可达0.488MPa，碳钢管道易发生严重腐蚀，从腐蚀产物成分分析检测结果看，腐蚀产物确实存在 $FeCO_3$。

另外，Cl^-具有极易吸附在金属表面的特点，当管道内凹凸不平或出现腐蚀坑时，Cl^-很容易在这些部位附着，破坏金属表面的钝化膜，使金属完全裸露，并不断与金属形成可溶性的氯化物腐蚀金属。此外，Cl^-还容易对300系列不锈钢管道造成应力腐蚀开裂。

3.2　焊接质量

集气站管道小径管较多，高压区管道的管径主要在DN60至DN100之间，对焊接工艺及焊工的焊接技术要求较高，如焊接工艺或焊工技术不合格，焊接施工过程中很容易出现焊接缺陷。所以，在施工前应对焊接工艺评定和焊工考试严格把关，对焊后的无损检测结果准确性进行验证，将管道投用前的安全隐患及时排除。

3.3 管件制造缺陷和施工不规范

管件制造缺陷和施工不规范情况的发生，主要是质量把关不严，管件的验收、安装施工标准执行不到位造成的。管件验收时应对管道元件制造单位的资质进行审查，对管件的化学成分、力学性能、尺寸及偏差等参数进行抽查复验，保证其质量符合相关标准规定。施工前，应对安装单位及人员的资质、焊接工艺评定、施工方案等进行审查，并保证施工方案得到有效执行。

4 集气站管道检测技术

现阶段，集气站管道检验检测尚无明确的标准可参照，因其结构布置、工艺等性能与工业管道类似，所以主要按工业管道进行检验，但两者也有明显不同。如采气分公司集气站管道对大壁厚非标管件（锻制弯头、三通和大小头等）的使用比较普遍，在管道壁厚检测过程中，使用常规单点壁厚测定的检测方法已不能满足对管道本体安全的要求。在常规检测方法的基础上，采用创新的检验思路和先进的检测设备可以有效提高缺陷检出率，下面对此进行详细分析。

4.1 流场分析

内腐蚀的影响因素众多，如存在介质成分、管件几何形状及操作工况等因素。通过对管件内部流场的计算分析，预测管件内部最容易发生流动诱导腐蚀的位置（图 5 和图 6），指导现场检验时关键部位的选取，可提高缺陷的检出率，并为非标管件的设计提供理论技术支持。

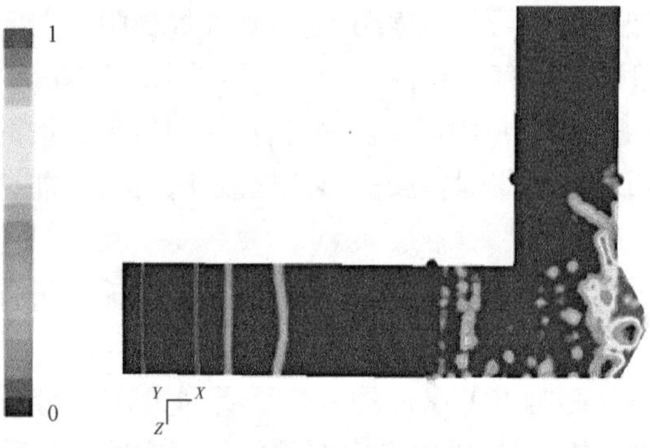

图 5 含水率分布预测

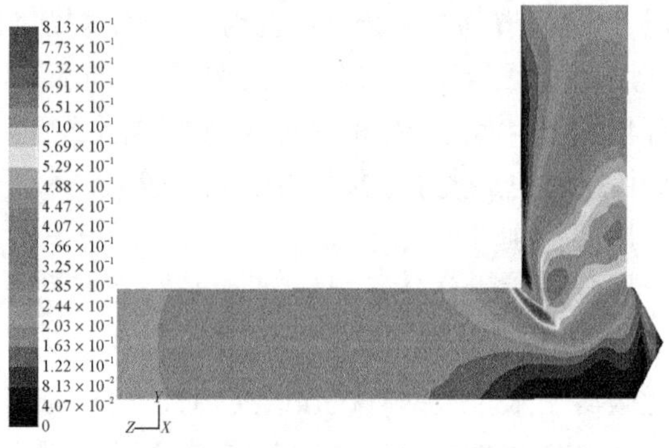

图 6 冲刷腐蚀位置预测

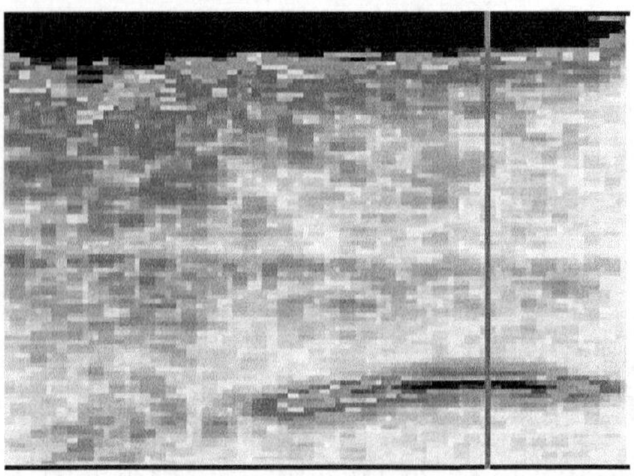

图 7 相控阵检测

4.2 相控阵检测

相控阵探头是由许多独立的晶片构成的，每个晶片都能被单独激发，可以通过控制每个探头的激发延时来实现波束的生成，利用其 B 扫功能完成金属本体壁厚分布情况的检测。该方法具有扫查速度快、有效避免漏检等特点，特别适用于不规则壁厚管件的检测。图 7 即为检测结果的界面图像。

4.3 C 扫描检测

C 扫描检测系统是一套集检测跟踪、数据记录、缺陷成像显示于一体的数字式高级声定位 C 扫描超声检测系统。壁厚扫查成像进程与检测跟踪记录同步完成，并自动记录缺陷，确保检测区域扫查覆盖率达到 100%。该方法可应用于管道弯头、内腐蚀点、异常点、焊缝等关键点的腐蚀成像检测。该设备检测结果直观，可直接给出扫查面的壁厚分布情况。如图 8 所示。

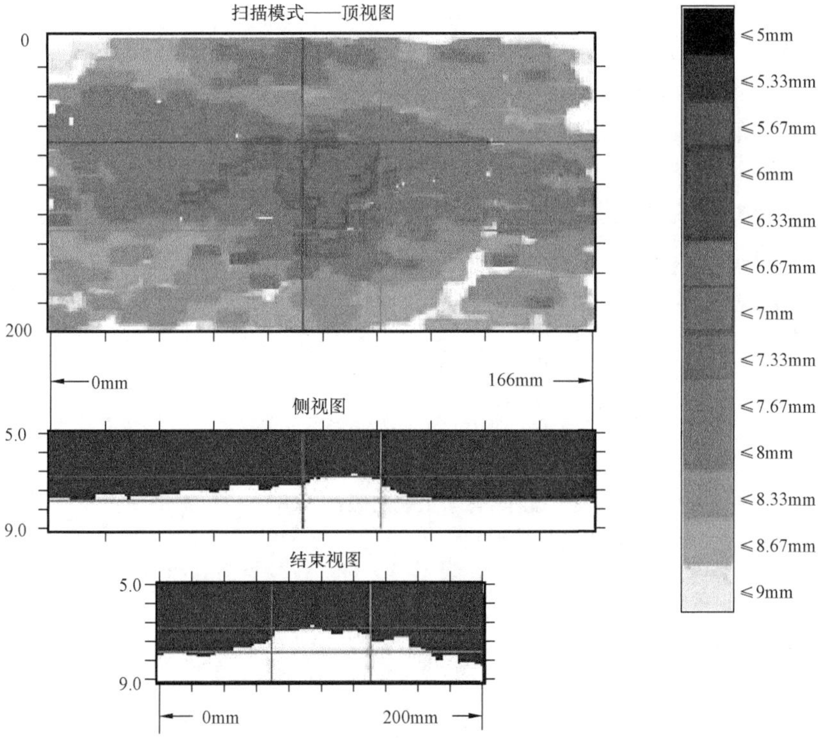

图 8　C 扫描成像检测

4.4 高频导波检测

高频导波仪器采用多晶探头，通过控制不同晶片的激励时间，将信号集中在管道轴向位置，实现对短范围内管道轴向 B 扫描，然后将探头周向移动，就可以实现整段管道的检测。该仪器检测距离短（1m 左右），检测精度高，但信号衰减快，尤其是通过焊缝后，信号衰减明显，所以常用于管道直管段检测。如图 9 所示。

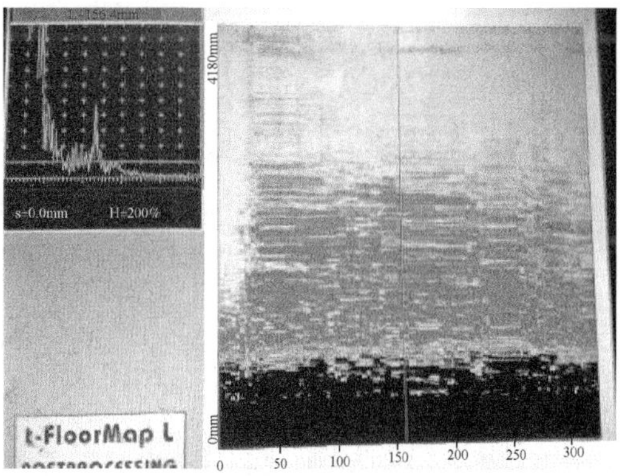

图 9　高频导波检测

5 结论

(1)集气站管道在建设和运行过程中都可能产生威胁管道安全的隐患,在各个环节最大限度地避免缺陷的产生,才能保证管道平稳运行。

(2)在管道设计阶段,选材应具有针对性,应根据输送介质成分及其腐蚀特性选择合适的管材,并根据腐蚀部位的规律对管道布置、管件结构设计进行优化。

(3)在管道建设阶段,管材和管件的验收,安装施工及验收应严格按标准执行,不符合标准的材料应拒收,不符合规范的施工应及时进行整改。

(4)在管道生产运行阶段,应控制管道内腐蚀性介质和固体杂质的含量,杜绝超压超负荷运行,减轻有害介质对管道的腐蚀。

(5)在对在役管道检验过程中,应根据管道特点、腐蚀规律和原因,选取有针对性的检验策略和检验技术。

(6)在管道运行管理方面,使用单位应根据相关法律规定和检验结果,及时制订管道的定期检验计划,使检验常态化,及早发现并排除安全隐患。按照先进的管道管理理念,进行管道完整性管理工作,提高管道管理水平、降低管道使用风险、延长管道使用寿命、保障企业现代化运营管理。

参考文献

[1] 张学元,等. 二氧化碳腐蚀与控制. 北京:化学工业出版社,2000.
[2] GB/T 30579—2014 承压设备损伤模式识别.

防爆电器监管存在问题及对策

汪生有

（中国石油辽河油田公司安全环保技术监督中心　辽宁省盘锦市）

摘　要　本文结合油田站场防爆电器的监督检查结果和中国石油辽河油田公司2018年防爆电器通报问题的统计分析，发现中国石油辽河油田公司油气站场在防爆区域划分、购置、安装、保养维护四个方面存在突出问题，并对这四个方面问题实地调研，提出了改进管理的对策。本文对提升油田站场防爆电器的管理具有借鉴意义。

关键词　油田站场　防爆电器　监管　对策

引言

防爆电器是在含有爆炸危险气体混合物的场所能够防止爆炸事故发生的电器。通过对油田联合站、储气库、轻烃厂、注天然气站、采油站等易燃易爆场所现场监督检查发现，存在易燃场所安装非防爆电器、防爆电器无铭牌、无合格证号、使用水暖件连接等诸多防爆电器失爆问题，给油田站场安全生产带来隐患。为了消除防爆电器隐患，找出防爆电器管理漏洞，通过对2018年中国石油辽河油田公司51期防爆电器通报的2230个问题进行统计分析，发现了油田站场防爆电器存在的突出问题，并针对突出问题，提出管理对策，以期对各级部门提升防爆电器的监督管理具有指导意义。

1　油田站场防爆电器监管存在问题及分析

1.1　防爆区域划分不清

个别单位不清楚油气站场防爆区域划分标准，在非防爆区域安装防爆电器，在防爆区域安装非防爆电器，在0区安装隔爆型防爆电器，造成爆炸危险区域风险失控和成本的浪费。

（1）防爆区域安装非防爆电器。在防爆Ⅰ区、Ⅱ区安装非防爆电机、非防爆控制箱、非防爆挠性管、非防爆穿线盒等。图1为某单位在天然气装置区安装非防爆配电箱。

（2）在配电间、供水泵房、消防泵房等非防爆区域和爆炸危险区域以外安装了防爆电器设备，不但增加了单位运行成本，也增加了不必要的维护管理工作量。

1.2　选型购置把关不严

防爆电器选型应根据爆炸危险物质的类别选择Ⅰ类还是Ⅱ类防爆电器。选型正确后，对到货的防爆电器应验证设备铭牌完好、清晰，铭牌信息与防爆合格证号、产品合格证等信息一致、正确、有效。但现场检查中发现以下问题比较集中。

1.2.1　防爆电器无铭牌

防爆开关、防爆电机、防爆穿线盒、防爆控制箱、防爆挠性管、防爆流量计、防爆电磁阀、防爆压力变送器等无设备铭牌。图2为某站场安装带EX标志的防爆配电箱无铭牌。

图 1　在天然气区安装非防爆配电箱

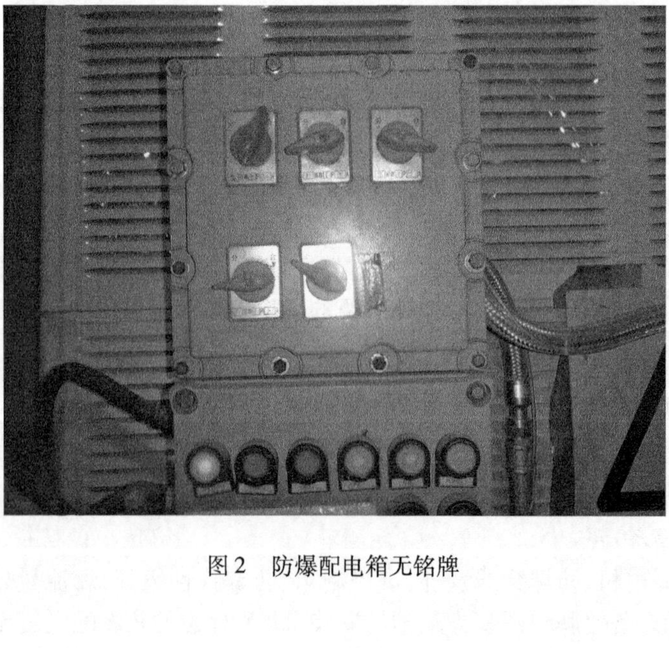

图 2　防爆配电箱无铭牌

1.2.2 防爆电器铭牌信息缺失、错误，防爆合格证号超期

防爆挠性管、防爆电机、防爆启停按钮、防爆压力变送器铭牌信息无防爆标志，防爆合格证号错误，无防爆产品出厂日期，未标明防爆电气设备的类型、级别、组别、防护等级，无防爆合格证号，以及防爆合格证号超过5a出厂有效期。

1.2.3 防爆电器型式与实物不符

不同型号防爆穿线盒用同一合格证号、增安型防爆电器标的是隔爆型电器、增安型和隔爆型组合的电器标的是隔爆型防爆设备。

1.2.4 防爆电器场所类别选择错误

油气田站场属于Ⅱ类防爆场所，现场安装使用Ⅰ类防爆电器。

1.3 防爆电器安装问题突出

安装问题是油田生产现场防爆电器存在问题最多的，主要有：防爆电器一个进线口引入多股电缆，钢管与防爆电器连接未使用过渡压紧元件，连接件螺纹缠绕生料，使用水暖件连接。

1.3.1 隔离密封盒安装方式错误，未按要求安装

横向密封盒纵向安装，纵向密封盒横向安装，纵向密封盒倒置安装；防爆电器钢管配线在穿越楼板、地面、隔墙时未安装隔离密封盒等。

1.3.2 防爆电器引入电缆未压紧，进线口、备用口密封失效

电机电缆护套外径与密封圈内径不匹配、电缆引入装置未压紧，相对窜动、有的无法压紧电缆；很多现场存在一个进线口引入多股电缆；有的紧固胶圈不匹配、有的圆形引入安装扁线；进线口及备用口无密封圈或用胶皮代替密封圈，密封圈挤出、密封圈松动；备用口无封堵、自制铁皮封堵、金属堵片损坏、使用防爆胶泥封堵、使用塑料封堵件和塑料压紧元件、引入装置与进线电缆不匹配等。

1.3.3 防爆电器外壳紧固失效

防爆配电箱紧固螺栓未拧紧，缺少紧固螺栓，缺少放松垫片，紧固螺栓过长、过短，紧固螺栓生锈等。

1.3.4 防爆电器连接件螺纹缠绕生料带、麻绳

防爆电器与过渡压紧元件、过渡压紧元件与钢管、防爆挠性管与防爆电器连接头螺纹缠绕生料带和麻绳。

1.3.5 防爆电器外壳无接地

防爆电机、防爆压力变送器、防爆控制箱等电器外壳接线端子未用专用接地线进行接地。

1.3.6 防爆电器引入装置与钢管连接无过渡压紧元件、压紧无余量

防爆操作柱、防爆接线盒、防爆开关、防爆灯、防爆动力配电箱等与钢管连接均未安装过渡压紧元件，直接与钢管螺纹连接，电机电缆引入装置、防爆开关、可燃气体探测器、防爆配电箱、防爆挠性管等过渡接头压紧无余量。图3钢管为布线时，钢管与防爆配电箱进线引入口直接连接，未按标准要求安装过渡压紧元件并且有一个连接钢管与防爆配电箱脱开。

图3　钢管与防爆配电箱连接无过渡压紧元件

1.3.7　防爆电器布线钢管采用水暖件连接

在防爆电器布线过程中，钢管与防爆电器、钢管与钢管、钢管与防爆挠性管、钢管与防爆接线盒等连接均采用水暖件弯头、水暖件变径、水暖件短接等连接，未安装防爆的连接件。

1.3.8　防爆电器连接挠性管弯曲过大

很多现场存在防爆电器与防爆挠性管连接时，防爆挠性管弯曲过大，不符合弯曲半径不应小于管外径的5倍的规定。

1.3.9　防爆区域安装的立式防爆电机无防护罩

各单位的油泵房、破乳剂加药间、天然气压缩机房等易燃易爆场所安装的立式电机未按照防爆电器设计规范的要求安装防护罩，有异物落入旋转的风扇叶轮产生火花的风险。

1.3.10　防爆电器被私自改装

防爆照明开关体与盖不匹配；有的在防爆配电箱上打孔，固定其他设备；有的在隔爆箱体上打孔安装启动开关、造成防爆电器严重失效。

1.3.11　防爆电器布线有中间接头

增安型防爆穿线盒内部有接线、防爆电器供电线路有明接头，这违反了防爆电器在易燃易爆场所严禁有接头的规定。

1.3.12　防爆电器隔爆面涂黄油、密封胶及间隙超标

有的单位在安装防爆电器时，在防爆电器隔爆面上涂抹黄油和密封胶；防爆箱隔爆面紧固螺栓未均匀拧紧、缺紧固螺栓、防爆照明开关衬垫未压紧，造成外壳接入面最大间隙超过标准规定的0.2mm，造成防爆电器失效。

1.4　防爆电器保养维护不到位

保养维护管理不到位也造成一些生产现场的防爆电器失去防爆功能。

(1)将防爆电器结合面刷漆，影响隔爆型电器能量释放。

(2)将防爆电器铭牌刷漆，防爆电器信息无法获取。

(3)防爆电器紧固螺栓生锈、防爆挠性管龟裂；增安型防爆电器密封垫老化等。

1.4.1　防爆电器部件锈蚀

防爆电器铭牌腐蚀，字迹模糊；防爆电器连接的过渡接头，防爆挠性管锈蚀，紧固螺栓锈蚀。

1.4.2　防爆电器密封垫、密封圈老化

防爆操作柱绝缘胶垫老化、防爆控制按钮胶垫老化、防爆开关密封垫老化。

1.4.3　防爆电器及连接件损坏

防爆挠性管脱落、变形、龟裂，穿线管损坏，防爆电机电缆固定卡子损坏，操作柱电缆引入装置入口损坏，防爆开关面板有裂痕，防爆配电箱箱体开裂，防爆照明开关壳体破裂。

1.4.4　防爆电器铭牌及隔爆结合面刷漆

隔爆型防爆电器隔爆结合面刷漆，防爆电机接线盒结合面缝隙刷漆，防爆操作柱、防爆开关铭牌刷漆。

通过问题统计分析，总结以上四个方面问题所占比例。如图 4 所示。

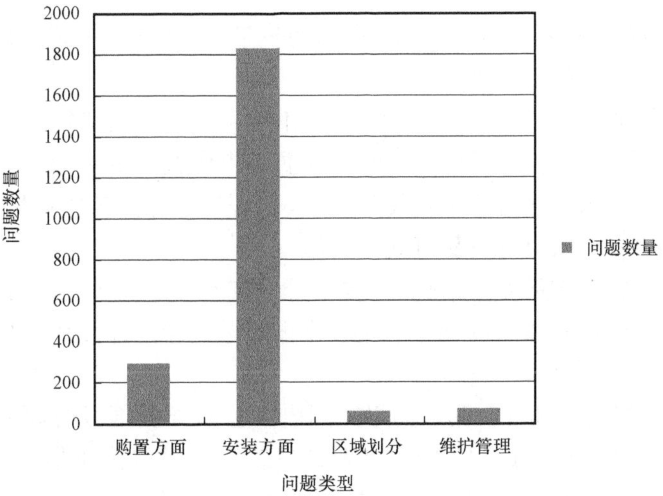

图 4　问题类型及数量

通过图 4 可以很直观地发现，安装方面的问题比较突出，其次是购置、维护管理和区域划分方面的问题，为整改这些存在问题，2018 年各单位累计发生安措费用 725 万元，造成不必要的浪费。

2　针对主要问题的对策

针对日常监督检查发现的问题，结合油田管理实际，立足于不同基层现场现状，提出如下改进建议：

2.1　严格爆炸危险区域划分

（1）爆炸危险区域的划分需要专业人员和具备一定防爆管理经验的人员确定，也可聘请防爆电器管理的相关专家依据标准进行确定。

（2）划分爆炸危险区域时要严格按照 GB 50058—2014《爆炸危险环境电力装置设计规范》和 SY/T 6671—2017《石油设施电气设备场所 I 级、0 区、1 区和 2 区的分类推荐作法》的标准合理划分，然后按照危险区域等级、组别、防护等级等要求配备相应的防爆电器。这不但可以减少企业的运行、维护成本，也可确保爆炸危险区域生产安全运行。

2.2 严控防爆电器购置关

（1）物资采购部门要把好“供应商的准入关”。在招投标过程中或企业准入油田公司市场时，严格把关、严格落实承包商“五关”管理，对引进的防爆电器企业要检查是否按照国家XK 06—014《防爆电器产品生产许可证实施细则》的规定取得了防爆电器生产许可证并取得国家有关部门认定的安全生产检测检验机构的防爆合格证；各单位在上报购置计划时，要根据生产场所风险和防爆区域等级选择防爆电器设备，相关部门对上报的购置计划要参与把关，防止购置计划失误，造成防爆电器安装现场失效；材料部门要把好防爆电器配件的购置计划关，要根据现场安装需求和环境选择符合防爆要求的管件。

（2）防爆电器设备和连接件到货后要把好验收关。逐一核对设备及部件铭牌信息，确保与设备及部件使用说明书、产品合格证、使用场所的要求一致，对不合格的及时退换。

2.3 严抓防爆电器安装过程监管

（1）必须选择有防爆电器安装资质的单位进行安装，要求施工单位制订安装方案，安装方案由专业科室或相关部门进行审批。

（2）安装人员必须具备安装防爆电器的技术和能力。现场检查发现，多数防爆电器失效的原因是安装人员不懂技术，未按标准安装，这是防爆电器失效的主要原因。因此，属地单位一定要检查安装单位的人员是否经过相关安装知识培训，具有安装技术和能力。只有取得防爆电器安装培训合格证的人员方可从事安装工作。

（3）属地单位要把好安装过程质量关。要安排懂技术的专业人员对防爆电器安装过程进行全程监督管理，及时纠正不符合标准的安装，防止防爆电器内部接线、地下布线等不符合标准要求。

（4）把好防爆电器的检测验收关。如果防爆电器验收人员不懂防爆电器技术及知识，则会使验收形同虚设。因此验收过程一定要专业部门参与，懂得防爆电器技术的专业人员参加，通过现场观察、测量、拆解及现场检测等方式把好验收关，不给现场遗留隐患。

2.4 严管防爆电器保养维护

（1）加强防爆电器相关知识和技术的培训。提升岗位员工、各级管理人员发现问题的能力，杜绝防爆电器铭牌刷漆、防爆电器结合面间隙刷漆等低级错误的出现。对防爆电器维修人员要定期组织专业培训，让他们具备维修技能，防止遗留隐患。

（2）定期开展防爆电器的专项检查，及时发现防爆电器隐患和存在的突出问题，及时制订整改计划，限期整改消除隐患。

（3）定期开展防爆电器的检测工作。由有资质的专业部门，使用专业的器具定期对单位的防爆电器使用情况进行检测，防止简单无法判断的失爆现场发生。

（4）完善防爆电器考核制度，推动防爆电器管理水平的提升。各级部门要针对本单位实际制订切实可行的管理制度，严格按照制度进行管理和考核，推动防爆电器管理水平的提升，避免防爆电器事故的发生。

（5）开展防爆电器的日常巡查，发现存在问题及时处理，对暂时处理不了的应采取可靠的控制措施，确保风险受控。

3　结束语

为解决油田生产现场存在的诸多防爆电器问题，应做到：

（1）完善防爆电器购置、安装、保养维护、爆炸危险区域划分的管理制度，明确责任、严格考核。

（2）严控防爆电器购置关口、严抓防爆电器安装过程监管、严管防爆电器保养维护、严标防爆区域划分，根据不同区域安装相应防护等级的防爆电器。

（3）对管理人员和维修人员强化培训，提升各级人员的监管能力及技能。

通过以上措施，就能有效控制防爆电器风险，降低防爆电器成本投入和维护管理成本，挖掘创效，实现油田公司低耗、安全运行。并为其他油气田行业的防爆电器安全管理提供借鉴。

压实各层级井控责任　落实井控三联管理机制

杨义涛

（中国石油天然气股份有限公司辽河油田分公司　辽宁省凌海市）

摘　要　锦州采油厂认真贯彻“五严五狠抓”和“四条红线”管控要求，积极落实中国石油天然气集团有限公司（以下简称“集团公司”）和油田公司井控管理领导小组会议精神，压实各层级井控责任。通过开展联合设计评审、井控联席会议、联合井控检查，联合溢流分析、联合应急演练等，齐抓共管，认真履责，使井控管理“联责、联管、联动”机制落到实处。

关键词　井控责任　责任清单　三联管理

引言

井控风险始终是集团公司的重大风险，随着锦州油区勘探开发现状日趋复杂，化学驱、蒸汽驱、火驱等占比例越来越大，井控风险越来越高。2008 年以来，集团公司年均发生溢流井涌险情 160 井次左右，2018 年至今，锦州油区也发生溢流险情 4 井次。因此，要深刻认识井控工作的艰巨性，通过逐级细化集团公司井控主要责任清单，层层传递井控压力，压实各单位主体责任，持续推进三联管理制度落到实处。

1　井控管理工作目前存在问题

井控工作在集团公司“八项升级管理”中已经位列第一项升级管控业务，已经凸显其敏感性和重要性，当下又强调“油气井井控等关键作业”为“四条红线”之一。总地来看，这些年在集团公司与油田公司的正确领导下，在甲乙双方共同努力下，特别是在一线员工、井控工作者辛勤付出下，井控工作卓有成效，管理水平有所提升。但随着主体工程技术队伍的不断压缩和工程技术服务的市场开放，多种经营队伍不断扩大，井控工作依然面临基础薄弱、队伍素质较低、现场标准不高、监督管理不严等问题。

1.1　重视井控工作的思想基础依然薄弱

对于一个开发近三十年的采油厂，总有一些人认为进入开发后期了，井控风险较低，井喷事故概率小，因此对井控的风险重视不够。个别单位依然保持过去那种为了产量和效益在井控上铤而走险的做法；各层级对于井控管理的重要性和力量配备有弱化趋势；基层队伍对逾越井控关键程序、违章操作的行为习以为常，迁就容忍。这些表现都是没有从风险控制角度来分析井控工作的艰巨性，思想上存在麻痹大意的现象。

1.2　工程技术市场开放导致施工队伍素质参差不齐

近年来随着工程技术服务市场的不断开放及外创市场工程技术队伍的不断增加，主体工程技术队伍呈现出人员老化严重、新员工接替不足、内外部队伍骨干人员流失严重等现状，部分小修队只有十几个人，有的大修队人员无法补齐，有时需要一个人兼两个岗位，日常演练都不能按照标准程序操作。而多种经营队伍由于收入较低，人员流动性较大，基层关键人员素质和数量达不到标准，无法保障队伍稳定，钻修队伍整体素质受到影响，给井控安全造成潜在影响。

1.3 现场标准较低井控问题仍然比较突出

在井控日常检查发现，低、老、坏问题仍然屡禁不止，现场还存在管理标准不高、坐岗制度落实不力、井控装备资质管理执行不严等普遍性问题，习惯性违章、重复性的问题依然很多。尤其是对多种经营及外部承包商队伍井控管理薄弱，井控应急能力低。这些都说明目前内外部工程技术队伍与井控安全要求还存在较大差距。

1.4 属地责任履职不力导致现场监管不严

属地单位井控职责不清，缺乏专职的监督管理人员。建设方在落实好属地监管主体责任、做好工艺技术方案设计、严格开展设计变更后的风险评估及建立针对性技术措施等方面未能完全实行到位，同时对于施工现场监督缺乏完善的管理制度，监管模式无法有效建立，导致现场监督管理存在监管不严问题。

2 落实责任清单及推进“三联”管理

为稳定锦州油区井控形势稳定，促进采油厂稳健发展，通过落实集团公司井控在责任清单，持续推进“联责、联管、联动”的三联井控管理机制，突出井控风险预防控制及过程管控，通过落实建设方的监管职责及规范承包商的施工行为，确保井控工作万无一失。

2.1 进一步增强全员井控意识

井控风险始终是集团公司最大的风险，也是可能带来颠覆性影响的风险，因此保持井控安全形势稳定意义重大。各层级井控管理及操作人员要认清形势，严守红线，保持高度警觉，结合“井控警示月”活动，大力宣讲井控理念及其危害性，层层落实集团公司对井控工作的系列指示精神，进一步增强政治意识、大局意识、责任意识，从讲政治的高度，将井控精神入脑入心，付诸行动，融于管理，以强化务实作风，加强管控措施，要把提升责任心作为保障井控安全的关键，切实做好井控管理。

2.2 压实各层级各岗位井控责任

按照集团公司井控责任清单根据各自负责井控业务实际，结合油田安全责任年活动，逐级明确井控主要责任的负责部门、单位及岗位，在编制安全环保责任清单时同步落实各岗位井控职责。建设方要落实好属地井控管理主体责任，细化专业区域井控管理办法，系统分析井控风险；施工方要落实好施工作业井控管理主体责任，细化管控措施，进一步压实井控主体责任，将每一条职责落实到单位及岗位，保证责任落实，履职到位，形成责任共担，风险共享的工作局面。

2.3 持续推进三联管理机制落实

按照“谁引进、谁负责；谁主管、谁负责”的原则，采油厂建设方与施工承包方具有相同的安全主体责任。建立油田公司与长城钻探，采油单位与作业单位，采油单位之间风险共享、责任共担、齐抓共管的多层次监管防控体系。主管部门对承包商施工现场实施直线部门业务主管科室现场监督检查、属地单位监督检查及施工单位监督检查的“三级”监督检查制度。要强化井控现场检查，督察“双盯工作”的落实，核实井控设计的准确性，指导施工过程的规范性，及时指出存在的问题；开展井控联席会议、联合井控检查，联合溢流分析、联合应急演练等，使井控“三联”管理机制落到实处。

2.4 抓好承包商等井控薄弱环节管理

对于工程技术队伍的引进严格招标程序，投标队伍必须先取得资质。严格资质审查，严格控制引进队伍数量，狠抓施工过程监管和业绩评估，组织开展承包商专项督查，规范承包商管理，明确相互之间的井控职责。充分发挥采油厂联产承包成果优势，加强对多种经营队伍的监管，尤其是要加强对没有托管单位的多种经营钻井及作业队伍的监管。将属地内的多种经营队伍编入作业大队进行统一管理，井控主管领导、作业科要统筹生产运行的组织，综合评估安排井号、同步作业运行、开工验收等环节，强化现场监管等井控关键环节管控，同时减少现场承包商数量，确保井控管理到位，提高管控效果。

3 结论

2018 年以来锦州采油厂积极推进三联管理制度落实工作，定期组织井下作业及钻井承包商参加采油厂召开的井控工作联席会议，形成井控工作共识，履行各自井控责任清单职责；严格审查井下作业及钻井承包商施工队伍井控资质，确保施工资质与方案一致性；定期与承包商开展联合井控检查，2018 年至今全年共检查各类承包商现场 178 个，发现并整改问题 31 项；定期组织及参与承包商井控应急演练，全年共组织及参与各类承包商队伍施工现场演练六十余次。通过组织井控联席会议、联合井控检查，联合溢流分析、联合应急演练等，锦州油区未发生井喷及井喷失控事故，“三联”管理机制落实初见成效。

4 结束语

目前锦州采油厂井控领导小组已经完成调整工作，包括人事、财务、计划等部门进一步完善了井控管理网络，各部门齐抓共管的大井控格局已初步形成，各层级井控责任清单已经按照集团公司要求逐级编制下发。从领导班子、基层干部，特别是关键岗位人员入手，通过压实各层级井控职责，推进“三联”管理制度落实，提升各级岗位人员责任心，确保管理不缺位、责任不落空，实现锦州采油厂井控工作万无一失的工作目标。

参考文献

张林鲁．井下作业“低老坏”问题的探讨与治理[J]．中国石油和化工标准与质量，2018，38(18).

苏里格气田管道安全管理与风险应对策略

杨　波　孙泽虎　白文博

（中国石油长庆油田分公司　陕西省西安市）

摘　要　随着苏里格气田的不断开发，骨架管网总长已达1312.26km，其中管径大于426mm的大口径管线长度超过1000km。由于管线使用年限越来越长，管线出现不同程度的腐蚀，管线施工时的机械损伤及管道周边第三方施工越来越多，为管道安全管理带来了极大的挑战。因此，针对危害管道安全的不同因素，制订相对应的管理措施，能确保输气干线长期安全运行。

关键词　苏里格气田　管道　安全管理　风险应对

1　苏里格气田骨架管网运行现状

苏里格气田肩负着为北京、西安等大中城市的供气任务，气田目前已建成并投入运行骨架管网31条，骨架管网总长已达1312.26km，其中管径大于426mm的大口径管线长度超过1000km（图1）。由于管线使用年限越来越长，管线出现不同程度的腐蚀与管线施工过程中的机械损伤。同时随着近年来地方经济的发展，基础设施建设规模也呈上升态势，铁路、省道、柏油公路、水管线、经济开发区、农牧民修田整地、气田产能建设中的单井干管、集气支线等管道周边第三方施工越来越多。一旦发生事故，将产生非常严重的社会影响和不可估量的经济损失，为管道安全管理带来极大的挑战。因此，针对危害管道安全的不同因素，制订相对应的管理措施，能确保输气管道的完整性和安全运行。

2　天然气管道运行中的风险

近年来，管道安全事故时有发生，不仅影响正常的天然气生产，造成环境污染，而且严重地威胁着人们的生命和财产安全。发生安全事故的主要原因有：第三方破坏（违章施工）、自然灾害（山体滑坡、水毁等）、材料腐蚀、管道制造及安装缺陷等。其中第三方破坏对管道安全的威胁最大，无论发生次数和所造成的损失均居前列（图2）。依据中国石油天然气集团有限公司与中国石油管道分公司2006年以来的管道失效数据，管道失效的主要原因已由管道本体缺陷转变为外部风险。苏里格气田天然气管道也发生过因管道腐蚀穿孔及第三方施工导致天然气泄漏的事故。本文重点阐述应对以上两类风险所采取的方法及策略。

2.1　管道本体腐蚀的风险

在天然气输送过程中，管线运行一定周期后，极易在管道内产生积液，同时，苏里格气田采出水矿化度较高，水中不同程度地含有矿物质离子，且有时天然气中微含H_2S，弱酸性积液极易导致输气管道内腐蚀，降低管道厚度。管道壁厚减薄降低了管道的承载能力，增加了疲劳裂纹萌生、局部膨胀、泄漏和爆炸的机会。如苏里格气田指挥部输气管道外防腐层为环氧粉末，抗腐蚀性能较弱，管道投入运行10a后，在11km处发生腐蚀穿孔，导致天然气泄漏（图3）。

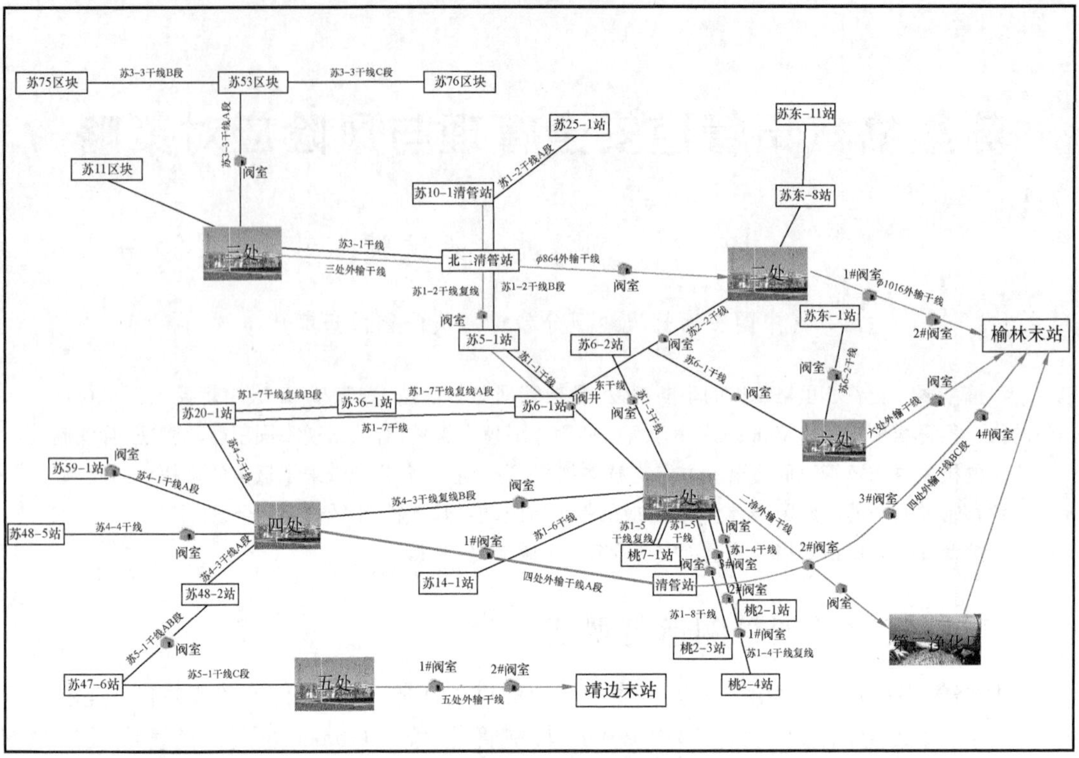

图 1　苏里格气田骨架管网示意图

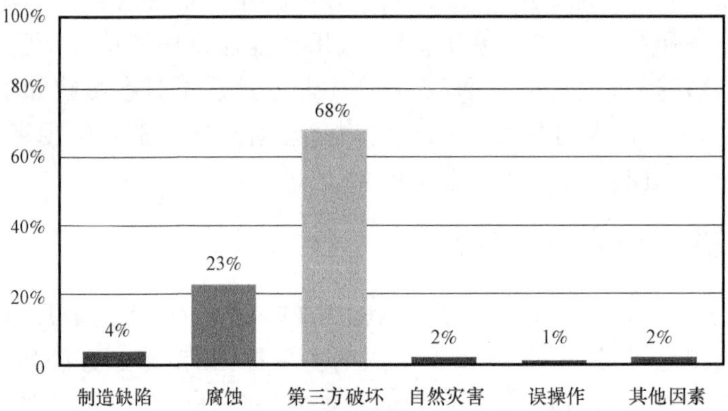

图 2　油气管道失效因素统计分析

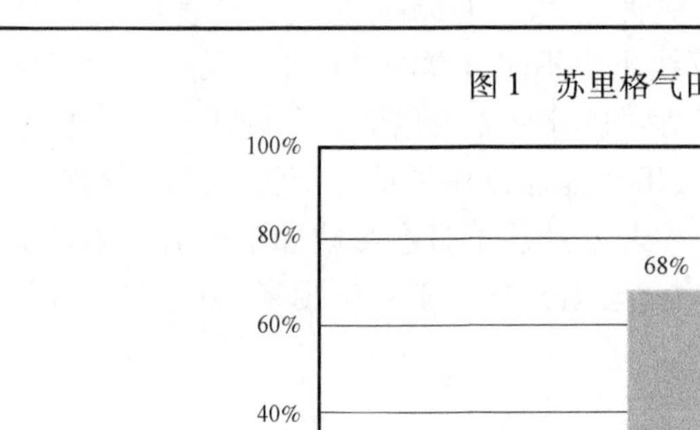

图 3　苏里格指挥部输气管道腐蚀穿孔

2.2　管道周边第三方施工风险

统计数据显示，2011 年至 2018 年，穿越苏里格气田骨架管网的各类施工总计 643 处，具体分布是集气支线及单井管线穿越 372 处；地方公路穿越 58 处；地方铁路穿越 17 处；进站道路和钻前道路穿越 112 处；牧民路穿越 48 处；光缆施工穿越 36 处。在施工过程中，累计造成管道损伤 9 起、气田光缆损伤 34 起、制止并纠正各类违章施工 192 次（图 4）。

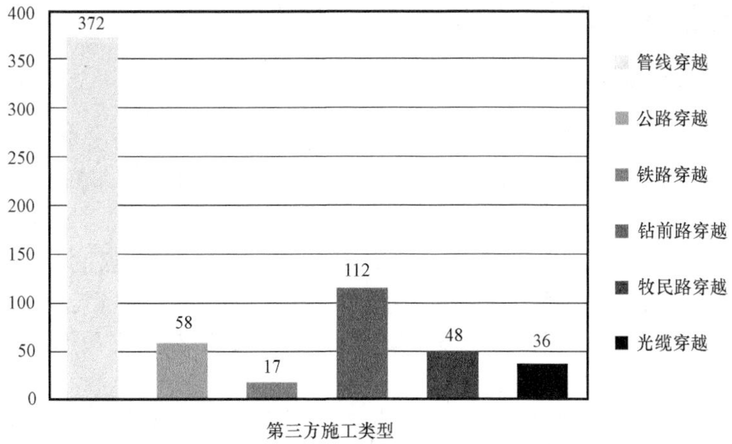

图4　气田骨架管网施工类型

在2014年之前，气田管线穿越中采用的施工控制方法经多次施工实践，分析发现其特点与不足有：

（1）对管线的埋深及光缆的定位不准确。在交底时，使用探管仪对管线进行探测，由于设备本身的误差与人为操作等因素的影响，不能准确定位管线及伴行光缆的具体位置和埋深情况，存在施工作业中将伴行光缆损伤或铲断风险（图5）。

（2）施工单位违章施工现象突出。部分施工单位为了赶工程进度，在甲方监护人未到达现场的情况下违章作业，给管道安全带来极大风险（图6）。

图5　施工过程中铲断光缆

图6　施工过程时铲破 ϕ406 管线

（3）现场影像资料收集不全，施工过程可追溯性不强。由于没有留存相应的现场图片资料，在后期管理中无法有效查询掌握穿越点的具体情况，给管理造成一定困难。

（4）穿越点上方未栽设警示标志。管线穿越结束后，未设置交叉穿越的警示标志，给后期管线穿越施工和管理增加了难度，也带来一定的风险。

（5）施工作业现场资料管理标准化程度不够。作业区管理人员针对管线穿越现场资料进行了整理和汇总，但未将形成的书面资料和电子资料进行统一管理，不便于后期的追溯查询、使用。

3 骨架管网安全管理方法应用

3.1 管道外腐蚀检测应用

截至目前，第三采气厂对苏 1－1 干线等 31 条集输管线开展外防腐全面检验，并对检测出的损伤点及时开展修复及补强。全面检验内容包括：管线宏观检查、非开挖间接检测、开挖直接检测、安全评价。

防腐层整体状况采用交流电流衰减法（PCM）检测，而破损点利用交流电位梯度法（ACVG）定位。交流电位梯度测试是通过在埋地管道上附加一个交流电源，在破损点周围地面形成一个电位梯度场。这个梯度场在破损点周围逐渐衰减，根据对衰减程度或电位的检测可以判断出管道外涂层的破损点位置和大小。

2018 年，间隔约 5a 后，组织对苏 1－1 干线等 13 条管线进行复检，受检管线外防腐层整体优良率 99.3%，共检测出缺陷点 325 处，其中需修复补强 116 处，目前已全部修复完成（表 1）。

表 1 管线外防腐层检测情况统计表

序号	管线名称	投运时间	防腐层类型	上次检测时间，年	破损点，处
1	苏 1－1 干线	2006.9	3PE	2012	41
2	苏 1－2 干线	2006.9	3PE	2013	35
3	苏 3－1 干线	2009.3	3PE	2014	12
4	苏 1－4 干线复线	2009.12	3PE	2014	62
5	苏 1－5 干线	2006.12	3PE	2013	5
6	苏 1－5 干线复线	2008.5	3PE	2013	5
7	东干线	2002.8	3PE	—	4
8	苏 3－3 干线 B 段	2009.12	3PE	2014	16
9	三处外输干线	2008.6	3PE	2013	60
10	苏 1－4 干线	2009.12	3PE	2012	35
11	苏 1－7 干线	2006.11	3PE	2012	23
12	苏 1－7 复线 A 段	2010.11	3PE	2013	12
13	苏 4－3 干线 A 段	2008.11	3PE	2013	15
合计					325

图 7 智能漏磁检测仪现场作业图

3.2 管道内腐蚀检测应用

管道内腐蚀检测主要是针对管壁的变化来进行测量和分析，在没有开挖的情况下进行的管道内腐蚀检测。第三采气厂根据集输管道建设和运行管理特点，选择智能漏磁检测技术开展内腐蚀检测评价。该技术对管道输送的介质不敏感，可以测量油气水多相流管道的腐蚀检测，覆盖管道的整个圆周（图 7）。

据管线投产使用时间及骨架管网历次常规清管数据，2015 年选定苏 1－6 干线，开展管线内腐蚀检测。通过对检测数据进行分析，发现苏里格气田苏1－6干线共存在金属损失(ML)2774处，变形(DENT)2处，焊缝异常130处(表2)。

表2　苏1－6干线检测成果统计表

缺陷类型		深度范围	符合条件的缺陷数量	缺陷数量小计	总计
金属损失	内部金属损失(质量分数)	0≤深度<10%	110	117	2774
		10%≤深度<20%	7		
	外部金属损失(质量分数)	0≤深度<10%	2591	2657	
		10%≤深度<20%	64		
		20%≤深度<30%	2		
变形	包含金属损失的管体凹陷	深度<2% OD	2	2	2
焊缝异常	螺旋焊缝异常	轻度	119	121	130
		轻度*	2		
	环焊缝异常	轻度	7	8	
		中度	1		
	直焊缝异常	轻度	1	1	

外部金属损失2657处，平均深度是正常壁厚的5%，最深的为管道正常壁厚的24%，该点已开挖并维修，为外部机械损伤。外部金属损失杂散地分布在管道的全周向上，在管道上没有明显聚集趋势。开挖结果表明外部金属损失防腐层表面完好，缺陷类型主要为制造缺陷和机械损伤。

内部金属损失117处，平均深度是正常壁厚的6%，最深的为正常壁厚的15%，该点已开挖并维修。通过对内部金属损失数据的统计分析发现，内部金属损失数量较少，除2处聚集区域都位于环焊缝附近，其他内部金属损失杂散地分布在管道的全圆周上。

管道变形2处，全部为包含金属损失的管体凹陷，通过对变形数据的统计分析，2处凹陷相邻，且均位于管道顶部，可能是由于外力碰撞产生的。

焊缝异常130处，其中环焊缝异常(GWAN)8处，螺旋焊缝异常(SWAN)121处，直焊缝异常(LWAN)1处。在数据分析时对焊缝异常的严重程度进行了分级，本次检测发现1处中度环焊缝异常，其余焊缝异常都为轻度，管道上不存在重度焊缝异常。

现场开挖检测后，对缺陷点进行修复补强。通过计算，苏1－6干线检测到的2774处金属损失在最大允许操作压力3.5MPa下，没有金属损失需要在5a内进行计划维修。建议管道再次检测的时间间隔不超过5a，即在2020年9月之前再次实施管道内检测，并在下一次管道内检测时，进行两次检测数据对比，分析金属损失的生长情况，合理计算腐蚀生长速率，降低剩余寿命预测的保守性。

3.3　管道施工“4＋3”工作法的应用

气田管线安全运行影响大、要求高、不可控因素多。探井管理作业区以第三方施工管理为突破口，针对已有的工作方法，分析研究这些方法中的不足，探索出以突出“作业许可、措施落实、方案审查、现场监督”四个重点环节的安全控制，强化作业许可“五项程序”落实的“4＋3”工作法。

3.3.1 “4+3”工作法的核心内容

其中“4”代表:一份施工交底书,一份安全告知函,一次人员安全教育,一次施工安全要求。其中“3”代表:一点、一牌、一档,即:一个穿越点、一个警示牌、一份档案。

(1)一份施工交底书。为了消除以往仪器不能准确定位管道及伴行光缆具体位置和埋深情况存在的潜在风险,探井管理作业区改进工作方法,在现场交底环节增设一个工作步骤——开挖验证。验证的主要内容有:管道实际埋深、光缆实际埋深、光缆具体走向及位置等详细信息,并在施工前的交底书上详细说明,为后续施工准确性、安全性提供基础数据保障。

(2)一份安全告知函。充实和完善安全告知函内容,在现场交底结束后,及时签发,由施工单位现场签字确认,重点约束在施工方案审批过程及现场施工准备阶段承包商违章作业行为,确保施工现场管线安全运行。

(3)一次人员安全教育。施工前组织一次施工人员集体性的安全教育,主要包括安全告知和风险告知两个方面。其主要内容是告知施工人员在未经甲方允许、甲方监护人员不到位、施工手续办理不齐全等情况下严禁施工作业;对施工中的挖掘作业、穿管作业、管线保护、伴行光缆保护、降水作业、现场管理等存在的风险进行提醒性教育,并就如何做好风险规避和自我保护进行详细的教育。施工人员安全教育结束,签订安全管理告知函和风险管理告知书。

(4)一次施工安全要求。在施工作业前,要求现场监护人逐项确认现场安全措施。安全措施落实不到位,严禁施工单位进行施工作业。在正式进入施工状态后,甲方监护人员保证全程在场,并保证全过程满足挖掘作业许可证要求。

(5)一个穿越点。作业区制订了特种作业监护工作动态表,一旦管线穿越点确定,并已经完成了一份施工交底书,一份安全告知函,就随即作为一个正式的穿越施工点将其有关信息加入到动态表中,每日进行信息更新,公布于公务栏中,跟踪该项施工的进展情况,提醒各级人员进行重点关注和现场加密巡护。

(6)一个警示牌。针对目前部分地段管线穿越密集,尤其在各天然气处理厂前管线穿越形成网状,为了防止同一地点出现重复交叉穿越的风险,并能显而易见地知晓管道交叉穿越点的具体情况,探井管理作业区为每个管道穿越交叉的位置载设一块标志牌,并标注“正下方管线穿越”字样。

(7)一份档案。探井管理作业区形成了管道穿越施工“档案”管理制度,每一个管道穿越点均建立一份挖掘作业(管道保护)记录,从项目简介、交底情况、措施落实、过程监督、现场记录、管理要求六方面紧密结合,责任到人全程负责跟踪监护落实。实现高风险作业的标准管理、受控管理、闭环管理。该“档案”以文字记录和现场图片两种方式对施工作业全过程进行详细记载。其中,文字记录的主要内容有:作业票据、施工方案、GPS 定位确认及与施工前的坐标信息对比等,为后期管道管理提供翔实的基础信息。图片记录的主要内容有:现场施工作业前、作业过程中、作业结束后的照片,特别是对管道的安全距离、绝缘保护情况、作业带恢复、警示牌栽设等做更为形象的记录。

3.3.2 “4+3”工作法应用效果分析

在总结提炼出“4+3”工作法之后,从 2015 年开始在管线穿越施工中全面推广应用,力求用有效的方法控制好管线穿越施工。结合施工现场的变化,不断完善充实其中的要求和内容,发挥“4+3”工作法的现实作用。2015 年“4+3”工作法在作业区全面推广应用之后,减少了人为的失误,有效防止人的不安全行为而造成的管线损伤、防腐层破损、伴行光缆中断及违章作业行为等。

通过对 2016 年以来管线穿越施工的数据分析可知,随着“4 +3”工作法的全面推广及应用,各类管线穿越施工作业管线损伤事故发生率下降到 0;光缆损伤事故发生率下降 60%;违章施工作业次数下降 70%;三类主要危及管线安全的重要因素得到了有效控制,为苏里格气田集输气管道安全平稳运行提供了有力保障(图 8)。

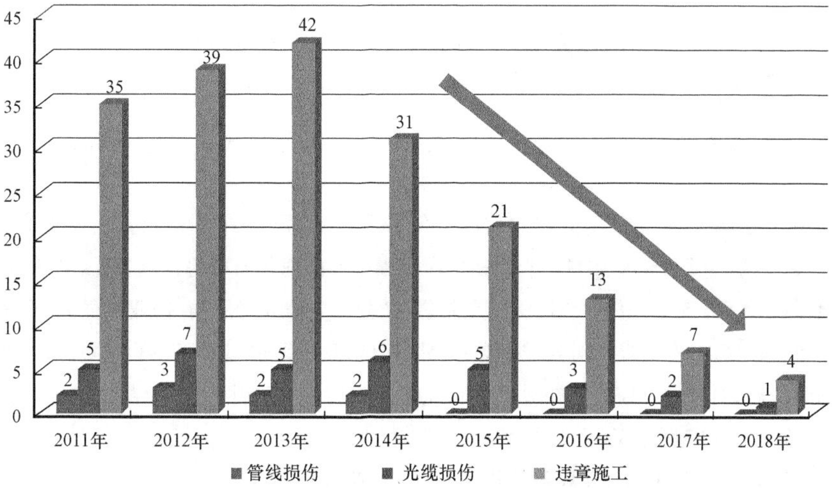

图 8 “4 +3”工作法应用效果图

4 结论及认识

本文主要介绍了苏里格气田在骨架管网管理方面面临的主要风险,重点分析了管道腐蚀、第三方施工引起的管道失效问题,以及针对管线安全管理风险采取的一些措施,并对其效果进行了评价。主要结论与认识如下:

(1)通过对骨架管网开展外防腐检测评价及内腐蚀检测,掌握管线运行状况,确保了管线安全运行。

(2)“4 +3”工作法在管线穿越施工中应用效果良好,是安全管理方法的一次很好实践。

(3)需要以“4 +3”工作法的应用为契机,继续探索和研究,创新理念,完善方法,依法合规,强化管理,持续深入做好干线的安全管理工作。

参 考 文 献

[1] 刘凯. 埋地管道的腐蚀与防护综述[J]. 管道技术与设备,2016(4).

[2] 张慧娟. 长输油气管道天然气站场风险管理研究[D]. 华东理工大学,2017.

塔里木油田超高压气井安全生产管理对策

景宏涛 秦 曼 魏军会

（中国石油塔里木油田公司油气工程研究院，新疆维吾尔自治区库尔勒市）

摘 要 塔里木油田库车山前的超高压气井具有井深大（平均 7000m）、压力高（已达到 120MPa）、温度高（最高 182℃）的特点，而在生产过程中又出现井筒堵塞、环空带压等现象，后续生产风险大。若全部开展修井作业以解除安全隐患，又会产生修井费用高、作业难度大、安全风险高的问题。针对该情况，本文提出对异常井进行风险评估，系统评估气井存在的风险，根据评估结果采取针对性措施；对风险可控的气井提出消减风险的方案；对存在巨大安全隐患的气井实施修井作业，通过安全管理措施，实现了气井的安全生产。

关键词 超高压气井 井筒堵塞 井完整性 风险评估

引言

井筒堵塞、环空压力异常等问题是制约塔里木油田库车山前超高压气井安全平稳生产的关键问题。截至 2018 年底，克深区块总井数 73 口，环空压力异常井 23 口，占总井数的 31.5%。迪那 2 气田自 2010 年投产后就出现气井油压和产量波动现象，25 口生产井中 24 口存在油压和产量波动，13 口在井口取到砂样；克深气田 73 口生产井中有 28 口高压气井油压、产量波动严重，存在井筒堵塞现象。部分高压气井因此类问题而关井，严重影响到气井的安全平稳生产。而对类似恶劣工况下的环空带压和井筒堵塞的治理在国内外尚没有经验可以借鉴。因此，针对环空带压问题，开展了高压气井环空压力控制范围研究，确定合理的环空压力控制范围，对环空压力异常井进行风险评估，根据评估结果分级管理。针对井筒堵塞井，开展了高压气井的井筒堵塞治理措施研究，解决井筒堵塞问题，恢复气井产能，确保了山前已投产高压气井的安全、平稳生产。

1 环空压力异常井安全管理对策

对于高压气井，环空压力异常会导致开井或关井工况下油管、套管的安全系数降低，给气井的安全生产带来风险。为此，以高温高压气井环空压力持续跟踪、分析为基础，开展了气井环空许可工作压力计算新方法研究，提出了适合高温高压气井特点的环空压力计算新方法；深入分析环空异常井压力异常原因，进行安全性评估，提出应对措施，形成一套高温高压气井分析、风险评估方法，为高温高压气井环空压力管理提供依据和指导，确保高温高压气井安全、高效开发。

1.1 确定环空许可工作压力范围

环空压力变化情况是反映高压气井屏障是否存在问题的关键，高压气井生产过程中由于热效应、人为施加压力等因素，不可避免地会出现环空带压。如何确定合理的环空压力控制范围是高压气井管理需解决的关键问题。

借鉴 API RP 90 *Annular Casing Pressure Management for Offshore Wells*，以气井环空部件构成和实际工况为基础，通过校核构成 A 环空四个主要部件——套管头、油管柱、套管柱及封隔器的安全性能，建立了高压气井 A 环空许可压力范围计算方法。计算流程如图 1 所示。

当 A 环空中的压力为最大值时，受力情况如图 2 所示。此时组成 A 环空的四个主要部件套管头、生产套管、封隔器和油管均有向外扩张的趋势。因此，分别校核这四个部件的强度，能满足四个部件设计安全系数的值即为 A 环空最大许可压力值。通过对套管头、生产套管、封隔器和油管的强度校核，分别得到了各油压工况下 A 环空最大许可压力值 p_{A1}、p_{A2}、p_{A3}和 p_{A4}，取四者中的最小值，$p_{Amax}=\min(p_{A1},p_{A2},p_{A3},p_{A4})$，即为满足该油压工况下 A 环空最大许可带压值。

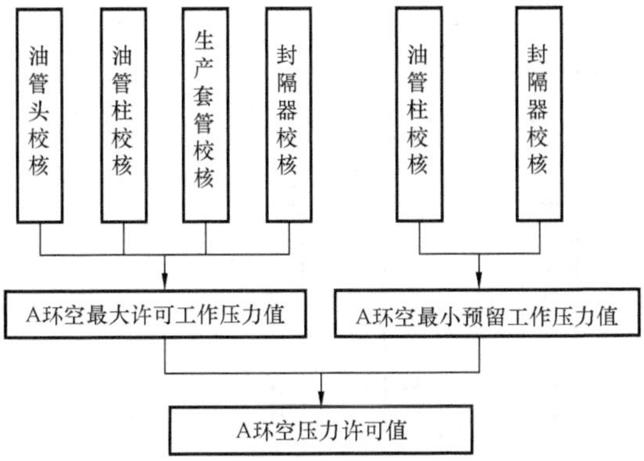

图 1　高压气井 A 环空压力计算新方法流程图

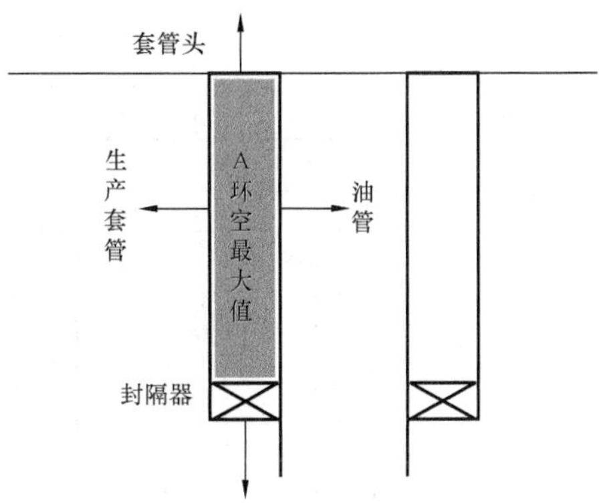

图 2　A 环空压力最大时各部件受力示意图

A 环空最小预留压力主要考虑高压气井 A 环空压力过小将导致油管承受过大内压，长期疲劳工作难以确保管柱安全。计算方法采用三轴应力校核，分别校核在开井生产及关井工况下的油管三轴应力强度。根据 Von - Mises 屈服强度准则，计算满足三轴应力 σ_{VME}的最小环空压力值即为 A 环空最小预留工作压力。根据计算结果，绘制出环空许可压力范围图，方便现场管理，如图 3 所示。

1.2 环空压力异常井风险评估

针对环空压力异常井，首先开展井完整性失效风险评估。评估基本流程如图 4 所示。

（1）环空压力监控、诊断测试。高温超高压气井环空压力出现异常后，持续监控环空压力的变化情况，开展必要的环空压力诊断测试，观察相邻环空变化情况，分析放出流体性质。

（2）异常情况判定。根据环空压力变化情况、测试诊断情况、井口试压情况等，综合分析判断气井异常情况，如油管泄漏、套管泄漏等。

（3）风险评估。根据气井实际生产数据，结合异常情况判断结果，分别评估开井、关井

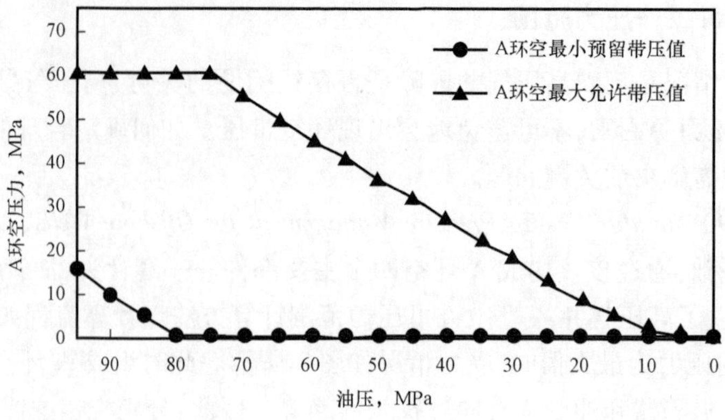

图 3　X 井正常生产工况下 A 环空许可压力范围

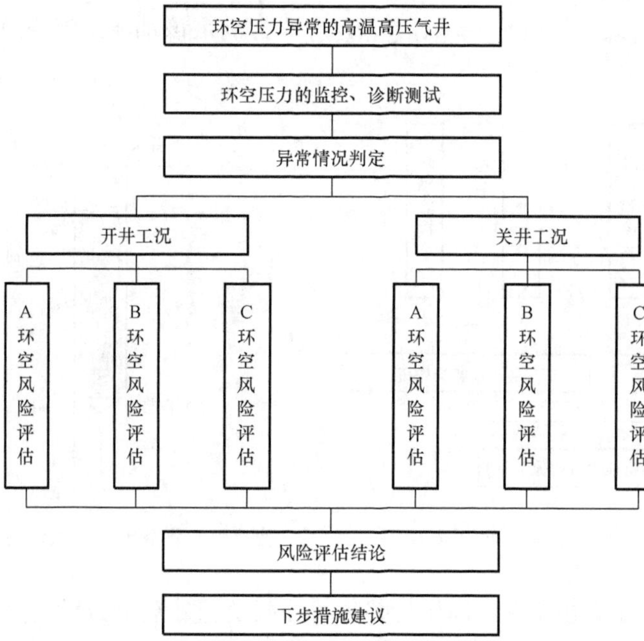

图 4　高温超高压气井环空压力异常风险评估流程

工况下 A、B、C 环空存在的风险(A 环空:生产油管与生产套管之间的环形空间;B 环空:生产套管与内层技术套管之间的环形空间;C 环空:内层技术套管与外层技术套管之间的环形空间)。

(4)风险评估结论。根据对各个环空的评价结果得出环空压力异常井的风险。

(5)下步措施建议。根据风险评估结论制订下步措施,风险在可控范围内,制订相应的针对性措施和应急预案后监控生产,风险大则建议修井消除隐患。

1.3　环空压力异常井分级管理

通过井屏障完整性分析及风险评估对井进行分级,按照不同的情况对气井实行分级管理,井分级原则及安全管理措施见表 1。

表 1 井完整性分级及安全管理措施

类别	分级原则	措施	管理原则
红色	第一屏障失效，第二屏障受损（或失效），风险评估确认为高风险；或已经发生泄漏至地面	红色井确定后，必须立即治理，业务管理部门应立即组织治理方案编制，生产单位立即采取应急预案，实施风险消减措施，防控风险；组织实施治理方案	油田公司领导批准治理方案，业务管理部门组织协调，生产部门组织实施
橙色	第一屏障受损（或失效），第二屏障完好；或第一屏障受损（或失效），第二屏障虽然受损，但经过风险评估后，确认为中或低风险	首先制订应急预案，根据情况进行监控生产或采取风险消减措施，少调产，尽量减少对环空实施泄压或补压；严密跟踪生产动态，发现问题及时分析评估并采取相应措施	业务管理部门组织技术支撑单位和生产部门共同制订监控措施；生产单位负责监控生产，发生重大变化，上报业务管理部门，并组织技术支撑单位分析变化原因及影响，提出处置意见
黄色	第一屏障完好，第二屏障受损，经过风险评估后，确认为低风险	采取维护或风险消减措施，保持稳定生产，严密监控各环空压力的变化情况；尽量减少对环空采取泄压或补压措施	由生产单位自行监控生产，若发生重大变化，上报业务管理部门，并组织技术支撑单位分析变化原因及影响，提出处置意见
绿色	第一及第二屏障均处于完好状态	正常监控和维护	由生产单位自行监控生产，若发生重大变化，上报业务管理部门，并组织技术支撑单位分析变化原因及影响，提出处置意见

针对完整性为橙色的高压气井作为重点井严密监控各环空压力的变化情况，重新确定环空许可压力操作范围，并设定报警值，制订监控生产应急预案并定期演练，安装紧急泄压管线或诊断测试泄压管线，紧急泄压管线采用基墩固定，诊断测试泄压管线应引到地面并固定牢靠。

2 井筒堵塞井安全管理对策

通过该项目明确了库车山前高压气井井筒堵塞物的来源与产生机理，并形成了适用于库车山前超深超高压高温气井的井筒疏通工艺和设计方法。确保了库车山前已投产高压气井的安全、平稳生产。减少了高压气井修井次数，避免了高压气井修井带来的安全和环境保护风险，具有较高社会效益。

2.1 明确高压气井井筒堵塞机理

通过对井筒堵塞问题的持续攻关，对库车山前高压气井井筒堵塞认识逐渐明确，库车山前高压气井井筒堵塞认识分三个阶段：第一阶段，投产初期油压产量波动下降，井筒堵塞问题突显，通过井口取样分析认为以井筒砂堵为主。井筒堵塞治理手段仅为单一的连续油管作业。第二阶段，通过连续油管作业从井下取样分析，明确了库车山前高压气井井筒堵塞物为砂+垢。第三阶段，通过全井筒精细取样发现井筒堵塞以垢为主。

2.2 高压气井井筒堵塞治理措施

根据对井筒堵塞的认识，按照“能小修不大修，能酸化不连续油管作业”的原则，形成具有塔里木特色的井筒解堵配套工艺技术，针对不同的井况条件采取相应的治理措施。

（1）对于管柱完好、有挤酸通道的堵塞井，采用油管挤注解堵液解堵。

针对砂垢复合堵塞的井，采用“10% CA－5＋3% HF”解堵液体系，控压、低排量、多级泵注工艺进行解堵；针对以垢堵为主的堵塞井，采用“9% HCl＋1% HF”解堵液体系，控压、低排量、单级泵注工艺进行解堵。

(2)对于油套连通、有挤酸通道的堵塞井，优化施工参数，避免酸液进入油套环空，造成套管腐蚀。

通过评估各环空最大允许压力值，环空补液、低排量控制油压低于 A 环空压力，施工、开井返排控制 A 环空压力不超过油压，实现在恢复气井产能的同时避免酸液进入环空腐蚀套管。通过井筒酸液解堵可避免连续油管疏通作业或大修作业，节省作业时间和成本。

2.3 风险识别及安全管控措施

结合“三高气井”的特点，对井筒堵塞治理提出以下风险点及控制措施：

(1)连续油管风险点：连续油管鼓胀变形、破裂——高泵压；无支撑段弯折——井内上顶力；管体损伤，性能降低——返出物速度加快，划伤、磨损管体外表。

(2)地面流程风险点：分离器压力突增——井口压力、返出流量骤增；地面管线、阀门刺坏—返出物(垢、砂)增加，除砂器处理不及；环境污染——出口液体将火扑灭。

(3)井内风险点：砂卡——返出物(垢、砂)在生产管柱缩径处堆积；井下安全阀——返出物(垢、砂)高速、大量通过缩颈处。

通过对井筒堵塞井的治理，实现了库车山前高压气井能小修不大修，能酸化不连续油管作业的目的，为超深超高压高温气井井筒堵塞井的治理探索出新的方向。实现了库车山前井筒堵塞气井的快速复产，保障了西气东输的气源。

3 结论

超高压气井生产过程中安全管理难度大，为确保生产管理和措施安全完成，需不断完善现有的管理机制，创新管理模式，严格工作许可制度，减少不安全行为发生，通过制订管理方案提升应急处置能力，最大化地提升超高压气井安全管理水平，以防止事故的发生并避免或者减少人员伤害事故发生。

参考文献

[1] 王云，李文魁．高温高压高酸性气田环空带压井风险级别判别模式[J]．石油钻采工艺，2012，34(5)．

[2] 杨周，樊建春，张喜明，等．环空带压气井地面监测诊断系统研究[J]．油田开发工程，2016，44(1)．

[3] 马发明，佘朝毅，郭建华．四川盆地高含硫气井完整性管理技术与应用——以龙岗气田为例[J]．天然气工业，2013，33(1)．

[4] 丁亮亮，杨向同，张红，等．高压气井环空压力管理图版设计与应用[J]．钻井工程，2017，37(3)．

[5] 申晓波．油气井完整性的主要内容及其状态监测指标[J]．云南化工，2018，45(9)．

[6] 何英明，刘书杰，武治强，等．基于安全屏障的井完整性问题分析方法[J]．重庆科技学院学报(自然科学版)，2018，20(2)．

[7] 魏东吼，董绍华，梁伟．地下储气库完整性管理体系及相关技术应用研究[J]．油气储运，2015. 3(42)．

油田含油污泥的资源化利用技术研究及效果分析

胡　可　宋　芳　刘　柱

（中国石油新疆油田公司准东采油厂　新疆维吾尔自治区阜康市）

摘　要　在油田开发过程中，多种因素导致每年会产生一定量的含油污泥，给油田开发和环境保护增加了经济和社会压力。本文对比分析了各种含油污泥的无害化、资源化处理技术，并对油田含油污泥应用于调剖堵剂的可行性进行了技术研究，形成了含油污泥调剖工艺技术，为准东采油厂含油污泥资源化利用提供了有效的措施和技术参考。

关键词　含油污泥　资源化处理　调剖

引言

在油田开发过程中，会形成一定量的含油污泥。含油污泥是一种成分复杂、化学性质较为稳定的棕黑色黏稠状固体废物，主要由乳化油、水、固体悬浮物等混合组成，是油田开发生产过程中的主要污染源之一。含油污泥的排放将会对周边环境造成严重的危害，具有综合利用方式少、处理难度大等特点，因此，含油污泥的处理一直是油田生产过程中的难题。将含油污泥处理后配制成调剖堵剂，既解决了含油污泥排放造成的环境污染问题，实现了含油污泥资源化利用，同时可取得可观的经济效益。

1　含油污泥概述

1.1　含油污泥的定义

含油污泥，是原油开采和集输等过程中产生的油、水与泥土等混合形成的非均质多相分散体系，是由石油烃类、胶质、沥青质、泥砂、无机絮凝体、有机絮凝体及水和其他有机物、无机物牢固黏结在一起的乳化体系。

1.2　含油污泥的来源

原油开采产生的含油污泥存在于井口、井场和地面处理系统、原油流经接转站、油罐、应急池底等设备，以及污水流经的沉降罐、污水罐及含油水处理设施。如图 1 所示。

中国石油新疆油田准东采油厂统计 2015 年产生的含油污泥中，系统排污占比 32%，清罐污泥占比 20%，管网破裂占比 14%，修井作业占比 34%，可用于调剖的污泥为占比 52%（主要是系统排污 + 清罐污泥）。如图 2 所示。

1.3　含油污泥的危害

随着国家环保政策的日趋严格，以往的含油污泥处理方法大都无法充分有效地对含油污泥进行无害化处理和资源化利用，造成如下几个方面的隐患：

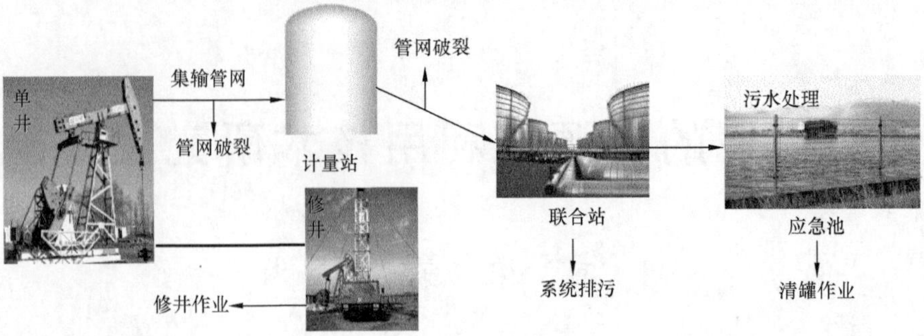

图 1　含油污泥来源

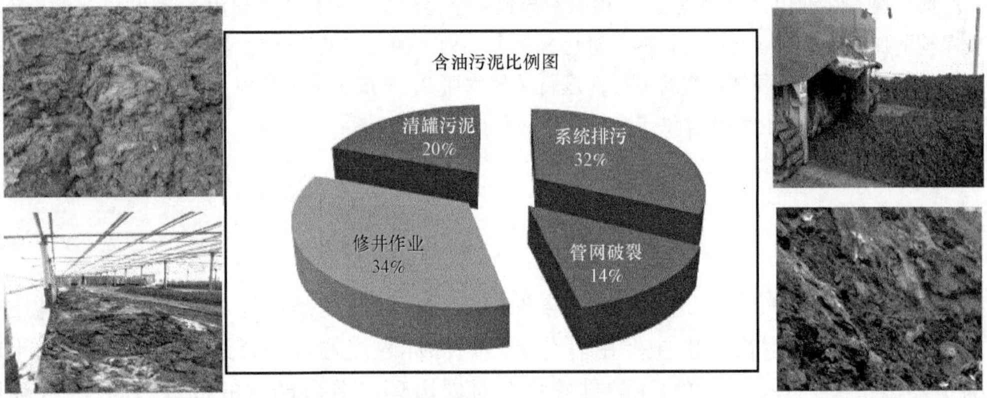

图 2　含油污泥比例图

（1）含油污泥的存在，使油田污水回注过程中的悬浮物含量严重超标，污染地层，造成油层吸水能力下降、注入压力增大。这不仅造成了水井增注措施有效期明显下降，而且增加了处理费用和工作量。

（2）由于含油污泥在沉降罐、污水池、污油罐等不断堆积，致使清罐周期缩短，增加油田运行成本。

（3）含油污泥长时间堆放，其中的污染物会渗入土壤中，改变土壤的结构，影响植物的生长，造成环境污染。

（4）在含油污泥的转运、处置过程中可能造成二次污染。

2　含油污泥处理技术

2.1　含油污泥无害化处理技术

2.1.1　化学热洗技术

化学热洗技术主要是在含油污泥中加入适量的热水及化学药剂，通过化学药剂的乳化、溶解、增溶等作用，降低含油污泥的黏度，把原油从泥砂表面洗涤剥离下来，再经过沉降、旋流等工艺，实现油、泥、水三相分离。

2.1.2　热分解技术

热分解技术利用含油污泥中有机物的热不稳定性，在隔绝空气高温状态下，使含油污泥中所含的烃类物质发生热裂解，实现含油污泥固、液、气三相分离。

2.1.3 焚烧处理技术

焚烧处理技术是在过量空气和辅助燃料存在的条件下，利用污泥中原油类物质的可燃性，除去污泥内存在的有害成分，达到无害化处理的目的。含油污泥焚烧前需要经过污泥调质和脱水处理，然后将泥饼送至焚烧炉进行焚烧。

2.2 含油污泥资源化利用技术

2.2.1 溶剂萃取技术

溶剂萃取技术是利用“相似相溶”的原理，选取合适的溶剂作为萃取剂，利用萃取剂将含油污泥溶解，经搅拌、离心后，通过萃取剂将原油从污泥中抽提出来，回收油经过回炼后可作为燃料油使用，萃取剂经回收蒸馏可从混合物中分离出来并循环使用。

2.2.2 含油污泥调剖技术

含油污泥调剖技术是利用含油污泥产于地层、与地层有良好的配伍性等有利因素，对含油污泥添加分散剂、悬浮剂等化学药剂将其转变为活性稠化含油污泥调剖剂，用于注水井调剖，有效封堵高渗透注水孔道，从而达到调整注水剖面、提高采油效果的目的。相比于其他调剖体系，该技术具有与地层的配伍性良好、取材方便、生产成本低等特点。

2.2.3 含油污泥处理技术对比及优选

含油污泥各项处理技术的适用范围、处理成本、能耗及优缺点等比较见表 1。

表 1　含油污泥处理技术对比

指标		处理程度及原油回收情况	二次污染物	工艺成熟度	设施投资	运行直接经济效益	适用范围与特点
无害化处理	化学热洗技术	回收油不彻底	剩余污水污泥量大	较复杂成熟	较低	有，较好	适宜简单回收油
	热分解技术	有机物全部处理可有效回收原油	少量灰渣	较复杂不够成熟	较高	有，较好	适宜最终处理，规模不限
	焚烧处理技术	有机物全部处理	灰渣烟气少	较复杂较成熟	较高	费用投入	适宜最终处理，规模不限
资源化利用	溶剂萃取技术	回收油较彻底	剩余污泥量大	成熟	较高	有，一定	适宜深度，回收油
	调剖技术	全部处理能回收原油	无	简单成熟	较低	费用投入	适宜最终处理

通过对各种含油污泥处理技术的对比，综合考虑各项指标，结合准东油田实际，发现调剖技术最适宜作为当前油田含油污泥的处理技术。

3 含油污泥调剖技术研究

3.1 含油污泥调剖技术原理

含油污泥调剖技术是一种含油污泥处理和利用并举的科学方法。它本着“来自地层，还于地层”的思路，由于含油污泥产于地层，因此与地层有良好的配伍性。

含油污泥调剖剂进入地层一定深度后，吸附——分解——黏联聚集——沉降，使孔喉尺寸变小，增加后续注入水的渗流阻力，有效封堵高渗透层，增加中低渗透层的动用程度，增大注入水的波及体积，从而改善注水开发效果。

3.2 含油污泥调剖工艺研究

3.2.1 含油污泥地面处理工艺

(1)含油污泥处理参考标准。

为实现含油污泥处理后的资源化利用，处理工艺借鉴了 DB 65/T 3999—2017《油气田含油污泥及钻井固体废物处理处置技术规范》标准要求，考虑处理后用于油田调剖，而不是直接埋存，特制订了污油泥工艺处理指标，即处理后污泥含油低于 4%（仅用于油田调剖剂配置），回收原油含水小于 10%，污水含油低于 15%，悬浮物低于 20%。并按照 Q/SY 01026—2018《油泥调剖工艺技术规范》的要求对处理后污油泥的外观、pH 值、密度、表观黏度及封堵率进行指标测定。

(2)处理流程示意图如图 3 所示。

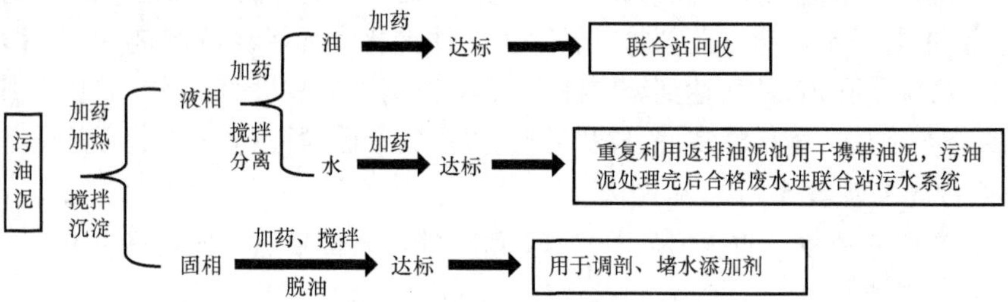

图 3　污泥处理示意图

3.2.2 含油污泥组成及粒径分析

(1)含油污泥组成分析。通过对含油污泥组分的分析测试，得出了含油污泥的各项组分含量（表 2），并对含油污泥中固体颗粒组分进行了分析（图 4）。

表 2　含油污泥组分分析

测试项目	样品
外观	黑色硬膏状
含水	26.61%
含油	7.3%
含泥	66.09%

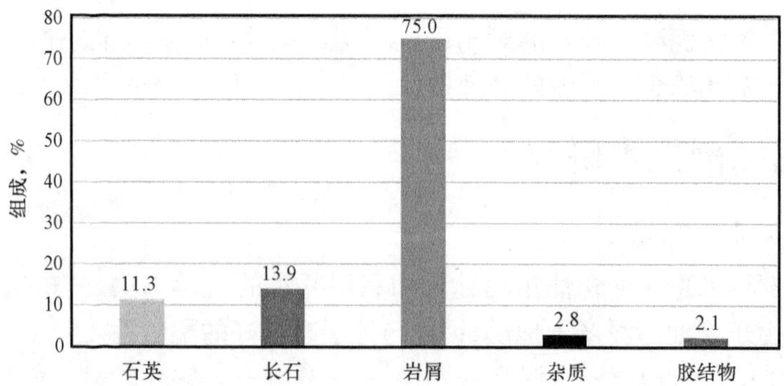

图 4　固体颗粒组成分类

(2)含油污泥粒径分析。通过对含油污泥固体颗粒粒径进行分析(图5),粒径小于40目的固体颗粒与凝胶复配后可直接作为调剖剂使用,粒径不小于40目的固体颗粒需要处理后使用。

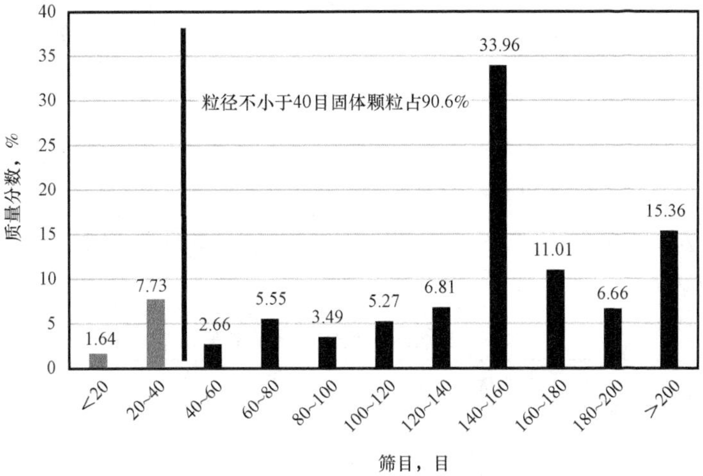

图5 固体颗粒粒径筛分

3.2.3 含油污泥堵剂性能室内评价

(1)新型无机复合调堵剂(KFW)性能试验。

配方组成:油泥+悬浮剂+促凝剂+增黏剂+缓凝剂。

从实验结果(表3、表4)中可以看出,KFW无机污泥堵剂性能与常规无机高固(DKD)体系性能相当。堵剂强度高,可用于封堵大裂缝、大孔道。

表3 KWF无机污泥堵剂试验检测情况

序号	检测项目	实验结果
1	密度,g/cm^3	1.2
2	凝固时间,h	12~36h可调(55℃)
3	抗压强度,MPa	3.5
4	污泥含量,%	20
5	封堵率,%	98

表4 DKD无机高固堵剂试验检测情况

序号	检测项目	实验结果
1	密度,g/cm^3	1.2
2	凝固时间,h	10~24h可调(55℃)
3	抗压强度,MPa	5
4	封堵率,%	99

(2)含油污泥冻胶调剖体系(GK-1)性能试验。

配方组成:0.2%聚合物+交联剂1+交联剂2+污泥+稳定剂。实验结果见表5。

表5　GK－1　污泥冻胶体系试验检测情况

序号	检测项目	性能指标
1	污泥含量,%	40
2	基础黏度,mPa·s	66
3	成胶时间,h	39
4	成胶后堵剂体系黏度,mPa·s	20230
5	封堵率,%	91

① 剪切作用对冻胶性能的影响:将刚配制的溶液在不同的剪切时间下,形成冻胶后,测定黏度,实验结果见表6。

表6　剪切时间与成胶强度的关系

剪切时间,min	成胶时间,h	成胶强度,mPa·s
0	17	25200
10	19	25400
20	22	25100
40	27	25000

结果表明,堵剂溶液受高速剪切作用,对成胶时间和形成的冻胶强度影响不大,该体系抗剪切能力强。

② 矿化度对冻胶成胶性能的影响:配制不同矿化度的堵剂溶液,测定胶体的强度变化。实验结果如图6所示。

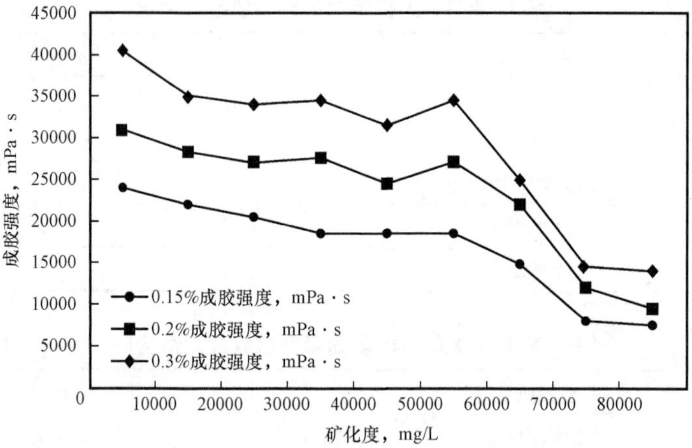

图6　污泥堵剂成胶黏度受矿化度影响性能曲线

结果表明,冻胶的成胶强度受到矿化度的影响较为明显,随着矿化度的不断升高,胶体的强度也随之降低。

③ 温度对冻胶成胶性能的影响:分别测试该体系在不同温度条件最终的成胶强度和成胶时间,实验结果如图7所示。

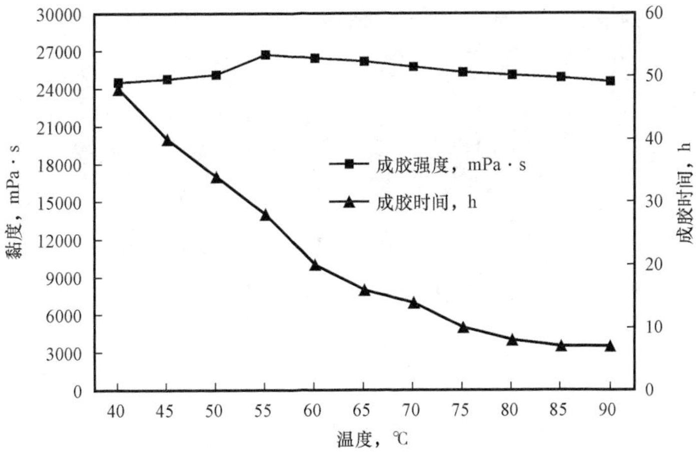

图 7 温度对冻胶体系成胶影响性能曲线

结果表明，随着温度的升高，体系成胶时间缩短，形成的凝胶强度增加；该污泥调剖体系耐温性能较好，其成胶性能不会因温度的限制而受影响。

(3)试验性能总结见表 7。

表 7 含油污泥堵剂室内性能指标

项目	参照标准	标准要求	室内实测指标
乳液型聚合物相对分子质量	Q/SY CQ 3438—2011	$>1200\times10^4$	2000×10^4
溶解时间，min		≤10	10
基液黏度，mPa·s		≤150	10
成胶时间，h		6～72	16
成胶后堵剂体系黏度，mPa·s		≥20000	21520
封堵率，%		≥90	94.75

根据室内实验所获得指标表明，聚合相对物分子质量，溶解时间，基液黏度，成胶时间，成胶后堵剂体系黏度，封堵率均满足现场应用要求，也符合 Q/SY 01026—2018《油泥调剖工艺技术规范》的参数要求。

4 调剖堵剂现场应用情况

4.1 调剖现场实施过程

调剖现场实施过程如图 8 所示。

4.2 调剖措施效果

2016 年在准东采油厂选取 5 口注水井实验污泥调剖试验，注入堵剂 $16000m^3$，实现年增油 1156t。

对比调剖前后注入井的注入状况(见表 8)，调剖后整体上注入压力较调剖前上升了 0.9MPa，视吸水指数下降了 $1.1m^3/(d\cdot MPa)$。

对比发现(图 9)：调剖后注水井压力整体上升，压降得到了明显改善，说明高渗透通道得到了有效封堵。

图 8　含油污泥调剖现场实施过程简图

表 8　污泥调剖注入井施工前后注入情况对比表

井号	调剖前			目前			差值	
	日注水量 m^3	注入压力 MPa	视吸水指数 $m^3/(d\cdot MPa)$	日注水量 m^3	注入压力 MPa	视吸水指数 $m^3/(d\cdot MPa)$	注入压力 MPa	视吸水指数 $m^3/(d\cdot MPa)$
H221	35	8.6	4.1	35	9.2	3.8	0.6	-0.3
H249	50	5	10	50	7.3	6.8	2.3	-3.1
H1212	20	7.3	2.8	25	7.6	3.3	0.3	0.5
H1260A	29	5.3	5.5	30	6.2	4.8	0.9	-0.7
H1142	49	10.6	4.6	32	11	2.9	0.4	-1.7
合计	36.6	7.4	5.4	34.4	8.3	4.3	0.9	-1.1

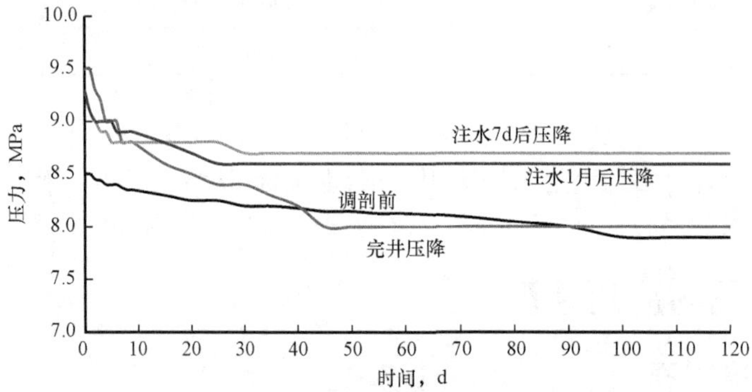

图 9　H221 井调剖前后压降曲线对比图

4.3　效益评价及前景

4.3.1　经济效益

按年处理污泥 5000m^3，调剖 5 井次计算，节约调剖费用 105 万元，年增油 1060t，收益 212 万元(按原油价格 47 美元测算)。

4.3.2　社会效益

减少了含油污泥造成的环境污染和人身安全危害，同时含油污泥的处理利用避免了资源浪费。

5 结论及认识

针对油田含油污泥，通过对比并优选了含油污泥处理技术。进行含油污泥组分和性能分析，并开展含油污泥堵剂体系研究，得到以下结论：

(1)将油田含油污油泥进行处理后用于调剖作业，实现含油污泥资源化利用，解决了含油污泥外排造成的环境污染问题，同时为油田综合治理、降低生产成本提供了有效的技术措施，为油田环保和开发提供了可靠保障。

(2)污油泥调剖体系与地层的配伍性较好，取材方便、生产成本低，具有良好的社会和经济效益，是一种有效的处理方法。

(3)含油污泥调剖体系在试验中效果较好，对比调剖前后注入井的注入状况，调剖后整体上注入压力上升，压降得到了明显改善，高渗透通道得到了有效封堵。说明调剖效果良好，起到了降水增油的作用。

参 考 文 献

[1] 李启锋．采油现场含油污泥处理工艺及装置研究[D]．西安石油大学，2017.
[2] 黄战卫．安塞油田含油污泥调剖技术研究与应用[D]．西北大学，2018.
[3] 崔宝玉．含油污泥调剖技术研究[D]．西安石油大学，2015.
[4] 刘晓燕．含油污泥与热化学洗涤技术的研究．中国石油大学(北京)，2016.
[5] 杨海．含油污泥处理技术研究进展[J/OL]．应用化工，2019(4).
[6] 谷重．含油污泥处理技术及综合利用[C]. IPPTC－2017972，2017.
[7] 岳海鹏．油田含油污泥处理技术的发展现状、探讨及展望[J]．化工技术与开发，2010. 39(4).
[8] 朱文英．油田含油污泥污染与国内外处理、处置技术[J]．石油化工应用，2012(8).
[9] 单欣．萨北油田含油污泥调剖技术研究[D]．东北石油大学，2017.
[10] 闫怀荣．姬塬油田含油污泥调剖工艺技术研究[J]．石油化工应用，2017(3).

蜀南气矿 QHSE 管理体系审核现状分析及改进对策实践

曾正荣　孟　伟　覃　莉　冉光林　余兆才　李晓端

(中国石油西南油气田分公司蜀南气矿,四川省泸州市)

摘　要　近三年来,中国石油西南油气田分公司蜀南气矿(以下简称“气矿”)在中国石油天然气集团有限公司、中国石油西南油气田分公司 QHSE 体系审核中,问题数量较多,各类问题“屡查屡犯、前查后犯、边查边犯”;且在 QHSE 体系验证审核时,问题一次整改合格率仅 90% 左右,低于公司主要生产单位平均水平 92%,评估定级成绩在公司五矿两处一厂中排名靠后,这与气矿快速上产的良好发展形势不相适应。利用麦肯锡解决问题法分析气矿 QHSE 体系审核存在的问题和原因,并从强化问题分析追溯、强化专业主导整改问题、强化问题验证审核等方面提出改进对策并在 2018 年进行了运用,取得一定的效果。

关键词　QHSE 体系审核　现状分析　改进对策　实践

引　言

中国石油西南油气田分公司蜀南气矿隶属于中国石油西南油气田分公司,以天然气勘探、开发、集输和销售为主营业务,管辖面积 $4\times10^4km^2$,勘探开发和生产作业区域主要分布在四川省和重庆市境内,担负着新疆塔里木约 $4500\times10^4m^3/d$ 天然气的处理任务并向川渝约 220 家用户提供天然气、石油液体、硫黄、炭黑等产品销售服务;气矿下设 22 个机关科(部)室、22 个基层单位。2016 至 2018 年气矿通过严格的安全环保监管,强化 QHSE 体系审核和运行,安全环保形势保持良好。本文通过认真回顾和分析,论述气矿近三年来 QHSE 体系审核管理过程中存在一些问题,以及 2018 年以来气矿采取的一些改进措施和取得的效果。

1　蜀南气矿 QHSE 体系审核管理概况

气矿于 2017 年 1 月发布了气矿 QHSE 管理体系审核评估定级实施细则,对气矿的 QHSE 管理体系审核工作及评估定级工作要求进行了明确。气矿年度 QHSE 体系审核管理工作主要分为三部分,一是集中审核,二是专项审核,三是日常监督审核与验证审核。

统计分析 2016 至 2018 年三年期间各级审核数据,气矿共接受中国石油天然气集团有限公司、中国石油西南油气田分公司及气矿每年组织的审核 7 次,发现问题 1962 项。三年审核数据统计见表 1。

中国石油天然气集团有限公司 2017 年对气矿审核 1 次;中国石油西南油气田分公司每年 4 至 5 月对气矿进行集中审核,共 3 次,每年的审核要素和内容有所区别,但问题大多在 150 项左右;每年 10 月左右分公司对气矿开展验证审核,主要是对上半年审核发现问题整改情况进行验证。气矿自行组织的 QHSE 体系内审大多安排在三、四季度，三年来气矿的 QHSE 体系内审均邀请第三方审核机构参与，且为不同的三家咨询单位。

表 1　三年审核数据统计分析

项目		集团公司（含板块）	分公司	气矿	突出问题个	重复问题个	问题整改合格率%	公司评估定级结果
年份	2016 年	0	112	508	49	35	89.3%	B1
	2017 年	118	226	560	48	163	92.5%	B2
	2018 年	0	156	252	29	92	97.4%	A1
合计		118	524	1320	126	290	—	

从表 1 可以大致看出，气矿 QHSE 体系审核状态是：问题反复发生，问题总体整改率较低（2018 年除外）。

1.1　审核评估定级情况

2016 年，中国石油西南油气田分公司 QHSE 体系量化审核定级成绩总分 100 分，其中集中审核占 35%，日常审核占 15%，验证审核占 50%。2016 年中国石油西南油气田分公司对气矿审核评估定级得分为 86.3 分，定级为 B1 级。具体见表 2。

表 2　2016 年气矿体系审核评估定级情况

审核内容	气矿得分	17 家单位平均分	差额	排名
集中审核	83.1	81.5	1.6	7
日常审核	82.5	86.9	-4.4	14
验证审核	107.6	110.9	-3.3	14
综合成绩	86.3	87.7	-1.4	13

从表 2 分析，气矿体系审核评估定级得分较低的为验证审核和日常审核 2 项，特别是验证审核占比 50%，导致气矿最终得分较低，排名靠后。

2017 年，西南油气田公司 QHSE 体系量化审核定级成绩总分 100 分；集中审核成绩占 30%，验证审核占 70%。在接受审核的 8 家单位中，集中审核最高分 83.0 分，最低分 79.9 分，平均 81.3 分，气矿得分 81.3 分，排名第 4；验证审核最高分 108.7 分，最低分 102.5 分，平均 105.6 分，气矿得分 103.1，排名第 7（倒数第二）。具体见表 3。

表 3　2017 年气矿体系审核评估定级情况

审核内容	气矿得分	8 家主要生产单位平均分	差额	排名
集中审核	81.3	81.3	0	4
验证审核	103.1	105.6	-2.5	7
综合成绩	84.5	85.9	-1.4	6

从表 3 分析，气矿 2017 年体系审核评估定级得分较低的为验证审核，且得分大幅度低于各单位平均水平，特别是验证审核占比 70% 的情况下，气矿最终得分较低，在 8 家主要生产单位中排名倒数第三。

2018 年,西南油气田公司 QHSE 体系审核成绩总分 100 分,集中审核成绩占 20%,安全环保履职能力评估成绩占 20%,验证审核成绩占 60%。气矿通过分析 2016 年及 2017 年审核数据及问题整改中存在的问题,2018 年采取了一些措施进行改进,公司 2018 年对气矿集中审核得分 84.6 分,安全环保履职能力评估得分 90.6 分,验证审核得分 103 分,问题一次整改合格率 97.4%,排名第二,最终评估定级得分 96.8 分,定级 A1 级,取得了较好的效果。

1.2 审核问题要素分析

2016 年中国石油西南油气田分公司审核组对 10 个主题进行了量化打分,气矿得分 83.1 分,其中设备设施管理、钻井 HSE 管理、承包商管理、应急管理等方面问题数量较多,得分较低,占问题总数的 70.5%。各审核主题得分及问题个数统计如图 1 所示。

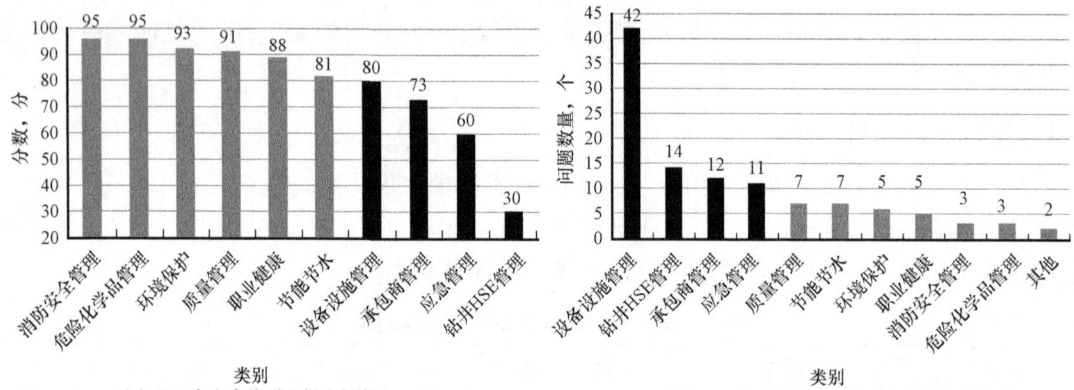

(a) 2016年各审核项目得分率统计

(b) 2016年各审核项目发现问题数量统计

图 1　2016 年 QHSE 审核情况

2017 年中国石油西南油气田分公司审核组对 12 个审核主题进行了量化打分,气矿得分 81.27 分,其中得分较低的审核主题有:设备设施管理、承包商管理、应急管理和质量管理。设备设施得分最低,仅为 63 分;发现问题 226 个,设备设施问题数为 109 个,占问题总数的 48%,需要重点关注。各审核主题得分及问题个数统计如图 2 所示。

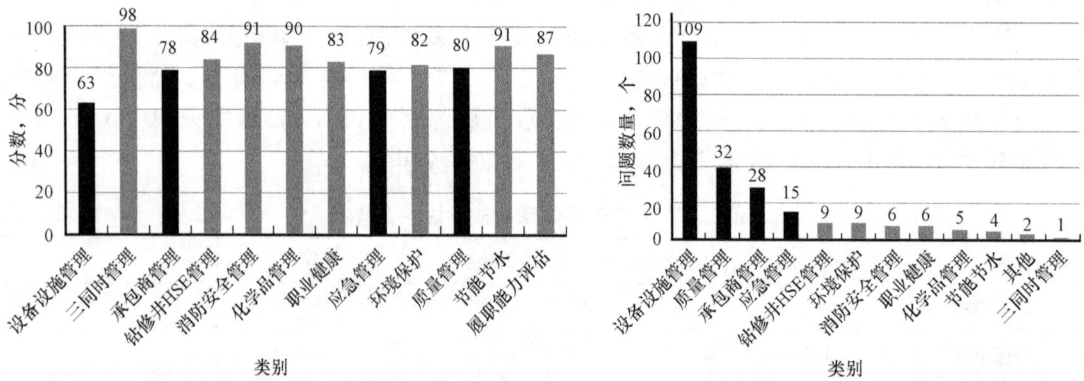

(a) 2017年各审核项目得分率统计

(b) 2017年各审核项目发现问题数量统计

图 2　2017 年 QHSE 审核情况

2018 年西南油气田公司审核组主要对基层站队标准化等 13 项内容进行了审核,气矿得分 84.6 分,问题数量超过 10 个的审核项有:基层站队标准化建设、设备管理、承包商监管、双重预防机制和质量管理。具体如图 3 所示。

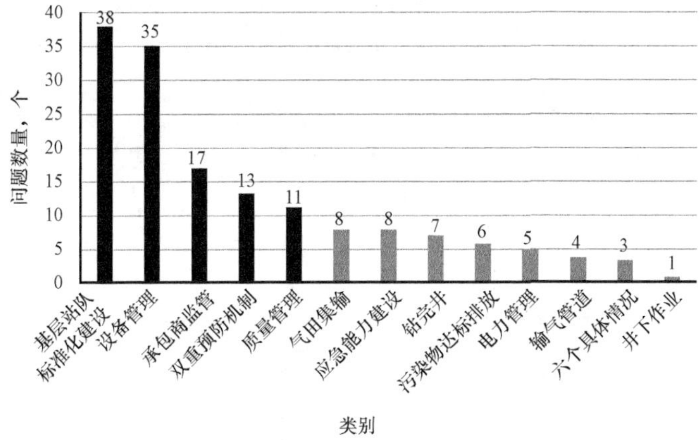

图3　2018年QHSE审核问题统计

从三年审核问题来看，虽然每年的审核要素和内容可能会有所调整，但总体来看设备设施、承包商管理、应急管理等方面的问题占比最多。

2　体系审核管理中存在的主要问题分析

2.1　问题分析

由于设备设施管理范畴太大，为更好地找到问题解决办法，将其细分为：防雷防静电设施管理、特种设备管理、安防器材管理等内容。

通过对三年审核发现的290项重复问题进行分析可以看出：防雷防静电接地的问题72个，占比24.86%；设备设施（特种设备和安防器材）管理的问题53个，占比18.18%；防爆电气管理的问题36个，占比12.34%。其中，防雷防静电接地方面的重复问题占比最大，需要重点关注。具体如图4所示。

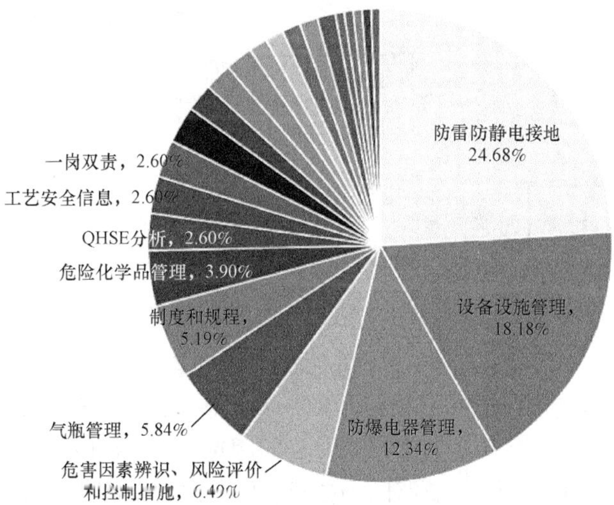

图4　重复问题统计

采用麦肯锡解决问题七步法，对问题进行分析并提出解决措施。麦肯锡解决问题七步法主要是通过七个具体步骤，采用逻辑树等方法，高效解决问题，如图5、图6所示。

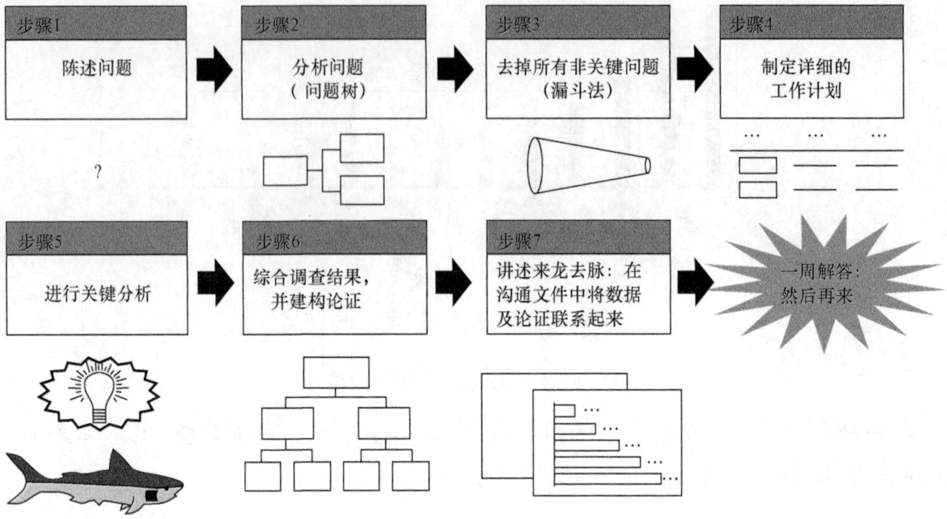

图5　麦肯锡解决问题七步法

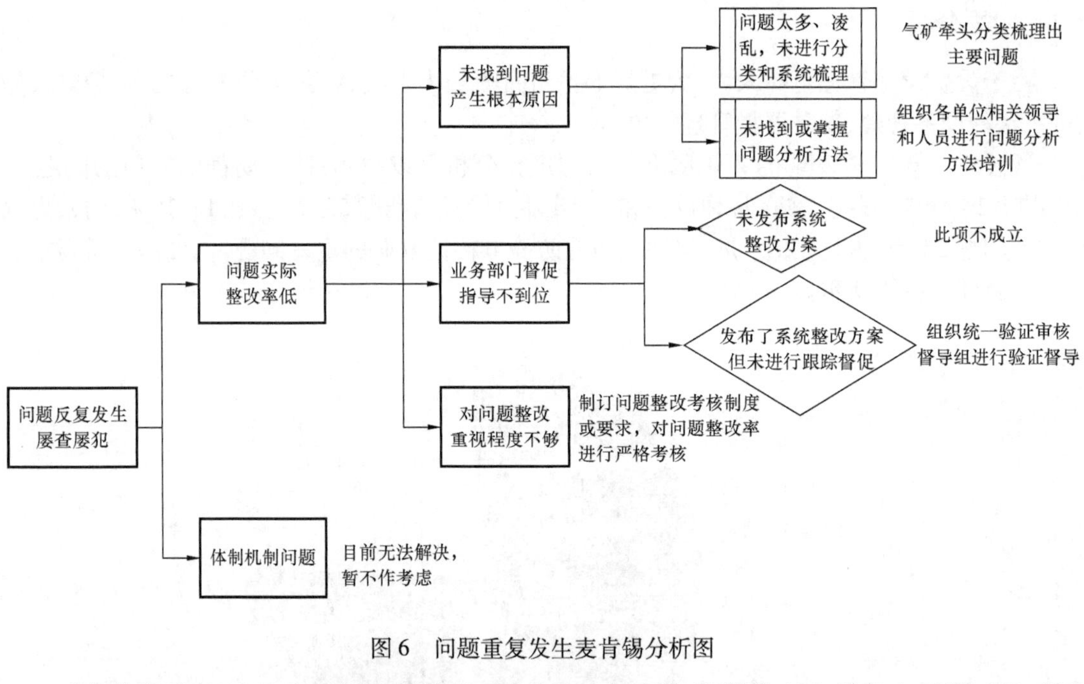

图6　问题重复发生麦肯锡分析图

对审核发现的1962个问题进行分析，同时对三年审核发现的126项突出问题、290项重复问题进行梳理分析，整合归类，采用麦肯锡解决问题七步法去掉所有非关键问题，形成气矿历年审核发现突出、重复、典型问题共35类，部分问题见表4。将问题归纳为35类，既可解决重复问题，也可通过合并同类问题，忽略问题数量，侧重于井站平均问题数等指标，更合理反映真实情况。

表 4　蜀南气矿历年 QHSE 体系审核 35 类突出、重复、典型问题（部分）

序号	受审核单位（部门）	审核级别	问题描述	审核内容（项）	问题性质（突出、重复、典型、普遍）	整改要求	督办责任部门
1	中国石油西南油气田分公司	中国石油天然气集团有限公司	防雷接地和防静电跨接不规范的问题： 1. 罐顶防爆仪表与罐体没有设置等电位跨接地的防护措施； 2. 接地不可靠，接地电阻值检测不合格； 3. 油罐扶梯入口、车辆装油区域未安装本安型人体静电消除器； 4. 过滤器没有设置防静电接地措施； 5. 油气生产场所部分四孔及以下法兰未进行跨接，或者跨接线脱落； 6. 接地引下线设置不规范，扁钢厚度不满足要求，搭接不符合要求； 7. 防爆仪表金属壳体未接地	防雷防静电接地	典型问题	1. 对于建筑物、设备设施等按照相关设计、施工及验收规范要求进行防雷接地，且接地装置满足标准要求，如：建筑物防雷设计规范；防雷接地装置施工及验收规范；通信、计算机、监测监控网络机房设置防雷接地技术规范指导意见等； 2. 对于四孔及以下的法兰，新建装置应全部跨接，在役装置在检、维修时分批次逐步整改； 3. 第三方在做防雷接地测试时应断开断接卡测试，各单位做好跟踪监督； 4. 严格执行《中国石油西南油气田分公司油气设施防雷防静电安全管理实施细则》（西南司生（2016）77 号）	生产运行科
2	中国石油西南油气田分公司	中国石油天然气集团有限公司	固定式可燃气体及有毒气体（检）探测器安装不规范的问题	安防器材管理	典型问题	1.（检）探测点的设定应符合 GB/T 50493—2019《石油化工可燃气体和有毒气体检测报警设计标准》第 4. 1 至 4. 4 条的规定； 2.（检）探测器的安装应符合 GB/T 50493—2019《石油化工可燃气体和有毒气体检测报警设计标准》第 6. 1 和 6. 2 条的规定； 3. 需设置固定式可燃气体及有毒气体（检）探测器的含硫采气井口、方井等有限空间，（检）探测器应安装在方井内，宜采用能上、下升降的方式	质量安全环保科
3	中国石油西南油气田分公司	中国石油天然气集团有限公司	停用装置能量隔离的问题：未泄压、未断水、未断电、未有效隔离或未进行充氮保护等	设备设施完整性	典型问题	1. 对于停用装置，必须采用物理方式进行隔离、隔断并上锁挂牌和标志； 2. 对于长期停用装置，应采取泄压措施，有条件的应进行充氮保护； 3. 定期巡检	开发科、生产运行科

续表

序号	受审核单位（部门）	审核级别	问题描述	审核内容（项）	问题性质（突出、重复、典型、普遍）	整改要求	督办责任部门
4	中国石油西南油气田分公司	中国石油天然气集团有限公司	球筒长期带压的问题	压力容器管理	典型问题	1. 严格按操作规程操作球阀，减少球阀密封面磨损，加强生产现场的监督管理； 2. 加强球阀日常维护保养，确保操作机构执行有效	开发科
5	中国石油西南油气田分公司	中国石油天然气集团有限公司/中国石油西南油气田分公司	安全阀起跳、内漏、擅自关闭安全阀上的控制阀等问题；威×井1号压缩机一级分离器放空管线安全阀后的阀门未铅封	安全阀管理	典型、重复问题	1. 对安全阀进行排查，及时整改存在的问题； 2. 明确相关管理要求； 3. 严格考核，对于违章操作人员严处、重处	开发科
6	中国石油西南油气田分公司	中国石油天然气集团有限公司	自动/手动切换操作的问题	设备设施完整性	典型问题	1. 各单位对现场连锁装置、自动/手动切换操作应明确相应的管理要求或制订管理制度； 2. 对于常规操作，应履行审批程序，对于非常规操作，应执行变更管理要求	开发科

2.2 问题认识和分析不到位，业务部门督促指导不足

基层单位在审核发现问题后，整改较多地停留在就事论事层面，头痛医头，脚痛医脚，不少问题屡查屡犯，始终不能彻底整改。尤其以气矿 2017 年内部审核发现的 560 个问题，经过比对 35 类问题，重复率达 158 个，占比 28.2%，接近问题总数的三分之一。从问题整改计划来看，较多的问题因原因分析不到位，导致整改措施不合理或落实不到位。基层单位对问题性质、问题分类分析不够重视，缺乏系统整改的理念，特别是对重复问题的认识和整改不足。因此，必须加强问题的原因分析，合理进行问题分类，特别是加大对重复问题整改的督促、考核力度。

2016 年及 2017 年，中国石油西南油气田分公司对气矿集中审核后，主要的业务部门（开发科、生产运行科、质量安全环保科、工程技术管理部等）都对本业务范围的问题进行了梳理分析，并下发了体系审核问题整改通知；但后续持续跟踪和督促不够，特别是到现场检查验证较少。

2.3 重集中、轻验证，未将验证审核工作纳入工作计划

气矿机关和基层单位对验证审核的重要性认识不足，准备工作不充分。从体系审核的管理过程来看，整改问题比发现问题更重要。及时整改问题、消除事故隐患才是安全管理的重点，这也是公司验证审核的权重大于集中审核目的。但气矿和各基层单位一般更重视集中审核，对于验证审核，由于时间跨度较长、整改工作量较大，投入的精力和资源往往不足，缺乏持之以恒地抓问题整改的态度和耐心。分析 2016 年、2017 年中国石油西南油气田分公司对气矿验证审核报告，气矿验证审核得分均较低，导致气矿总体评估定级得分低。在中国石油西南油气田分公司开展验证审核前，气矿未将组织开展体系审核现场验证工作列入重点工作计划，对基层单位审核发现问题的整改质量和进度缺乏掌控，在工作计划安排上有所欠缺。

3 改进对策及实践

3.1 强化问题追溯及原因分析

逐步改变重数量、轻质量，重现场、轻管理的意识和做法。在审核过程中，不追求问题数量，不纠缠现场低风险、个体类问题，将重点和精力放在气矿梳理出的 35 类突出、重复和共性问题上，对此三类问题开展问题追溯。井站现场的管理问题追溯作业区机关，作业区机关的管理问题追溯气矿机关。

为扭转各单位和相关部门未能掌握问题分析方法，不能找到问题产生根本原因的局面，气矿通过举办问题整改分析专题培训班，对各单位分管领导、生产、安全技术管理人员讲解 OPPT – PDCA 分析矩阵法，并组织进行实践，确保培训人员均掌握问题分析方法。

从本文之前的分析看出，三年来气矿各级审核发现重复问题居高不下，“屡查屡犯、前查后犯、边查边犯”，其中又以防雷防静电接地类问题多次出现并且各单位均普遍存在。利用 OPPT – PDCA 分析矩阵方法对防雷防静电类问题进行分析，追溯管理原因，OPPT—PDCA 矩阵分析方法是针对计划（P）、执行（D）、检查（C）、改进（A）四个方面，每个方面均从组织机构及职责（O）、制度和流程（P）、人员培训和能力（P）、工具和资源（T）进行细致分析，找出问题产生的根源，从而系统地制订措施，避免头痛医头，脚痛医脚的弊端，确保问题整改到位。具体如图 7、图 8 所示。

管理问题描述	Plan 计划、策划	Do 执行	Check 检查	Action 改进
Organization 领导、部门、职责	做工作计划、策划的领导、部门都有谁？职责是怎样确定的？有什么内容？……	执行工作的领导、部门都有谁？职责是怎样确定的？有什么内容？……	检查、考核工作的领导、部门都有谁？职责是怎样确定的？有什么内容？……	改进这项工作的领导、部门都有谁？职责是怎样确定的？有什么内容？……
Processes 制度、流程、规程	做工作计划、策划的制度有没有？内容全不全？对不对？流程是否顺畅？操作规程有没有？……	执行工作的制度有没有？内容全不全？对不对？流程是否顺畅？操作规程有没有？……	检查、考核工作的制度有没有？内容全不全？对不对？流程是否顺畅？操作规程有没有？……	……
People 人员、培训、能力、评估	具体由谁来做计划、策划？参与的岗位或者人都有谁？他们的能力够不够？是否经过培训和评估？……	具体由谁来执行此项工作？参与的岗位或者人都有谁？他们的能力够不够？是否经过培训和评估？……	……	……
Tools 表格、方法、工具	做工作计划、策划的时候，要用到那些表格？用到哪些工具方法？需要什么资源？……	执行工作时候，要用到哪些表格？用到哪些工具方法？需要什么资源？……	……	……

图 7　OPPT—PDCA 矩阵分析方法

防雷防静电类问题屡查屡犯	Plan 计划、策划	Do 执行	Check 检查	Action 改进
Organization 领导、部门、职责	该项工作由气矿生产运行科主管；各单位由生产技术室进行管理；相关职责比较明确	气矿生产运行科每年组织开展防雷防静电接地检测；各单位由生产技术室主管；属地具体执行监督职责	气矿生产运行科每年计划开展专项检查，但实际上并未有效实施；QHSE监督站、作业区对现场的防雷接地进行检查，专业检测机构对防雷防静电开展全面的检测	气矿每年开展体系审核和监督检查，基层单位领导定期开展安全演习和检查活动；检测阶段作业区和属地管理人员落实现场监督工作
Processes 制度、流程、规程	2018年以前气矿没有相关管理要求，执行中国石油西南油气田分公司油气设施防雷防静电安全管理实施细则及国家相关标准规范，但是相关规范较多，比较分散，不利于查找及理解	有相关标准及规范，但各检测单位不统一	规范要求每年春季和秋季开展防雷防静电检测，对于检测合格和不合格的接地点，专业机构出具检测报告，张贴目视化标志，不合格的及时安排整改	增加项目施工阶段的QHSE监督检查工作，及时整改不规范安装。检查发现问题侧重于单纯整改，未制定系统梳理分析和整改要求
People 人员、培训、能力、评估	前期对施工人员能力评估缺失，现场监督人员不了解设计规范的要求；设计人员未到现场进行实地办公，设计要求和现场施工实际存在冲突	各单位及属地人员对怎样才是满足要求不熟悉，对检测和建设单位的问题不能及时发现并纠正；施工单位现场人员未按照规范施工；监理单位履职不到位	班组巡查和监督检查发现防雷接地和防静电跨接不规范的问题，因设备处于生产无法立即整改；现场检测整改阶段，属地人员防雷防静电知识缺乏，无法把握现场的整改有效性	问题整改人员对标准不熟悉，整改到什么程度算合格也不清楚
Tools 表格、方法、工具	计划阶段未要求工程建设完成后开展防雷接地检测合格；未要求橇装设备中5颗螺栓以下的法兰安装防静电跨接	在执行阶段，使用检查清单、检查记录表单、便携式气体检测仪等工具	根据检测点和检查表要求开展检测工作	两级考核机制健全，但是考核不够严格

图 8　防雷防静电类问题 OPPT—PDCA 矩阵分析

3.1.1　防雷防静电接地类问题产生的原因

由图 8 分析可以看出，防雷防静电接地类问题产生的原因有：

（1）气矿没有制定防雷防静电接地相关规范或要求，各检测机构执行标准不统一。

（2）气矿虽然组织开展了电力设施及防雷防静电管理培训，但各单位管理人员、属地人员仍然掌握不到位。

（3）工程项目建设过程中施工单位人员未按照规范要求施工；监理单位履职不到位；项目

投运前检查时对此类问题关注度不够。

(4)气矿对类似问题分析和指导不够,系统整改不到位。

(5)对类似问题的考核追责力度不够。

3.1.2 防雷防静电接地的问题整改措施与方向

结合以上的原因分析,针对性地制订整改措施和改进方向:

(1)由生产运行科牵头结合相关标准规范要求,编制气矿防雷防静电管理要求,并传达到各检测机构。

(2)气矿再次组织各单位分管领导、技术干部、运维人员进行相关知识培训;各单位组织本单位属地人员进行培训。

(3)将防雷防静电接地检测纳入工程建设完成后的必检项目;加强 QHSE 监督人员对工程施工阶段的监督检查和整改工作,避免工程项目建设遗留问题。

(4)由生产运行科牵头,统一系统梳理防雷防静电及防爆电气类问题,明确整改要求和检查考核标准,适当时可以组织开展专项劳动竞赛。

(5)强化对此类问题的考核追责。

3.2 强化专业主导的问题分析和系统整改

2018 年气矿在每季度召开的 QHSE 管理委员会及专业委员会上,由牵头部门向各位委员汇报上一阶段体系审核工作开展情况,包括阶段工作问题整改的数据分析,剖析一至两个典型问题等。形成了各业务部门牵头,各专业委员会指导、督促,有力推动体系审核工作的良好氛围。利用麦肯锡解决问题方法,对防雷防静电接地问题进行再次分析,并提出解决措施,具体分析如图 9 所示。

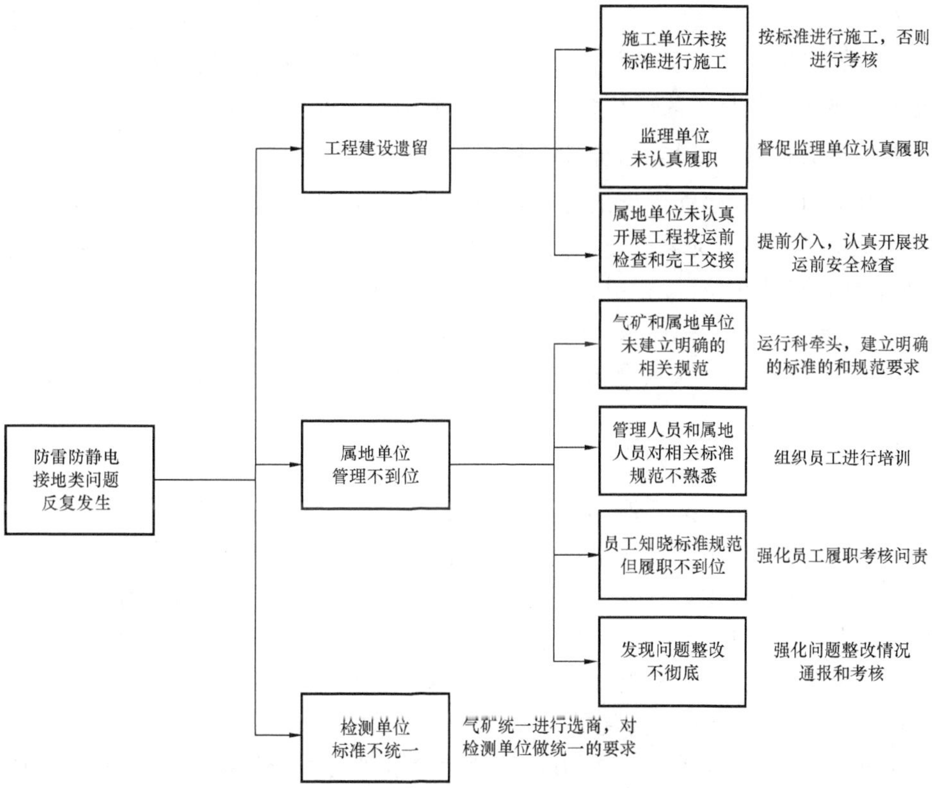

图 9 防雷防静电接地问题麦肯锡问题分析

为解决部分单位、部门对问题整改不够重视的问题，气矿出台了关于进一步明确安全生产管理制度执行考核的通知，对问题整改不落实、整改不到位、制度执行不到位的进行严格考核，同时将问题整改完成率纳入年度安全环保风险控制奖考核，有效提升了各单位、部门对问题整改的重视程度。

2018年气矿生产运行科根据防雷防静电接地相关问题的现状和情况，针对以上提出的措施逐条进行落实。牵头制订并发布了《蜀南气矿防雷防静电系统指导意见(试行)》(蜀南矿生运〔2018〕11号)图文并茂地统一、规范了气矿油气生产场地防雷、防静电等接地装置施工、验收、维护工作。6月举办了电力设施及防雷防静电管理培训班，宣贯了电力设施及防雷防静电相关法律法规，以及《中国石油西南油气田分公司油气设施防雷防静电安全管理实施细则》等制度。围绕体系审核发现的问题进行了分析讨论，通过培训，加深了学员对电力设施及防雷防静电管理要求的认识，提高了电力设施管理人员发现问题、解决问题的能力。在工程项目中间和完工交接时对防雷防静电设施进行关注，有问题及时提出并督促施工单位解决，减少工程建设遗留问题。2018年将防雷防静电接地系统规范化纳入气矿劳动竞赛，同时发布了关于整改体系审核检查发现问题(电气类)的通知，强化对此类问题的考核，减少问题的出现。经过2018年的努力，2019年中国石油西南油气田分公司对气矿QHSE体系审核中，共发现防雷防静电接地类问题共5项，相比2018年与2017年大幅下降，取得了较好效果。

3.3 强化审核问题整改验证

3.3.1 将问题验证审核纳入气矿集中审核同步开展

在气矿集中审核的同时，对中国石油西南油气田分公司审核发现问题的整改情况也进行了验证和督导。2018年8至9月气矿集中审核时，对主要生产单位在中国石油西南油气田分公司审核中发现的问题进行了验证，并组织召开了验证审核工作推进会，对整改不到位的问题及单位进行了通报并提出了改进意见，2018年气矿问题整改合格率达到97.4%。

3.3.2 建立量化的工作目标、指标及考核手段

在体系审核计划中，建立可量化的目标，便于考核的工作指标及考核办法，以检验审核工作达到的效果并适时对有关单位及部门进行考核。2018年气矿对作业区的审核不设问题总数指标，但按中心站为单位，设置中心站的平均问题个数。并对突出、重复、共性问题建立相应的指标，提出问题减少的指标要求及问题的下降率，2018年气矿将应急管理类问题得分率提高到85%，防雷防静电接地类问题数量在2017年基础上下降20%，通过实践均达到目标。

4 结论

(1)本文通过分析2016至2018年三年各级QHSE体系审核管理工作情况，指出了气矿QHSE管理体系审核中存在的主要状况是“重复问题较多，问题整改率低”；主要原因是：问题系统分析不够、问题专业主导整改督促不够、未将验证审核工作纳入整体工作计划等。

(2)采用麦肯锡分析方法找出问题反复发生的原因，并通过强化问题分析追溯，强化专业主导的问题系统整改、强化问题整改验证等改进对策，进一步强化QHSE体系审核问题整改，2018年气矿问题整改合格率提高到97.4%，达到预期效果。

(3)通过OPPT-PDCA矩阵分析方法选择重复和普遍性问题较多的“防雷防静电接地”类问题进行剖析，制订、实施有针对性的改进措施，并通过麦肯锡解决问题方法进行印证，2019

年公司和气矿审核、日常监督检查发现该类问题数量大幅下降，现场防雷防静电接地得到规范，取得了较好的预期效果。

(4)QHSE 管理体系审核工作是一项系统工程，涉及人、财、物等各类资源的组织、调动和运用，每个单位的审核工作，需要充分考虑本单位的管理模式和企业文化，适时调整不断优化、持续改进。

参考文献

高杉尚孝．麦肯锡问题分析与解决技巧．北京：北京时代华文书局，2014 年 6 月．

催化裂化再生烟气氮氧化物产生分析与应对措施

艾 明 张 斌 段 瑞

（中国石油玉门油田分公司炼油化工总厂 甘肃省玉门市）

摘 要 为降低催化裂化再生烟气氮氧化物含量，满足废气排放要求，通过大量典型数据的对比，得出了烧焦罐导流锥损坏及掺渣率上升导致氮氧化物含量升高的结论，提出了采取维持一氧化碳含量、优化原料、使用脱硝助剂的措施和应用脱硝技术来消减氮氧化物排放，并重点对采用维持一氧化碳含量和LOTOXTM技术进行了效果评价。

关键词 催化裂化 再生烟气 氮氧化物 脱硝技术

引言

中华人民共和国生态环境部和国家质量监督检验检疫总局颁布的GB 31570—2015《石油炼制工业污染物排放标准》明确要求催化裂化再生烟气氮氧化物排放限值为200mg/m^{3}❶。虽然玉门炼化总厂催化车间再生烟气氮氧化物排放能稳定达标，但是自2018年10月中旬以来，催化裂化装置净化烟气氮氧化物含量持续偏高（小时平均折算值为150～180mg/m^3），个别小时平均值逼近190mg/m^3，存在大气环保指标不达标的运行风险。

鉴于研究氮氧化物的工作有现实意义，本文就氮氧化物含量升高的原因、应对措施、效果评价等关键问题进行系统分析。

1 氮氧化物含量升高的原因

1.1 烧焦罐导流锥损坏，影响温度场均匀性

自2014年10月催化裂化装置烟气除尘脱硫设施运行以来，再生烟气氮氧化物含量均能控制在较低水平。2018年10月14日外部电厂发生停电事故，导致本装置发生严重生产波动事件。2018年10月15日装置恢复生产，各项经济技术指标与前期相当，均能达到厂部要求，仅再生烟气氮氧化物含量大幅增加，存在环保超标的风险。考虑到恢复生产期间，操作处于调整状态，本文取2018年9月份与11月记录的再生烟气氮氧化物含量做分析，如图1所示。

从图1可明显看出停电事件后再生烟气氮氧化物含量普遍较停电前高。

NO_x生成的一般规律是燃烧环境中的氧气浓度越高、温度越高且温度场越不均匀，则生成量越大。自此次生产波动事件发生后，烧焦罐底部时常有金属“敲击”的异常响声。根据过往经验判断，极有可能是烧焦罐导流锥损坏，影响了主风分布，使得催化剂上的积炭未能均匀燃烧，导致温度场不均匀。综合以上分析，可以初步得出以下结论：2018年10月14的停电事件

❶ 均指温度为273.15K，压力为101325Pa时的状态，全文同。

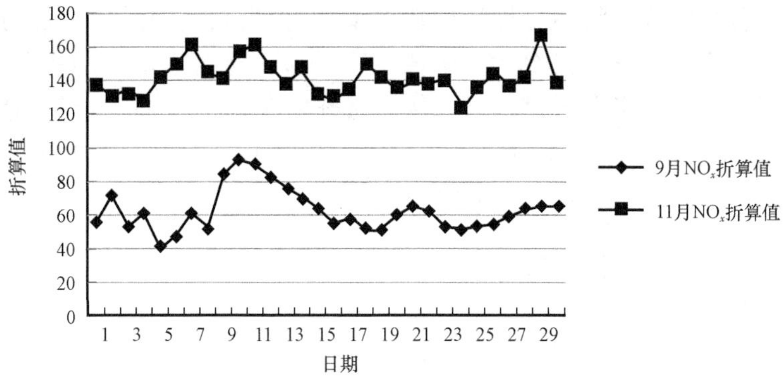

图 1　2018 年 9 月与 11 月 NO_x 含量变化趋势

造成催化裂化装置烧焦罐导流锥损坏，影响了烧焦效果，是再生烟气中氮氧化物显著增加的一个重要原因。

1.2　冬季生产掺渣率增加，原料含氮量上升

玉门地处西北，每年 10 月就已经进入冬季，各装置需采取各种防凝防冻措施，总厂蒸汽用量大幅增加。玉门炼厂催化车间肩负着供应全厂蒸汽的重任，为此每年冬季生产时会根据总厂安排提高掺炼渣油比例，增加蒸汽产量。石油中氮分布随着馏分沸程的升高，氮含量迅速增加，约有 80% 的氮集中在 400℃ 以上的重油中。我国原油含氮量偏高，而且大多数原油的渣油中集中了约 90% 的氮。2018 年下半年催化裂化装置原料掺渣率与再生烟气氮氧化物折算值见表 1 和图 2。

表 1　2018 年下半年催化裂化装置原料掺渣率与氮氧化物折算值

时间(2018 年)	掺渣率，%	NO_x 折算，mg/m^3
7 月	28.66	57
8 月	30.79	59
9 月	29.02	62
10 月	32.08	101
11 月	41.07	142
12 月	24.43	159

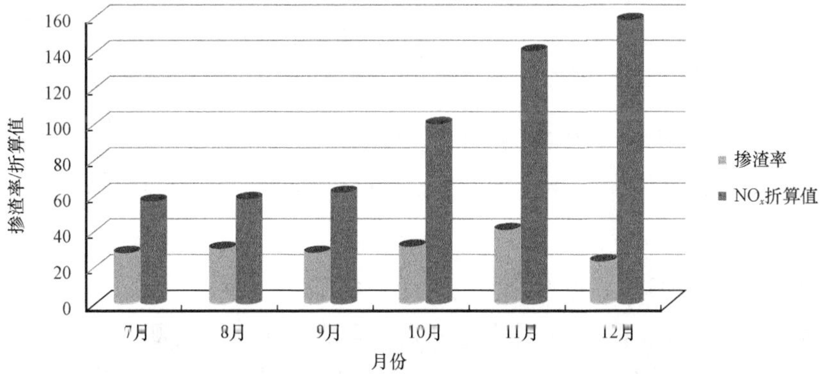

图 2　2018 年下半年原料掺渣率与氮氧化物折算值趋势

由图 2 可以看出，随着原料中掺炼渣油比例增加，再生烟气中氮氧化物的含量也随之上升，11 月份掺渣率与氮氧化物均达到一个峰值。12 月在厂部与水电厂的协调下，提高外来蒸汽量，将催化装置原料掺渣率降至 24.43%，然而氮氧化物的含量没降反升。造成这个结果的原因可能是烧焦罐导流锥磨损加剧，导致烧焦罐温度场不均匀所致。由此可知，原料性质变重也是再生烟气中氮氧化物含量高的另一个原因。

2 降低氮氧化物含量的措施

2.1 维持还原性物质含量，抑制氮氧化物的生成

催化裂化反应首先将原料中的氮转化为 HCN，HCN 又转化为 NH_3，HCN 和 NH_3 都是中间产物，在有氧存在情况下，HCN 和 NH_3 会被进一步氧化为氮气和氮氧化物。因此在不完全再生情况下，烟气中会有 HCN 和 NH_3 存在，同时不完全再生存在的 CO 也促进氮氧化物进一步转化为氮气。因此，在烟气当中具有还原性的 CO 含量高的情况下，氮氧化物反而偏低。表 2 是 2018 年 12 月 17 日 24h 内烟气中 CO 与 NO_x 含量的实测值和折算值，并依据表 2 中 CO 与 NO_x 含量折算值做其趋势图，如图 3 所示。

表 2 烟气中 CO 与 NO_x 含量

时间	CO		NO_x		时间	CO		NO_x	
	实测 mg/m³	折算 mg/m³	实测 mg/m³	折算 mg/m³		实测 mg/m³	折算 mg/m³	实测 mg/m³	折算 mg/m³
00 ~ 01	163	168	128	131	12 ~ 13	84	88	137	145
01 ~ 02	104	107	161	169	13 ~ 14	91	97	148	161
02 ~ 03	100	102	161	168	14 ~ 15	52	57	135	149
03 ~ 04	83	84	150	154	15 ~ 16	62	64	153	161
04 ~ 05	68	69	157	162	16 ~ 17	131	141	126	138
05 ~ 06	56	56	138	141	17 ~ 18	77	85	125	141
06 ~ 07	44	45	162	168	18 ~ 19	95	104	163	187
07 ~ 08	53	53	153	156	19 ~ 20	139	153	130	145
08 ~ 09	64	65	168	175	20 ~ 21	100	109	149	167
09 ~ 10	73	73	154	158	21 ~ 22	54	58	146	160
10 ~ 11	61	61	144	146	22 ~ 23	27	28	138	146
11 ~ 12	79	82	162	170	23 ~ 24	32	33	148	158

从图 3 可以看出，再生烟气中 CO 和 NO_x 含量变化趋势大体相反，即 CO 含量高时，NO_x 含量偏低；CO 含量低时，NO_x 含量偏高。综上所述，可以推断烟气中还原性物质 CO 能抑制氮氧化物的生成。

2.2 优化原料性质，降低源头含氮量

我国原油基本属于陆相成油，其特点之一是低含硫量和高含氮量。玉门炼油厂处理的是玉门原油、塔里木原油和吐哈原油，均属于高含氮原油。在无法改变总厂原油结构与性质的情况下，总厂统筹规划，周密安排，将催化裂化装置掺渣比由投产之初 50% 稳步降低到基本不掺

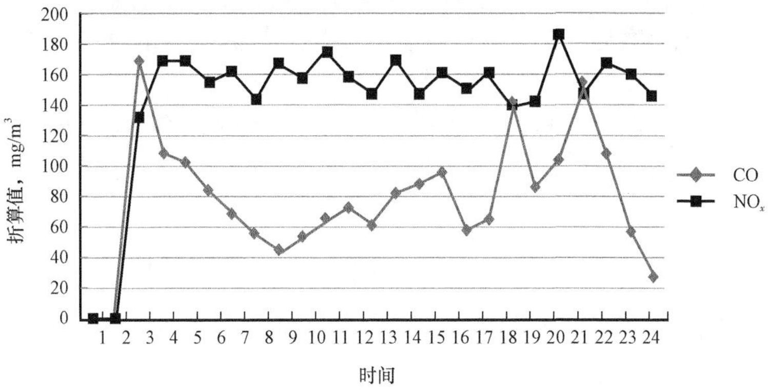

图3 再生烟气中CO与NO_x含量折算值变化关系

炼减压渣油，掺炼常压渣油25%，使得装置混合原料性质得以显著改善，但仍存在催化裂化原料性质受季节性影响较大的问题。进入冬季，总厂为保障全厂蒸汽用量，安排车间逐步提高掺渣率，以增加供汽量。这在一定程度上导致了催化裂化装置原料油变重，原料中非烃元素氮含量升高。

在与厂部协调原料性质时，车间从装置实际情况出发，优化回炼比、汽提蒸汽流量、沉降器料位等关键操作参数，确保待生催化剂含碳量的较低水平，以尽可能减少氮随待生剂进入再生器，有利于降低烟气中的氮氧化物含量。

2.3 使用脱氮助剂

美国和欧盟将使用助剂作为污染物治理的最佳技术之一，我国也在积极发展应用此技术。在国内，催化裂化工艺脱除氮氧化物的助剂普遍使用FP剂。FP剂以La、Ce、Sr、Co等元素的氧化物或复合物为活性组分，以高强度堇青石、氧化铝和镁铝尖晶石微球为载体，是一种以减少再生烟气中NO_x、SO_x含量为主，兼有CO阻燃作用的多功能催化剂。FP剂在锦西炼化和独山子炼化进行了工业应用，取得了比较好的效果。FP剂在锦西炼化的应用结果表明，NO_x的平均脱除率达85.90%。

2.4 采用烟气脱硝技术

催化裂化烟气脱硝主要采用还原法和氧化法。还原法是一种在燃料基本完毕后通过还原剂把烟气中的NO_x还原成N_2的一种技术。还原法分选择性催化还原法（selective catalytic reaction，SCR）和选择性非催化还原法（selective non catalytic reaction，SNCR）。氧化法是用氧化剂将NO_x氧化成可用水吸收成酸类物质，再用碱中和的方法。氧化法有臭氧氧化技术（LOTOXTM）和液体氧化脱硝技术。

SCR的工艺原理是：在催化剂（$TiO_2/V_2O_5/WO_3/MoO_3$）的作用下，烟气中NO_x与注入的NH_3反应，将NO、NO_2还原成氮气。此技术的反应温度为300～400℃。因为在反应温度较高时催化剂会产生烧结现象，而反应温度较低时烟气中SO_2也会与氨反应生成氨盐凝结在催化剂表面造成堵塞。NH_3选择性催化还原NO_x的主要反应如下：

$$4NH_3 + 4NO + O_2 \longrightarrow 4N_2 + 6H_2O$$

$$4NH_3 + 4NO_2 + O_2 \longrightarrow 3N_2 + 6H_2O$$

脱氮反应过程完成要经历以下五个步骤:(1)反应物扩散到催化剂表面。(2)活性点对氨的吸附。(3)氨和氮氧化物的反应。(4)反应产物氮气与蒸汽扩散到烟气中。(5)钒等活性位的再氧化。

低温氧化法(简称 LOTOXTM)工艺原理是:向烟气中注入臭氧,将难溶于水的 NO 氧化成易溶于水的 N_2O_5,在洗涤塔内用含 NaOH 的洗涤液将其吸收并转化成硝酸钠。其主要反应如下:

$$NO + O_3 \longrightarrow NO_2 + O_2; \quad 2NO_2 + O_3 \longrightarrow N_2O_5 + O_2$$

$$N_2O_5 + H_2O_2 \longrightarrow HNO_3; \quad HNO_3 + NaOH \longrightarrow NaNO_3 + H_2O$$

3 效果评价

自 2014 年新焦化车间扩能投产运行以来,装置原料性质得到了大幅度改善。考虑到未来一段时期催化裂化装置仍担负着总厂供汽任务,装置原料继续优化会受到一定限制,故期望通过继续改善原料性质来显著降低再生烟气氮氧化物含量不切实际。玉门炼化总厂计划于 2019 年年中进行“三年检修”,届时可以在检修停工期间核查两器及烟气除尘脱硫内部构件,修复损坏的部件,以满足下一周期的生产需要。在本周期运行末期,本装置利用 CO 的抑制效果,在一定程度上降低了氮氧化物的产生。从长远看,环保要求会越来越严格,建设烟气脱硝设施是大势所趋。因此本文主要对这两个方面的实施效果进行了评价。

3.1 烟气中 CO 含量对氮氧化物抑制的效果评价

本装置再生系统采用的是前置烧焦罐再生形式,限制了再生烟气中 CO 含量。为维持再生烟气中一定的 CO 含量,装置从降低烧焦罐烧焦效果的调整思路入手,通过采取降低烧焦罐藏量、烧焦罐底温度等措施,基本能将再生烟气 CO 含量保持在 30 ~ 120mg/m^3 范围内,确保了氮氧化物较低水平排放。本文选取了调整操作前和调整操作后的典型 NO_x 数据,绘制了图 4。

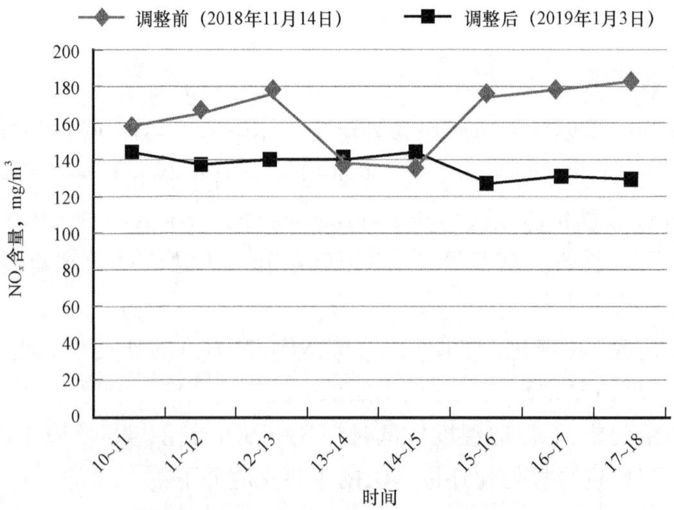

图 4 调整操作前和调整操作后的典型 NO_x 数据对比

调整操作前，再生烟气氮氧化物含量在140～180mg/m^{3}范围变化，经过车间研究问题、确定调整方案、培训员工等一系列措施后，再生烟气氮氧化物含量总体呈现下降趋势。至2019年1月3日，再生烟气氮氧化物含量基本能控制到120～150mg/m^{3}范围，较调整前（140～180mg/m^3）下降了18%左右，调整效果显著，降低了装置环保运行风险。

3.2 SCR和LOTOXTM技术对比

目前玉门炼化总厂催化装置处理的主要是常减压装置的侧线油、常压渣油和焦化蜡油，并且常压渣油掺渣量仅为25%左右，混合原料中氮含量较低，属于裂化性质较好的原料。虽然目前再生烟气氮含量达标不存在问题，但是环保要求日益严格，以后会存在环保不达标的运行风险，车间应该未雨绸缪，将烟气脱硝技术作为一种技术储备。表3从不同方面对SCR和LOTOXTM技术进行了对比。

表3 SCR和LOTOXTM技术综合对比

工艺技术	SCR	LOTOXTM
设备	改造余热锅炉，增设SCR反应器	增设臭氧发生器，EDV洗涤塔进行较小幅度改造
投资	一次性投资较高，且每次检修时需更换催化剂	一次性投资较高，但不需要后续投资
占地面积	大	小
反应温度	300～400℃	150℃以下
耗电量	低	高
药剂	氨	氧气
灵活性	较高，可根据烟气中NO_x含量调节注氨量，但生产期间无法更换催化剂	高，可根据烟气中NO_x含量调节氧气注入量
脱硝效率	高	较高，70%～90%
烟气压降	低	没有影响
2017年底同类装置情况	国内几套	国外大部分选用，国内多套，如四川石化分公司、大连西太平洋石化公司等

结合玉门炼化总厂催化车间的占地、工艺和投入能力等特点，并借鉴同行使用情况，本文认为LOTOXTM更适合作为玉门炼化总厂催化装置的技术储备。

4 结论

针对玉门炼化总厂催化车间再生烟气氮氧化物含量偏高的问题，本文提出了多种解决方案，重点采取了维持再生烟气中CO含量，抑制氮氧化物的方法，取得了良好效果，确保了装置在不停车检修内部设施的情况下环保指标顺利达标。

（1）通过对NO_x产生过程进行分析，并依据生产数据，进一步证实了CO能抑制NO_x的生成。

（2）采取调整烧焦效果，维持再生烟气中CO含量，可以使再生烟气中NO_x含量下降18%左右，环保达标能力显著提高。

（3）只需要在EDV洗涤塔的基础上进行小幅度改动，就能建成LOTOXTM设施，更符合炼厂催化车间的工艺特点，适合作为装置环保设施升级技术。

（4）烧焦罐导流锥对再生烟气NO_x的影响目前还无法打开设备得到证实。

参 考 文 献

[1] 徐春明,杨朝合. 石油炼制工程(第四版)[M]. 北京:石油工业出版社,2009.

[2] 陈志,段东升,徐文长. 催化裂化烟气转硫脱硝和助燃三功能催化剂 FP - DSN 的工业应用[J]. 炼油设计,2002,32(11).

[3] 龚望欣. 催化裂化烟气脱硫除尘脱硝技术问答[M]. 北京:中国石化出版社,2015.

[4] 赵锐铭. 催化烟气脱硫脱硝的比选及应用[J]. 齐鲁石油化工,2016,44(1).

污水场双膜系统的优化运行

李元明　张姝婉　刘海东

（中国石油抚顺石化公司烯烃厂　辽宁省抚顺市）

摘　要　某石油化工企业污水场各单元实际进水水质、水量与设计值偏差较大，同时反渗透单元各项污染物未能达到设计出水指标，造成原设计流程被打乱，导致全厂废水排放量及污水回用量与设计值严重偏差。该企业围绕优化工艺操作，保污水处理装置平稳运行，降低外排污水指标为主线，通过一系列措施优化双膜系统，提高污水回用率，实现了外排污水稳定达标，超额完成污水回用指标。

关键词　污水　优化　双模系统

引言

某企业污水处理装置位于厂的西北角，占地面积约 50520m^2，始建于 2009 年 12 月 30 日，建成于 2011 年 10 月 30 日。2502 清净下水处理单元设计处理能力为：预处理部分 380m^3/h，超滤部分 420m^3/h，反渗透部分为 380m^3/h。处理对象为第一、第二循环水场排污水（320m^3/h）及电厂排污水（60m^3/h）。装置主要组成为：均质池、高效澄清器、多介质过滤器、叠片过滤器、超滤装置、增压泵、保安过滤器、高压泵、反渗透装置。2502 清净下水处理单元的特点是首先采用高效澄清器、多介质过滤器工艺对第一、第二循环水场排污水、电厂排污水进行预处理，然后利用超滤、反渗透双膜工艺进一步进行脱盐处理，处理后的污水与 2501 单元产水勾兑混合后达到污水回用水质要求，作为循环水场补水。由于污水场各单元实际进水水质、水量与设计值偏差较大，同时 2503 单元各项污染物未能达到设计出水指标，造成原设计流程被打乱，以致全厂废水排放量及污水回用量与设计值严重偏差。面对严峻的环保工作形式，企业围绕优化工艺操作，保污水处理装置平稳运行，降低外排污水指标为主线，双膜系统优化运行提高污水回用率为重点的工作思路，为了有效将节能节水工作落到实处，积极完成公司各项生产任务，企业管理人员对药剂单耗、节能降耗进行优化与调整，严格执行中国石油天然气集团有限公司的各项安全环保工作要求，希望通过优化措施实现外排污水稳定达标。

1　污水场双膜系统的优化运行主要措施

企业结合目前双膜系统进水水质情况及双膜系统运行数据指标，综合考虑延长双膜使用寿命，停止预处理端絮凝剂、助凝剂药剂投加，更改超滤膜设计将死端过滤的运行方式更改为错流过滤，利用进水压力、流向冲刷超滤膜元件表面，从而达到边运行、边清洗的效果，在保证膜元件正常运行的基础上可有效提高超滤膜元件整体废水回收率。反渗透膜在工业水处理建议回收率为60%，地表水回收率60%至70%；经 2016 年膜元件更换后长周期运行数据结合膜压力、压差上涨趋势，优化运行反渗透装置控制参数，积累装置运行经验，提高反渗透装置在工业水处理中回收率至68%，大大增加整体污水回用量，并达到了外排污水减排的效果。主要措施如下：

1.1 加强双膜系统的加药单元的管控

1.1.1 预处理部分加药系统投加试验

试验目的：论证预处理部分药剂投加，对双膜稳定运行的优缺点。

试验思路：已设计预处理部分药剂投加作为指导依据，摸索最佳投加浓度，对比进、出水质情况（表1）。

表1 试验过程数据统计表

名称	药剂投加		产水			
	PAC，kg/t	聚丙烯酰胺 kg/t	悬浮物 mg/L	浊度 NTU	硬度 mg/L	COD，mg/L
原水			90	10.42	440	55
			85	10.4	465	46
试验数据	0.01	0.0005	44	4.5	460	44
	0.02	0.0005	29	0	520	29
	0.025	0.0005	38	0	640	38
	0.03	0.0005	27	0	810	30
	0.04	0.0005	25	0	985	36
	0.045	0.0005	20	0	1005	35
	0.05	0.0005	21	0	1060	29

通过图1可见COD、悬浮物变化趋势图，通过对絮凝剂、助凝剂药剂的投加，将废水中COD、悬浮物以絮体沉淀物的方式排出系统，致使各污染物指标均有所下降。

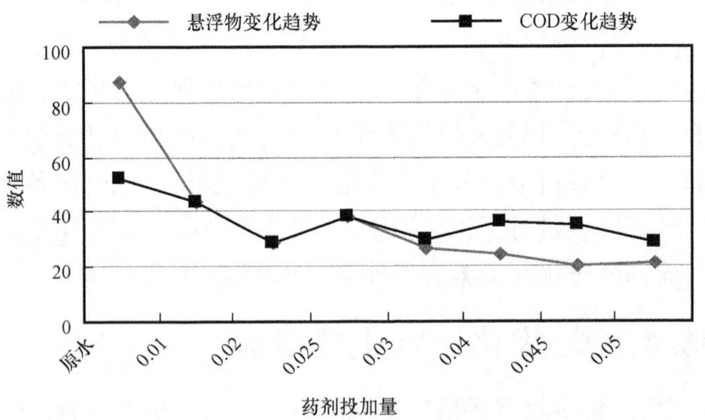

图1 COD、悬浮物变化趋势图

通过图2硬度趋势图可明显看出随着絮凝剂、助凝剂药剂投加量的增加，产水硬度呈上升。结论：通过对2502单元预处理部分进行絮凝剂、助凝剂的投加，预处理部分产水COD、浊度及悬浮物指标均实现下降；但对于膜进水中影响较大的硬度指标均上升。

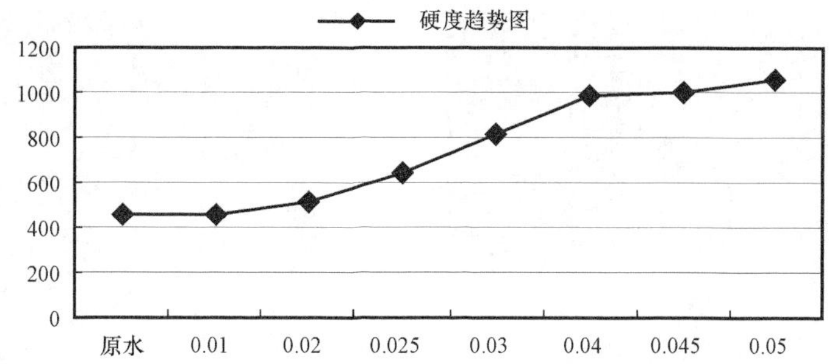

图 2　硬度趋势图

1.1.2　药剂调整分析(优化管理方案)

(1)预处理端产水水质满足进入双膜控制指标。

通过表 2 数据,预处理端在未投加药剂的运行条件下,各项污染物指标均满足进入双膜系统控制指标,为此预处理端未恢复药剂投加。

表 2　超滤进水水质指标

项目	单位	控制指标	实际指标
COD	mg/L	60	44.07
铁离子	mg/L	≤0.5	0.23
浊度	NTU	≤5	4.75

注:该数据取至 2019 年 1 月至 2 月中下旬。

(2)进水水质波动,易造成药剂残留。

通过图 3 对均质池进水浊度的连续监测,进水水质波动较大,预处理部分药剂投加过程为人工手动调整,存在不及时性,易造成高分子药剂残留于双膜元件表面,造成膜元件污堵。2015 超滤膜元件因污堵送至天津进行离线化学清洗,经对超滤膜污堵介质分析,造成污堵的主要原因为高分子聚合物(聚合氯化铝及聚丙烯酰胺)。为此净水车间对 2502 单元重新进行运行方案调整,停止预处理端加药。

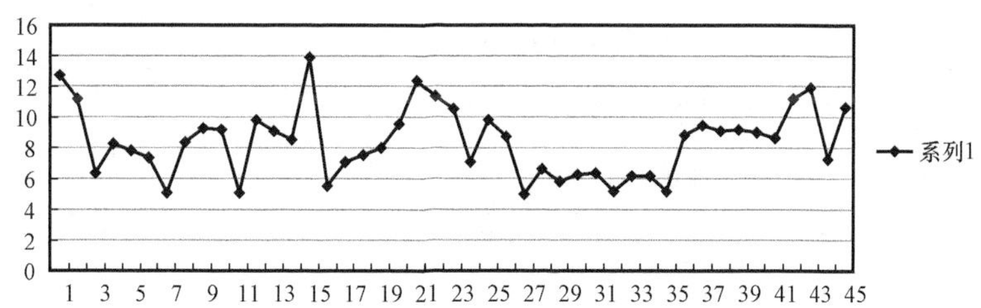

图 3　均质池进水浊度曲线图

(3)2015 年外委清洗分析。

2015 年超滤膜元件清洗前后对比如图 4 和图 5 所示。

经对清洗液分析(见表 3),造成污堵的主要污染物为无机污垢及有机物的混合体。从膜两端头明显看出,有大量的污染物吸附,污染物呈黄色,疑似在预处理过程中,絮凝沉淀处理不好,导致在进 UF 膜之前有沉积。建议可以不加絮凝剂、助凝剂。

图 4　清洗前的膜端面

图 5　清洗后的膜端面

表 3　清洗药液中主要组分含量

序号	项目	单位	酸洗液	碱洗液
1	钙离子	mg/L	3125.32	—
2	浊度	mg/L	13.42	35.85
3	CODCr	mg/L	—	506
4	总铁	mg/L	64.82	3.01
5	镁离子	mg/L	443.97	—
6	总量	mg/L	3682.79	563.52

通过表 4 药剂投加核算，预处理端药剂投加后，预处理药剂吨水处理成本为 0.11 元。按双膜系统目前运行总进水至反渗透进水 70% 回收率进行核算，反渗透装置产水药剂成本增加 0.16 元，目前反渗透处理药剂成本为 0.28 元，恢复预处理端加药后，反渗透处理成本将升至 0.44 元，药剂成本上涨 36.3%。

表 4　药剂投加核算表

名称	单位	投加浓度	日处理水量，m^3/d	日投加量，t	药剂单价，元	药剂费用，元	吨水成本，元
PAC	kg/t	0.03～0.05	5500	0.22	1985	436.7	0.11
PAM	kg/t	0.0005～0.001		0.0088	17197	151.34	

1.2　超滤装置运行与优化

1.2.1　工作原理及设计情况说明

超滤是一种膜分离技术，其膜为多孔性不对称结构，是一种与膜孔径大小相关的筛分的过程（滤膜筛分孔径一般为 0.005～0.1μm），以膜两侧的压力为驱动力，以超滤膜为过滤介质，在一定的压力下，当原液流过膜表面密布的许多细小的微孔时，微孔只允许水及小分子物质通过成为透过液，而原液中体积大于膜表面微孔径的物质则被截留在膜的进液侧，成为浓缩液，从而实现对原液净化、分离和浓缩的目的。超滤装置设计采用死端过滤（Dead

- end mode)。在过滤过程中，水中的固体悬浮物沉降在膜的表面，膜过滤压降(TMP)将随着过滤过程的进行不断升高，为保证膜的产水量保持不变，膜过滤压力需不断增加。每26min就需要从过滤相反的方向对膜进行反冲洗，使膜表面的固体悬浮物被冲洗出来，来控制TMP的升高。

1.2.2 运行方案调整及效果

根据超滤装置设计工作原理，在保证膜元件稳定运行的基础上，改变原死端过滤设计理念，利用流程原有的阀门将死端过滤更改为错流过滤，利用进水压力冲刷膜元件表面截留的大量悬浮物，控制膜过滤压降(TMP)增长速率，从而达到边运行、边清洗的效果。

通过图6超滤装置年运行压力曲线图可知，超滤装置年化学清洗为3次，运行压力上涨趋势优于超滤膜技术手册要求的每年4次化学清洗要求；优于技术手册中进水压力小于0.22MPa的要求。通过调整过滤方式，车间对近2年超滤膜的运行压力、水质数据进行收集，结合化学清洗周期，认为该运行方案未对膜元件造成损坏或污堵。该运行方案下的超滤装置年回收率由设计的90%提升至93%，以2018年处理量202.77×10^4t进行核算，增加3%回收率，回用水量可增加6.08×10^4t。

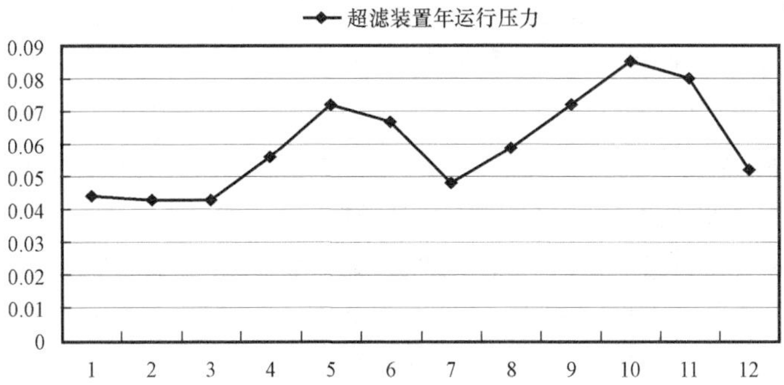

图6 超滤装置年运行压力曲线图

车间严格控制过程控制指标，不断优化调整双膜系统运行，提高装置整体回收率。超滤装置由原反洗周期26min延长至30min，日减少反洗频次7次、减少反洗水量消耗105t，按反渗透装置55%回收率进行计算，增加污水回用量57.75t/d；月增加污水回用量0.17×10^4t。

1.3 反渗透装置运行与优化

1.3.1 工作原理

反渗透是以压力为驱动力，并利用反渗透膜只能透过水而不能透过溶质的选择性而使水溶液中溶质与水分离的技术，因为和自然渗透的方向相反，因此称为反渗透。反渗透是将原水中的一部分沿与膜垂直的方向通过膜，水中的盐类和胶体物质将在膜表面浓缩，剩余一部分原水沿与膜平行的方向将浓缩的物质带走，在运行过程中自清洗。膜元件的水通量越大、回收率越高，则其膜表面浓缩的程度越高。由于浓缩作用，膜表面处的物质浓度与主体水流中物质浓度不同，产生浓差极化现象。浓差极化会使膜表面盐的浓度提高，增大膜的渗透压，引起盐透过率增大，为提高给水的压力而需要多消耗能量，此时应采用化学药剂清洗的方法进行恢复。

1.3.2 运行参数控制与管理

通过图7反渗透装置回收率调整后的压力对比图，在提高反渗透膜回收率的同时，在67%回收率进水压力与65%回收率进水压力下，其运行趋势一致；充分证明该回收率情况下，反渗透膜元件未见异常。

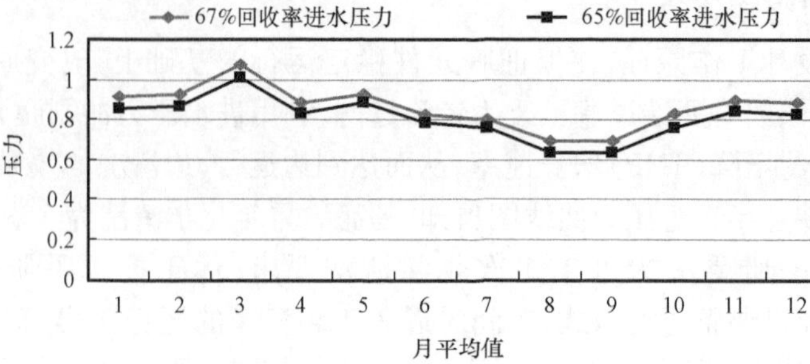

图7 反渗透装置回收率调整后压力对比图

针对反渗透装置运行进行全面分析，经装置优化调整，在确保双膜系统稳定运行的基础上，将反渗透回收率按67%回收率进行运行，反渗透装置可满足4次/a化学清洗的技术手册要求。装置设计工业水回收率60%~65%，生产增加反渗透膜回收比例2%，根据2018年处理量170×10^4t计算，65%回收率下年反渗透装置产水110.5×10^4t。经过车间优化运行提高反渗透装置回收率后，以67%回收率进行计算年反渗透装置产水113.9×10^4t。直接增加污水回用量3.4×10^4t，作为循环水场补水使用代替新鲜水。

为确保该方案的顺利实施与运行，车间通过周核算、月分析的方式加强对反渗透装置各项控制参数的控制；通过人人培训的方式，提高岗位人员对该控制参数的认知，保证各项控制参数的执行。

2 污水场双膜系统优化运行实施效果

按年双膜系统处理水量202.07×10^4t计算，实施效果如下：

2.1 药剂节约费用

根据表4核算吨水药剂节省成本0.11元。年药剂节约成本$=202.07\times10^4$t$\times0.11$元/t$=$22.30万元。

2.2 节水费用核算

超滤装置更改为错流过滤后，年回收率由设计的90%提升至93%，以年处理量202.77×10^4tJP进行核算，增加3%回收率，回用水量可增加6.08×10^4t。超滤装置节约费用为：年节水量×新鲜水单价$=6.08\times10^4$t$\times1.93$元/t$=11.73$万元。超滤装置由原反洗周期26min延长至30min，日减少反洗频次7次/d、减少反洗水量消耗105t/d，按反渗透装置55%回收率进行计算，日增加污水回用量57.75t/d；月增加污水回用量0.17×10^4t。超滤装置年节水费用为：0.17×10^4t$\times12$个月$\times1.93$元/t$=3.94$万元。将反渗透回收率按67%进行核算，增加反渗透膜回收比例2%，增加污水回用量3.4×10^4t。反渗透装置年节水费用$=3.4\times10^4$t$\times$1.93元/t$=6.56$万元。

2.3 年效益总费用

年效益总费用 = 药剂节约费用 + 超滤装置节水费用(回收率增加部分) + 超滤装置节水费用 + 反渗透装置节水费 = 22.30 + 11.73 + 3.94 + 6.56 = 44.53(万元)。

3 结论

通过污水场双膜系统从预处理部分的药剂投加,到各构筑物运行方式及控制参数的优化,未对双膜元件的使用寿命及稳定运行造成影响;并且在该方案运行下双膜系统回收率得到提高,节约了新鲜水消耗,降低了装置运行成本。

参 考 文 献

[1] 袁德玉. 全膜分离法脱盐水处理系统设计[J]. 给水排水,2014(02).

[2] 秦普学,师引. 浅谈脱盐水超滤膜反渗透膜的运行管理[J]. 企业导报,2013(04).

[3] 薛建丽,王磊. 脱盐水超滤膜反渗透膜的运行管理[J]. 化工设计通讯,2012(01).

[4] 韩爽. 反渗透膜污堵原因的分析及处理措施[J]. 中小企业管理与科技(上旬刊),2011(09).

[5] 焦文雅. 化工企业安全事故原因分析及预防措施探讨[J]. 科技展望. 2015(27).

热电厂锅炉制粉系统闪爆分析及防范措施

库士虎　刘铭杨　牛锦阳

（中国石油辽阳石化分公司安全环保处　辽宁省辽阳市）

摘　要　锅炉制粉系统闪爆事故会造成设备的损坏和经济损失。本文通过对热电厂锅炉制粉系统闪爆事故分析，找出引起闪爆的主要原因。从控制煤炭质量、改造制粉系统、建立健全操作规程及相关制度等方面提出防范措施，取得理想结果。

关键词　制粉系统　闪爆　措施

引言

燃煤锅炉制粉系统的安全经济运行直接决定着机组运行的经济性和安全性。锅炉制粉系统的系统复杂、结构庞大、工作环境恶劣，在设计和运行上常会出现各种各样的问题，分析和解决这些问题是一项重要任务。

中国石油辽阳石化分公司热电厂2019年3月28日6#锅炉乙侧制粉系统发生两次闪爆事件，均造成相同部位8个防爆门开启。现将事件情况分析如下：

1　制粉系统概况

锅炉车间是中国石油辽阳石化分公司热电厂下属的主体生产车间，担负着辽阳石化分公司各生产厂及宏伟地区冬季采暖用汽的供给任务。现有7台410t/h高压燃煤锅炉，总蒸发量每小时2870t。每台锅炉配装两套制粉系统，布置的形式为外仓中贮式。制粉系统的组成为DTM320/570Ⅲ型钢球磨煤机，热风干燥、乏气送粉制粉系统。每套制粉系统的设计出力为25t/h，修正出力为34.25t/h。其流程原理如下：储存在原煤斗的煤经刮板式给煤机输送到钢球磨煤机，通过钢球的碾、砸作用将原煤磨制成煤粉（煤粉细度 $R_{90}=19\% \sim 24\%$），经过粗、细粉分离器分离后合格的煤粉进入煤粉仓，不合格煤粉通过回粉管返回到磨煤机重新磨制。

制粉系统易积煤、积粉点有磨煤机出入口和粗粉分离器，其中以磨煤机入口最为严重。制粉系统泄压点（防爆门）有磨煤机出入口、粗粉分离器、细粉分离器、煤粉仓和排粉机出入口，共19个防爆门。如图1所示。

2015至2016年由于入炉煤挥发分高（平均42%，最高48%），热电厂曾在1个月内多次发生制粉系统闪爆。通过咨询相关部门，采取从源头严格控制入厂煤挥发分，同时热电厂制订了防止制粉系统闪爆的临时措施：

（1）为避免磨煤机入口积煤自燃，采取每班清理磨煤机入口料斗。

（2）调整磨煤机入口防爆门引出斜管角度（从45°改为60°），避免煤粉在此处沉积。

（3）优化制粉运行参数，增加制粉通风和干燥出力，提高输送煤粉的空气流速，降低含水量提高煤粉流动性，避免煤粉在管道内沉积。

通过以上措施，近几年制粉系统闪爆事件得到控制。

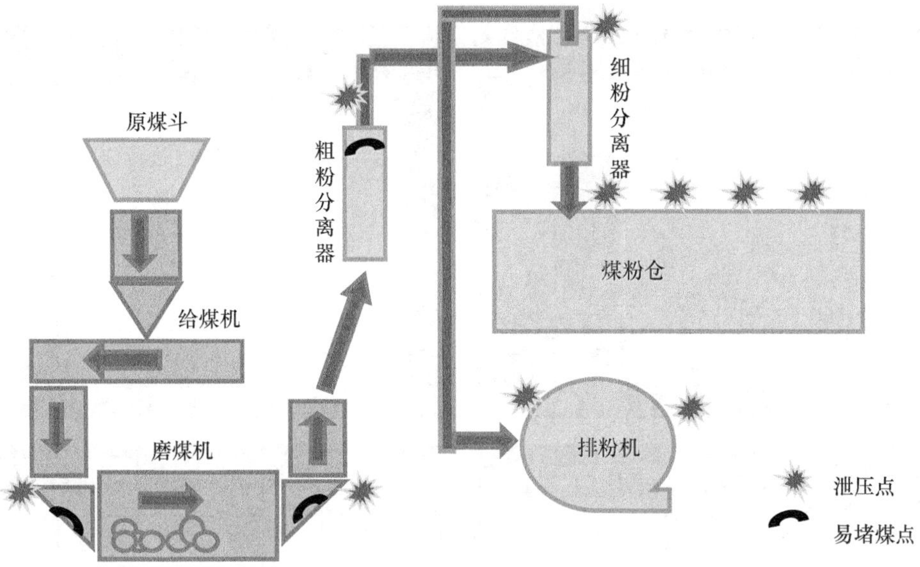

图 1　制粉系统泄压点(防爆门)

2019 年 3 月份以来,入炉煤挥发分持续偏高在 40% 以上,热电厂采取了调仓混配上煤的措施,共调仓上煤 11 次,但效果不明显,有近十天入炉煤挥发分达到 42% 以上。

2　闪爆事件经过

2019 年 3 月 28 日 4:00,6#锅炉值班员启动乙侧磨煤机和给煤机,4:02,乙侧制粉系统发生闪爆,立即停止乙侧制粉系统运行,现场检查发现 8 个防爆门开启(磨出口防爆门 1 个,粗粉 5 个,细粉 2 个)。11:00,乙侧制粉系统 8 个防爆门更换完,转磨启动乙侧制粉系统。

2019 年 3 月 28 日 19:59,6#锅炉值班员停乙侧给煤机进行抽粉,准备停磨检查和清理磨煤机入口积煤。抽粉 20min 后,20:19,值班员停止乙侧磨煤机,安排作业人员检查磨煤机积煤。

清煤作业结束后,21:42,值班员根据粉仓粉位情况启动乙侧磨煤机和给煤机开始制粉,21:43,乙侧制粉系统发生闪爆。值班员立即停止乙侧给煤机和磨煤机运行,汇报值长和相关领导,现场检查发现 8 个防爆门开启(磨出口 1 个,粗粉分离器 5 个,细分分离器 2 个)。联系检修人员准备恢复防爆门。

2019 年 3 月 29 日 2:00,8 个防爆门全部恢复。2:15,值班员对磨煤机通风,2:25 启动磨煤机和给煤机,恢复乙侧制粉系统运行。

3　原因分析

闪爆发生后,通过查阅 DCS 曲线,对闪爆原因进行分析。

3.1　对照规程查找操作原因

查阅了 DCS 运行操作记录,值班员停磨抽粉时间 20min,符合规程要求(要求不少于 15min,避免煤粉沉积),启动磨煤机时出口温度为 36℃,符合不高于 70℃的要求。磨煤机启动后立即启动给煤机大转速运行,迅速提高煤粉浓度避开煤粉爆炸极限,也符合规程要求。查 2019 年 3 月 28 日 6#锅炉煤粉细度 R_{90} 为 22.62% ~22.64%,符合规程要求。排除由于操作原因造成的闪爆。操作记录如图 2 所示。

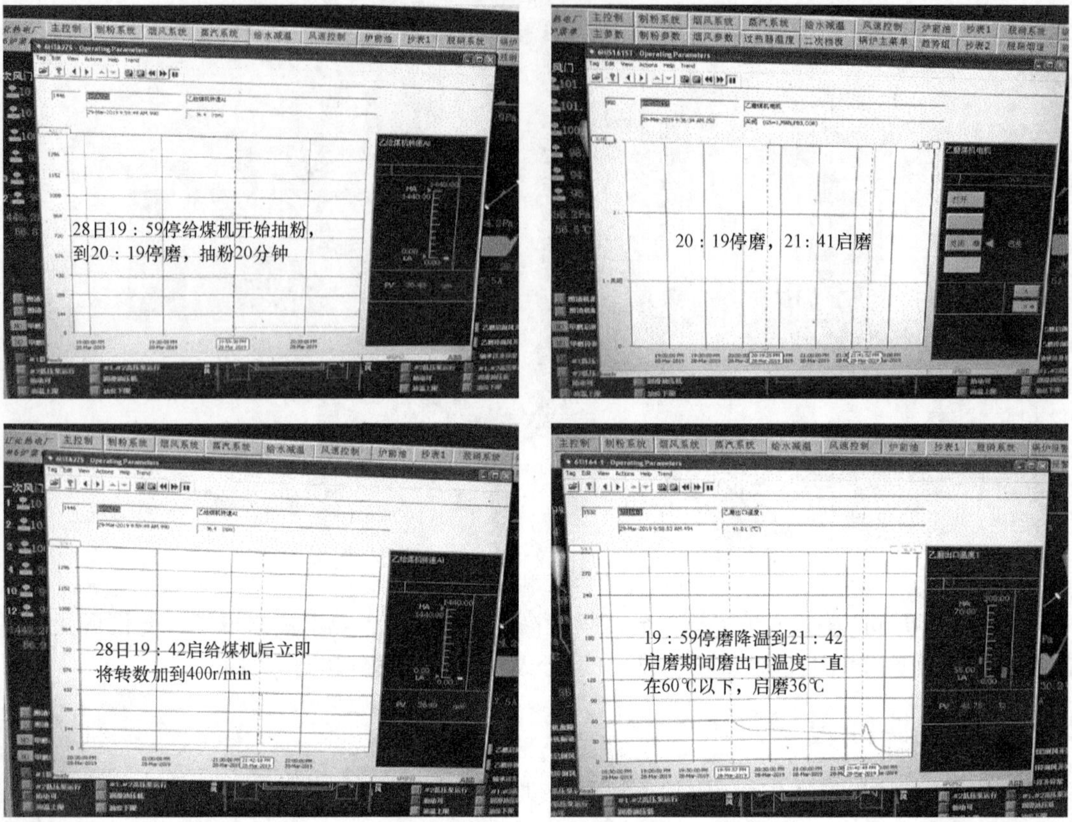

图 2　DCS 操作记录

3.2　对制粉系统设备、管道进行全面排查

检查磨煤机入口、木屑分离器、细分分离器均没有发现积煤自燃的现象。由于本次制粉系统闪爆粗粉分离器有 5 个防爆门开启，闪爆后打开粗粉分离器人孔门检查，发现内部锥体上表面有沉积煤粉自燃的迹象，确定引爆点在粗粉分离器。粗粉分离器内部照片如图 3 所示。

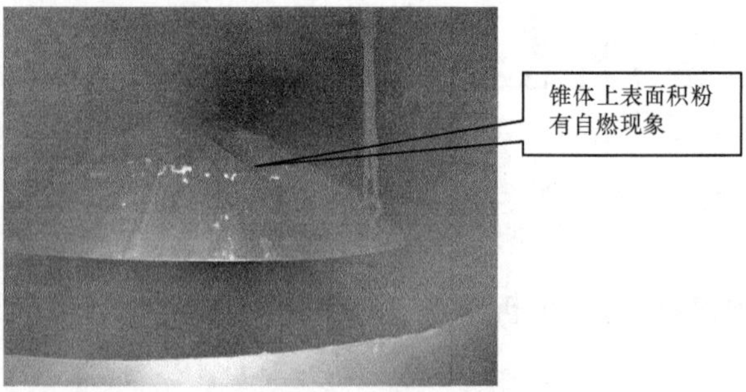

图 3　粗粉分离器内部照片

3.3　事故原因

根据以上分析，初步分析原因如下：

（1）入炉煤挥发分过高，2019 年 3 月 28 日入炉煤挥发分分析结果为 44.27% ~43.72%。热电厂 1#至 5#锅炉设计燃煤挥发分为 32.31%，6#、7#锅炉设计燃煤挥发分为 39.63%；公司煤炭采购标准中要求挥发分为 25% ~39%。由于入炉煤挥发分持续偏高，2019 年 3 月 28 日又选取 4 个筒仓煤样化验挥发分分别为：3#仓 45.37%，4#仓 46.56%，7#仓 42.68%，9#仓 44.03%，挥发分指标均超过设计值和煤炭采购标准的要求。入炉煤的挥发分过高，自燃和闪爆的概率和风险就会增大，也就容易发生闪爆。

(2)粗粉分离器结构不合理。6#、7#锅炉粗粉分离器内部结构与1#至5#锅炉不同(图4),6#、7#锅炉粗粉分离器内部锥体上表面倾角过小,煤粉容易在上表面沉积,由于煤挥发分较高,沉积煤粉在内部温度较高的环境条件下易自燃,一旦煤粉浓度达到爆炸极限,极易发生闪爆。

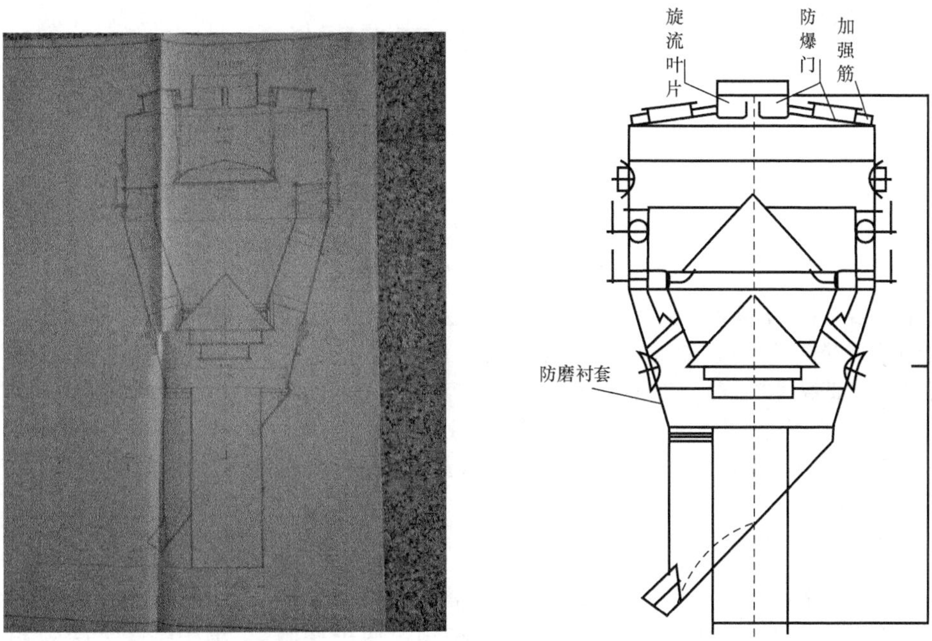

(a) 6#、7#炉现有型式　　(b) 拟改造后的型式

图4　粗粉分离器内部结构对比

此次闪爆的原因是:煤的挥发分过高,煤粉在粗粉分离器内部锥体上表面沉积自燃,在启磨过程中煤粉浓度达到爆炸极限,造成系统闪爆。

4　防范措施

(1)降低燃煤挥发分。由于目前电厂还有约 4×10^4t 高挥发分煤,急需与低挥发分煤掺配使用。可尽快采购低挥发分煤,与现有高挥发分煤掺配使用,降低入炉煤挥发分,降低闪爆风险。同时要加强入厂煤的指标管控,禁止挥发分超过40%的煤进厂,从源头控制闪爆风险。

(2)在燃煤挥发分未改善前,彻底检查清理粗粉分离器。每次启磨前,安排建修公司对6#锅炉粗粉分离器进行检查,发现积粉及时清理,避免积粉自燃。同时摸清粗粉分离器内积粉和自燃的发展情况,重新确定检查和清理周期。

(3)更换粗粉分离器。6#、7#粗粉分离器已使用多年,内部结构不合理,存在煤粉沉积自燃的风险。建议采用1#至5#锅炉的粗粉分离器型式。

(4)继续严格执行磨煤机入口料斗每班检查清理制度,避免积煤自燃造成闪爆。

5　结论

通过一系列工艺调整、设备改造等措施,制粉系统运行逐步趋于平稳,系统内部积粉现象基本消除,制粉系统基本实现了安全经济运行。

6×10^4 t/a 苯乙烯装置 VOCs 控制技术创新与实践

李　雪

（中国石油兰州石化公司合成橡胶厂　甘肃省兰州市）

摘　要　在日常生产和大检修中苯乙烯装置易挥发苯系物造成环境污染。中国石油兰州石化公司合成橡胶厂对苯乙烯装置原料苯及回收苯工艺流程优化，对苯乙烯装置20个常压储罐大检修时进行低温水洗、高温水洗和蒸汽蒸煮等三步法密闭处置，对精馏单元退出物料进行冷凝降温处理，对分离塔进行蒸汽密闭蒸煮后，一定程度上解决了苯乙烯装置大量苯系物逸散到装置现场污染环境、损害员工健康的问题。同时建议引进密闭回收系统以更大程度地抑制挥发性有机物（VOCs）排放。

关键词　苯乙烯装置　工艺流程优化　VOCs 控制技术

中国石油兰州石化公司苯乙烯装置目前生产能力为 6×10^4t/a。苯乙烯生产装置由烃化单元、脱氢单元、精馏单元和罐区组成，以苯、乙烯为主要生产原料，采用苯和乙烯液相烷基化制取乙苯和乙苯脱氢法生产苯乙烯。生产中使用的主要有害物质有苯、乙烯、乙苯、苯乙烯。主要产品及产量为：乙苯 7×10^4t/a、苯乙烯 6×10^4t/a；副产物有苯、甲苯、多乙苯。生产过程呈现高温、高压特点。装置使用的压力容器多、等级高，单元操作关联影响大，工艺操作复杂，操作条件要求苛刻。其原辅材料、中间产品和产成品具有易燃、易爆、易腐蚀、有毒有害等特征。在生产过程中还伴有高温高压蒸汽、高纯度氢气及苯乙烯聚合物，整条生产线危险因素多，挥发性有机物（以下简称"VOCs"）排放量大，污染环境，并且危害员工健康。苯乙烯装置流程示意图如图 1 所示。

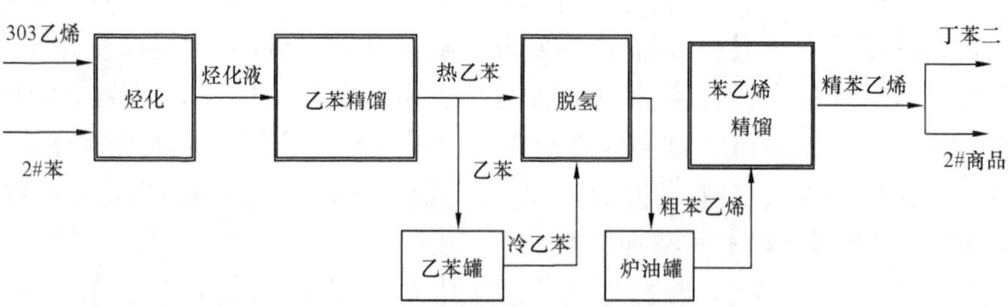

图 1　苯乙烯装置流程示意图

近年来大气污染成为全社会关注的一个热点，国家相继颁布实施了新的《中华人民共和国环境保护法》《大气污染防治行动计划》（2013 年 9 月 12 日国务院办公厅发布）、《石化行业挥发性有机物综合整治方案》（环发[2014]77 号）、GB 31571—2015《石油化学工业污染物排放标准》、GB 31570—2015《石油炼制工业污染物排放标准》和 GB 31572—2015《合成树脂工业污染物排放标准》等法律、规范。因此，2016 年中国石油兰州石化公司在大检修环保管控总体方案中提出“废气不上天、废油不落地、废水不冲击、废渣不乱堆”的管控原则。而苯乙烯车间排放 VOCs 主要是苯系物，它在常温常压下易挥发、毒性大、具有较强的刺激性气味。为了严格落实公司环保管控要求，经过系统分析装置苯系物的来源及 VOCs 的易挥发点，对 VOCs 管控的点面进行了流程优化并且采用了新方法、新技术，做到 VOCs 尽可能降低排放。

1 苯乙烯装置 VOCs 控制技术

1.1 苯乙烯装置原料苯及回收苯系统工艺流程优化

如图 2 所示，长距离输送苯不仅增加能耗、物耗而且增加系统的危险性，再加上 5#苯罐的不密封性和苯常温常压时会挥发的特性，挥发出来的苯系物会增加 VOCs 的排放，也增加了职业病的危害因素。

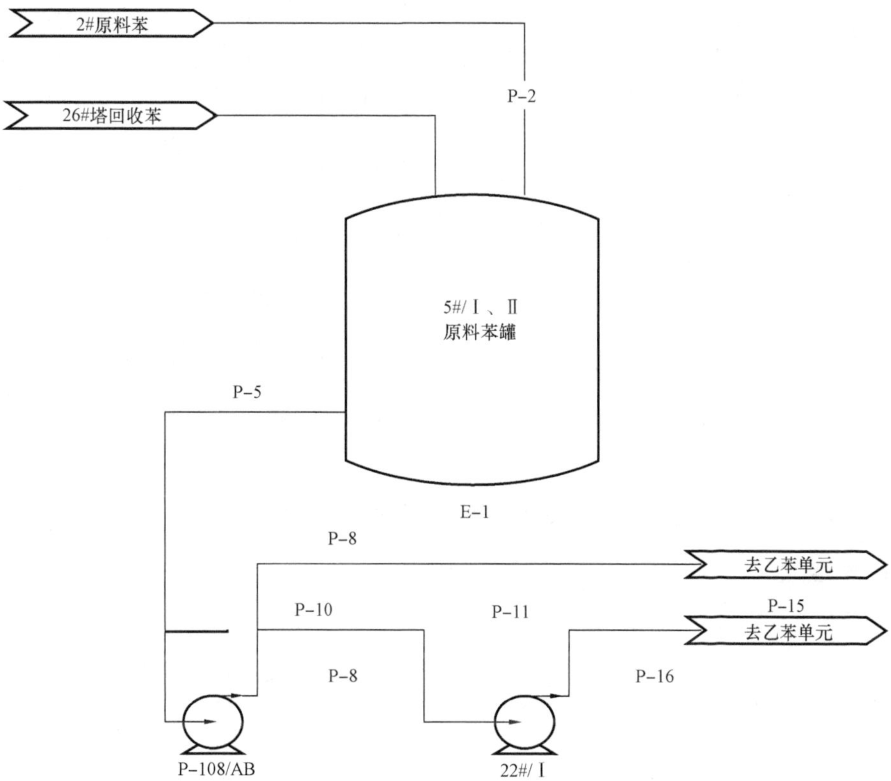

图 2 改造前原料苯和回收苯系统工艺流程

1.1.1 原料苯流程优化

改造前：由 2#罐区来的原料苯经计量后进入原料苯罐（5#），再由原料苯泵（22#）送往乙苯单元反应。

改造后：2#罐区来的原料苯通过 22# Ⅰ / Ⅱ 泵直接送至乙苯单元（R－104AB）进行反应，保留原料苯罐（5#）原有流程，作为应急使用。通过调度联系 2#罐区做好原料苯的切水作业；同时 2#罐区在切换原料苯时通过调度联系车间准备。另外在 22#泵入口前增加压力联锁保护 22#泵，防止泵烧毁。

1.1.2 回收苯流程优化

改造前:C－101 塔的烃化液进入 C－26 塔,经过加压精馏,塔顶回收苯蒸气冷凝后去 15A 罐区的原料苯罐(5#),再作为来料进入乙苯系统反应。

改造后:将回收苯冷凝后直接进入 C－102 脱非芳塔,不凝气排入火炬焚烧,凝液直接进入第三烷基化反应器继续反应。实现回收苯密闭运行并回收利用继续反应,减少了物料 VOCs 的排放。

改造前流程如图 2 所示,改造后流程如图 3 所示。

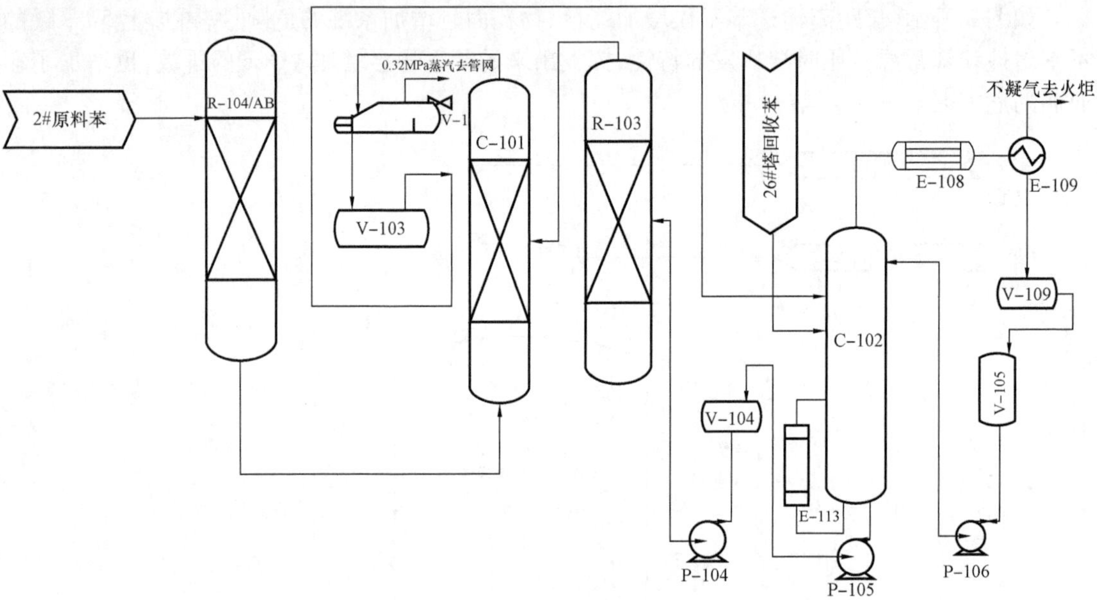

图 3 改造后原料苯和回收苯系统工艺流程

1.1.3 改造后效果

装置改造前后操作条件见表 1。

表 1 装置改造前后的主要操作条件

操作条件	改造前	改造后
苯塔塔釜温度,℃	213～217	213～217
苯塔塔顶压力,MPa	0.45～0.49	0.45～0.49
5#/Ⅰ、Ⅱ苯罐	常温常压	空罐

从表 1 可以看出,工艺流程改造后苯塔的工艺条件没有发生任何改变,符合工艺控制指标,表明不影响工艺过程和产品质量;改造后原料苯和回收苯流程不经过 5#/Ⅰ、Ⅱ苯罐,可以减少 VOCs 的排放。

另外,15A 罐区有苯罐(5#)2 个,最大设计储存量 131.771t;炉油罐 3 个,最大设计储存量 194t;苯乙烯罐 3 个,最大设计储存量 247.941t;液化烃罐 4 个,最大设计储存量 258.688t;回收乙苯罐和精乙苯罐各 2 个,最大设计储存量 261.13t;苯/甲苯罐 1 个(存储量 94.23t),储存各按 50% 记,则苯的最大设计储存量为 32.943t,甲苯的最大储存量是 32.679t;二乙苯罐 1 个,最大设计储存量66.036t;甲苯罐1个,最大设计储存量79.098t;多乙苯罐1个,最大设计储存量35.2t。

15A罐区主要存在苯、苯乙烯、甲苯三种苯系物,而苯的临界量是50t,苯乙烯临界量是500t,甲苯临界量是500t,乙苯临界量是1000t,苯乙烯临界量是5000t,可能构成重大危险源(本计算对乙苯和苯乙烯忽略不计)。

改造前:苯罐(5#)2个,最大设计储存量131.771t。

经计算

$$R = \sum q/Q = (131.771 + 32.943)/50 + 247.941/500 + (79.098 + 32.679)/500 = 4.02 > 1$$

式中 q—物料储存量,t;

Q—物料临界量,t。

改造后:5#苯罐变成空罐,储存量为0。

经计算

$$R = \sum q/Q = 32.943/50 + 247.941/500 + (79.098 + 32.679)/500 = 1.38 > 1$$

根据表2,苯乙烯装置15A罐区为四级重大危险源,但是经过工艺流程优化后,明显降低了重大危险源的 R 值。

表2 危险化学品重大危险源级别和 R 值的对应关系

危险化学品重大危险源级别	R 值
一级	$R \geqslant 100$
二级	$100 > R \geqslant 50$
三级	$50 > R \geqslant 10$
四级	$R < 10$

1.2 苯系物储罐“三步法”密闭蒸煮

苯乙烯中间罐区共有各类储罐20个,负责苯乙烯装置的物料平衡和贮存。在装置历年停车过程中,所有储罐倒空后,罐底部都会残留约1t的物料无法倒出,且罐壁内表面积大,附着的物料多。通常将储罐内物料倒空后,打开顶部和底部人孔,直接通入蒸汽蒸煮,残余物料被加热后大部分气化,从储罐人孔直排大气。

为了减少储罐蒸煮过程中VOCs排放量,将储罐清理由蒸汽直接蒸煮(一步法)改为先低温水水洗、再高温水水洗、最后蒸汽蒸煮(三步法)。

(1)采用低温水洗将易溶于水的物料回收,工艺流程如下:将过滤水注入储水槽,利用回收泵将储水槽中的水经混合器注入喷淋管(喷淋管长5m,管壁开有50个 ϕ3mm的孔径),喷淋管插入储罐内,机泵送来的带压水流喷溅到罐壁,自上而下冲洗罐壁,冲洗水从储罐出料口回流至储水槽,循环使用。水与物料在储水槽静置分层后,上层油相通过空气隔膜泵装桶回收,油相全部回收后停止低温水水洗,采用高温水水洗。

(2)高温水水洗与低温水水洗工艺流程相同,只是在混合器内通入低压蒸汽(0.5MPa、160℃),将水温提升至80~90℃,进一步回收储罐内的物料。当储罐内的物料大部分回收后,停止高温水水洗,此时储罐内易挥发的物料较少。储水槽中的油水混合物长时间静置沉降后,上层油相装桶回收,下层水相排入化污系统。

(3)经过两次水洗后,打开储罐上下人孔,通入蒸汽蒸煮,直至分析合格。储罐蒸煮过程中装置现场无明显异味。工艺流程如图4所示。

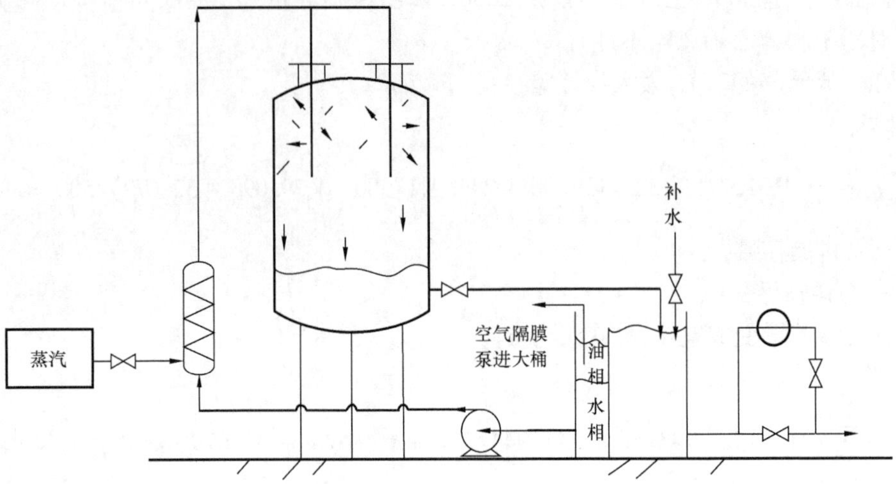

图4　苯系物储罐密闭蒸煮工艺流程

通过三步法处理后,整个储罐物料回收较彻底,挥发至大气中的有毒有害物质大幅度减少。经监测装置周边无异味,苯系物浓度低于10mg/m^3,达到绿色文明检修的要求。

1.3　苯乙烯装置精馏单元退料过程冷却降温处理

苯乙烯装置精馏单元在停车退料过程中,高温高压的苯系物(约100℃)排入事故槽后极易气化,导致高浓度的VOCs气体通过事故槽放空管线排入环境。为了减少精馏单元退料过程中VOCs的产生量,利用闲置的冷凝器,配制工艺流程,采用循环水作为冷却介质对精馏单元退出的物料进行冷却降温后再排至事故槽,改造后的工艺流程如图5所示。采用循环水冷凝器对物料进行降温处理后,大幅度降低了退出物料的温度,在相同工艺条件下,退料流程优化后物料温度明显降低。具体数据见表3。

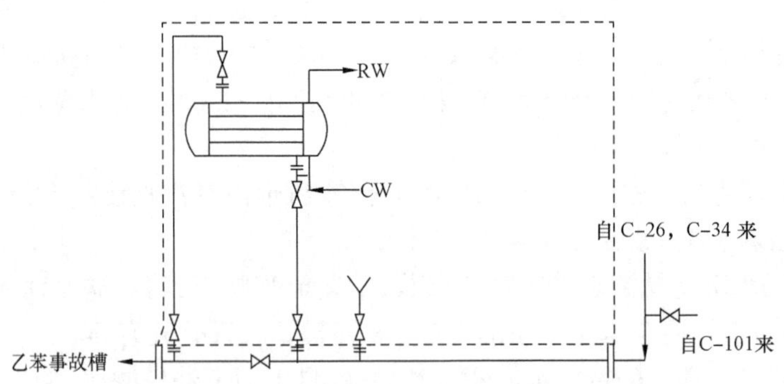

图5　改造后的工艺流程

表3　相同工艺条件下改造前后事故槽物料温度对比

精馏单元物料温度,℃	213~227(C-26#塔)	211~229(C-34#塔)	100~200(C-101塔)
改造前事故槽物料温度,℃		100	
改造后事故槽物料温度,℃		40	

退料工艺流程优化改造后，事故槽的物料温度由原来的100℃降至40℃，高点放空阀处无白色蒸汽冒出，周围可燃气体报警仪未报警。该措施有效解决了精馏单元停车退料过程中大量高浓度 VOCs 气体超标排放的问题，改善了检修过程中装置现场环境，保障了员工健康。

1.4 苯乙烯装置分离塔密闭蒸煮处置

苯乙烯装置分离塔通常在吹扫置换过程中打开所有人孔，通入蒸汽直接蒸煮，导致操作过程中大量高浓度 VOCs 气体逸散至环境。为了减少苯乙烯分离塔吹扫置换过程中对周边环境的影响，将分离塔蒸煮由常压开放式蒸煮改为常压密闭式蒸煮。从分离塔塔釜通入低压蒸汽(0.5MPa、160℃)将塔内残余物料带至塔顶冷凝器，冷凝成液相后排入回流罐分水斗，再通过放水管线进入事故槽。在密闭蒸煮过程中，蒸汽凝液和物料全部回收。为了避免虹吸效应影响蒸煮过程，在蒸汽凝液未排出、分离塔超温超压时，需将塔顶的压力控制阀倒淋打开，凝液依靠位差自流至事故槽，塔釜凝液通过倒料流程进入事故槽。采取密闭蒸煮措施后，可将蒸汽和残余物料全部冷凝并回收，整个处理过程物料回收较彻底，避免高浓度 VOCs 气体直接排放至大气，达到安全环保和职业健康要求。

分离塔两种蒸煮流程如图 6 和图 7 所示。

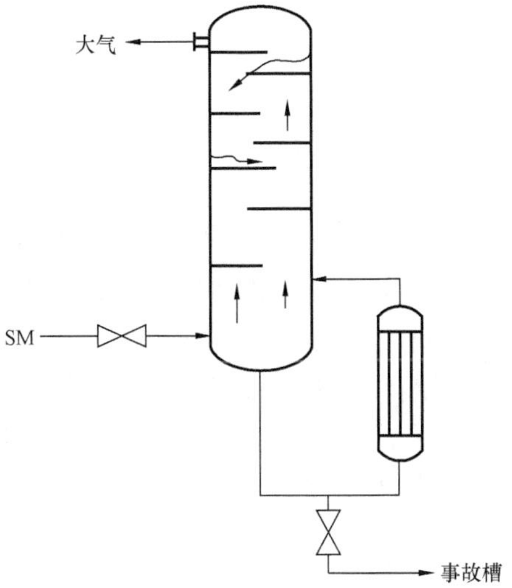

图 6　开放式蒸煮方式流程示意图

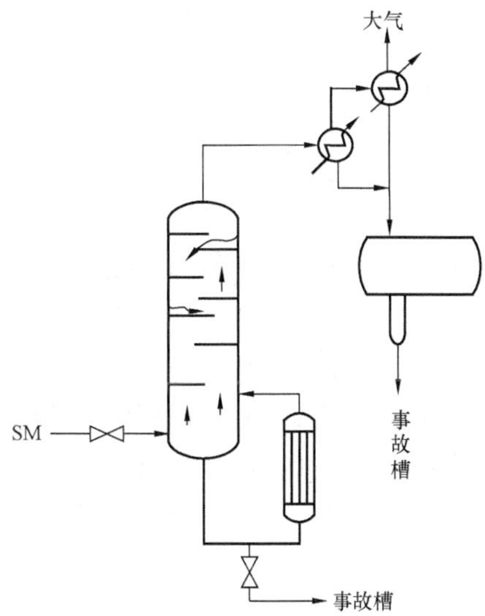

图 7　密闭蒸煮方式流程示意图

2　存在的问题及建议

苯乙烯装置采用的这四种 VOCs 控制技术在一定程度上降低了 VOCs 的排放，但是也存在一些不可避免的问题。其中优化后的原料苯及回收苯系统流程，虽然减少了物料 VOCs 的排放，降低了重大危险源 *R* 值，但是不符合相关规范要求：

(1)SH 3047—1993《石油化工企业职业安全卫生设计规范》2.7.7 条规定："易挥发物料的储罐(包括装置内的中间储罐)排出的有毒气体，应回收或进行处理"。

(2)SH 3012—2011《石油化工金属管道布置设计规范》8.1.7 规定："极度危害介质的管道放空及放净应设置双阀，并应排入密闭回收系统"。

由此可见，减少罐区 VOCs 的排放最有效的办法是增设密闭回收系统，这样不仅符合相关规范,也减少了因物料停供而引发装置停车的损失,同时也实现了储罐安全保护、尾气排放回收处理的相关要求。密闭回收系统具有安全、环保、经济、完善、可靠等优点,其中储罐呼吸排放系统是最完美的工艺设计,值得学习借鉴、推广。密闭回收系统如图 8 所示。

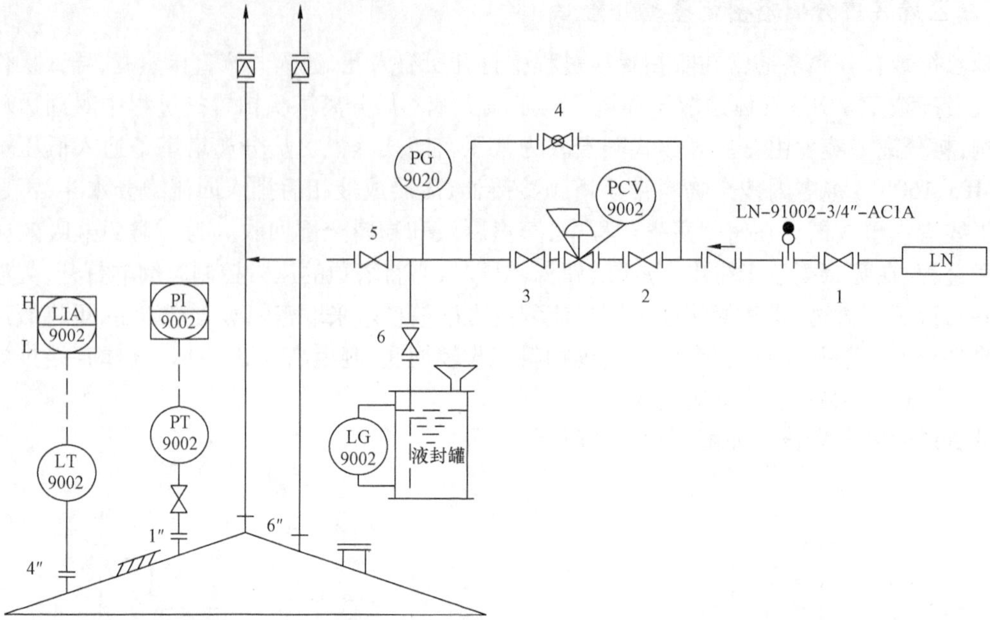

图 8　密闭回收系统

系统采用双呼吸阀,对呼吸阀排出的有害气体设置了回收焚烧处理系统。系统根据存储介质的不同,设置了低压氮气或混合空气密封,为降低呼吸阀故障对储罐运行带来的安全风险,同时又在低压氮气和混合空气密封系统上增加了油封设施,确保在双呼吸阀同时出现故障的极端情况下,储罐不会出现超压或负压情况,最大程度确保储罐的安全、环保运行,同时最大限度地减少了罐内的自然挥发损失量。罐顶排放气体经呼吸阀和限流孔板进入废水岗位处理,送入焚烧处理系统焚烧,从而实现尾气全部回收、环保排放。

3　结语

通过对苯乙烯装置 15A 罐区原料苯和回收苯流程进行改造,对 20 个常压储罐进行低温水洗、高温水洗和蒸汽蒸煮等三步法密闭处置,对精馏单元退出物料进行冷凝降温处理,对分离塔进行蒸汽密闭蒸煮后,一定程度上解决了苯乙烯装置日常生产和大检修停工倒空、吹扫置换过程中大量苯系物逸散到装置现场污染环境、损害员工健康的问题。同时,也希望装置借鉴国内外先进工艺设计与技术理念,使装置真正达到本质安全。

参考文献

[1] SH 3047—1993　石油化工企业职业安全卫生设计规范.
[2] SH 3012—2011　石油化工金属管道布置设计规范.

多梯度耦合技术处理常减压废渣试验研究

吴云鹏　曾　俊

（中国石油兰州石化公司炼油厂　甘肃省兰州市）

摘　要　中国石油兰州石化公司炼油厂加工原油性质变化，造成电脱盐污水质量变差，处理电脱盐污水后产生的废渣逐年增加。由于环保要求日益严格，为了减少废渣量，公司利用多梯度耦合炼化油泥减量化处理技术进行了装置废渣减量化的试验研究。最终，废渣减量达到95.26%，效果明显。

关键词　多梯度耦合　常减压　废渣

引言

中国石油兰州石化公司炼油厂（以下简称兰州石化炼油厂）加工原油主要以长庆、青海、南疆、北疆、吐哈、哈萨克斯坦等原油为主。原油经常减压装置电脱盐系统处理后，产生的污水送至电脱盐乳化废水装置进行处理。分离后的污油送至延迟焦化装置进行回炼加工，合格污水送至工业污水处理厂处理，废渣少部分进催化装置加工，大部分作为“三废”拉运出厂填埋。近年来，随着原油的深度开采，原油含水含盐高，泥沙量大，伴有大量的乳化剂、高分子聚合物等，使得废渣逐年增多，造成“三废”出厂费用逐年增加。考虑到环保要求日趋严格，同时减少废渣的处理费用，特在兰州石化炼油厂进行了多梯度耦合炼化油泥减量化处理技术的应用试验。通过试验，常减压废渣量大幅降低，取得了显著的效果。

1　常减压废渣处理流程

1.1　工艺流程

常减压装置产生的电脱盐污水自压至电脱盐乳化废水装置，首先为了解决污水的乳化问题，在污水中加入适量的清油剂，进入沉降罐，然后根据油、渣、水的密度不同而进行分离。分离出的合格污水排放至污水处理厂，油渣送至油渣分离罐进一步分离。

在油渣分离罐中加入清油剂，进行第二次分离。合格污水由油渣分离罐底部排放至污水处理厂，污油由转油泵送入污油储罐，废渣由转渣泵送入废渣储罐。最终污油送至延迟焦化装置作为焦炭塔顶急冷油进行回炼加工，废渣部分进催化装置处理，部分作为“三废”出厂。

1.2　废渣产量

兰州石化炼油厂废渣产量见表1。从表1可以看出，兰州石化炼油厂废渣的产量逐年在增加，2019年一季度废渣量就达到了5644.76t。由于环保要求日益严格，降低废渣的产量，减少废渣填埋量成为当务之急。

表1　废渣产量

日期	产量,t	处置费,元/t	成本,万元
2017	8896.62	185.9	165.39
2019(1至3月)	5644.76	185.9	104.94

1.3　废渣性质

废渣性质见表2。经过对废渣的分析可以看出,废渣中的残渣大部分属于有机物,含量在20%以下,可作为重油加工装置的原料进行掺炼加工。

表2　废渣分析数据

项目	样品1	样品2	样品3
油质量分数,%	47.6	46.8	45.8
水质量分数,%	36	38	37.5
残渣质量分数,%	16.4	15.2	16.7
灰分质量分数,%	4.9	4.5	4.4

注:废渣升温至80 ℃时,油品仍为均相,经溶剂萃取后,残渣为黏稠状液体,有机物质量分数约为60%。

2　油泥减量化处理技术路线选择

2.1　加剂沉降技术

在废渣中加入药剂和水后混合均匀,打破废渣中的油、水和渣的乳化状态,使微小颗粒产生絮凝,增大至肉眼可见状态;然后在沉降罐中根据油、渣、水的密度不同而进行分离。

由于废渣的性质变化,药剂的选择较困难;同时由于沉降时间越长,达到的分离效果越好,要求沉降罐体积较大;整个处理费用会很高。

2.2　多梯度耦合炼化油泥减量化处理技术

多梯度耦合炼化油泥减量化处理技术是物理法技术,其原理是电磁感应、分子震动、惯性离心等多种作用在空间和时间上的优化耦合,利用超声波的一系列力学、热学、电磁学和化学的各种效应,使具有不同密度、不同粒径及不同重量的成分相互分离,各组分再按照相同的物性而发生集聚,实现处理对象各成分的高效分离,废渣可减量80%以上。该技术为橇装设备,占地小,操作方便,处理费用较低。

2.3　技术选择

经过前期的技术交流及考察,认为多梯度耦合炼化油泥减量化处理技术占地少,操作简单,减量效果明显,可以在电脱盐乳化废水装置进行试验研究。

3　试验过程

3.1　工艺简介

多梯度耦合炼化油泥减量化处理技术为整体橇装设备,常减压废渣首先进入设备的浆化系统,同时加入一定量的水进行搅拌,将废渣和水搅拌均匀;搅拌均匀后的废渣进入多梯度耦合系统。在系统内进行超声波破乳,使废渣中的油、水、渣分离。处理后的废渣进入固液分离系统,利用离心分离技术,进行油、水、渣的分离。污油回收至装置污油罐、污水排放至工业污水系统,处理后的残渣拉运出厂填埋。工艺流程如图1所示。

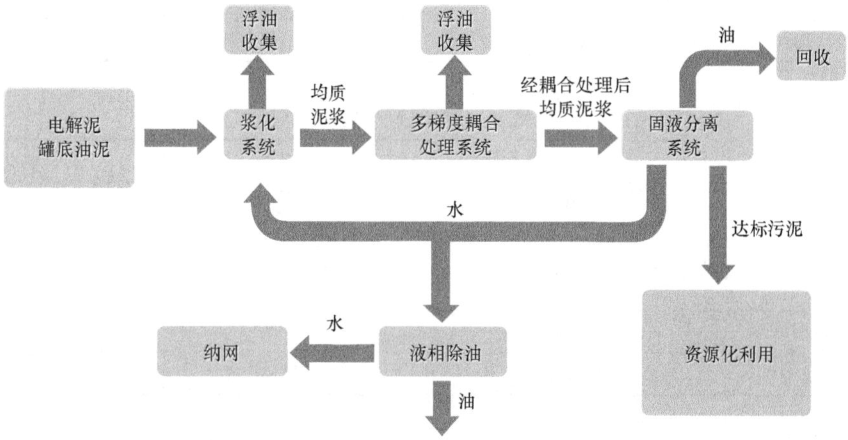

图1　工艺流程图

3.2　试验研究数据

本次试验研究分为两个阶段,第一阶段为试验调试阶段,对橇装设备进行试验调试;第二阶段为试验标定阶段,对设备处理能力及效果进行标定。

3.2.1　第一阶段

本阶段试验期间,橇装设备分离出的污水石油类含量和COD数据一直未达到排放指标。分析数据见表3。

表3　污水分析数据

项目	石油类,mg/L	pH值	COD,mg/L
1	878	10.61	2690
2	887	8.66	2330
3	887	8.71	2190
指标	≤500	6~9	≤1500

针对污水不达标的情况,通过对橇装设备处理量和操作参数反复调节,最终发现是由分离设备叠螺机处理空间较小(只有5m^3),造成油水分离效果不佳,使得分离出的污水不达标。针对这个问题,对橇装设备叠螺机进行了更换。更换后的叠螺机处理空间为10m^3,增强了其离心分离效果。

3.2.2　第二阶段

本阶段,更换橇装设备叠螺机后,经过调试,进行了三次标定试验,验证多梯度耦合炼化油泥减量化处理技术的可靠性。

通过表4可以看出,三次标定橇装设备分离出的污水分析数据全部达到外排指标,说明油水分离效果达到要求。

从表5分析数据可以看出污油为原油组分,可以送至常减压装置进行加工,提高经济效益。

表 4　污水分析数据

项目	指标	1	2	3
石油类,mg/L	≤500	46.8	21.3	16.1
COD,mg/L	≤1500	752	231	183
硫化物,mg/L	≤10	0.188	0.099	0.117

表 5　废油分析数据

馏程	数据	馏程	数据
初馏点,℃	210.1	70%,℃	381.2
5%,℃	231.3	90%,℃	482.9
10%,℃	242.8	95%,℃	无
30%,℃	293	终馏点,℃	无
50%,℃	361.2	含水率,%	12

从表 6 可看出,废渣经过多梯度耦合炼化油泥减量化处理技术处理以后,残渣只剩 4.74%,废渣减量可以达到 95.26%,达到了预期目标。

表 6　物料平衡数据

项目	重量,t	比例,%
废渣	7.95	
残渣	0.38	4.74
废油	4.8	60.4
污水	2.77	34.86

3.3　经济效益计算

经济效益测算见表 7。利用多梯度耦合炼化油泥减量化处理技术处理废渣后,分离出的残渣拉运出厂填埋,废油可进入常减压装置进行加工,污水排入污水厂进行处理。由上表可以看出,利用该技术处理废渣,每吨可产生效益 761.3 元。

表 7　效益测算表

项目	名称	数量	单价,元/t	小计,元
原料	废渣,t	1	-185	-185
产品	残渣,t	0.0474	-185.9	-8.8
	废油,t	0.604	3409	2059.0
	污水,t	0.3486	-8.11	-2.8
消耗	水,t	1.64	-1.89	-3.1
	电,kW·h	90.6	-0.545	-49.4
	蒸汽,t	0.4027	-120.69	-48.6
服务费,元/t		1	-1000	-1000.0
合计				761.3

4 结论

(1)通过多梯度耦合技术试验研究,常减压废渣减量可以达到95.26%,减量效果明显。

(2)使用多梯度耦合炼化油泥减量化处理技术处理废渣,还可以产生一定的经济效益,达到了变废为宝的效果。

参考文献

刘彬,李林,张涛涛. 电脱盐乳化废水处理装置废渣在催化裂化装置上的应用[J]. 石化技术与应用,2019,37(1).

炼化“三泥”减量化处理试验研究

李鸿莉　田艳荣

（中国石油兰州石化公司环境监测与管理部　甘肃省兰州市）

摘　要　通过对国内外炼化“三泥”减量化处理技术对比性研究及对炼化“三泥”理化性质分析测试，提出采用桨叶式干化用于炼化“三泥”干化处理工艺建议，完成了“三泥”干化工业试验，对干化机干化效果及能耗进行了检测分析，并对桨叶式干化用于炼化三泥减量化处理的可行性进行了验证。

关键词　炼化“三泥”　减量化　污泥干化

石油炼制、石油化工工业污水处理中产出的“三泥”，主要是由隔油池底泥、浮选池浮渣和生化系统剩余活性污泥三部分组成。受石化生产各环节排污组成影响，其有机物种类复杂，通常含有蒽、芘、酚类、苯系物等，同时还含有一些容易产生腐臭气味的有机物，在处置过程中会导致恶臭气体的产生。据统计，我国部分千万吨级炼厂配套污水处理场每年产生的三泥量可达上万吨甚至几万吨，部分企业脱水三泥仍采用脱水后直接填埋法进行处置，造成土地资源的极大浪费。同时，其含有的有毒成分和有害物质如不经处理直接填埋，会产生二次污染。因此，加快污泥减量化、无害化、资源化处置是摆在石油化工企业面前的重要环保课题。

1　国内外炼化“三泥”减量化处理技术对比分析

目前用于污泥减量化的方法主要有焚烧法、热解法、生物处理法、溶剂萃取法、热水洗涤法、微波处理法、超热蒸汽处理法及电化学处理法等。

1.1　焚烧技术

污泥焚烧技术具有处理速度快、减量化程度高、能源可再利用等优点，在国内外被广泛应用。国内一些炼化企业如中国石油独山子石化公司、中国石油四川石化有限责任公司、中国石油云南石化有限公司等均建设有污泥焚烧装置。污泥焚烧一般控制焚烧时的炉温为800～1100℃，焚烧时间0.5～2h，可以根据污泥的组成和性质不同调整焚烧时间和焚烧温度。焚烧过程中释放大量的热能，可以回收利用，如供热和发电等。在国外焚烧产生的灰渣可以用于铺路或者检测达标后直接填埋。焚烧处理能够将污泥中的有毒有害物质最大程度地去除，减量化效果较好。但该技术存在污油资源浪费，且焚烧尾气中含有 NO_x、SO_2、二噁英、重金属等成分，需采取针对性处理措施。其尾气处理系统较为复杂，投资较高。

在目前的炼化“三泥”焚烧工艺应用中，有单独焚烧和污泥脱水干化预处理＋焚烧处理组合工艺两种方式，其中脱水后的泥饼再进行焚烧能耗相对较低。焚烧炉目前主要有流化床与回转窑两种主要形式。

1.1.1　流化床

流化床焚烧炉的燃烧室可分为下部的密相区和上部的稀相区两部分。固态或半固态废物中的大部分有机物一般在密相区中完成分解，空气从炉底吹入并通过床料的孔洞进入炉膛，物料在炉膛内翻腾燃烧。

1.1.2 回转窑

回转窑主要由筒体、转动装置、支撑装置、挡轮装置、窑头密封装置组成。筒体在转动装置的带动下转动，物料从进料口进入筒体，在回转窑筒体的转动下，做由高到低的复合运动。按照窑内烟气与物料流动的相对方向，回转窑可以分为顺流回转窑和逆流回转窑。顺流回转窑外形结构上呈现"长细"特点，逆流回转窑呈现"短粗"特点。顺流回转窑窑内工作温度约为1000℃，逆流回转窑工作温度约为850℃。两种窑型在使用时各有优劣。如图1所示。

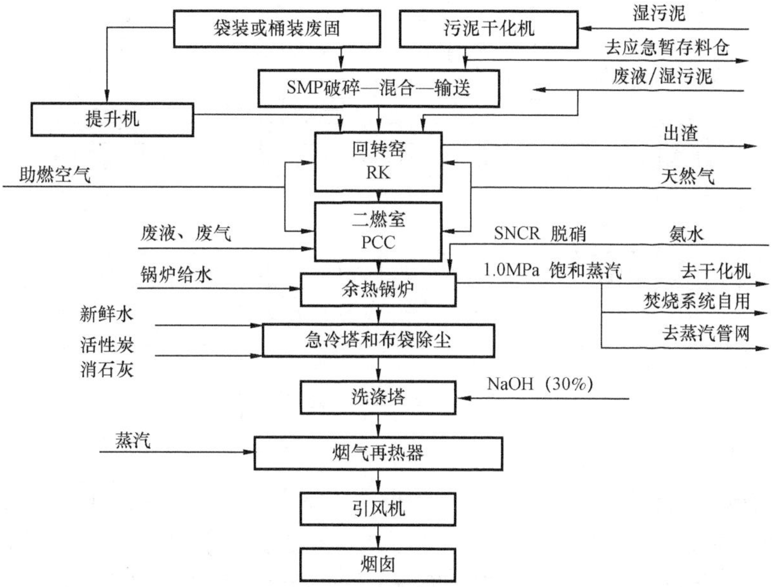

图1 污泥焚烧流程示意图

1.2 干化技术

污泥干化可去除污泥中的间隙水、毛细水及绝大部分的内部附着水。根据污泥与热介质的接触方式，污泥干化可以分为间接干化和直接干化。间接干化因具有安全性高、粉尘产生量少、热介质无污染等优点得到广泛应用。目前，炼化"三泥"应用最多的间接干燥设备主要有薄层干化、桨叶式干化机及旋转圆盘干燥机等。目前国外主要的干化工艺设备有意大利Vomm的涡轮薄层工艺、比利时Keppel Seghers的圆盘工艺、德国BUSS的卧式薄层干化工艺等。近年来国产干化工艺技术飞速发展，开发出很多适用的技术和产品，包括桨叶式干化、薄层干化、热风干燥等闪蒸式、转筒/转鼓/回转式干燥等。目前在中国石化燕山石化公司、中国石化齐鲁石化公司及中国石油抚顺石化公司、中国石油云南石化有限公司等已得到应用。

1.2.1 薄层干化

涡轮薄层干化技术（高速涡流薄层干化工艺）的原理是：污泥进入干化机腔体，在高速涡轮的推动和工艺热气流的裹携下，呈涡流形态紧贴处理器金属内壁形成一层气固混合流体薄层，污泥颗粒在薄层内不断与热壁接触从而传导热量，同时经过预热的工艺气体通过与污泥一致的同向运动实现热对流换热。干化过程产生高温废气经水洗后进入干化机前端用作污泥预热工艺气体(含氧量低于4%),重复输送到干化单元内,使得涡轮干燥技术整个过程在封闭循环单元中进行。

干化机出口污泥经旋风分离实现气固分离,其中污泥进入冷却螺旋输送机(设冷却水)冷却到常温后进入干料仓外运。多余废气经水洗后回到干化机入口,经板式换热器取热后外排处理。如图2所示。

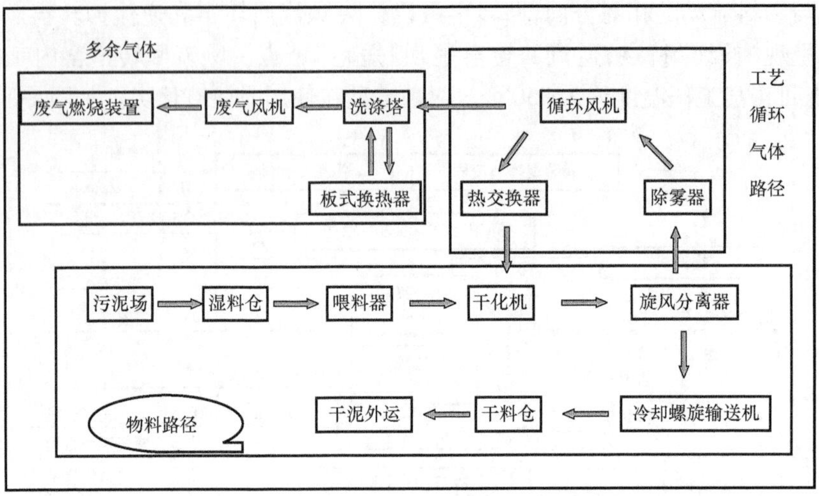

图2　涡轮薄层干化工艺流程示意图

1.2.2　桨叶式干化

干化机由互相啮合的二到四根伞叶轴、带有夹套的W形壳体机座及传动部分组成,以0.5MPa蒸汽作为加热介质,轴端装有热介质导入导出的旋转接头。加热介质分为两路,分别进入伞式干化机壳体夹套和伞叶轴内腔,将器身和伞叶轴同时加热,以传导加热的方式对物料进行加热干化。被干化的物料由螺旋送料机定量地连续送入伞式干化机的加料口,物料进入器身后,通过伞叶的转动使物料翻转、搅拌,不断更新加热界面,与器身和伞叶接触,实现充分加热,使物料所含的表面水分蒸发。同时,物料随伞叶轴的旋转成螺旋轨迹向出料口方向输送,在输送中继续搅拌,使污泥中渗出的水分继续蒸发。最后,干化均匀的合格产品由出料口排出。

被蒸发的水蒸气连同废气一起进入冷却降温系统进行处理,水蒸气冷凝后形成的废水送至污水处理系统处理,尾气进入催化燃烧装置处理并达标排放。干化后污泥的固体颗粒经螺旋输送器送至装袋机,装袋后外运。

1.2.3　旋转圆盘干燥机

旋转圆盘干燥机主要由转子系统、传动系统、热介质、管路及排风除尘系统组成。蒸汽或导热油作为介质从转子空心轴的一端进入,通过旋转金属圆盘将热量传递给污泥,污泥在金属圆盘外吸热增焓不断蒸发湿分,凝结的冷凝水从转子的另一端排出。转子周边通过固定角钢架装有带一定倾角的刮板,随着旋转不断地将被干燥的物料刮起和搅拌,同时将物料从入口一侧推向出口一侧。

1.3　热解技术

热解处理是指在没有氧气或者缺少氧气的情况下,将含油污泥加热到较高的温度,通常在

450 ~ 650℃,污泥中的长链烃类发生断链,转化为轻组分,通过冷凝的方式回收油气。热解后的残渣可用于铺路、制备吸附材料或直接填埋。

热解法可以很好地将含油污泥中的油气资源进行回收利用,实现了资源和能量的再循环,不容易生成二噁英等有害物质,避免了二次污染。利用热解法来处置含油污泥在国外已经比较普遍,国外炼油厂已经研究出了多种热解工艺。但因投资较高及热解过程存在污泥结焦现象,目前在国内尚处于工业化推广的初步阶段。随着技术逐步完备、设备成熟度的提升,热解技术的应用前景十分广阔。其流程如图 3 所示。

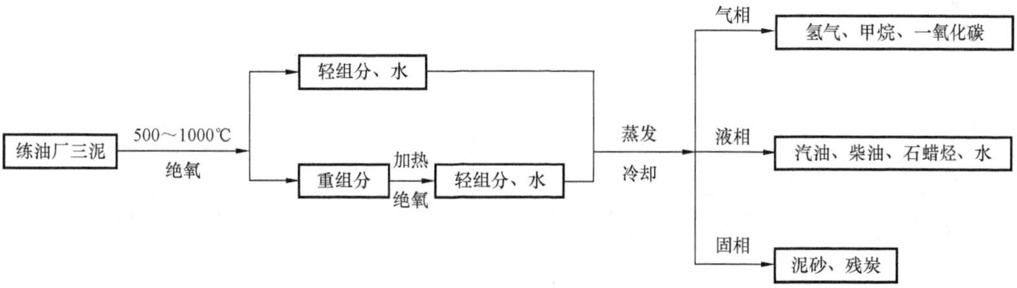

图 3　污泥热解工艺流程示意图

1.4　过热蒸汽喷射技术

过热蒸汽喷射处理技术的主要工作原理是:采用高温蒸汽(可达 600℃)经拉法尔喷嘴以超音速喷出,与污泥颗粒正面碰撞。在高速流体所产生的能量作用下,污泥破碎为细小颗粒。当流体速度超过音速时,会形成音障效应,可以很高效地将污泥彻底破碎。破碎后的污泥颗粒热交换面积大幅提高,从而提高污泥和低温热源间的传热效率,使污泥中所吸附或包含的水分在瞬间汽化,固液分离,实现污泥裂解干化目的。将油泥中所吸附或包含的油分(可汽化有机物)汽化裂解,水分蒸发,蒸气冷却后实现固液分离和油水分离。如图 4 所示。

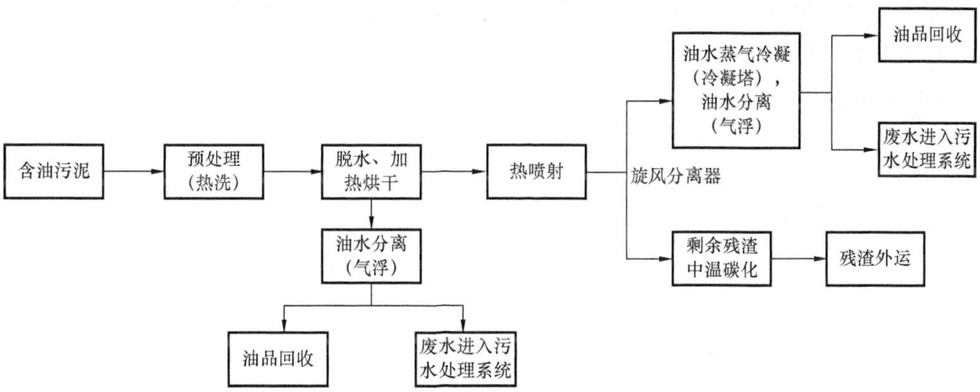

图 4　超音速过热蒸汽喷射裂解工艺流程示意图

1.5　生物处理技术

生物处理法是利用能够降解石油的微生物,将含油污泥中的石油类物质作为它们的碳源,将其分解掉。当微生物生长繁殖时,会消耗污泥中的含油类物质,产生水和无机盐等无毒无害的产物。美国 Patina 石油公司研发了一套处理含油污泥的设施,水分先在专用蒸发池内被蒸发掉，得到的固体物质则被送到专门的地耕场地进行处理，含油污泥以十厘米左右的厚度放置在地耕场地的摊放池里。在两周一次的耕作频率下，全部处理完成大概需要三个月左右。

地耕法的降解过程慢，且易受气候的影响，占地面积大，受土壤性质影响大，如有机物含量、氧含量、pH 值、N 和 P 元素含量等。国外研究表明，如果含油污泥的初始含油量小 30%，能够在较低的经济投入下维持地耕法运行。由于地耕法会导致油污下渗，污染地下水和土壤，所以一些发达国家和地区已经禁止使用了。常用污泥处理方法的优缺点见表 1。

表 1　常用的污泥处理方法的优缺点

处理方法	优点	缺点
焚烧法	处理彻底	投资高，油资源没有得到回收、易产生二次污染
干化	能耗相对较低，减量化效果显著	未彻底无害化、减量化
热解法	有效回收油气资源、残渣可再利用	对技术和设备要求高、成本高、能耗较高
过热蒸汽处理法	洁净环保、能实现油气资源回收	对设备和技术要求高，能耗较高
生物处理法	成本低、能耗低、处理效果彻底	周期长、占地面积大、菌株选择困难

综上所述，污泥减量化技术各有特色，其中焚烧法、干化法已在国内炼化企业得到普遍工业化应用，热解法尚在工业化推广阶段，过热蒸汽喷射法因存在对设备材质等级、加工精度要求高等问题，在国内炼化企业应用较少。如何选择适宜的炼化“三泥”减量化工艺，还需开展污泥特定测试分析，组织工业化试验予以确定。

2　某石化公司“三泥”减量化试验研究

某石化公司污水处理“三泥”主要来源于三部分，分别为化工污泥—包括橡胶污水处理装置滤机脱水污泥和烯烃废水处理装置滤机脱水污泥，以及炼油污水处理装置离心脱水污泥。目前年产生量达 15×10^4t，填埋处置量大，处置费用高，不符合企业绿色发展要求。为此，公司计划开展污泥干化工程建设，先期组织对三种污泥的理化特性包括含水率、含油率、灰分、热值、元素分析、热重进行检测分析，为污泥干化技术路线选择提供基础数据，并在此基础上进行了污泥干化工业试验。

2.1　理化性质测试

2.1.1　基础特性分析

炼化三泥基础特性分析数据见表 2。

表 2　炼化三泥基础特性分析统计

项目	炼油污水三泥	烯烃废水污泥	橡胶废水污泥
含水，%	76.94	75.56	64
含油，%	9.42	8.41	6.78

其中因炼油污水三泥在三种污泥中占比达 90% 以上，其含油率是影响混合污泥的主要因素，经检测分析，含油率最大值为 10.14%，最小值为 8.83%，平均值为 9.42%，含油率较高。如图 5 所示。

2.1.2　元素分析与金属组分分析

对不同样品的 C、H、O、N、S 等元素及固含量中的元素组成分析结果见表 3。

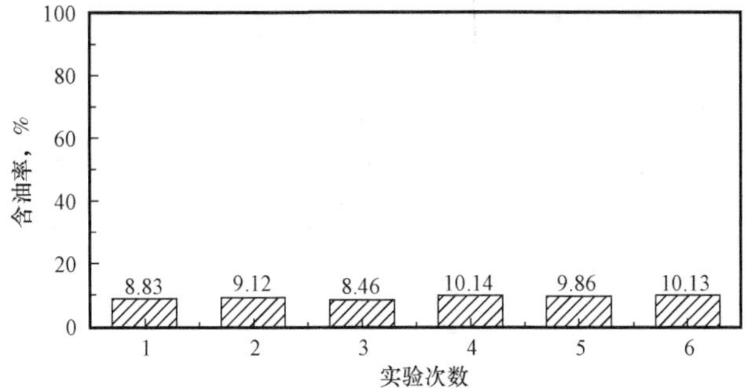

图 5　炼油污水污泥含油率测定值

表 3　炼化三泥组分分析统计

项目	N,%	C,%	H,%	S,%	O 及其他,%
炼油污水	0.26	9.89	9.219	1.041	81.59
烯烃废水	0.73	7.17	8.724	0.934	80.442
橡胶污水	0	1.46	7.426	0.605	90.509

2.1.3　热重分析

针对固体样品,通过热重分析,可以得到在不同温度下的焚烧残渣,也可以间接得到样品的热量。

由图 6、图 7 和图 8 可知,不同污水处理形成的污泥组分不同,具有不同的性质。炼油污水污泥挥发性组分较少,含水率较高,可在 100℃去除,含油组分在 250 ~400℃之间燃烧放热,其峰值在 350℃左右;烯烃污泥中挥发分占主要成分,水含量较少,可燃组分的燃烧温度在 550℃左右,在 550℃燃烧放热;橡胶污泥中也以挥发分为主,含水率较低,在分析过程,随着温度升高,不断放热,其含油组分的放热温度范围较广,峰值温度分别为 300℃和 450℃左右。根据污泥的热重实验数据可知,不同污泥组分存在显著差异,适用的干化和焚烧温度也不同。因此,在污泥干化设备选型过程中,需根据待处理污泥性质合理选择干化的工艺参数以满足不同污泥的需要。

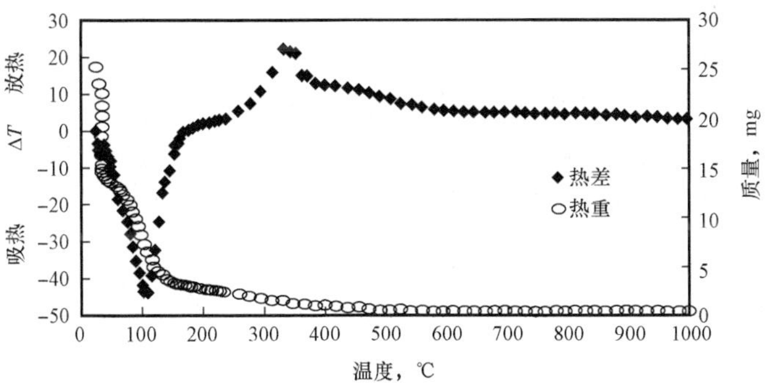

图 6　炼油污水污泥的热重分析结果

2.1.4　热值分析

热值是单位质量的固体燃料或单位体积的气体燃料充分燃烧所释放出的热量,是物质的

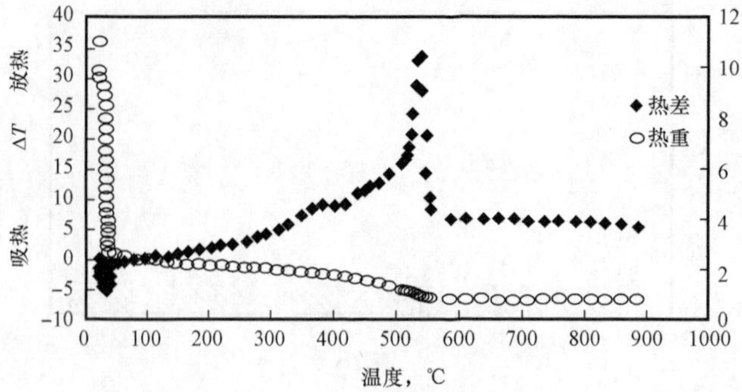

图7　烯烃废水污泥热重分析

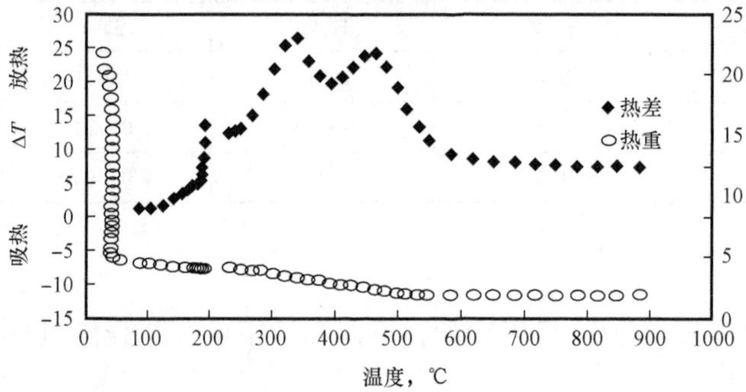

图8　橡胶废水污泥热重分析

特有属性之一。测试采用氧弹热量计进行热值测定，根据 GB 384—1981《石油产品热值测定法》这一标准对以上三泥样品按实际产生量比例混合进行热值测定，得到测定结果是混合“三泥”热值为 2680kcal/kg❶，有较好的燃料价值。

根据以上样品分析，因混合污泥热值较高，推荐石化公司污泥减量化技术优先选用焚烧技术。考虑焚烧技术投资及废气处理成本较高，鉴于混合污泥含油量较高，建议选用桨叶式（伞式）干化技术进行进一步工业试验研究。

2.2　某石化公司“三泥”干化试验研究

2.2.1　试验原料

根据某石化公司炼化“三泥”构成，对炼油污水处理装置及化工污水处理装置污泥分别进行 5d 和 2d 的干化试验，然后根据 3：1 的掺混比例，对混合污泥进行 2d 干化试验。两种污泥均进行人工采样，采样点为离心脱水机污泥端出口。

2.2.2　试验方法

选用某设备公司桨叶式干化试验设备，根据现场污泥性质调节螺旋输送器频率，调整污泥在干化机中的停留时间大约在 40 ~ 90min，对污泥干化前后含水率、含油率进行人工分析。

2.2.3　工艺控制参数

工业试验运行工艺参数主要为干化机进料量、蒸汽压力及冷凝水产生量。见表 4。

❶　为照顾现场使用习惯，本文部分地方使用了非法定计量单位，请读者注意。

表4　干化机运行参数

参数内容	干化进泥量	蒸汽压力	冷凝水排出量
单位	kg/h	MPa	t/h
运行数据	15～50	0.4	0.038

2.2.4　试验结果及讨论

（1）运行数据分析。

干化机进料及干化后污泥含水率、含油率分析数据统计见表5。

表5　干化机进出口污泥分析

项目	炼油污泥			化工污泥		混合
干化前含水率，%	80	81	77.23	78.85	77	77.78
干化后含水率，%	12	9.47	7.81	16.84	8.42	14.43
干化前含油率，%	11.43	11.32	12.87	4.8	7	10.1
干化后含油率，%	61	43.16	49	21.05	13.69	11.34

污泥干化后含水率较低，均能满足不超过30%的试验目标。

（2）能耗分析。

污泥干化试验期间，污泥干化试验装置电机额定功率2.2kW，运行功率约为0.8～1.5kW。干化装置蒸汽压力为0.4MPa，蒸汽耗量约为处理1kg湿污泥消耗0.8～1.2kg蒸汽。

（3）试验结果分析及建议。

桨叶式干化机设备构造简单，污泥减量化效果显著，能耗及运行成本较低，但存在物料进料及卸料过程系统密封性差造成的异味显著的问题，需要在今后的工业化装置建设中加以改进和完善。

3　结论

污泥干化焚烧技术的发展为炼化“三泥”减量化处理提供了有效手段，其中污泥焚烧处理更为彻底，可以满足更为严格的GB 18598—2019《危险废物填埋污染控制标准》的要求。但该法投资及运行成本高昂，装置运行废气产生量大。部分空气质量不达标城市因环境容量不足，政府部门对主城区设置危废焚烧装置限制条件极为严苛，污泥干化将成为部分炼化企业实现污泥减量化的优先选择。

选择污泥干化技术时，一是必须考虑因炼化三泥石油类含量较高，导致污泥干化过程中高浓度高温挥发性有机气体进入空气的燃爆风险，以及干化机卸料口粉尘颗粒集聚导致的爆炸风险。建议在工艺设计及设备选择前根据污泥理化性质分析提前开展工艺安全评估，摸清燃爆危险发生的边界条件，提出安全控制指标。在装置建设中增设必要的氧含量分析仪、可燃气体分析仪、温度联锁及氮气密封措施等，为项目建成后的安全运行提供保障。二是干化过程要考虑干化机废气逸散收集治理，建议含油污泥干化废气设置焚烧类处理设施，确保处理后非甲烷总烃满足石油炼制或石化工业污染物排放标准。

参考文献

[1] Paola Foladori等著，周玲玲、董滨译. 污水处理厂污泥减量化技术. 北京：中国建筑工业出版社，2013年

1 月.
[2] 金喆. 石油石化行业含油污泥无害化处理技术综述[J]. 石化技术,2015 年第 12 期.
[3] 潘萌,刘国荣,伯士成,等. 含油污泥处理技术研究进展[J]. 过滤与分离,2017 年第 02 期.
[4] 商雪娇,李思,张金辉. 生物法处理含油污泥的研究进展[J]. 当代化工,2014 年第 4 期.
[5] 刘宪斌,刘青. 生物法修复废弃钻井液和含油污泥的研究进展[J]. 环境污染与防治,2015 年第 6 期.

加油机防渗底座填砂问题研究

岳　鸣

（中国石油云南销售公司　云南省昆明市）

摘　要　按照有关环保法律、法规、规范和标准的最新要求，加油站进行防渗改造并陆续使用了成品加油机防渗底座。但是，由于双层管道与加油机底部剪切阀的连接方式及双层管道夹层结构及其渗漏机理发生了很大的变化，如果延续以往惯性思维，使用砂砾回填底座的固有做法，将会带来更大的风险，形成新的安全隐患。

关键词　加油机　防渗底座　填砂　研究

引言

按照《中华人民共和国水污染防治法》和《水污染防治行动计划》（国发[2015]17号）的要求，全国对在营的约十万座加油站开展了油罐区等区域的防渗改造工作。根据GB 50156—2012《汽车加油加气站设计与施工规范》（2014年版）的规定，加油站的防渗改造应包括对油罐区、管道、卸油口、操作井和加油机底部等可能存在漏油的区域都需要采取防渗漏措施。如：油罐区使用双层油罐或是单层油罐加防渗漏油罐池等措施；管道使用双层管道或单层管道加防渗管沟等措施；卸油口使用成品防渗卸油口箱或其他防渗结构等措施；操作井使用成品防渗操作井和其他防渗的措施；加油机底部使用成品防渗底座或其他防渗结构的措施等。

加油机底部防渗一般都使用玻璃纤维增强塑料，俗称FRP或玻璃钢，即纤维增强复合塑料制造的防渗底座成品。该产品施工方便、安装简单、防渗效果好。本文就针对加油机底部使用成品防渗底座后，是否需要填砂砾的问题进行分析研究。

目前，一些单位在加油机底部使用成品防渗底座，完成输油管道、油气回收管道和电信线路安装后，会对加油机底部所形成的空间进行填砂砾处理。理由是有爆炸空间存在，就可能积聚油气，有油气积聚就会形成爆炸混合气体，因而存在爆炸的可能。为了消除和减少加油机底部的爆炸混合气体空间，应该用砂砾回填，确保安全。但笔者认为，使用了成品防渗底座后，各种管道在穿越防渗底座时使用了专制的密封装置，确保油品不会泄漏而污染土壤和地下水。使用双层复合管道后，双层管道与加油机底部剪切阀的进口连接结构发生了根本性变化，加之双层管道中间层的检测进气口也在加油机底部，将这些装置用砂砾填埋后，反而会形成更加严重的安全隐患。

1　加油机底部无防渗措施时砂砾填埋底部空间的利弊分析

（1）原加油站采用单层钢制金属管道并填充砂砾后有效消除了火灾爆炸风险。从油罐人孔盖接合管法兰到加油机底部的剪切阀进口处，均应采用焊接工艺，理论上管道无渗漏点。管道与剪切阀进口采用螺纹连接，易渗漏点在剪切阀进口与管道的螺纹连接处及其以上的输油管连接部分,加油机底部多余空间用砂砾填至剪切阀进口螺纹以下,以减少可能形成的爆炸危险空间,这种做法是合理而有效的。同时,当剪切阀进口与管道的螺纹连接处出现油品渗漏,或是输油管与加油机其他部件连接处出现油品渗漏时,可以通过砂砾的湿润变色而被及时发现。

(2)单层钢制金属管道填砂砾后,易产生泄漏并不易被发现。管道从油罐人孔盖接合管法兰到加油机底部剪切阀连接处,必然地存在着至少一个90°的弯头,弯头处有两道焊缝,这两道焊缝的焊接质量和防腐等级决定管道的使用寿命。除了管道焊接和防腐的工艺质量外,由于金属管道是硬连接,受地面土壤沉降和温度变化等因素影响,金属管道将被挤压、变形,膨胀与收缩,在弯头处不可避免地存在着应力集中;再加上弯头在加油机底部,距离车道较近,车辆在加油时的行走停靠所产生的震动均会作用在管道上,进而对螺纹连接产生微锉效应,该效应和弯头的焊缝应力产生失效反应,造成螺纹处松动或焊缝处出现裂纹渗漏。根据统计,如果管道焊缝或防腐存在质量问题,一般8至10年就会发生渗漏的现象。在砂砾上面的渗漏很容易被发现,而在砂砾下面的渗漏就未必能被及时发现了。

(3)加油机底部管线发生渗漏后由于填砂砾作用,不易发生闪爆事件。加油机底部发生渗漏,油品被干燥的砂砾和土壤所吸收,由于砂砾之间是有缝隙的,油分子随其性质会形成混合油气渗透到地面上来。油品形成混合气体的蒸发量与油品的相对分子质量有关,相对分子质量越小,蒸发掉的油品就越多,汽油的相对分子质量一般在98~120之间,在自然状态下24h的蒸发量为95%;柴油的相对分子质量一般在180~200之间,在自然状态下24h的蒸发量仅为5%。由于砂砾的覆盖作用,汽油的蒸发量受到了影响,蒸发速度会变得缓慢,同时也不容易与空气混合达到爆炸下限;柴油蒸发性较低,大部分油分子被吸附在砂砾和土壤中,等待被蒸发或是遇到水被带走。从机理上讲,这种渗漏和渗透是缓慢发生的,由于填埋在砂砾下,不易被人们发现,当大部分人的嗅觉难于闻到油气味时,这种渗漏所产生的混合油气是不足以发生闪爆事故的。

(4)加油机底部填砂砾后导致轻微的泄漏难于被发现。由于砂砾具有亲油性,同时也具有亲水性,只要遇到下雨天或是地表水位上升较高时,一旦砂砾遇到水分子,由于水分子的相对密度大于油分子的相对密度,水分子就会被砂砾亲和吸入而挤出油分子,导致油品被水流带走,从而减少了砂砾中的油分子。所以这种渗漏会长期存在而不易被发现。除非加油站的地势较高,其附近存在起伏、低洼的沟壑和水渠,渗漏的油才会在暴雨天被地下水流带出后被发现。

2 加油机使用防渗底座时底部空间不能采用砂砾填埋的原因

(1)成品防渗底座有很好的防渗功能,双层管道穿越底座时,采用专用密封装置,一旦油品渗漏流入底座,不会外泄污染土地和地下水,只会在底座中积聚。基于这种底座的结构,如果将底座空间用砂砾填满至剪切阀进口,其好处是可以减少油气的积聚,但砂砾下面的双层管道接头的渗漏则不易被发现。油品会随着时间的推移越积越多,且由于砂砾的覆盖作用,油品也不容易被蒸发,只有当油品积液上升接近到砂砾的顶部时,砂砾湿润变色后才会被发现。这时,在加油机内部早已经形成危险爆炸区域了,只要遇到点火源,就必定发生闪爆,后果不堪设想。

(2)双层管道与加油机底部剪切阀进口连接时,由于双层管道是内外两层,要与剪切阀进口连接,需要采用特制的膨胀接头,理论上存在多个渗漏点,而且距离剪切阀进口较远,接近底部。成品防渗底座内部狭小而较深，不填砂砾都难于看清底座内的结构，填了砂砾后一旦出现渗漏点更不易被发现。

（3）双层管道在加油机底部是管道的最高点，为了对双层管道的中间层进行有效的渗漏检测，在加油机底部最高点设置有检测口，需要定期进行操作。填砂砾后，增加了双层管道检测时额外的清除砂砾工作，增加了难度和工作量。

（4）加油机底部的油气回收管道设置有油气回收气液比、管道气密性和液阻的功能检测口，安装位置会出现较大偏差，操作球阀的位置会比剪切阀接口位置低。填砂砾后也不便于进行油气回收系统的检测。

（5）加油机防渗底座不填砂砾有利于巡检员及时发现渗漏点。根据 GB 50058—2014《爆炸危险环境电力装置设计规范》爆炸性气体释放源是可释放出能形成爆炸性混合物的物质所在部位或地点。在规范中明确描述爆炸性气体环境应根据爆炸性气体混合物出现的频繁程度和持续时间分为 0 区、1 区和 2 区。0 区应为持续出现或长期出现爆炸性气体混合物的环境；1 区应为在正常运行时出现爆炸性气体混合物的环境；2 区应为在正常时间不太可能出现爆炸性气体混合物的环境，或即使出现也仅是短时存在爆炸性气体混合物的环境。根据规范的描述和上述情况的分析，如果管线、加油机无汽油渗漏，不存在释放源；如果加油机底部的防渗底座在不填砂砾的情况下出现渗漏，加油站加油员只要按照巡检要求，每个班在交接时打开加油机边盖进行检查，就能闻到油气气味，或用眼睛能看到渗漏部位的痕迹，或用手能摸到管壁、接头处的油迹。如果填了砂砾，只有渗漏发展到非常严重的时候，才能被发现，这时加油机空间内早已经形成已经爆炸性混合气体，而且已经不是 2 区的概念，而是 1 区，甚至是 0 区的爆炸性混合气体，情况已经非常严重。

3 结论

加油机使用防渗底座时，底部空间使用砂砾填埋的做法是错误的。

参考文献

[1] GB 50156—2012　汽车加油加气站设计与施工规范(2014 年版).

[2] GB 50058—2014　爆炸危险环境电力装置设计规范.

[3] SY/T 6671—2017　石油设施电气设备场所Ⅰ级 0 区,1 区和 2 区的分类推荐作法.

[4] SY/T 6714—2008　基于风险检验的基础方法.

销售企业安全环保杜绝项管控研究

何建华　刘　静　李　利

（中国石油四川销售分公司　四川省成都市）

摘　要　通过总结近几年来销售企业安全环保杜绝项管理的实践经验，结合中国石油四川销售分公司（以下简称“销售公司”）HSE负面清单和杜绝项治理实践，以问题为导向，明确杜绝项的概念，分析其特点，研究制订杜绝项治理流程和管控措施，系统地开展安全环保杜绝项的消减工作，持续提升销售企业安全环保风险管控能力。

关键词　杜绝项　管控　研究

引言

从2012年开始，中国石油四川销售分公司（以下简称“销售公司”）每年组织两次HSE管理体系审核，对所有省区公司进行全覆盖审核。通过审核发现，库站爆炸危险场所防爆封堵失效、防爆区域作业不穿着防静电工作服、接卸油作业不连接静电接地线、作业许可手续未办理或违规办理、螺栓和静电跨接严重缺失等问题经常重复出现，占到所有问题的30%～50%。为解决这一难题，销售公司在审核总结会上将以上问题列为杜绝项，作为每次审核的重点内容，力求紧抓突出问题，以点带面，不断增强销售企业安全环保风险管控整体能力。

1　杜绝项持续存在的原因

1.1　层层培训不够彻底

杜绝项持续存在的原因主要表现在上级部门虽然开展了“纵向培训”，但在油库、片区级的培训常出现断档。管理层接受的培训多，专业技术强，但各职能部门没有形成逐级培训，没有对专业线的基层员工进行培训或培训不够。致使员工对标准、规范或相关的制度要求掌握不够，即使问题或隐患摆在基层员工面前，他们也不一定能够发现。

1.2　标准规范宣贯不够

每年各专业线的新标准、新规范没有人组织更新，没有获取渠道，有的新标准、新规范只有上级公司专业部门才能提供，没有对基层员工进行宣贯；基层员工对标准、规范接触少，不了解；缺乏对新设备、新工艺开展自查自纠的能力；员工不知道如何去检查、发现问题，导致检查的广度和深度不够。

1.3　杜绝项执行力不够

随着杜绝项治理专项工作持续深入开展，一些问题也逐渐显现出来，主要表现在以下几方面：

(1)从执行层面看,各二级公司杜绝项治理不彻底,同类问题反复出现。

(2)从策划层面看,杜绝项治理缺少评估机制,资金保障不及时,考核力度不够。杜绝项的数量虽然整体呈现下降趋势;但还远未达到彻底解决的程度,需要进一步改进管理机制,采取更加有效的措施,持续推行治理工作。

2　杜绝项的内涵

杜绝项是指企业根据自身业务特点确定,在安全生产方面存在较大风险隐患或极易引发不可接受后果的,需要系统治理,实现有效消减的人的不安全行为和物的不安全状态。

销售企业生产工艺相对简单,安全环保风险管控的技术难度相对较小,重大风险失控的可能性相对较低;但由于销售企业的经营网点遍布城市乡村,风险点多且分散,多数加油站毗邻社区等人员公共聚集区域,一旦风险失控,严重的事故会导致群死群伤事件,一般性的事件也极易引发社会关注,造成负面舆情。所以销售企业安全环保工作的难点,就在于如何有效管住这些分散的、数量庞大的风险点。从多年实践情况看,对于种类较多、体量较大且长期不能有效治理的风险管控难题,最有效的做法就是找到合适的支点,系统性地解决具有代表性的问题,撬动顽疾的根基;然后紧抓阶段性的主要矛盾,有计划、有步骤开展针对性的单项治理工作,循序渐进,最终使各类风险处于受控状态,稳步推进安全环保管理水平提升。杜绝项治理工作就是销售企业解决风险管控难题的支点。

3　杜绝项管理流程

3.1　制订杜绝项管理流程

杜绝项管理流程是对各类检查发现的问题进行汇总分析,确定杜绝项,制订杜绝项消减计划并实施计划,开展检查、整改验证等,其流程图如图 1 所示。杜绝项管理遵循 PDCA 管理模式,如图 2 所示。

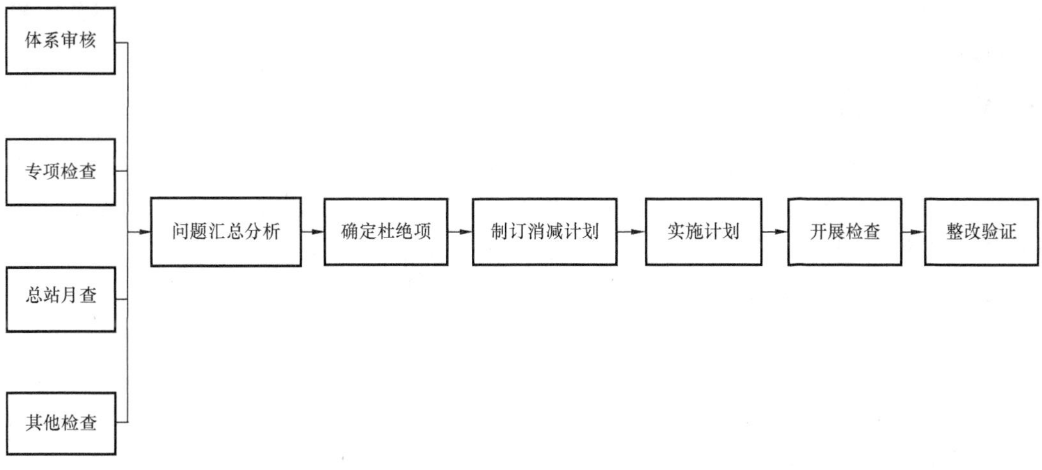

图 1　杜绝项管理流程图

3.2　杜绝项确定的原则

杜绝项的表现形式有两种:人的不安全行为和物的不安全状态。销售企业的安全环保隐

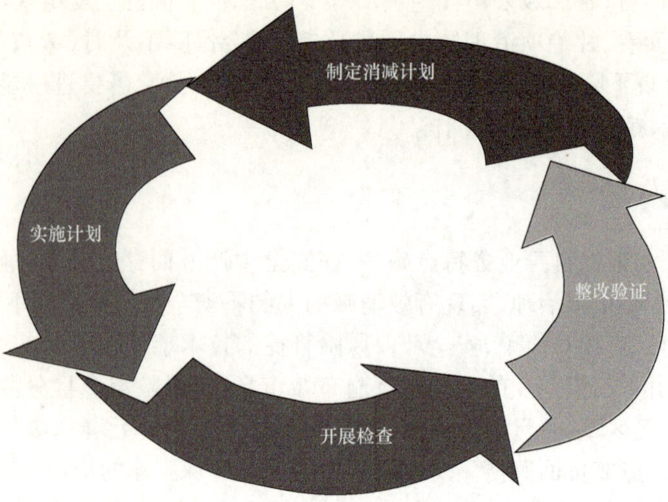

图2 杜绝项 PDCA 管理模式示意图

患也涉及人的不安全行为和物的不安全状态,其种类、形式较多。从中选择一部分作为管理的杜绝项,选取应遵循以下原则:

(1)符合法律法规、技术标准及制度规程的要求。

(2)优先考虑高风险性隐患。此类隐患风险极大,一旦失控危害大、影响大,所以即使发生概率不大,也需要高度关注,使其始终处于受控状态。

(3)优先考虑高暴露性隐患。此类隐患普遍存在,由于其高暴露性,经常引发事故事件,影响企业安全环保绩效,所以即使风险不大,也需要予以重视。

(4)优先考虑各类审核检查中发现的重复发生、屡查屡有的隐患。此类问题容易被忽视,同时在治理上往往需要系统性的措施。

(5)杜绝项的数量不宜过多。由于每个杜绝项的治理工作都要系统策划、分步实施,客观上需要有一个完整的治理周期;如果内容过多,人力、资金、技术等相关资源无法保障,会影响治理的效果。

3.3 确定的杜绝项

根据历次审核、检查发现,销售公司识别出油库、加油站共"十五个杜绝项",并对"十五个杜绝项"内容进行了解读,对每一条都做了详细的解释,使其易于理解,不会产生歧义。比如:"爆炸危险场所防爆封堵失效",这条杜绝项就分别从油库、加油站两方面做条文解释,使各级人员更易理解,一目了然。已确定的"十五个杜绝项"如下:

(1)爆炸危险场所防爆封堵失效。

(2)防爆区域作业不穿着防静电工作服。

(3)接卸油作业不连接静电接地线。

(4)作业许可手续未办理或违规办理。

(5)安全阀、可燃气体检测仪(报警仪)、氧含量测定仪、关键部位压力表等过期未检定。

(6)螺栓、静电跨接等严重缺失。

(7)操作规程未经审批发布、内容与实际不符或主要作业缺失。

(8)社会车辆司机从事上装付油操作。

(9)未采取防坠落措施进行铁路栈桥装卸油作业及汽车油罐车罐顶作业。

(10)未采取风险防范措施、未履行审批手续,造成内浮顶油罐落盘。

(11)库站可燃气体报警、火灾报警等监控系统带病运行。

(12)压力容器、防雷接地未定期检测或出现问题未及时整改。

(13)加油站以喷溅式装油方式直接向小额配送车辆和油桶加注油品。

(14)计量孔盖垫片缺失。

(15)承重罐操作井密封失效导致油气浓度大。

杜绝项条文解释节选见表1。

表1　杜绝项条文解释(节选)

序号	杜绝项内容	条文解释
1	爆炸危险场所防爆封堵失效	加油(气)站的爆炸危险场所防爆封堵失效是指: 1. 操作井内潜油泵、液位仪穿线管接头断裂、松动,防爆接线盒、隔离盒两端接头松动、密封不严;油罐计量口盖未与计量口端头紧密连接。 2. 加油机内加油机电源、信号线进线与穿线管没有封堵;防爆接线盒、油气回收电机、计量室等设备的防爆挠性管松动;加油机内上下箱体穿线处未封堵。 3. 卸油区卸油口无闷盖或未与卸油口端头连接紧密,卸油口闸阀、排气孔未关闭。 4. 加油罩棚网架上的照明灯、应急灯未穿管或穿线管与灯座没完全密封连接。 5. 爆炸危险区域钢管之间、钢管与钢管附件、钢管与电气设备引入装置的连接,应采用螺纹连接,其有效啮合扣数应不少于6扣,1区范围内并用防松螺帽牢固地拧紧。螺纹上应涂电力复合脂或导电防锈脂。保护管两端的管口处应将电缆周围用非燃性纤维堵塞严密,再填塞密封胶泥。 6. 接线盒、接线箱等的隔爆面上不应有砂眼、机械伤痕
		油库的爆炸危险区是指: 1. 油罐区储油罐计量口盖未与计量口端头紧密连接;液位仪、报警器、监控设备与穿线管连接处脱落、密封不严。 2. 油泵房、机油泵房、阀室内防爆开关、防爆灯、换气扇、油泵等电器设备的电源线没按要求穿管或穿线管与设置连接处脱落、松动。 3. 铁路、公路卸油区的卸油泵、开关电源线未穿管或穿线管与设置连接处脱落、松动
2	防爆区域作业不穿着防静电工作服	1. 油库防爆区域包括:储罐区、泵房、阀室、铁路专用线、发油现场、化验室、油气回收室、隔油池和污水处理间等。 2. 加油站防爆区域包括:油罐区、卸油区、加油岛、隔油池。 3. 加气站防爆区域包括:CNG储气井、压缩机房、加气现场。 4. 操作人员(含油罐车驾驶员、押运员)在防爆区域不穿着防静电工作服、工作鞋
…	……	……
15	承重罐操作井密封失效导致油气浓度大	承重罐操作井内计量孔、管线法兰、人孔盘、潜油泵和液位计等连接处密封不严造成的油气泄漏

4　制订杜绝项消减计划

4.1　统计分析

销售公司对近几年在日常监督检查、专项检查与HSE体系审核中发现的问题进行分类统计分析、追根溯源,分析问题产生的原因,发现爆炸危险场所防爆封堵失效、防爆区域作业不穿防静电工作服、接卸油作业不连接静电接地线、作业许可手续未办理或违规办理等 15 大类问题，在每次检查时都频繁出现，占问题总数的比例较大，是库站安全管理的“顽疾”。为消除这些问题，销售公司按照杜绝项出现的频次和原因，将杜绝项治理分为常见型和偶发型两类，针对性地制订治理方案，设定管控指标，编制计划，分类分期整改。

偶发型的杜绝项主要指不常发生的，有一定频次、期限要求的，一般治理周期为 3 至 6 个月完成。

常见型的杜绝项主要指普遍存在、屡查屡有的问题，一般治理周期为 1 至 3 年完成。

4.2　制订计划

为消除“十五个杜绝项”，销售公司每年开展一次杜绝性专项整治活动，制订活动方案，编制杜绝项治理计划，计划制订原则遵循“由易到难，由基层到上级，分时段、分期整改”。计划表详见表 2。

表 2　杜绝项治理计划表

类别	难易程度	整改时限	整改部门	备注
一类	一般	7 ~ 30d	油库、加油站	自行能整改
二类	较难	1 至 3 个月	二级公司	需要部分整改资金
三类	难	3 至 6 个月	二级公司	需要向销售公司申请资金进行整改
针对杜绝项中的违章行为，应按反违章进行处罚，并要求立即整改				

5　执行消减措施

5.1　开展杜绝项宣贯

销售公司编制了销售企业杜绝项消减指南（图 3），对“十五个杜绝项”做了汇编，对每一条文都做了解释，有引用标准、常见问题、技术要求等。因为每一个杜绝项可能涉及多项内容，指南针对每项内容，都有相对应的技术要求，涵盖了每一个杜绝项可能出现的各类问题。杜绝项主要来源于施工验收把关不严、设备设施维护保养不到位及员工的不安全行为或违章作业，通过不断的宣贯，员工的安全意识得到增强。

5.2　对基层员工进行杜绝项培训

二级公司由安全部门组织零售、油库和加油站的专业人员收集“十五个杜绝项”的视频或图片，采用图文、插入小视频的方式编制培训课件。分油库、加油站两条专业线对员工开展“下基层，送培训”活动，对每一个杜绝项进行条文解释，如对杜绝项“防爆区域作业不穿着防静电工作服（包括库站员工、外来作业人员、检查人员）”进行解释，说明该条文制订的依据为 AQ 3010—2007《加油站作业安全规范》，该条文常见的问题和技术要求等。通过培训，让员工知晓库站有哪些问题或不安全行为属于杜绝项，确保在平时的工作中检查发现杜绝项，将杜绝项消灭在萌芽状态。

5.3　技术支持、资金保障

杜绝项在整改过程中，基层能整改的杜绝项，按规定时限进行整改；基层不能整改的杜绝项，立即上报二级公司，由二级公司提供资金、组织专业技术人员进行整改；涉及整改费用较大

销售企业杜绝项消减指南

第一章　总则

第一条　杜绝项治理是销售企业解决风险管控难题的支点。总结近年来销售企业杜绝项管理的实践经验，以问题为导向，明确杜绝项的概念，分析其特点，研究制订杜绝项治理流程和管控措施，系统地开展杜绝项消减工作，持续提升销售企业安全生产风险管控能力，特制订本指南。

第二条　杜绝项是指企业根据自身业务特点确定，在安全生产方面存在较大风险隐患或极易引发不可接受后果的，需要系统治理，实现有效消减人的不安全行为和物的不安全状态。

第三条　本指南适用于各销售企业及所属各单位。

第二章　管理要求

第四条　杜绝项管理遵循PDCA管理模式，其流程包括杜绝项内容确定，杜绝项消减计划制订，杜绝项消减计划实施和杜绝项消减效果评估等内容。

第五条　杜绝项的表现形式有两种：人的不安全行为和物的不安全状态。在确定作为杜绝项管理时，应遵循以下原则：

（一）符合法律法规、技术标准及制度规程的要求。

（二）优先考虑高风险性隐患，此类隐患风险极大，一旦失控危害大、影响大，所以即使发生概率不大，也需要高度关注，使其始终处于受控状态。

（三）优先考虑高暴露性隐患，此类隐患普遍存在，由于其高暴露性，经常引发事故事件，影响企业安全环保绩效，所以即使风险不大，也需要予以重视。

（四）优先考虑各类审核检查中发现的，重复发生、屡查屡有的隐患。此类问题容易被忽视，同时在治理上往往需要系统性的措施。

（五）杜绝项的数量不宜过多。由于每个杜绝项的治理工作都要系统策划、分步实施，客观上需要有一个完整的治理周期，如果内容过多，人力、资金、技术等相关资源无法保障，会影响治理的效果。

第六条　已确定的杜绝项：

——爆炸危险场所防爆封堵失效；

——防爆区域作业不穿着防静电工作服；

——接卸油作业不连接静电接地线；

——作业许可手续未办理或违规办理；

——安全阀、可燃气体检测仪（报警仪）、氧含量测定仪、关键部位压力表等过期未检定；

——螺栓、静电跨接等严重缺失；

——《操作规程》未经审批发布，内容与实际不符或主要作业缺失；

——社会车辆司机从事上装付油操作；

——未采取防坠落措施，进行铁路栈桥装卸油作业及汽车油罐车罐顶作业；

——未采取风险防范措施、未履行审批手续，造成内浮顶油罐落盘；

图3　销售企业杜绝项消减指南（节选）

的杜绝项，二级公司不能在规定时限内整改的，应及时按规定上报销售公司申请整改费用。杜绝项没有得到整改前应列入隐患，制订防范措施，落实专人负责，整改后及时进行消项。

5.4　纳入HSE负面清单管理

从2016年开始，销售公司将“不穿着防静电工作服，接卸油作业不连接静电接地线，以喷溅方式向小额配送车和油桶加注油品，防爆封堵失效”等杜绝项纳入公司的HSE负面清单管理，作为管理和操作的禁止项。各级管理人员和岗位操作员工一旦违反HSE负面清单中所列条款，将严格按照对应标准进行处罚。

HSE负面清单管理制度为杜绝项增加了一重保险，是对杜绝项进行升级、从严管理。基层单位、两级机关部门、安全质量监督总站在开展监督检查和各类体系审核时，将杜绝项内容作为监督检查重点。检查方式包括现场发现、视频回放、影像取证，要求各类检查证据真实有效，具备溯源性。一旦发现杜绝项，需经本人签字确认并要求相关人员进行整改，整改情况进行验证后，将检查、整改、验证情况录入HSE信息系统。

5.5　加大考核力度

主要措施如下：

（1）针对二级公司上报的杜绝项，已备注未整改、且制订防范措施的杜绝项，销售公司不做处罚；但二级公司不按要求整改或整改不彻底的杜绝项，销售公司将严格按照规定进行考核，加倍处罚，切实将这些重复发生的问题彻底消除。

（2）HSE体系审核、监督总站检查发现的杜绝项，一并纳入处罚。

（3）每月不仅对二级公司出现的杜绝项进行罚款，还要按安全环保质量计量考核办法进行考核扣分，年终根据各二级公司扣分情况进行排名，排名靠后的二级公司不参与安全环保先进单位评选。

5.6 检查及整改验证

主要措施如下：

(1)由基层开展杜绝项自查自纠，逐库逐站进行排查，将排查情况上报二级公司安全部门。

(2)二级公司安全部门根据基层上报的杜绝项，由各专业线人员对照“十五个杜绝项”标准对油库、加油站再进行核定、复查，对排查出的问题进行汇总、分析。

(3)二级公司将排查、整改情况上报销售公司；暂时不能整改的杜绝项，列入隐患计划，制订防范措施，落实责任人，待资金批复后，整改销项。

(4)通过销售公司体系审核或监督总站每月监督检查，对二级公司上报的杜绝项整改情况进行验证。从“计划、检查、整改、验证”着手，实现 PDCA 内部良性循环。

6 杜绝项实施效果

6.1 杜绝项治理情况

销售公司在每个杜绝项治理周期完成后，通过治理期间检查数据的统计，开展消减效果评估。根据评估结果，制订下一轮的消减计划与措施，直至杜绝项完全消除。2015 至 2018 年，每年将 HSE 体系和监督总站检查发现的杜绝项进行汇总，杜绝项数量和罚款金额逐渐减少，出现杜绝项的二级公司也在减少。在治理杜绝项上，按照“一年自查自纠，二年见成效，三年基本完成，四年基本杜绝”的方式进行治理，在 2019 年的 HSE 体系审核中，杜绝项已大幅度减少。如图 4 所示。

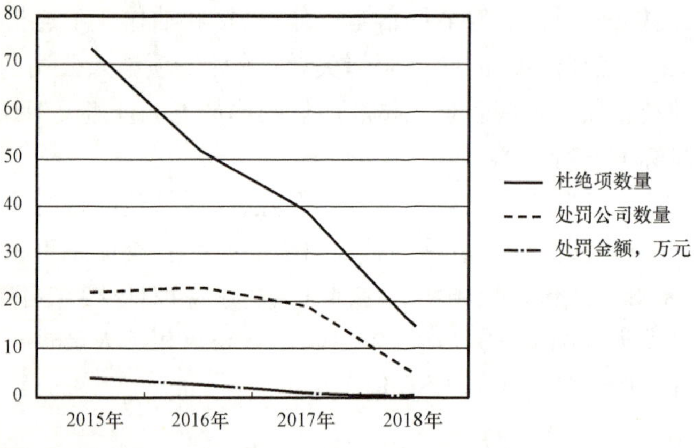

项目	2015年	2016年	2017年	2018年
杜绝项数量	73	52	39	15
处罚公司数量	22	23	19	5
处罚金额，万元	3.82	2.92	0.87	0.45

图 4 杜绝项治理分析

6.2 杜绝项管理已经取得的成效

杜绝项治理工作开展以来，成效显著，主要体现在以下几个方面：

(1)高风险隐患得到各级高度关注，通过持续性地加大技术、资金投入，隐患治理工作全面提速，企业风险受控程度明显增强。

（2）通过从上到下分专业开展培训，使各级人员对杜绝项的标准依据、表现形式、成因分析、整改标准和控制措施有了较为全面的认识，管控水平明显提高。

（3）通过抓主要矛盾，树“典型”，针对某些公司杜绝项频繁出现、拒不整改的现象，公司对安全总监、分管领导、安全和责任部门负责人实行诫勉谈话，使杜绝项不再重复出现，全面提升了公司的风险管控能力，安全环保基础性工作得到明显加强，杜绝项得到有效遏制，实现公司安全管理内部良性循环。

参考文献

[1] GB 50156—2012 汽车加油加气站设计与施工规范.

[2] GB 50074—2014 石油库设计规范.

油库公路付油作业风险分析和安全管控

冷晓亮　罗元军　曾豪能

（中国石油四川销售仓储分公司　四川省成都市）

摘　要　2014年底，宁夏地区某油库在油罐车装油过程中发生一起闪爆事故，油罐车装油安全再一次引起人们的关注。虽然事故没有造成重大的人员伤亡，但是给油库安全管理敲响了警钟。油库公路付油作业是油库生产经营最常态、最繁忙、最具风险的一个环节，同时也是外来输入性风险较为集中的重点要害部位，因此，油库公路付油作业风险是长期存在的，且需要从风险管控方面采取重要手段来加以遏制。油罐车灌装作业风险不仅存在于油库方面，还存在于外来自提客户和车辆，存在管控不到位、检查流于形式等问题。针对上述问题，如何有效识别并分析出油库公路付油作业全过程的风险因素，在强化安全监督管理的基础上，制订有效的油罐车入库灌装检查管理办法和风险防范措施，有效排查和管控隐患和风险，全过程掌控公路付油作业，是油库安全生产管理面临的重要挑战。

关键词　油库　公路付油　安全技术　风险分析　油罐车

引言

近年来，各地区油库在油罐车装油过程中发生火灾等事故的频次逐步增加，有的虽然没有造成较大事故，但事故的原因却值得深刻思考，值得各油库吸取安全管理方面的经验教训。长期以来，各地区成品油油库不断加大在安全隐患方面的整治工作，在自动化付油技改方面投入了大量资金，安全设备设施不断升级换代。尤其是在油库公路付油环节，从以前的上装作业改为下装作业后，公路付油作业安全已经有了较大的技术保障和改善，人员配置大幅度缩减，作业劳动强度不断降低。但是确保公路付油作业的安全，不仅依靠油库现有的设备设施，更重要的是完善配套的安全管理制度和风险防范措施。同时，也需重新考虑监督人员的配置，进一步提高作业人员的风险意识。

1　风险分析

公路付油是油库重要的生产运行环节之一，它的运行状况关系着整个油库的运作情况，其每一个环节的每一细节都是至关重要的。油库公路付油作业的风险因素是多方面的，如油罐车隐患风险、驾驶员输入性风险、设施设备风险、人员管理操作风险等，任何一方面出现问题，都可能酿成事故。

1.1　油罐车隐患风险分析

近年来，油库公路付油作业量急剧上升，尤其是外来自提客户和第三方承运的车辆不断增加，其油罐车的安全状况堪忧，主要体现在：

(1)随着下装付油系统的推广,原外部自提客户和第三方承运商的上装油罐车可能通过没有油罐车改装资质的个人或单位私自改装为下装油罐车,并改装溢油静电装置和底阀等。改装后的车辆没有技术保障和质量保障。

(2)相关行政部门对油罐车监管不到位,部分车辆缺少相关的技术合格检测证书,一些安全技术不合格、不达标的油罐车流向社会,给油库公路付油作业和运输安全带来较大隐患。

(3)一些油罐车超年限使用,维修保养不到位。罐体、车身及相关附件设备老化磨损严重,如车载灭火器失效、蓄电池及电气线路老化、溢油静电装置不完好,罐体及管线老化锈蚀,甚至底阀长期渗漏等现象,都会对油库生产运行造成安全隐患。

1.2　驾驶员输入性风险分析

最大的外来输入性风险是油罐车驾驶员自身。即部分驾驶员素质较低,风险识别能力不强,对油库作业现场的安全风险缺乏认识。主要体现在:

(1)根据危险化学品运输行业的特性,要求驾驶员及押运人员必须进行相应安全学习培训,具备一定安全知识和技能,考试合格并取得危险品从业资格证和押运证才能上岗操作。但外部社会车辆的业主方,包括部分内部运输公司,都存在重效益轻管理的倾向,放松对驾驶员的安全培训和管理。造成油罐车驾驶员普遍存在着安全知识缺乏、安全操作能力不足、风险意识薄弱等现象。

(2)部分驾驶员不遵守油库安全规定。存在不服从油库安全检查和指挥,私自携带手机和烟火入库,着装不符合规定,不主动将导静电拖地带触地,以及灌装过程中离开现场等问题。给油库作业带来极大的安全隐患。

1.3　设施设备风险分析

设施设备风险也不可忽视。油库发油设施设备是静电主要产生部位,特别是泵、过滤器和管道。因静电放电(ESD)引起的火灾爆炸事故屡见不鲜,且具有一定的突发性、易爆性,其扑救难度大、易造成人员伤亡。因此,油库设施设备的完好性是安全运行的保障,主要体现在:

(1)装油前先接好接地线,并经常检查其完好情况和接地电阻是否符合防静电标准。

(2)防溢油装置的可靠性。一旦出现油品多付,防溢油装置能实现紧急停泵,是避免冒油的关键。

(3)设备的工艺设计规范,无缺陷,管线走向及导静电跨接接地规范,泵流量与管径匹配,管线装有排压装置且有效,自控系统与现场设备匹配等。

(4)静电导出装置可靠性高。静电是油品输转作业中的最大危害因素,静电能否及时迅速地导出是避免静电事故的关键。

(5)现场可燃气体装置的可靠性。尤其对于汽油鹤位,其油气挥发大,油气浓度上升快,可燃气体装置及时报警并采取措施降低油气浓度,是避免火灾爆炸事故的关键。

1.4　人员管理操作风险分析

油库人员安全监督管理是确保公路付油作业安全的基本保障,若安全监督不到位,员工对安全管理流于形式,也可能会酿成事故。主要体现在:

(1)对入库油罐车和驾驶员是否按制度要求进行安全检查,如提醒驾驶员存放手机,烟火,检查车辆阻火罩、导静电拖地带等。

(2)在上装付油作业现场,油库人员是否按操作规程进行操作,有无“三违”行为,对驾驶员的违规操作和不安全行为是否及时有效制止。

(3)下装付油作业现场,驾驶员是否按操作规程进行操作,油库安全监督是否认真履职,如是否复核确认驾驶员操作设备前的静电消除动作。

(4)油库岗位员工能否执行好油库的安全管理制度,能否及时识别风险并主动消除安全隐患。

(5)油罐车"转换品种装油"是否进行付油前确认(如宁夏某油库油罐车闪爆事故,经分析认为,该油罐车日前装运汽油后未清洗油罐继续装运柴油,造成油罐内汽油残留。在装油过程中出现汽油油气聚集、达到闪燃范围,在静电或油罐车线路搭铁等外因条件下引燃油气,造成油罐车闪爆。因此,在需要"转换装油"时,必须先将油罐车内的汽油清洗干净,并严格按操作规程进行作业)。

(6)防止人体带电。在装卸作业时,人体必然要与工作对象(油罐车)、工作物接触产生摩擦,极易产生静电,并有可能形成静电放电。如果此时恰遇易燃易爆的油蒸气,就会发生爆炸事故。因此操作人员在操作过程中必须穿防静电工作服和防静电鞋,消除人体静电。

(7)装油时要严格控制灌装初速在1m/s以内,直到出油口被浸没后再逐步加大流速,以杜绝喷溅造成的静电事故。

2 油库付油作业全过程隐患控制措施

在油库公路付油作业过程中,为避免上述风险因素带来的安全隐患,油库可结合实际,制订可操作性强的风险防范措施和管理办法,来预防和杜绝事故事件的发生。

2.1 油罐车入库前检查

目前,各地区油库在对油罐车入库前的检查方面制订了相关的管理制度,但由于油库员工执行不到位,检查流于形式,使得油罐车入库前检查力度不足。为此油库应该在原管理制度的基础上,进一步完善油罐车准入机制及驾驶员入库行为规范(表1)。

(1)对入库车辆进行登记检查的同时,对驾驶员的着装合规性及是否携带烟火、手机进行严格检查,对可能发生静电及火源的物品,严禁携带入库。

(2)对外来自提车辆及驾驶员要全面建立档案信息,包括驾驶证、行车证、危化品运输许可证、装车资格证、车辆购置年限、罐体检测报告等,并全部复印建档,进一步减少因油罐车和驾驶员不合规问题带来的安全隐患,同时杜绝非法运营车辆入库提油。

(3)加强油库员工培训,掌握油罐车安全知识,使员工有能力辨识出油罐车存在的安全问题和隐患。

(4)重点检查油罐车关键环节和部位,如油罐车罐体及安全附件的完好性、蓄电池及线路的完好性,装卸油口是否有效关闭,罐内油品是否卸净等。

2.2 油罐车入库后管理

油罐车入库后,油库安全监督员在付油作业现场要做好对驾驶员的监督管理,并严格进行付油前安全检查(表2):

(1)再次确认驾驶员是否持有装车资格证、操作前是否按规定消除静电、驾驶员对设备操作是否规范正确、应提醒驾驶员在付油过程中不能离开现场、制止驾驶员在付油现场其他违规行为,如修车、做幅度较大的动作等。

表 1　入库提油车辆检查表

<table>
<tr><td colspan="4">检查日期：　　　　　　年　　月　　日</td></tr>
<tr><td rowspan="3">检查人员签名：</td><td colspan="3">车牌号：</td></tr>
<tr><td colspan="3">所属车队（或自提客户）：</td></tr>
<tr><td colspan="3">检查时间：　　　　　时　　分</td></tr>
<tr><td colspan="2" rowspan="2">检查内容</td><td colspan="2">检查情况</td></tr>
<tr><td>是</td><td>否</td></tr>
<tr><td rowspan="4">证件</td><td>是否携带驾驶证</td><td></td><td></td></tr>
<tr><td>是否携带行驶证</td><td></td><td></td></tr>
<tr><td>是否携带运输许可证</td><td></td><td></td></tr>
<tr><td>是否携带装车资格证</td><td></td><td></td></tr>
<tr><td rowspan="3">人员</td><td>是否有押运员</td><td></td><td></td></tr>
<tr><td>驾驶员是否穿戴防静电工作服、鞋</td><td></td><td></td></tr>
<tr><td>驾驶员是否携带手机、烟火等违禁物品</td><td></td><td></td></tr>
<tr><td rowspan="7">车辆情况</td><td>外观可见车辆各部件是否完好，有无影响安全装车的缺陷（如防火罩不能关闭或关闭不严）</td><td></td><td></td></tr>
<tr><td>观察油箱、车底地面是否有异常滴漏</td><td></td><td></td></tr>
<tr><td>车辆轮胎是否完好（明显的外观损伤、鼓包、瘪胎等）</td><td></td><td></td></tr>
<tr><td>检查下装口箱铅封是否完好</td><td></td><td></td></tr>
<tr><td>车载灭火器是否完好、有效、能正常取用</td><td></td><td></td></tr>
<tr><td>车辆内是否存放有手机、烟火等违禁物品</td><td></td><td></td></tr>
<tr><td>静电拖地带铜裸线是否接触地面</td><td></td><td></td></tr>
<tr><td rowspan="2">其他</td><td>车辆是否转换品种灌装</td><td></td><td></td></tr>
<tr><td>车辆是否私自违规加装违禁装置（如加热装置）</td><td></td><td></td></tr>
<tr><td colspan="2">结论：是否允许入库</td><td></td><td></td></tr>
<tr><td colspan="4">驾驶员签名：</td></tr>
</table>

（2）与运输公司、社会车队等协作，定期对驾驶员开展安全培训教育，提高安全操作、风险防范和应急处置能力。

2.3　设施设备检查和工艺管线改进

油库要定期组织员工对公路付油设施设备进行检查和维护保养，注重对防溢油静电装置、可燃气体报警装置可靠性、付油系统稳定性进行检查。对存在故障的设备要及时进行维修和更换，对存在缺陷的设施设备和工艺管线要列入改造计划，及时进行技改，消除因设施设备及工艺管线问题造成的安全隐患，如现场防爆接线盒的可靠性，工艺流程和设施能力匹配性，装油鹤管等关键设备的密封完好性，压力表指示值是否在 0.1 ~ 0.2MPa 范围内，付油初流速的控制等。

2.4　严格落实油库公路付油操作规程

主要措施包括：

表 2　灌装前车辆检查表

<table>
<tr><td colspan="4">检查日期：　　　　年　　月　　日</td></tr>
<tr><td rowspan="4">发油岛位</td><td colspan="3">车牌号：</td></tr>
<tr><td colspan="3">灌装油品品种：</td></tr>
<tr><td colspan="3">开始灌装时间：　　　时　　分</td></tr>
<tr><td colspan="3">结束灌装时间：　　　时　　分</td></tr>
<tr><td colspan="2" rowspan="2">检查内容</td><td colspan="2">检查情况</td></tr>
<tr><td>是</td><td>否</td></tr>
<tr><td rowspan="4">人员</td><td>驾驶员是否有装车资格证</td><td></td><td></td></tr>
<tr><td>是否有其他人员随车入场</td><td></td><td></td></tr>
<tr><td>驾驶员是否在场监护</td><td></td><td></td></tr>
<tr><td>驾驶员是否有其他违规行为</td><td></td><td></td></tr>
<tr><td rowspan="15">操作及车辆</td><td>车辆是否停放在指定岛位</td><td></td><td></td></tr>
<tr><td>车前是否放置警示锥等标志(使用道闸则不查)</td><td></td><td></td></tr>
<tr><td>是否关闭车辆总电源</td><td></td><td></td></tr>
<tr><td>是否有效连接静电(防溢油)保护装置</td><td></td><td></td></tr>
<tr><td>是否连接油气回收管</td><td></td><td></td></tr>
<tr><td>发油鹤管是否连接正确</td><td></td><td></td></tr>
<tr><td>上装发油灌装口是否覆盖石棉毯</td><td></td><td></td></tr>
<tr><td>上装发油防溢油报警装置是否放置到位</td><td></td><td></td></tr>
<tr><td>观察油箱、车底地面是否有异常滴漏</td><td></td><td></td></tr>
<tr><td>车用防火罩是否完好,处于关闭状态</td><td></td><td></td></tr>
<tr><td>静电拖地带铜裸线是否接触地面</td><td></td><td></td></tr>
<tr><td>发油完毕后是否对设备进行复位、清理</td><td></td><td></td></tr>
<tr><td>上装操作人员必须正确佩戴安全带、安全帽</td><td></td><td></td></tr>
<tr><td>核对货位油品品名与油料灌装单品名是否一致</td><td></td><td></td></tr>
<tr><td>多舱车驾驶员是否核对灌装舱位是否正确</td><td></td><td></td></tr>
<tr><td>其他</td><td>上装发油由油库员工操作</td><td></td><td></td></tr>
<tr><td colspan="2">检查人员签名：</td><td colspan="2">驾驶员签名：</td></tr>
</table>

(1)作业前,应检查流量表、阀门、鹤管等技术状况是否良好、有无渗漏,静电装置是否完好,并备齐工具。

(2)装油车位已被油罐车占满时,等待装油的车辆应停在警戒线处,即:距装油位置不应小于6m,车的发动机应熄火。

(3)罐车附属设备技术状况是否完好;随车消防器材及消静电拖带齐备有效。

(4)装卸作业正在进行中,监督驾驶员不得离开,车辆发动机应该熄火、车上的电气隔离开关应切断。

(5)释放人体静电,上车检查,当发现提油车辆油罐中残留油品或水时,提示驾驶员并报告油库主任。

(6)鹤管插入罐车底部,盖好石棉被,示意“准备就绪”。

(7)操作过程要轻开轻关槽车孔盖防止碰撞产生火花。在严格遵守操作规程的同时,加强值班、职守工作安排和现场检查力度,对公路付油现场的安全监督员、作业操作人员的脱岗、睡岗及酒后上岗等违章行为,一经发现要严惩不贷。

3 应急情况下控制措施

油库公路付油的作业安全,重点在“防”。只有将风险因素及时识别消除,风险隐患及时排除,才能确保安全生产。但是另一方面也应做好应急处理工作,有些安全问题出现了,安全事故发生了,只要处理及时得当,就能将危险控制住,将事故消灭在初级阶段。为此油库应做到:

(1)事故发生后停止付油,切断电源,关闭付油阀门(同时启动灭火预案中油罐车灭火程序)。迅速组织员工在第一时间,第一现场使用石棉被等盖住罐口着火部位,力争将火窒息。当火势未熄灭时,应使用灭火器对准着火部位进行封盖灭火。同时,油罐车驾驶员应将油罐车迅速驶离现场,再进行扑救。如果火灾较大无法控制,应果断撤离所有人员及车辆,同时拨打火警电话“119”并报告上级请求灭火支援,加强油库周围警戒,等待救援。

(2)完善现有的应急处置方案,方案要结合风险台账有针对性地制订。如制订付油作业现场跑冒油事故应急处置方案,鹤管拉断应急处置方案,车辆起火和自燃应急处置方案等。应急处置方案必须具有可操作性,每个程序步骤都要简单有效,同时要让岗位员工熟练掌握方案要点,有效执行应急措施。

(3)应急方案中的应急处置措施和流程要与实际相结合,关键环节必须要经过各专业部门研究确定,若油罐车在灌装过程中发生跑冒油事故,先需要采取什么应急措施,然后该怎么管控事故现场,怎样安排施救方法才能使事故有效得到控制。

(4)利用油库现有配置的应急处置物资和装备做好应急处置工作。消防器材包括火火器、灭火毯、消防沙、消防桶、消防锹等;其他应急物资包括防爆油桶(盆)、堵漏工具、吸油毡等。为了便于消防应急,油库可以创造性地发明一些应急装备,比如可移动式消防泡沫推车等。

(5)针对应急处置方案,油库要经常组织员工进行学习演练,让每名员工都熟悉应急处置的内容、方法和步骤,具备现场应急处置的知识和能力。油库还应将油罐车驾驶员纳入现场应急处置力量进行演练,以提高联合处置能力。在组织对应急处置方案进行学习和演练的过程中,油库应不断修订完善方案,使方案更加科学有效,更具有实用性和可操作性。

4 违章处罚管理

建立油罐车入库付油检查管理制度,规范驾驶员的入库作业行为,保障油库生产作业安全。

(1)采取措施加强油库门卫、安全监督员、公路现场付油岗三个重点职责岗位员工的执行力,杜绝检查流于形式的现象发生。

(2)加强自提客户和内部运输车队培训考核,考核合格发放油库准入证,约束油罐车驾驶员行为规范,明确油罐车入库前各项管理规章制度,提高油罐车驾驶员业务操作能力,达到更快速、更简单、更安全的管理要求。

(3)建立油库管理部门(仓储公司)、油库、运输车队三位一体的沟通机制,每月相互交流检查出的违章问题和建议,并根据违章行为的轻重程度决定处罚扣分标准,严重违反安全管理规定的驾驶员纳入黑名单处理(表3、表4)。

表3 驾驶员违章行为登记表

油库名称:					HSE 管理员负责登记、存档			
序号	所属车队	驾驶员	车牌号	违章时间	违章行为描述	扣分	总计分	发现人
1	××车队	刘×	川 A12×××	2016 年 1 月 1 日	携带手机入库提油	6	12	朱×

表4 黑名单信息表

序号	车辆牌照号	驾驶员	所属车队	入黑名单原因	入黑名单日期	入黑名单次数	恢复作业日期
1	新 A12×××	马×	成都车队	因违章扣分超 12 分	2016 年 1 月 1 日	1	2016 年 2 月 1 日

5 结论

本文以宁夏地区某油库在油罐车装油过程中发生的一起闪爆事故为鉴,对公路付油作业风险和安全管控进行分析,查找装油作业中各环节存在的安全风险和隐患,制订有效的安全风险防范措施和预防对策,提出安全管理的具体要求:

(1)通过制度建立和落实,促使油库公路付油作业更加规范,违章操作大幅度下降,改善日常运行缺陷,规范油库现场管理。

(2)在加强油库岗位员工风险防控意识培训的基础上,使员工有效掌握应急处置措施,熟练操作使用消防设备,达到全员有效配合消防工作。只有这样才能取得安全管理的主动权,确保油库公路付油作业的正常开展。

参 考 文 献

[1] 郭守香. 油库汽车发油区安全管理应注意的问题[J]. 石油库与加油站,2007(6).
[2] 唐利芳. 油库发油准确性综合评价初探[J]. 石油库与加油站,2006(4).

HAZOP + LOPA 分析在销售企业油库安全管理中的应用研究

宁　博　赵犀角

（中国石油安徽销售分公司　安徽省合肥市）

摘　要　利用危险与可操作分析(HAZOP)方法，可以分析成品油库现有的工艺流程，找出系统中存在的潜在风险，并提出合理措施控制风险。针对 HAZOP 方法的不足，本文提出在 HAZOP 的基础上引入保护层分析(LOPA)方法。并以成品油库罐区工艺流程为分析实例，说明将 LOPA 融入 HAZOP 中的作用，即在 HAZOP 基础上进一步进行 LOPA，采取定性 + 半定量的分析方法，使分析结果更客观、更准确，可为安全管理者的决策提供直接、清晰、可靠的数据信息。

关键词　成品油库　HAZOP　LOPA

销售企业所属油库具有经营品种多、库容小、单罐容积小、周转次数高等特点。近年来，涉及油库工艺问题的安全事故频发，人们采取了很多方法对油库和工艺进行安全评价，其中危险与可操作性分析(以下简称 HAZOP)和保护层分析(以下简称 LOPA)在油库评价中得到了广泛应用。HAZOP 是油库工艺安全危害因素识别最有效的方法之一，它用引导词来寻找偏差，找出油库和工艺中存在的风险、后果和现有的保护措施。

但是 HAZOP 也存在一些弊端：

(1)不能定量说明偏差产生的风险有多大，所提供的风险消减措施实施后不能反应出风险是否达到可接受的程度。

(2)对于较为复杂的事故场景，HAZOP 可以识别事故场景的始发事件，但容易忽视一些使能条件，从而降低风险评估的客观性和准确性。

LOPA 是在 HAZOP 的基础上，采取半定量的方法，进一步提出安全措施和改进建议，也是对 HAZOP 的补充和完善。以目前销售企业油库安全管理水平而言，对油库主要工艺流程采取 HAZOP 和 LOPA 联合分析，有助于提升油库的安全管理水平，确保油库安全平稳运行。

1　HAZOP 和 LOPA 概述及其相互关系

1.1　HAZOP

HAZOP 将系统的工艺流程划分为不同的节点，通过一系列的引导词系统地对每一个节点进行分析，发现导致偏差的原因，分析可能产生的后果，识别和评估现有的安全措施是否能够减少事故后果，并针对不足的措施提出相应的建议并如实地记录分析的全过程。HAZOP 的目的在于识别现场装置设计中可能会导致伤害或事故(包括财产损失、人员伤亡及伤害、环境污染)的缺陷，以及与操作意图相悖离可能会导致的各种后果。

HAZOP 流程包括：

(1)成立一个分析小组，并由主席根据设计图纸，将待分析的装置划分为多个节点，包括工艺管线和设备,并在图纸上用颜色标出,以方便识别。

(2)分析小组采用头脑风暴(Brainstorm)法,系统地对各节点进行各种参数(如:流量、压力、温度、液位、组分)与引导词(如:无、过多、过少、反向)联合应用分析,以形成与设计本意或希望的操作模式相背离的偏差(如:无流量、压力偏低),找出导致该偏差的所有可能原因,然后进行讨论。

(3)考查导致偏差的所有可能后果,对应的已有安全措施(显示、报警、联锁、操作、程序等)。如果分析组认为安全措施不足,则提出加以改进的防范措施,形成建议。

(4)将各建议汇总形成分析报告,并分别落实到相关方面(包括建设方、设计承包商、设备供货商等)负责完成。

1.2 LOPA

LOPA 的思想可以用一个"洋葱"来形象地描述。每一层洋葱皮就相当于一个保护层,所有的洋葱皮对内核都起到独立保护作用,从而洋葱内核遭受外侵的风险就大大降低。LOPA 是一种半定量的风险评估方法,在定性危害分析的基础上,进一步评估保护层的有效性,并进行系统的风险决策。其主要目的是确定是否有足够的保护层使过程风险满足企业的风险可接受标准。

LOPA 工作流程主要包括:

(1)场景识别与筛选。保护层分析通常评估先前危害分析研究中识别的场景。分析人员可采用定性或定量的方法对这些场景后果的严重性进行评估,并根据后果严重性评估结果对场景进行筛选。

(2)初始事件确认。首先,选择一个事故场景,保护层分析一次只能选择一个场景;然后确定场景初始事件。初始事件包括外部事件、设备故障和人员行为失效。

(3)独立保护层评估。评估现有的防护措施是否满足独立保护层的要求。这是保护层分析的核心内容。

(4)场景频率计算。将后果、初始事件频率和保护层分析要求的失效概率等相关数据进行计算,确定场景风险。

(5)评估风险,做出决策。根据风险评估结果,确定是否采取相应措施降低风险。然后,重复步骤(1)至(5)直到所有的场景分析完毕。

(6)后续跟踪。保护层分析完成后,对提出的降低风险措施的落实情况应进行跟踪。

1.3 两者的关系

LOPA 与 HAZOP 的关系体现在 HAZOP 得到的事故场景,经过筛选后得到的主要事故场景,是 LOPA 的基础;HAZOP 得到的偏差原因及发生频率,为 LOPA 的初始事件及其概率估算提供直接信息;HAZOP 得到的不利后果及后果严重程度,为 LOPA 的影响事件及事件严重程度提供直接信息;HAZOP 识别出的现有安全措施,为 LOPA 计算事故场景风险的大小提供直接信息;HAZOP 得出的建议措施,同样也是 LOPA 的目的。LOPA 进一步丰富了 HAZOP,是 HAZOP 的补充,通过 HAZOP 和 LOPA 组合应用,解决了 HAZOP 不能量化风险的问题。应用 LOPA 半定量分析,可以确定现有的风险措施是否都满足要求,剩余的风险是否还需要增加控制措施,从而提高了 HAZOP 的客观性和科学性。

2 销售企业成品油库应用实例

2.1 基本情况

××油库是中国石油安徽池州销售分公司所属油库，2009年建成投产，油库总库容 $1.95\times10^4m^3$，其中 $2000m^3$ 立式内浮顶汽油罐四座，2000^3 立式拱顶柴油罐一座，3000^3 立式拱顶柴油罐三座，$500m^3$ 立式内浮顶乙醇罐一座，3000吨级成品油码头一座，进库油品采用船舶接卸方式，公路付油鹤位8个，库内建有消防泵站一座，1200^3 蓄水池一座。目前已安装了油罐液位自动计量系统、公路油品出库自动控制发油系统、电视监控、油气浓度监测报警和电子巡检系统。油库具有码头卸油、公路发油、油品储存及倒罐等功能。

此次对××油库开展HAZOP和LOPA评估，HAZOP内容涵盖油库码头、油罐区、泵棚、发油岛、油气回收、污水处理、消防泵房等区域，分析节点4个（表1），提出建议19条，不明确的项目以备注的形式在记录表中提出；LOPA评估包括8个重大风险事故场景的评估工作（表2），提出建议2条。

表1 ××油库 HAZOP 节点信息

节点编号	图号	节点名称	节点描述
节点01	××油库工艺流程图	油品卸船、输油管线处理作业流程	油品管线处理作业是以机泵作为动力装置，油品通过自流进入机泵，在机泵的作用下，油品通过管线到达储罐中，完成管线处理作业。处理作业完成后，即可进行油品卸船。油品卸船是以船方机泵为动力，卸油时将输油软管与船方输油口对接，油品在船方油泵的动力下通过输油软管、输油管线进入储罐，完成卸船作业。油品卸船作业完成后，进行输油管线处理作业，输油管线处理作业是以机泵作为动力装置，油品通过自流进入机泵，在机泵的作用下，油品通过输油管线进入油罐，完成输油管线处理作业
节点02	××油库工艺流程图	油品装车和储罐系统	油品装车包括（泵棚、发油岛），油品装车采用在油罐输油管线上加付油泵、流量计和付油鹤管，装车时将鹤管置于油罐车容器内，通过油泵的动力将油品注入油罐车容器内完成装车。 倒罐流程：本工程考虑罐组同品种储罐之间的倒罐。甲储罐→倒罐进泵管线→倒罐泵→倒罐出泵管线→乙储罐
节点03	××油库工艺流程图	油气回收流程	汽车装车设置油气回收。当汽油装车时，回收油气经过油气回收管道至油气回收装置回收。油气回收装置经过吸附、解吸后的富油进入吸收塔吸收，吸收用循环介质来自汽油储罐。富油吸收后自油气回收装置返回到汽油储罐。当装车岛柴油单独装车时，由于其油气挥发量较小，为了减小油气回收装置负担，并保证回收油品质量，回收油气收集后直接通过排空管路经由阻火器排放
节点04	××油库工艺流程图	公用工程	公用工程包括污水系统和消防系统。污水自罐区污水井来到库区西南角污水池。目前污水处理设施没有投用，污水池里的污水定期运走。消防系统由消防泵房、发电机房和消防管网、消防设施组成

表2 ××油库 LOPA 事故场景信息

序号	事故场景
1	成品油（汽油）储罐底板腐蚀穿孔，油品泄漏至地下，导致环境污染
2	乙醇储罐底板腐蚀穿孔，油品泄漏至地下，导致环境污染
3	成品油（汽油）储罐满罐溢流，油品遇火源发生火灾爆炸事故
4	柴油储罐满罐溢流，遇火源发生火灾爆炸

续表

序号	事故场景
5	乙醇储罐满罐溢流，遇火源发生火灾爆炸
6	码头卸油软管老化破裂，成品油（汽油）泄漏至码头，油品遇火源发生火灾事故，油品泄漏至长江，造成环境污染
7	发油岛（汽油）成品油泄漏，油品遇引火源发生火灾爆炸事故
8	汽油装车离心泵密封泄漏，遇引火源发生火灾爆炸

2.2 HAZOP 和 LOPA 应用举例

举例说明××油库装车系统的 HAZOP 和 LOPA 的联合应用。该油库汽、柴油装车系统主要设备包括：储油罐、输油管线、付油泵、流量计、上位机、下位机、电液阀、装车鹤管等。

装车时上位机向下位机发出付油指令，下位机控制付油泵、电液阀，同时采集流量计发回的数据发出停止指令，完成一次装车。工艺流程如图 1 所示，现对装车系统进行 HAZOP，部分分析结果见表 3。

表 3 ××油库 HAZOP 记录表（部分）

<table>
<tr><td colspan="2">节点序号</td><td colspan="2">节点描述</td><td colspan="4">设计意图</td></tr>
<tr><td colspan="2">节点 02</td><td colspan="2">油品装车和储罐系统</td><td colspan="4">油品装车包括（泵棚、发油岛），油品装车采用在油罐输油管线上加付油泵与流量计和付油鹤管，装车时将鹤管置于油罐车容器内，通过油泵的动力将油品注入油罐车容器内完成装车。
倒罐流程：本工程考虑罐组同品种储罐之间的倒罐。甲储罐→倒罐进泵管线→倒罐泵→倒罐出泵管线→乙储罐</td></tr>
<tr><td colspan="4">图号</td><td>会议日期</td><td colspan="3">2018/8/17</td></tr>
<tr><td colspan="4">××油库工艺流程图</td><td>参加人员</td><td colspan="3">主持人：　　秘书：
参与人员：</td></tr>
<tr><td>序号</td><td>参数</td><td>引导词</td><td>原因</td><td>后果</td><td>已有保护措施</td><td>建议措施</td><td>备注</td></tr>
<tr><td>6</td><td>泄漏</td><td>异常</td><td>公路装车时，司机误操作，启动车辆</td><td>鹤管被拉断，油品泄漏，可能导致火灾，污染环境</td><td>装车操作规程罐车加轮挡，罐车前加挡车牌，可燃气体报警器、截污沟，现场紧急停泵按钮</td><td></td><td></td></tr>
</table>

从表 3 可以看出，HAZOP 给出了装车系统发生泄漏的原因，可能引起的事故后果和现阶段油库已有的保护措施，但这一模拟的事故场景后果有多严重，发生的概率有多少，现有的安全措施是否能将风险降低到可以接受的水平，保护措施是否足够，是否需要新增安全措施降低风险，HAZOP 没有给出答案。为此，在 HAZOP 的基础上，应用这一事故场景，继续开展 LOPA，结果见表 4。

从表 4 可以看出油库装车系统泄漏这一事故场景相关的风险数据。首先，在这一场景未消减事件发生的频率为 2.71×10^{-2}，频率等级超过可接受风险值 1.00×10^{-4}。因此油库采取了定量装车系统工艺控制、罐区根阀紧急切断系统和可燃气体报警器、视频监控及人员响应三个措施后，事件频率降低为 2.71×10^{-5}，该值在可以接受风险范围内。说明定量装车系统工艺控制、罐区根阀紧急切断系统和可燃气体报警器、视频监控及人员响应三个独立的保护层起到了降低风险的作用，把风险值从 2.71×10^{-2} 降低到 2.71×10^{-5}，结果表明现有的措施可以满足要求，不需要增加另外保护措施。反之，若现有的措施不能降低风险到可接受程度，就需

表4　基于HAZOP和LOPA的结果

<table>
<tr><td>项目名称</td><td colspan="3">××油库保护层分析</td><td>节点编号</td><td colspan="5">2</td><td>编号</td><td colspan="3">7</td><td>PID图纸号</td><td colspan="3">××油库工艺流程图</td></tr>
<tr><td>最大的风险等级</td><td colspan="3">Ⅳ</td><td>后果描述</td><td colspan="5">发油岛汽油泄漏，遇引火源发生火灾爆炸（分别考虑人员伤害、环境污染和财产损失）</td><td>人员组成</td><td colspan="3"></td><td>日期</td><td colspan="3">2018.8.23</td></tr>
<tr><td colspan="2">初始事件</td><td colspan="2">后果</td><td rowspan="2">可接受风险</td><td colspan="3">初始风险消减</td><td rowspan="2">未消减事件频率</td><td rowspan="2">现有措施</td><td colspan="3">独立保护层</td><td colspan="2">消减后事件</td><td rowspan="2">HAZOP建议</td><td colspan="2">LOPA建议</td></tr>
<tr><td>描述</td><td>频率</td><td>类型</td><td>严重性</td><td>类型</td><td>描述</td><td>概率</td><td>类型</td><td>描述</td><td>PFD</td><td>频率</td><td>LOPA差距</td><td>描述</td><td>责任方</td></tr>
<tr><td rowspan="7">人员操作失误</td><td rowspan="7">1.00×10^{-1}</td><td rowspan="7">人员</td><td rowspan="7">3</td><td rowspan="7">1.00×10^{-4}</td><td>使用率</td><td>发油岛每天装车12h</td><td>0.5</td><td rowspan="7">2.71×10^{-2}</td><td rowspan="7">定量装车系统；可燃气体报警器；视频监控；现场人员值守；截污池</td><td>本质安全设计</td><td></td><td></td><td rowspan="7">2.71×10^{-5}</td><td rowspan="7">3.69</td><td rowspan="7"></td><td rowspan="7"></td><td rowspan="7"></td></tr>
<tr><td rowspan="2">暴露概率</td><td rowspan="2">发油岛每天装车12h；人员巡检，每隔2h巡检1次，每次停留5min</td><td rowspan="2">5.42×10^{-1}</td><td>基本工艺控制</td><td>定量装车系统</td><td>1.00×10^{-1}</td></tr>
<tr><td>报警及人员干预</td><td>可燃气体报警器、视频监控及人员响应</td><td>1.00×10^{-1}</td></tr>
<tr><td>点燃概率</td><td>大量汽油泄漏</td><td>1</td><td>其他SIF</td><td>油罐根阀紧急切断系统</td><td>1.00×10^{-1}</td></tr>
<tr><td>致死概率</td><td></td><td>1</td><td>物理防护层</td><td></td><td></td></tr>
<tr><td rowspan="2"></td><td rowspan="2"></td><td rowspan="2"></td><td>泄放后防护</td><td></td><td></td></tr>
<tr><td>其他</td><td></td><td></td></tr>
</table>

要额外增加新的保护层。可见,LOPA 进一步丰富了 HAZOP 的结果,为管理者的安全决策提供了更直接、清晰和可靠的信息。

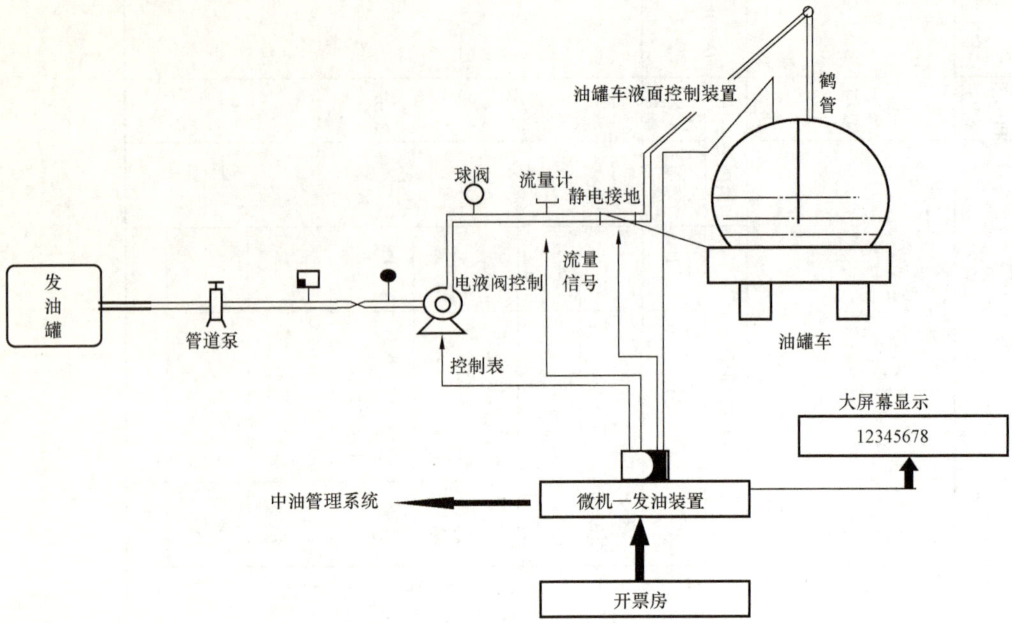

图 1　××油库油品装车工艺流程

3　结论

HAZOP 及 LOPA 从定性与定量分析的角度对成品油库的危险、可操作性问题和保护层进行了归纳与梳理,识别出了××油库在工艺和操作方面的潜在危险,厘清了油库风险与保护层的关系,进一步提升了油库的安全管理水平。在分析过程中还将装置安全管理的经验充分汇总起来,为企业的工艺安全管理和安全平稳运行提供了有价值的第一手资料,对工艺安全管理及安全操作都具有非常重要的指导意义,有助于企业安全生产。

参考文献

[1] 王若青. HAZOP 安全分析方法的介绍,石油化工安全技术,2003(1).
[2] 粟镇宇. 工艺安全管理与事故预防. 北京:中国石化出版社,2007.
[3] SY/T 6606—2012　石油工业工程技术服务承包商健康安全环境管理规范.

超声波电子液面监测仪的分析改造及应用

李忠明　陈　强　徐钟声

（中国石油西部钻探工程有限公司国际事业部　新疆维吾尔自治区乌鲁木齐市）

摘　要　本文简述了钻井液液面监测在现场的使用方法，以及利用超声波探头监测打井过程中的液面变化来预防井喷事故，并对超声波监测的使用进行了研究，大大提高了钻井工程中钻井液液面监测的实时性、准确性和安全性。

关键词　液面监测仪　优缺点　改造　应用

引言

在石油钻井过程中，钻井液面的异常变化预示着事故隐患的存在，连续、准确地监测记录钻井液面的变化，可以预告溢流的发生，提前采取措施，避免井喷事故。目前国内普遍使用的是人工读值的机械式液面标尺和电子液面监测仪。本文对现场使用的电子液面监测仪的优缺点进行分析，针对其存在的问题会同生产厂家进行升级改造，有效地提高了钻井工程中钻井液液面监测的实时性、准确性和安全性，确保了钻井现场的人员、财产安全，为油田安全生产提供了有力的技术保障。

1　不同液面监测方式及优缺点

随着对井控工作的日益重视，为了第一时间发现溢流，钻井液液面监测工作也被放在最重要的位置。目前钻井队普遍通过三种方式对钻井液液面进行监测，并通过钻井液液面上升下降来计算出钻井液的实际增减体积。现场监测液面的方式如下：

（1）用直读式液面标尺。即在钻井泵上水罐上安装直读式液面标尺，一面显示液面高度，一面显示钻井液量。按照坐岗要求每15～30min进行一次计量，统计出钻井液增减量。该方法存在的问题是：不能全时动态进行监测，浮筒如果损坏则无法进行计量；液面标尺在现场安装使用不规范，容易造成标尺杆上下浮动不灵活，导致数据误差；钻井液液面波动造成标尺上下浮动，计量存在误差；测量范围有限，无法实现钻井液罐全液位测量。

（2）人工计量。即人工拿标尺测量液面上升下降，转换为钻井液体积。人工计量方法准确，但劳动强度大，计算体积时间长，没有直观性，凭借个人测量无可对比性，无法实现自动报警。

（3）电子液面监测仪。目前使用浮子测量法和超声波液位测量法。浮子测量法采用的液面控制器由导杆、磁性浮球，干簧管及接线盒组成，浮球沿导杆随液位升降，传输出相应的位置信号。目前能够检测的最小间隙为9mm。但该方法测量范围有限，与液面标尺类似，不能实现钻井液罐全液位高度的动态测量。当受到钻井液腐蚀、板结等影响时，容易造成仪器异常。

超声波液面测量法为非接触式测量。该方法由探头发出声波，通过测量回波时间来确定液面高度。超声波测量法能实现全液面动态监测，能有效克服现场恶劣条件，使用维护比较简单。但目前使用的液面监测仪存在现场标定、参数设置比较烦琐的缺点，再加上井队人员流动性大，文化程度不高，人员维护不方便，致使液面波动，产生误差大。应对以上问题进行改进，使其更加适合现场使用。

2 需要改进的问题

(1)必须手动设置每个钻井液罐内液量基值及上下限报警值，当钻井液液量发生人为调整变化时(增加液量或倒灌)，需要钻井液工进入主机组态软件重新手动设置罐内液量基值及上下限报警值，否则设备就会持续报警。手动设置操作过程比较复杂，很容易因设置错误而影响设备正常工作。

(2)目前的液面监测仪实现了坐岗房和干部值班房的监测显示和声光报警，但在钻台司钻这个井控管理最重要的岗位处没有报警功能。

(3)受钻井液液面流动、搅拌器搅动及钻井泵启动和停止的影响，造成液面波动影响数据采集。

3 改进方案

3.1 设计“参数值一键设置和一键消报功能”

该功能大大方便了现场工作人员，使操作更加简易，更加人性化。该功能主要是通过修改消报值、报警值来实现。

3.1.1 开机报警值自动设置

开机后，仪器主机自动读取每通道的工程值，自动完成每个通道高低报警值设置，直接进入实时监测界面。报警上下门限值 = 当前工程值 ±1.00，满足井控细则 $1m^3$ 报警的要求。

3.1.2 消报报警值自动设置

任何报警发生后，消除报警时，高低报警门限值需同时处理；当有报警发生时，只需按下“确认”键消报，消除报警的同时即对当前通道的报警门限值进行了自动调整：报警上下门限值 = 当前工程值 ±1.00。

“报警值一键设置和一键消报功能”的实现，使该设备真正实现了智能化操作，不仅使主机设置和操作难度大大简化，而且将井控管理细则中“$1m^3$ 报警”的要求完全由设备自动完成，极大减少了现场工作人员潜在人为设置失误，得到了现场工作人员的一致好评。

3.2 重新设计设备报警装置

设计了一款与液面监测仪主机配套的钻台同步无线远传报警装置，该装置可无线接收来自主机的报警信号，使司钻人员可在第一时间掌握钻井液液面报警信息。形成了钻井液工、司钻、井队值班干部三位一体的钻井液量监控系统。该报警器经过高温 70℃低温 -40℃，振动，老化等一系列测试，达到设计要求，现场安装试用效果良好。

无线报警功能改变了以往出现报警时通过值班房向司钻喊话通知的方式，同时采用无线方式便于井队拆装，不需要考虑在搬迁过程中的布线难题，大大降低了井队工作人员的劳动强度，不仅节约了时间和成本，而且避免了线缆破损带来的故障。

3.3 超声波探头安装远离搅拌器

超声波探头安装在远离搅拌器的位置,可避免搅拌器产生的液面波动误差。在探头下安装一根127mm的管线,连接钻井液液面,对钻井液液面起到滤波的作用。在监控软件中采取抗干扰处理模式处理数据,即软件滤波,首先剔除不规则数据,制订判定原则为 H 不可能大于 H 或小于零,再进行软件滑动滤波,把当前采样值与前 $n-1$ 个采样值共 n 个值作为一组数据,去掉组数中最大值和最小值,然后对剩下的 $n-2$ 个值求平均作为本次采样结果。采用混合滤波后,可滤除大部分数据,从而实现监测数据的平滑性。

4 硬件测试记录

钻井液面监测仪硬件测试过程见表1至表6。

表1 功能测试

测试方法	测试次数	测试结果	备注
测试手动消除报警	50次	正常	波动超过设置液位 $1m^3$
手持遮挡物反复发出报警液面回到安全液面	50次	正常	
信号接收测试(接收地点公司车库)	50次	正常	

表2 高低温测试

低温测试	报警	消报	次数	备注
室温~-5℃	正常	正常	2	温度下降过程中测试
-5℃~-20℃	正常	正常	5	温度下降过程中测试
-20℃~-25℃	正常	正常	10	温度下降过程中测试
-25℃~-30℃	正常	正常	15	温度下降过程中测试
-30℃~-35℃	正常	正常	80	温度恒定到-35℃测试时间1h
-35℃~-40℃	正常	正常	100	温度恒定到-40℃测试时间1h
高温测试	报警	消报	次数	备注
室温~40℃	正常	正常	3	温度上升过程中测试
40℃~50℃	正常	正常	4	温度上升过程中测试
50℃~60℃	正常	正常	40	温度恒定到60℃测试时间1h
60℃~70℃	正常	正常	60	温度恒定到70℃测试时间1h

表3 振动测试

振动测试	报警	消报	次数	备注
振动1h	正常	正常	20	检测振动前后设备能否正常工作

表4 老化测试

老化测试	长时间反复测试运转系统	超过72h

表5 绝缘测试

测试内容	输入L与外壳	输入N与外壳	输出L1与外壳	输出N1与外壳	输出L2与外壳	输出N2与外壳
阻值,MΩ	1000	1000	1000	1000	1000	1000

表6　安全测试

安规电容	通电后外壳上会有1/2电源电压(110V),用手触摸会有麻的感觉,因为电流很小,对人体没有大的伤害,但是应该按照规定接好接地线,以防不测
测试结果:正常,需按照规定接地	
压敏电阻	通电后系统距离主机发射源近距离时工作正常,当远离发射源后通电启动就造成压敏电阻保护动作,压敏电阻被击穿,被保护元器件未被损坏

经过功能测试、高低温测试、振动测试、老化测试、绝缘测试和安全测试,证明该设备在实验环境下各方面功能正常。

5　钻井液液面监测仪静态测试

5.1　通信端口设置

(1)无线通信COM1口测试:波特率9600,数据位8,奇偶校验无,停止位1,流控制无。

(2)A/D板COM2口测试:波特率38400,数据位8,奇偶校验无,停止位1,流控制无。

(3)显示屏COM3口测试:波特率115200,数据位8,奇偶校验无,停止位1,流控制无。

(4)键盘板GPIO口测试:按键以后,GPIO0-8由高电平变为低电平。

5.2　电源稳定性测试

电源外接8个探头后,连续工作10h后,电源电压无变化,箱外温度31℃,电源温度39℃。

5.3　静态测试

静态测试见表7。

表7　静态测试

满量程:50m³					测试时间:2012-4-22
通道号	输入模拟电流信号,显示工程值,m³				
	4mA	8mA	12mA	16mA	20mA
Ch1	0.07	12.56	25.07	37.57	50.07
Ch2	0.07	12.57	25.06	37.57	50.07
Ch3	0.06	12.56	25.07	37.56	50.06
Ch4	0.07	12.58	25.06	37.54	50.05
Ch5	0.08	12.54	25.06	37.57	50.07
Ch6	0.07	12.55	25.06	37.56	50.04
Ch7	0.07	12.56	25.08	37.55	50.04
Ch8	0.05	12.56	25.06	37.55	50.06
测试结论:报警灵敏					

5.4　重复性测试

重复性测试见表8。

表 8　重复性测试

满量程:$50m^3$					测试时间:2012－5－2
通道号	输入模拟电流信号,显示工程值,m^3				
	4mA	8mA	12mA	16mA	20mA
Ch1	0.08	12.59	25.10	37.61	50.12
Ch2	0.08	12.59	25.10	37.61	50.11
Ch3	0.07	12.57	25.10	37.59	50.11
Ch4	0.08	12.58	25.08	37.60	50.11
Ch5	0.07	12.57	25.08	37.60	50.12
Ch6	0.07	12.58	25.07	37.60	50.07
Ch7	0.07	12.58	25.09	37.59	50.10
Ch8	0.08	12.58	25.10	37.59	50.09
测试结论:报警灵敏,设置不太明确					

5.5　输入信号稳定性测试

连续工作 24h,重复静态测试,信号稳定,无变化。

5.6　无线通信测试

用串口调试助手通过收发信号,信号收发正常。

5.7　键盘单元测试

键盘单元测试见表 9。

表 9　键盘单元测试

键盘	翻页	向左	向右	向下	向上	回车
响应结果	灵活	灵活	灵活	灵活	灵活	灵活
备注						

5.8　系统稳定性测试

在 10h 内随机开关机及掉电 15 次,观察每一次系统恢复的情况,如果有特殊现象,及时记录状态情况(注:在测试过程中出现死机情况也需及时记录)。

记录现象如下:

——3 月 29 日 11 时,运行过程中出现死机;

——3 月 29 日 18 时,运行过程中出现死机;

——3 月 31 日 11 时,运行过程中出现死机;

——3 月 31 日 12 时,运行过程中出现死机;

……

软件修改后,4 月 10 日后运行未出现死机现象。

6　钻井液液面监测仪动态测试

钻井液液面监测仪升级改造完成后,2017 年 5 月 25 日被安装在井队进行样机动态测试。

在井队试运行了三个多月，技术人员不断与井队人员交流，听取建议，不断完善仪器的功能和安装方式。2017 年 10 月，3 台升级改造后的钻井液液面监测仪分别安装在三个钻井队使用，安装人员对现场操作人员进行了详细培训后交付使用。通过现场回访、电话回访等方式了解到，该仪器操作更加简易，操作人员不需要进行复杂的参数设置，只需要简单的一键操作就能完成报警和消报功能，大大降低了对操作人员的技能要求。同时，三位一体的报警功能更加及时准确，需改进的问题都得到了改进，满足了钻井液波动量超过 1m^3 主机就会报警的井控细则的要求，现场操作更加人性化。

页岩气压裂现场分区域风险分析及监督检查

李玉军　王　伟　刘凤明

（中国石油长城钻探工程有限公司压裂公司　辽宁省盘锦市）

摘　要　压裂改造是页岩气开采的重要工序，相比常规水平井或直井的压裂具有施工规模大、运用设备多、注入液量大、施工压力高等特点。现场监督检查是当前保障页岩气压裂施工过程安全、环保的重要环节。本文把页岩气压裂施工现场分为配液区、（砂、电）供应区、施工区三大区域，梳理主要风险及监督检查要点，帮助现场HSE监督明确检查方向，确保生产的人员健康、过程环保和作业安全，助推页岩气压裂施工现场HSE工作的开展。

关键词　HSE　监督　页岩气　水平井　压裂施工

引言

目前我国页岩气开发具有产能较快增长、技术装备国产化迅速提升、开采成本显著下降等特点，截至2018年4月底，我国页岩气地质储量已累计探明超过$1\times10^{12}m^3$。伴随页岩气压裂施工规模的快速增多，所带来的HSE风险也逐步曾大。因此，进行好现场监督检查、梳理检查流程、明确检查重点，对做好现场HSE工作发挥着至关重要的作用。本文将页岩气压裂施工现场分区（图1），并对主要HSE风险和检查要点进行阐述。

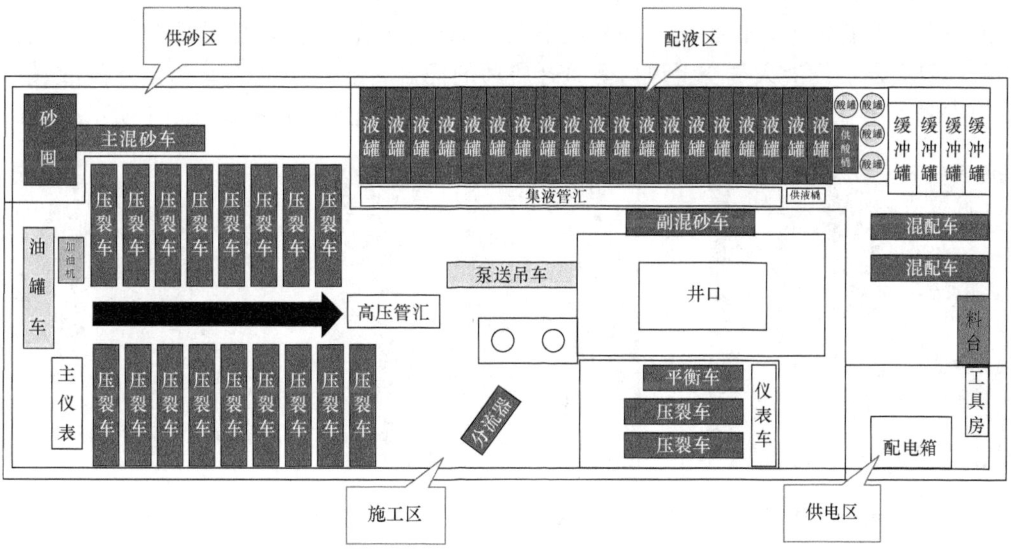

图1　页岩气压裂施工现场分区示意图

1 配液区存在的主要 HSE 风险及 HSE 监督检查要点

压裂液的供应是保障页岩气压裂施工的重要环节，以威远地区为例，单平台通常为 2 至 6 口井拉链式压裂施工，单井多为 10 至 25 段，单段需液量为 1600 ~ 1900m^3，施工排量为 11 ~ 14m^3/min。根据用液实际，将配液区分为液料存储区和混配区，进行主要风险和检查要点描述。

1.1 液料存储区

现场情况及主要风险：现场通常挖掘深 2 ~ 6m，储存量约为 600m^3 的大型蓄水池储水，存在水体渗溢、池岸坍塌、人员落水隐患。单段配液需要减阻剂、增效剂等化工料累计 10t 左右，单井常需备 15% 工业盐酸 70 ~ 100m^3 进行测试压裂或前期酸洗，化工料和酸液若存储不当易污染环境，搬运和使用过程中易伤身。

检查重点：蓄水池做好防渗漏和防垮塌处理，有泄洪口，设置刻度清晰的水深尺，四周围置高于 1.2m 的围栏，并各配置救生圈，在醒目位置立有“水深危险”等警示标志。化学品包装完好、码放整齐、上铺下垫，附有质量检验合格证书并标志 MSDS。防护用品摆放、使用正确。储酸罐无锈蚀，液位标尺清晰，标明酸液类型并设有警示标志。罐口盖好，敞口处加盖塑料薄膜，避免酸雾扩散。现场备有洗眼器和足量清水、纯碱或清洗液。

1.2 混配区

现场情况及主要风险：应用操作平面高于 2m 的 17 至 25 具 90m^3 二层储罐进行连续混配供液存储。液罐如靠近电力线易造成触电事故，人员若不明介质易延误施工，观察液面或倒运管线时存在坠落风险，罐体下方若有管线易被压损，包装或落液回收不科学易污染环境。

检查重点：储液罐边缘距电力线路水平距离大于 5m，罐下防渗漏措施有效，无电缆和管道。阀门、梯子齐全完好，罐面护网、护栏齐全，观察孔有护网或活动板，标明罐内介质名称。供水泵与混配车都需做好保护接零和电阻不大于 4Ω 的工作接地，旋转部位护罩齐全，烟囱装有有效的阻火器。配液人员在上风口侧脸开启药剂桶盖。雷、雨等恶劣天气禁止配液，暴雨季节罐口有避雨措施，化学品包装袋及残液要进行统一回收处理。如图 2 至图 4 所示。

图2 化工料危害因素告知及警示

图3 储液罐护栏、标志、防渗布铺置标志

图4 蓄水池护栏及安全警示

2 供砂区与供电区存在的主要 HSE 风险及 HSE 监督检查要点

页岩气压裂施工加砂量、注砂速度快，常规砂罐倒运不能满足供砂要求，较之常规压裂涉及的电器设备多，因此结合实际将（砂、电）供应区分为供砂区和供电区，概述主要风险及检查要点。

2.1 供砂区

现场情况及主要风险：单层加砂量通常在 60 ~ 80m^3，通过高度 10m 左右。总容积约 160m^{3}的组装砂囤储砂，运用吊车组装和装载，过程涉及吊装和高处作业，存在挤压、坠落伤人等风险。除此之外设备倾倒、砂粒落地污染也是现场施工所需注意的问题。

检查重点：吊装、指挥和高处作业人员证件必须有效，砂囤安装和装砂时，作业许可要办理完备，严格执行“十不吊”。砂囤护栏、梯子紧固完好，登高时正确使用防坠落装置。不得安排有职业禁忌证人员从事高处作业。严禁在六级以上大风和雷电、暴雨、大雾、异常高温等环境条件下进行高处作业。高处作业时人员要系挂安全带，携带工具系、挂安全绳，禁止投掷。加砂口下部要铺垫防渗布，闸门易于开关、密封良好。

2.2 供电区

现场情况及主要风险：连续作业的夜间照明、加油机及仪表车操作等均需要现场供电，用电过程中存在断电、漏电、触电及电器火灾爆炸等事故隐患。开关控制不明确易造成设备误操控，且在电气设备维修时如不准确切断上级电源也易造成维修人员触电或设备电力破坏。

检查重点：作业许可要办理完备，由持有效电工证人员进行用电线路连接、配电箱安装及检维修执行上锁挂牌程序。配电箱干燥防雨，箱体中心距地面 1.5m 左右，箱内电器不使用可燃材料作安装板，标明回路名称和用途，总开关装设漏电保护器，金属壳体应做可靠的接地保护。配电线路采用截面满足要求的橡套软电缆，电缆严禁直接搭挂在设备、罐体等金属物上。井场露天照明使用低压防爆照明灯具，灯具的相线应在配电箱设开关控制。

3 施工区存在的主要 HSE 风险及 HSE 监督检查要点

页岩气压裂施工压力高、工序多、噪声大、油量消耗快，泵送系统完好性、加油安全性、残液回收科学性和应急处理及时性等均是监督检查的侧重点。根据设备位置将施工区细分为设备区、高压区进行分析。

3.1 设备区

现场情况及主要风险：页岩气压裂通常需泵车 18 至 24 辆、仪表车 2 辆、混砂车 2 辆、连续混配车 2 辆，车辆移动过程中存在伤人和管线因碾压变形隐患。台上柴油机高负荷工作时，涡轮增压器、排气管线等部件温度高达 700℃以上，易发生火灾；油料消耗量大，需加油车或罐式储油设备给予燃油保障，高温带来的油料挥发，导致存在静电闪爆等隐患。

检查重点：现场车辆排气管安装阻火器，人员可接触的旋转件安装有效保护设施，传感器灵敏有效，摆放由专人指挥。车辆通过井场地面裸露的油、气管线及电缆进行防碾压措施保护。随车灭火器完好、有效，便于取用。严禁外来车辆和非工作人员进入施工区。出现设备故障时严格执行上锁挂牌。加油设备必须防晒、防爆，有防静电设施及电阻小于 4Ω 的可靠接地，距火源不小于 15m，并配有齐全易取的消防器材。加油人员要穿着防静电工作服，车辆必须熄火加油。

3.2 高压管线区

现场情况及主要风险：页岩气压裂泵注压力位于 70 ~ 90MPa。大批量、大功率压裂设备导致噪声污染重，高压管汇若长时间承受高压存在爆裂伤人隐患。施工井口高度多在3.5m以上，连接过程中存在坠落风险。压裂后顶替和清洗压裂车泵腔产生的残液和废水处理不当易污染环境。一些储层存在H_2S，监测和防泄漏措施落实不到位时，易造成人员伤害。

检查重点：井口用专用支架或其他方式固定，现场所有员工要穿戴好劳保用品。高压管汇要柔性连接无渗漏，缠绕安全绳套和安全卡箍，在用传感器等计量器具要配备有效的检测报告。高压区要用高压防护钢板进行隔离，对压裂车柱塞、高压井口等部位运用视频系统实时监控。开关井口和投球时要降排量或停车，施工后清洗设备及管线的污水回收至污水池（罐）处理。含硫化氢井要按设计要求配备齐全有效的硫化氢监测仪、正压式空气呼吸器等设施。

4 结论

本文对页岩气压裂现场进行分区梳理描述主要风险和检查要点，帮助HSE监督实现有序的全覆盖检查，对重点隐患做到及时发现、及时治理、及时消除，并可验证控制措施的有效性，从而保障重点领域、重点环节、重点风险有效受控，保证HSE工作高效开展。

参考文献

杨海波．浅谈石油钻探提升HSE巡视监督有效性[J]．石化技术，2018，25(06).

西南地区钻井设备搬迁运输的风险管控

张士和　肖　鹏　刘金凤

（中国石油长城钻探工程有限公司钻井二公司　辽宁省盘锦市）

摘　要　本文从石油企业 HSE 管理的方式方法出发，论述了钻井设备的特点和运输工作量，进而对西南地区钻井搬迁进行了风险识别。通过采取编制并推广使用现场道路勘察报告、加强车辆检查与消除设备安全隐患、改进货物的捆绑及检查、管控复杂特殊路段及强化承包商的管理等一系列风险的消减措施，保证了钻井设备道路运输质量和行车安全，提高了搬迁时效，在生产中见到了明显的实际效果。

关键词　风险　识别　风险管控　效果评价

遵循中国石油天然气集团有限公司"两气开发"策略和中国石油长城钻探工程有限公司西南页岩气市场的战略部署，目前中国石油长城钻探工程有限公司钻井二公司（以下简称"钻井二公司"）在西南地区已拥有 14 支钻井队。按照二线围绕一线转的原则，钻井二公司运输公司西南车队也应运而生。初到四川，发现西南工作区的道路以山地为主、地形结构十分复杂——地无三里平，天无三日晴，坡陡、弯多（多 S 弯和 90°直角弯）、道路狭窄，不具备大型车辆通行条件；有些路段为泥土路面，一遇雨天非常泥泞、坑洼不平；有些路段需要上、下坡行驶，坡度大，还要通过低洼公路桥涵（限高）；有些路段进井场道路跨路电线低，线路复杂，且人员密集、堵车严重，行车风险极高。

运输搬迁服务是钻井生产运行提速的关键环节，整个过程必须要保证安全、优质、高效。一旦出现交通事故，致使货物、财产、车辆受损或人员伤亡，运输的安全性、及时性、可靠性就得不到保证，轻者遭到井队抱怨、投诉，业绩评价降低；重者延误钻井生产的正常运行和设备损失，甚至面临法律、法规追责。因此，在新形势下，若要提升钻井运输保障能力，争取占领西南运输市场，道路运输风险管控就显得极其重要。下文是对钻井设备搬迁运输风险控制所做的一些探索和实践。

1　钻井设备的特点及工作量

钻井设备的特点是部件数量多、种类多、价值高，外形差异大、不规则，有些设备因其不可解体性，存在"超限"（超长、超宽、超高、超重）货物多的情况。因此，在货物运输过程中，安全风险管控难度大，对车辆性能和驾驶技术要求高（表 1、表 2）。

2　西南地区搬迁任务的风险识别

（1）此次任务为 A 类任务。

（2）出车前，车辆重点部位安全检查不到位。

表1 超限钻井设备明细一览

项目	货物名称	外形尺寸/重量	数量
超长件（车货长度不小于9m）	循环罐	12.6m	10个
	井架底座上船	12.36m	2个
	发电机组	10.5m	1套(4至5个)
	油罐	10.5m	1个
	配电房	10.5m	3个
超宽件（车货宽度不小于3m）	循环罐	3.2m	10个
	钻井泵	3.5m	3个
	二层台	3.3m	1个
超高件（车货高度不小于4m）	循环罐	4.7m	10个
超重件（重量不小于35t）	钻井泵	42t	3个
	钻机	43t	1个

表2 井队搬迁设备运输工作量一览表

项目	单重，t	数量，台	平板，台/台次	卡车，台/台次	拖车，台/台次	吊车，新井	吊车，老井
钻机	43	1	4/30	15/101	2/8	55t 2台 35t 1台	55t 2台 35t 1台
钻井泵	42	3					
发电房	27	4					
配电房	33	2					
循环罐	25~35	10					
钻井底座	10~32	4					
底座上船	28	2					
大油罐	15~25	1					
井架架头	12	1					
板房	6.5~9	24					
杂品	5	10					

注：以上为70B钻机，井距20km以内。

(3)运输超宽、超高、超长、超重的大型设备，路窄会车困难；拉运超高设备通过桥梁，通过低跨路线路，通过陡坡等。

(4)货物捆绑不牢，行驶过程中货物松动。

(5)井间搬迁时，井场路段为混合交通，通过的村镇、集市和无交通指挥信号的路口较多，路窄、坡多、弯多，道路情况复杂。

(6)对外雇车辆的监督、检查、培训不到位。

3 风险管理消减措施

3.1 编制并推广使用现场道路勘察报告

面对错综复杂和恶劣不熟悉的路况，研究并借鉴兄弟单位好的做法，决定采取提前勘路并形成现场道路勘察报告的管理模式，为甲方提供有力依据，按照道路通行标准消除道路空间和通行隐患，规避道路安全风险，从而达到保证井队顺利搬迁的目的。

每次搬迁前，车队提前进行现场勘察测量，将勘察结果用文字及图片的形式如实记录，经归纳整理后形成书面报告，即现场道路勘察报告。内容包括：建议采用路线涉及道路整改建议和方案，吊装作业区域整改事宜、风险点源、吊装及控制措施，需甲方协调解决的其他事项等（图 1）。

图 1　现场道路勘察报告

现场道路勘察形成后，首先发给甲方项目部，责成甲方对转弯半径不足，或有障碍物（房屋、落宽、转弯半径、护栏、电线杆、石块、树等）不具备通行条件的路段，必须铺垫加宽、移动或拆除，进行事先清理。搬迁途中各类线缆、跨越公路上空的设施设备，必须提前排障，使高宽度达到钻机搬迁要求。在此过程中，车队积极与甲方沟通、协调，消除风险，保证搬迁有序进行。

在此基础上，车队基于现场道路勘察报告和甲方对不达标道路设施整改的结果，召开专项管理会议。评估安全风险，提前制订井队搬迁 QHSE 作业计划书。将危险源情况、存在的主要风险及控制措施等以图片和文字的形式一一标出，做到图文并茂，一目了然。也使得作业前的培训效果更加形象生动，入脑入心（图 2、图 3）。

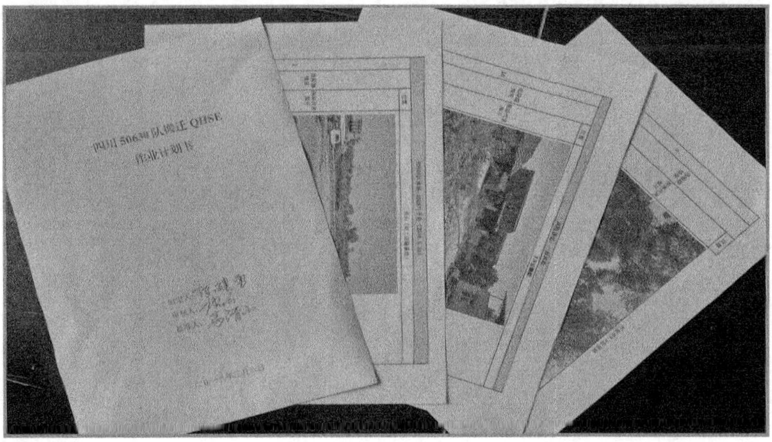

图 2　井队搬迁 QHSE 作业计划书

图3 出车前安全培训

3.2 加强车辆检查,消除设备安全隐患

西南山路运输对车辆性能要求很高。设备检查是消除设备安全隐患,保证设备完好性能的关键。首先,司机坚持对车辆实行“三检制”,即出车前、行驶中和收车后的检查。每月车队组织周检,即对所有车辆至少检查一遍。检查中,注意观察了解部件的磨损程度,判断何时达到其使用寿命,预判维护保养的最佳时期,及时纠正因人为操作、保养不当造成的车辆部件早期损坏。发现问题后,及时整改,将故障隐患消灭在萌芽中,严禁车辆“带病”出车。同时对关键部位要重点检查,如车辆转向、刹车、传动等部位;吊车重点检查钢丝绳、绳卡、四股绳套、防碰开关、挡绳器、滚筒制动片等。在车辆动力性、安全性等方面全面升级,最大化地满足西南地区极限工况的使用(图4、表3)。

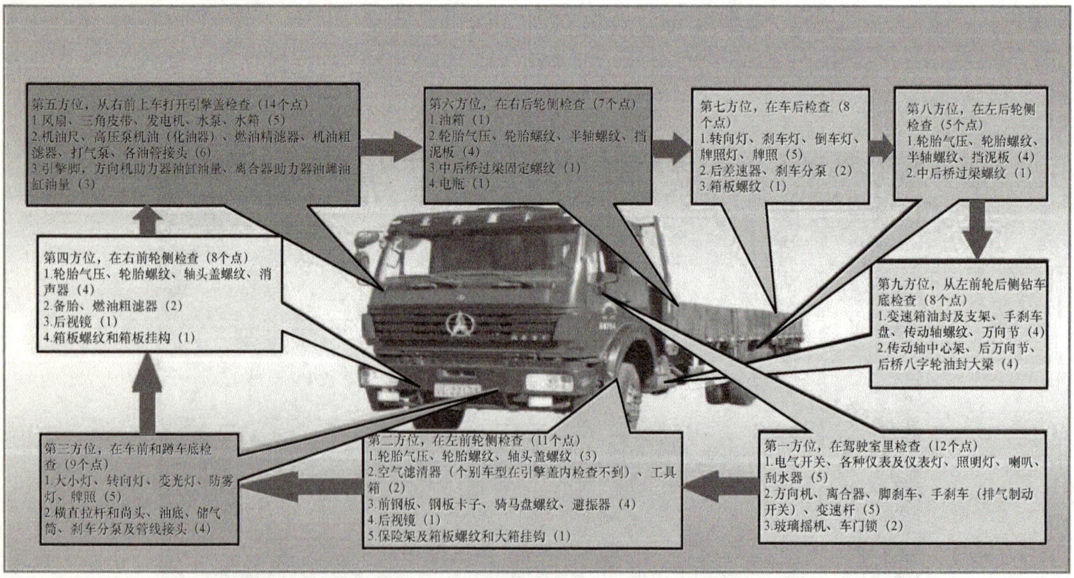

图4 卡车巡回检查图

表 3　巡回检查关键点项技术要求

序号	点项	方位	技术要求
1	制动系（踏板、联动机构、总泵、储气筒、干燥罐、阀和分泵等）	第一、三、七方位	制动管路接头应不漏气，支架螺栓紧固可靠。制动联动机构应灵敏可靠，储气筒无积水、干燥罐无油污排出、制动踏板自由行程符合规定；将制动踏板踩下一半，总泵、阀和刹车分泵不得漏气、气压表压力在3min内不得下降
2	转向系	第二方位	检查转向器液面及密封状况，润滑万向节十字轴、横直拉杆、球头销、转向节等部位不准有松旷或连接不牢的现象
3	轮毂、制动鼓	第二、四、六、八方位	制动鼓无裂纹、刹车蹄片厚度不少于5mm；轮毂的外壳温度不应达到50～60℃（相当于手掌能忍受的温度），无漏油现象，轮毂轴承间隙无明显松旷
4	轮胎和半轴固定螺纹	第二、四、六、八方位	轮辋及压条挡圈应无裂损、变形；轮胎气压应符合规定，气门嘴帽齐全；胎面无损伤、无嵌入石子、铁钉等杂物，磨损不超标（露指示标记），轮胎和半轴固定螺纹不应有松动现象
5	悬架机构	第二、四、六、八方位	钢板弹簧骑马盘螺纹和减震器固定螺纹不应松动，钢板吊耳、销子和弹簧片无松旷、无裂痕；减震器、拉杆连接可靠
6	传动轴	第九方位	传动轴各连接盘的连接螺纹和吊架的固定螺纹均应紧固，传动轴上不应有缠绕物

3.3　货物的捆绑及检查

对于运输企业来说，货物的装载、捆绑和加固，不仅关系到企业的运营、货物安全，更关乎道路安全。捆绑不牢会造成货物碰撞损坏、货物掉落等，严重时还会引发交通事故，造成人员伤亡，给运输安全带来极大风险。

（1）选择钢丝绳作为捆绑绳，代替尼龙绳和麻绳。利用卡车、平板、拖车的自带绞盘作为紧绳器，对配置不全的大厢挂钩和绞盘应自行焊接补齐。车厢上铺设防滑和减震作用更好的废旧抽油机皮带作为防滑垫。严格按照公司货物捆绑标准捆绑货物（图 5）。

（2）对陡坡或泥泞路面引起的货物捆绑不牢、窜动、晃动现象，在正常 4 点捆绑的基础上，再增加两道链条倒链绕顶捆绑（图 6）。

（3）对货物可能发生的滑动，利用插桩或大厢桩等阻止货物移动作为安全装置。

（4）装车完毕后车辆起步前，驾驶员应对货物的堆码、遮盖、捆扎等安全措施及对影响车辆起动的不安全因素进行检查，所有捆绑的钢丝绳要吃紧有力，并做推拉试验确认已经牢固，确认无不安全因素后，方能上道行驶。

（5）途中检查货物捆绑：驾驶途中，从货物装载点开始行驶不超过 20km 的行驶距离，应检查货物安全系统。主要检查车辆结构或货物本身的损坏，可见的移动、裂缝、断裂、倾覆、倒塌或坠落等情况，以及栓固装置松脱或失效等。检查货物安全系统的状态时可做出适当的调整，包括增加更多的安全装置或安排应急修理等。

3.4　复杂特殊路段的管控

（1）搬迁时避开交通拥堵时段，减少与当地居民的不必要冲突。

（2）经过村镇、集市、市内繁华路段时须做到认真观察瞭望。必须按规定的速度行驶，做好提前处理情况的准备。通过无交通指挥信号的交叉路口，认真按照《中华人民共和国道路交通安全法实施条例》（中华人民共和国国务院令第 687 号）第 52 条规定通过。

<table>
<tr><td>卡车载运板房的捆绑</td><td>井架底座的捆绑</td></tr>
<tr><td>
</td><td>
</td></tr>
<tr><td>4根捆绑绳分别捆紧4个吊点，外加前后左右4个插桩限位</td><td>对底座前、后采用4点捆绑固定</td></tr>
<tr><td></td><td></td></tr>
<tr><td>柴油机的捆绑</td><td>平板载运钻井泵的捆绑</td></tr>
<tr><td>
</td><td></td></tr>
<tr><td>4点捆绑，前左、右两个吊点，各一根捆绑绳分左、右拉紧，后一个吊点，也分左右拉紧</td><td>对底座前、后采用4点捆绑固定</td></tr>
</table>

图5　典型钻井设备捆绑标准

图6　链条倒链绕顶捆绑

(3)特别强调:特殊路段或人员密集的路口要设立专职人员值守疏导指挥,遇路面翻浆、路窄时,特别要注意摩托车、行人;井场路段若为乡间土路,路面窄,特别是当三轮车、毛驴车、马车较多时，一定要降低车速，注意观察车马行人动态，杜绝各类事故的发生。

（4）拉运特殊“三超”物件，现场干部必须亲自押车。押车干部负责在通过窄路、单行路、桥涵、灯标、跨路电信设施、收费站等处观察其高度、宽度、安全距离，必要时使用小车两端封路，等我方车辆通过后再解除，防止出现刮、撞或相向顶牛（拥堵）等意外事故发生。

（5）须按规定的速度行驶，控制车速，保持车辆平稳运行。遇到特殊天气行驶必须减速慢行，加大跟车距离，留出处理突发情况的安全距离。

（6）下雨后道路泥泞、湿滑，部分钻井平台车辆无法进入，需等道路晒干后才能上路。除非特殊情况（井队急需），这时需甲方项目部出面铺垫道路，方可出车执行任务。

（7）为每台车辆加装全方位摄像头和倒车影像，在堵车时、挪动车辆或倒车时，能观察瞭望到周围的摩托车或行人，防止出现刮碰事故。

3.5 强化承包商的管理

为保证运输搬迁实效，运力不足时要采取外雇车辆，如平板、拖车等，来补充公司当前运力不足的问题。如何对承包商进行管理，也是风险管理中很重要的一环。首先检查确认承包商的人员、车辆资质。其次，在每次执行任务出车前，车队对承包商的车辆技术状况进行安全检查，形成检查记录。第三，对驾驶员进行现场培训，结合 HSE 项目计划书讲明任务性质、运输路径、存在的风险及消减措施等，同时对驾驶员进行季节性、防御性驾驶培训，并在风险评估和消减措施报告中签字确认。车队评估小组对驾驶员评估，形成评估资料，并把上述资料整理归档保存。培训、评估小组由分公司领导、机关人员和车队干部组成，随时随地对承包商相关人员进行现场监督检查和问题纠正，确保对承包商管理到位。

4 风险管控的效果评价

钻井二公司运输公司西南车队对钻井搬迁运输风险管控的探索和实践，在生产中见到了明显的实际效果，有力地保障了钻井设备运输的质量安全，提高了搬迁时效。不仅全部承揽了钻机搬迁和平移、起放井架和零星运送大宗料的工作量，而且均安全、高效、优质完成。特别是应对道路陡坡、弯急、路窄等特殊路况时，突出了货物捆绑及索具的重要性，保证了货物稳定无掉落现象；通过道路勘察制订详尽的勘察报告，并在施工前对全体驾驶员进行详尽的安全培训和教育，严格危险路段的定人看守和提示，规避了危险路段的风险，确保了行车安全。车队在一线钻井队对二线单位的测评中，运输服务质量满意率达到 99%。今后将继续研究并借鉴国内外先进的管理手段，不断丰富和完善安全生产的管理内涵，在石油运输 HSE 管理中发挥更大的作用。

参考文献

[1] 张旭凤．运输与运输管理．北京：北京大学出版社，2004. 7.
[2] 罗远儒，张晓何，侯静．实用 HSE 管理．北京：石油工业出版社，2013. 9.
[3] 中国石油天然气集团公司安全环保部．HSE 风险管理理论与实践．北京：石油工业出版社，2010.
[4] 罗远儒．石油天然气工程健康安全环境管理．北京：石油工业出版社，2002.

如何深入推进车队 HSE 标准化建设

赵维斌　彭　锌　聂　磊

（中国石油川庆钻探工程有限公司质量安全环保处　四川省成都市）

摘　要　立足于石油企业车队现有的管理基础，结合车队管理标准化建设，提炼固化成熟的管理经验，优化完善有效的管理方法，助力企业交通安全管理，建立交通运输风险防控长效机制。

关键词　石油企业　车队　标准化建设

引言

汽车在改善人们生活质量的同时，也带来了道路交通事故的风险。近年来全国安全事故统计中，交通运输事故位居首位，已成为安全管理中较为突出的问题。本文对如何推进石油企业车队 HSE 标准化管理落地、HSE 管理流程闭环、HSE 管理记录规范等方面进行了探讨，以搭建持续改进的系统管理平台，形成交通运输风险防控的长效机制。

1　基础管理

1.1　明确机构和职责

本文的车队是指企业各有车单位科级、股级及班组的基层组织机构，车队包括建制车队和非建制车队。依据企业运输队伍组织机构设置规范，按照集中管理的原则组建车队。符合“车辆总数 20 台及以上的或危险品运输车辆 10 台及以上的”，应设置建制车队。建制车队应配备专职安全管理人员；非建制车队或零散车辆所在单位应明确专人负责安全管理。

车队应成立以主要负责人为组长的 HSE 领导小组，成员由副队长、安全员、调度员、监控员、班组长等组成。明确车队 HSE 管理职责及各岗位 HSE 管理职责。

1.2　建立制度和规程

车队可沿用上级发布的交通安全规章制度，也可根据实际情况制订本车队的实施细则，并保持有效文本。车队应收集或完善包含安全教育培训、驾驶员管理、车辆维护保养与回场检验、车辆调度、车辆安全监控、特殊时段交通运输升级管理、车辆“三交一定（封）”管理、安全检查、安全考核与奖惩、事故应急处置预案、停车场（库）管理等内容的交通安全规章制度。

车队应建立健全本单位岗位操作规程，主要岗位操作规程参照以下标准实施：

汽车驾驶员：Q/SYCQZ 049—2015《汽车驾驶员通用操作规程》；起重司机：Q/SYCQZ 048—2015《汽车起重机作业规范》。

1.3　建立管理资料

车队应建立、完善交通安全管理基础资料，并存档备查。成建制车队至少应建立安全会议

(活动)、安全检查、安全培训教育纸质记录本(基层人数较少的非建制车队可以合并成班组安全活动记录本),人员档案、车辆档案、事故档案,以及危险因素清单(隐患排查表)、驾驶员动态分类监控实施表等台账。

1.4 明确管理流程

车队应实施日、周、月安全管理流程。每日安全管理应重点做好以下8个环节:驾驶员酒精、血压测量,派车安全交代,驾驶员日检与三停四查,安全观察与沟通,工作安全分析,作业许可,车辆安全监控,回场检验等。每周安全管理重点做好以下4个环节:每周HSE检查,每周HSE培训,每周HSE会议,每周统计分析。每月安全管理应重点做好以下6个环节:更新危害因素清单,驾驶员动态能力评价,HSE培训,隐患、违章及HSE业绩统计分析,HSE考核,HSE领导小组会议。

2 驾驶员管理

2.1 任职条件

(1)合同化驾驶员任职条件包括:有工作需要,持有有效的机动车驾驶资质,身体条件符合驾驶机动车等。

(2)社会化驾驶员包括社会派遣员工、市场化员工、业务外包员工及临时聘用的驾驶员,其任职条件为:遵纪守法,具有良好的职业道德,无行车不良记录;具备从业岗位资质(持有驾驶证和从业资格证等有效证件);初中及以上文化程度;身体健康(执行机动车驾驶证申领和使用规定);年龄不超过50周岁;连续驾驶经历5年以上;无一般B类交通责任事故记录;用工单位与社会化驾驶员签订安全责任协议书。

2.2 实习

新上岗或转岗的驾驶员,通过入厂安全教育后,应安排跟车实习,经所属单位考核合格方可单独驾驶。

2.2.1 实习周期

新入职驾驶员或初次申领更高类别车型内部准驾证的,车队应安排其不少于一个月的跟车实习。

2.2.2 管理要求

(1)实习驾驶员跟车实习,应安排业务技术好、经验丰富、安全意识高及安全技能过硬,驾龄5年以上、安全行驶20×10^4km以上的师傅为其指导老师。

(2)跟车实习应签订师徒协议。

(3)实习驾驶员在跟车实习期间,应制订跟车实习计划,确定跟车实习的重点。

(4)实习期内不得驾驶牵引挂车、工程抢险车、载客车辆及载有危险品的车辆;重要节日及升级管理期间,实习驾驶员不能驾驶车辆。

2.3 考核

(1)在跟车实习结束后,由实习驾驶员本人提出单独驾驶书面申请,跟车师傅、车队分别进行实际考察和书面推荐,填报实习驾驶员单独驾车资格审批表。

(2)在确认实习驾驶员需单独驾驶后,由公司所属二级单位牵头组织考评,分职业道德、制度规程、故障排除、车辆保养、路试、专项操作等项目进行理论与实际操作的考核考评。

(3)审批同意单独驾驶的驾驶员应根据相关要求办理内部准驾证。

(4)实习驾驶员在单独驾车前,车队应对其进行一次安全谈话,列为A类驾驶员进行教育、选派和监控,并对其进行跟踪考评。

2.4 内部准驾证

实行驾驶员内部准驾证管理制度。必须持有内部准驾证,方能驾驶与准驾车型相一致的公司自有或租赁车辆。企业所属二级单位负责准驾证的审批、核发、注销等管理工作。

2.4.1 发放范围

企业所属单位在岗驾驶员;具有专业驾驶经历的车辆检验人员。

2.4.2 申报程序

车队向上级单位逐级申报,由企业所属二级单位审核,经本单位主管领导审批,送往企业交通安全专业培训基地培训考核合格。

2.4.3 管理要求

(1)企业交通安全专业培训基地对申办人员进行综合培训和专业测试,经考核合格,发放企业内部培训合格证。

(2)企业所属二级单位凭企业内部培训合格证核发内部准驾证。

(3)内部准驾证有效期三年。

(4)持内部准驾证人员解聘或调离岗位,其准驾证应由二级单位收缴注销。

(5)内部准驾证与驾驶证同时使用,必须随身携带,以备检查。

(6)有下列情况之一的,不予办理或暂扣、注销内部准驾证,并在备案资料中注明:患有影响安全驾驶职业禁忌证的;驾驶证被公安交通管理机关注销的;因严重违反安全行车规定受到处理的;驾驶员本人提出注销内部准驾证的;企业防御性驾驶培训不合格的。

(7)车队应建立驾驶员内部准驾证信息登记表。

2.5 动态能力评价

驾驶员动态能力评价是对每个驾驶员的生理特性、心理素质、能力表现、个性特征等方面进行全面动态分析及评价,能力从低到高划分出A、B、C三类。

2.5.1 分类管理

车队应依据对驾驶员动态能力评价结果,制定A、B、C类驾驶分类管控措施。包括但不限于以下内容:

(1)车型选择:A类驾驶员驾驶车辆相对固定,不能临时代开所驾车型以外的其他车辆。

(2)任务优选:急难险重任务应优选C类驾驶员执行。

(3)时段限制:A类驾驶员不准夜间超时驾驶。

(4)路线限制:不安排执行长途任务及冰雪道路行驶。

(5)重点监控:车队对A类驾驶员执行任务全过程进行重点监控,2个以上A类风险或连续2月A类的驾驶员由基层单位监控,3个以上A类风险或连续3月A类驾驶员由所属二级单位重点监控。

(6)定人帮教:A类驾驶员由车队领导进行一对一帮教,每周至少一次交心谈心或电话沟通;B 类驾驶员由车管人员进行帮教。

(7)定期培训:每月对 A 类驾驶员进行一次交通安全专项培训,月度累计安全培训教育不少于 6 学时;B 类驾驶员月度安全培训教育不少于 4 学时。

2.5.2 管理要求

(1)车队每月组织驾驶员动态能力评价,由 HSE 领导小组对驾驶员进行集体分析评价,评价小组成员应在驾驶员动态能力评价表上签字。

(2)车队根据驾驶员分类管控方法,落实各类监控措施和责任人,填写记录表。

(3)车队每月要将能力评价结果通报至调度、安全、监控人员及分类帮教人员,并挂牌公示。

(4)有车单位及车队应根据安全生产情况,制订 ABC 类驾驶员评比奖惩细则,将分类评价结果作为驾驶员 HSE 绩效考核重要内容。

2.6 HSE 培训

2.6.1 三级安全教育

根据国家安全生产监督管理总局《生产经营单位安全培训规定》(国家安全生产监督管理总局令第 80 号)及企业 HSE 培训管理办法,新员工必须接受二级单位(处)级、基层单位(科)级、基层队(班组)级三级入厂安全教育,培训考核合格后方可上岗。

(1)培训时间。

新入厂员工三级入厂安全生产教育培训时间不得少于 72 学时。其中,二级单位(处)级培训时间不少于 16 学时;基层单位(科)级培训时间不少于 16 学时,基层队(班组)级培训时间不少于 40 学时。每年接受再培训的时间不得少于 20 学时。

(2)培训内容。

基层单位(科)级岗前安全培训内容应当包括:工作环境及危险因素;所从事工种可能遭受的职业伤害和伤亡事故;所从事工种的安全职责、操作技能及强制性标准;自救互救、急救方法、疏散和现场紧急情况的处理;安全设备设施、个人防护用品的使用和维护;本单位(项目、队)安全生产状况及规章制度;预防事故和职业危害的措施及应注意的安全事项;有关事故案例;其他需要培训的内容。

基层队(班组)级岗前安全培训内容应当包括:岗位安全操作规程;岗位之间工作衔接配合的安全与职业卫生事项;有关事故案例;其他需要培训的内容。

(3)其他要求。

从业人员在本单位内调整工作岗位或离岗一年以上重新上岗时,应当重新接受基层队级(班级)的安全培训。

临时劳务工、实习员工、外来人员及其他临时进入企业工作的人员,应进行安全教育培训。

车队采用新材料或者使用新设备时,应当对有关从业人员重新进行有针对性的安全培训。

2.6.2 培训流程

(1)培训计划:车队应按照岗位任职要求,建立运行岗位描述、培训矩阵、能力评价、培训记录卡“四合一”培训矩阵,确定车队培训需求矩阵及年度 HSE 培训计划。

(2)培训员及培训课件:车队应提前确定兼职培训员,准备多媒体培训课件。

(3)培训申请:培训前,车队应提出书面培训申请,并按规定进行上报审批。

（4）培训实施：车队应利用课堂教学、实际操作等方式组织驾驶员集中培训。参加培训人员应签字，并完善培训过程记录资料。培训内容主要包括：基础知识，交通安全法律法规、交通运输行业标准、交通安全管理制度、起重装卸作业等知识；专业技术知识，车辆结构及性能、车辆修理及维护保养、车辆安全装置等；安全驾驶技术，车辆检查、道路安全风险识别及消减措施、典型交通事故案例；个人防护及职业卫生知识，急救知识、个人防护用品的使用、酒精及药物管理；防御性驾驶培训，包括防御性驾驶基础、防御性驾驶技术、实际操作及综合评估等内容；职业道德教育；其他交通安全知识。

（5）培训考核：培训实施者应根据不同的培训方式，采取不同的考核方式对被培训者进行考核。考核方式包括但不限于：面试或口头提问、笔试、实际操作考核、网上答题。

（6）效果评价：结合培训考试情况，对员工培训效果进行评价，并跟进后期工作的改进，持续改进培训效果。

2.6.3 日常教育

车队应每周组织一次安全学习会，对驾驶员进行日常安全教育。对未归队驾驶员要采取归队补课、现场走动培训等多种形式进行补课。安全学习主要内容有：安全经验分享、HSE 文件及规定、现场风险及控制措施、事故事件案例、HSE 管理要求、其他交通安全知识。

2.6.4 再培训

出现以下情况时，车队应对员工进行再培训：法律、法规及标准、制度发生重大修改时；驾驶员换驾车型（培训 1～2d，限速适应驾驶 500km 以上）；离岗 6 个月及以上重新上岗时；违章记分满 6 分或发生有责交通事故的责任人。

2.6.5 培训记录

（1）车队应对每项培训情况如实记录，至少包括以下培训资料：培训审批表、培训内容、考试情况、培训效果评价及签到记录等。

（2）车队应将每名员工培训教育情况，纳入员工个人档案，存档备查。

2.7 HSE 考核

2.7.1 绩效管理

（1）车队可根据本队和上级的管理要求，制订以过程性指标为主的绩效考核细则或相关制度条款。

（2）绩效考核主要内容：安全观察与沟通的结果；周 HSE 检查的结果；路检路查及巡检情况；员工安全活动的评比结果；培训、劳动竞赛情况；驾驶员能力动态评价结果；隐患、违章及事故情况；劳动纪律。

（3）车队按绩效考核细则考核员工安全表现，及时填写考核记录，月度 HSE 领导小组会议对考核情况进行汇总、评比，考核结果与员工绩效奖金挂钩，并每月进行公布。

（4）车队应制订正面激励指标，对员工安全行为及时给予鼓励，并纳入考核。员工发现并及时报告事故隐患的，应实施奖励；对员工制止和拒绝违章的行为，应按照相关规定给予奖励。

2.7.2 违章管理

（1）全体员工均有纠正、制止、检举和报告各类违章行为的权力和义务。

（2）车队应通过公安交通管理信息网等渠道对驾驶员违章信息进行查询和处理，并纳入驾驶员 HSE 业绩考核。

(3)车队应明确各管理人员违章查处量化考核指标,组织开展反违章活动,对检查发现的违章进行处理。

(4)车队建立违章台账和公告栏,对违章行为及时进行公示,对性质严重的违章行为应逐级上报。

3　车辆管理

3.1　分类管理

根据 JT/T 198《道路运输车辆技术等级划分和评定要求》,车辆按照技术等级分为一级车、二级车。企业可结合实际,按照运行风险的大小将其细化一类车辆、二类车辆和三类车辆,根据车辆分类情况,制订并落实车辆分类管控措施,明确责任人。

3.2　检查检验

对车辆实行检查检验,由车队委托有资质的修理承包商对回场车辆进行检查,由驾驶员对保管使用的车辆每日进行出车前、行车中、收车后的巡回检查。由车队负责所属车辆的行驶证和营运证证件审验,提醒驾驶员驾驶证审验和从业资格证审验。车辆审验严格按照行业部门规定上线检测,出具合格的车辆综合性能检测报告。车辆维护保养包括:日常保养、二级维护、车辆修理。

4　风险管理

4.1　风险管控

车队应开展岗位、工作等危害因素辨识活动,建立车队危险因素清单(隐患排查表)。每月对新增风险进行一次收集汇总。危害辨识主要方法有:工作安全分析、直观经验法、情景分析法、头脑风暴法、检查表法。

风险评价:采用矩阵法、LEC 法对识别的危害因素进行风险评价,建立 HSE 重大风险清单,并制订风险控制措施;当新增车辆、变更驾驶员、增减安全设备设施、新增生产区域和项目时要进行风险评价。

风险控制:车队利用班前会、安全培训、安全技术交底、入场教育等多种方式,将存在的风险告知相关人员,并确保员工掌握风险控制措施及相关要求;识别出的危害因素已评价确认后,应逐项制订风险消除、消减控制措施。常用风险控制工具包括工作前安全分析、作业许可、安全观察沟通、变更管理、作业前安全会、个人安全行动计划、安全经验分享。

4.2　道路勘察

车队应组建专(兼)职道路勘察队伍,道路勘察队伍组成人员应优先选择具备土建施工专业知识、具有专业驾驶从业经历、具有丰富的现场工作经验且责任心强的人员参加。配备坡度仪、测距仪等必要的测量工具,负责施工前对作业区域内道路及作业现场进行勘察和风险评估。见表 1。

表1　道路勘察风险评价参考表

序号	风险类别	一般风险	中度风险	重大风险
1	场镇	全程路宽达6m以上	路宽3~6m,无陡坡及弯道无盲区	场镇逢场时摊位占道;临街有坡道叉路口;弯道有盲区;场镇叉路口车多人多等因素
2	学校	距公路50m以上	距公路50m以内;且有交通信号灯或天桥、减速带	学校大门紧邻公路50m以内;且无交通信号灯或天桥
3	陡坡	国省县道纵坡度<7%、乡道坡度<9%且无弯道;横坡度<4%;	国省县道纵坡度不小于7%、乡道坡度不小于9%且无弯道;或者横坡度不小于4%;连续坡道长度1~3km	国省县道纵坡度不小于7%、乡道坡度不小于9%时,且伴弯道或横坡不小于4%、路宽不及4m的土路;连续坡道长达3km以上
4	交叉路口	有交通信号灯;无通行控制的路口无盲区、无坡道	有盲区、路口车多、人多,路况复杂的平交路口	有坡道、存在盲区的剪刀路口
5	急弯	转向不足90°的弯道;弯道90°以上但有效路宽6m以上	有效路宽4~5.5m的急弯	有效路宽4m以下且90°以上的弯道;坡度达5%以上的带盲区的急弯;转弯半径不能满足四轴车一次转弯通过的弯道
6	窄道	最窄处不小于3.5	路障或有效路面宽度3.0~3.5m	土路路宽小于3.0m;车辆有效路面临边0.5m无堡坎
7	空中障碍	固定障碍限高不小于3.5m	固定障碍高小于3.5m	无
8	路基沉陷	等级公路有沉陷或塌方	非等级公路沉陷或塌方,临边有防护设施	非等级公路沉陷或塌方隐患,且临边无防护设施
9	隧道(桥洞)	高度不小于5m窄桥洞;或有效宽度3.5m以上	桥洞高度小于5m;或有效宽度3.5m以下	伴有弯道或双向行驶无隔离的隧道
10	桥梁	当地允许车辆正常通行的桥梁	窄桥、漫水桥;限重20t以下	危桥、自制平板桥
11	地质灾害	一般有提示的路段	有可能造成公路断道、掩埋车辆等后果的路段	无
12	水源保护地	道路距离水源50m以上	临近水源50m以内,且路边无保护措施	无
13	人车密集区	人员及车辆较多的路段	教练车、工程车、摩托车多的综合交通路段	无
14	事故高发段	无	提示多次发生事故的路段	提示“多次发生死亡三人以上的事故路段”
15	其他	正常行驶时,发生事故为轻伤及以下的危害因素	可能造成人员重伤的因素	可能发生车毁人亡的因素

5 运行控制

5.1 车辆调派

(1)出车前评价:车队应通过多种方式掌握及了解驾驶员近期状况,确保驾驶员具备安全驾驶的资质和能力。车队按规定对执行任务驾驶员开展酒精和血压检测,有药物影响的驾驶员应当暂停驾驶任务。滥用酒精或药物的事件应当汇报给上级主管部门。车队车管人员要观察并掌握驾驶员思想波动、情绪变化等情况,发现异常应暂停安排执行任务,并进行正确疏导和帮助。在安排车辆执行任务时,应严格执行凭车辆合格证和车载监控终端完好派车制度,不准调派带病车、无法监控车辆上路行驶。车队应将出车前评价情况填入车辆运行调派路单,路单一式两联,驾驶员应随车携带一联,同时车队应留存一联。

(2)派车审批:各有车单位根据任务类型及风险特点,建立派车审批流程、明确审批权限及控制措施。车队对调派任务按照审批流程和程序进行分级、分类审批。派车人员应在路单、派车审批单上签字。任务安排后,调度应将任务信息填入车辆调度记录,并将派车合格证与车辆调度记录一并存档,便于追溯。

(3)派车交代:车辆调派应根据任务风险向驾驶员进行"任务、路线、安全"三交代,在路单中要明确交待执行任务、行车路线、主要风险与消减措施。

5.2 两书一表

车队应按企业 QHSE 管理体系要求,编制和实施"两书一表"管理,即"交通运输 HSE 指导书""交通运输 HSE 计划书"和"交通运输 HSE 检查表"。

5.3 防御性驾驶

车队应推广防御性驾驶技术,对驾驶员进行防御性驾驶理论与实际操作培训,督促指导驾驶员应用防御性驾驶技术,养成良好的防御性驾驶习惯。

5.4 车辆监控

车队应贯彻落实车辆安全监控管理制度,安装企业统一的车载监控终端和行车记录仪,指定人员负责车辆安全监控,对车队所属车辆及承包商车辆进行监控。

5.5 过程控制

三停四查:车辆在运行过程中,驾驶员应遵守道路交通安全法律、法规和制度的规定,做好"三停四查"工作。

路检路查:车队应经常性开展路检路查及现场检查工作,对驾驶员操作行为、现场隐患进行检查。

装载捆绑检查:行车前现场安全监管人员或押运员应对货物装载及捆绑进行检查。

6 应急管理

6.1 应急处置预案

按照国家安全生产监督管理总局《生产安全事故应急预案管理办法》(中华人民共和国应急管理部令第 2 号)及 GB/T 29639—2013《生产经营单位生产安全事故应急预案编制导则》相

关规定，针对可能发生的突发事件制订现场应急处置预案，车队可以编制综合应急处置预案。预案内容针对以下可能发生的突发事件，编制应急处置程序：交通伤害事故、危险物品道路运输突发事件、环境污染、火灾、自然灾害、人员伤亡、食物中毒。

6.2 应急物资

车队应参照 Q/SY 08136《生产作业现场应急物资配备选用指南》，建立完善车队应急物资配备标准，落实专人负责应急物资的管理，根据应急处置预案需要，为车辆配备齐全相应的应急物资。

6.3 培训演练

应急培训：车队应当将应急预案的培训纳入安全生产培训工作计划，组织开展车队的应急预案、应急知识、自救互救和避险逃生技能的培训活动，使有关人员了解应急预案内容，熟悉应急职责、应急处置程序和措施。应急培训的时间、地点、内容、师资、参加人员和考核结果等情况应当如实记入本单位的安全生产教育和培训档案。

应急演练：车队应当制订本单位的应急预案演练计划，根据本单位的事故预防重点，每季度至少组织一次应急处置预案演练。

7 结束语

安全是责任、安全是效益、安全是发展。安全生产是企业稳定和发展的基础，自推进车队 HSE 标准化建设以来，企业交通事故得到有效控制，安全管理水平也有了明显的提升，促进了安全管理工作的良性发展。作为石油企业，应坚持把安全管理体系持续运行起来，建立安全生产标准化的长效机制，不断提高企业的安全管理水平和质量，真正把安全工作抓出成绩，抓出实效。

拆除凝固后稠化仪浆杯作业风险辨识与控制

张作宏　刘华治　马思平

（中国石油川庆钻探工程有限公司井下科技有限公司　四川省广汉市）

摘　要　水泥浆凝固后的稠化仪浆杯，不能按水泥浆未凝固状态下的方式进行拆除。传统的人工敲击破碎水泥进行拆除，会对操作者和浆杯产生伤害。对作业过程中的风险进行识别分析后，运用轨迹交叉理论，从机械设备的因素考虑，研制出液压式稠化仪浆杯脱离装置，建立起一种新的拆除作业方法，避免人员伤害和对浆杯的损坏，实现安全作业。

关键词　轨迹交叉理论　稠化仪　风险　安全

引言

高温高压稠化仪是一种模拟井下温度和压力状况下，测试水泥浆从可泵送的液态到逐渐丧失流动性的塑性流态的转变时间，即稠化时间，从而保障水泥浆在井下安全泵送的实验测试仪器。稠化时间测试实验完毕后，需要将高温高压稠化仪的工作压力降为常压，温度降至93℃以下，将盛装水泥浆的浆杯从仪器釜体内取出，进行拆除、清洗。

随着钻井技术的发展，深井、超深井不断勘探开发，稠化时间测试实验的温度和压力也越来越高。加之对防气窜的技术要求，体现在40～100Bc稠化过渡时间这一指标上，通常只有几分钟，甚至不到一分钟。该指标标志着水泥浆从不易泵送到完全不能泵送状态的转化，表征了从塑性流态转为固体的趋势。然而这种需求意味着在实验设备操作上面临因降温降压时间增长，以致在大多数情况下，当稠化仪降至常压和93℃以下时，取出的稠化仪浆杯会因水泥浆完全凝固，致使杯内各部件无法分离、清洗。

处置这样的浆杯，通常要么是报废，要么采用传统的人工敲凿水泥，使之破碎、分离，再将杯内各部件取出、清洗。传统方法耗时耗力，且存在一定的对人和设备造成伤害的隐患。

1　传统人工敲凿法拆除稠化仪浆杯的隐患

1.1　浆杯构造

浆杯是由杯筒、桨轴、桨叶、传压胶片、杯盖等部件构成，具有结构紧凑，构造复杂，内部空间狭小、精度要求高等特点（图1、图2）。

1.2　工序介绍

从稠化仪釜体内取出浆杯，放入冷水或用冷水淋浴，进行进一步降温，而后将上下杯盖卸掉，取出传压胶片及垫圈，仅剩杯筒、桨叶和两者之间凝固的水泥石，三者完全融为一体。

一名操作者双手紧握杯筒固定，另一名操作者用钉锤敲击钢凿，将水泥石一点一点敲碎，直至可以将桨叶和杯筒分离出来（图3、图4）。

图1　标准浆杯结构实物图

图2　防包心浆杯结构实物图

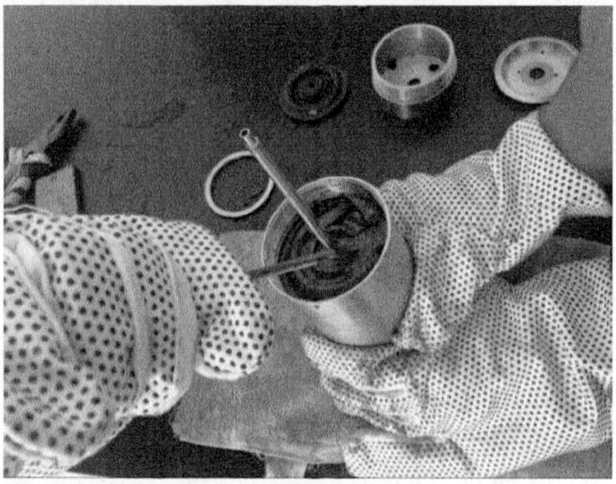

图3　传统手工方式1

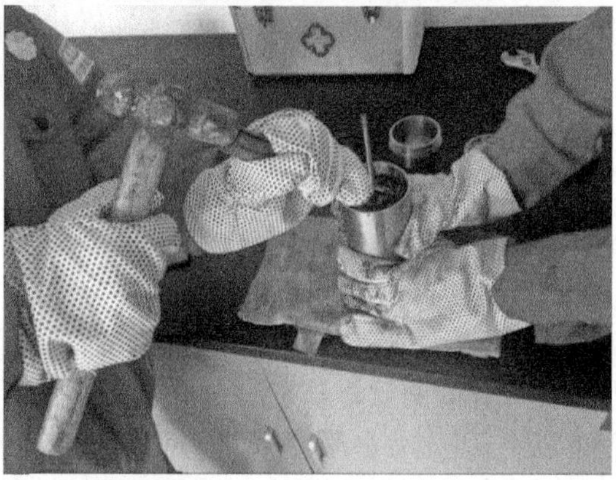

图4　传统手工方式2

1.3　对人的伤害隐患

1.3.1　敲击时误将手指砸伤

由于杯筒内空间狭小，且要避免对浆叶、浆轴的损害，操作者要不断改变钢凿的角度及钉锤的力度。注意力往往会关注杯筒内部，而忽视钉锤及钢凿的把握，致使钉锤打偏或执钢凿的手指误移至钢凿顶部，造成手指砸伤（已有此类事件发生）。

1.3.2　拉取浆叶时被划伤

随着水泥石不断敲击、破碎，钢凿要避开浆叶和浆轴，可调整的空间和角度越来越小，操作者往往会尝试拉取浆叶，将其取出。而暴露的浆叶一端有锋利的刃口，稍不注意，就会将操作者的手指划伤（已有此类事件发生）。

1.3.3　碎屑飞溅击伤眼部

受到敲击的水泥石碎块在狭小的杯内空间反弹飞溅出来，而操作者离浆杯距离很近，曾发生碎块反弹至脸部，但未击伤眼部的事件发生。

1.3.4　浆杯滑脱砸伤脚部

扶持者双手握住浆杯放置工作台边，以保护浆轴。浆杯外壁长期在稠化油中浸泡，比较光滑，在敲击震动的情况下，时间一长，扶持者就可能失手，导致浆杯从工作台边掉落下来，砸伤脚部。

1.3.5 震动

敲击产生的长时间震动，使敲击者和扶持者都会产生酸胀的不适感受，劳动强度大。

1.4 对物的伤害隐患

1.4.1 敲击引起的划痕、变形

由于空间狭小，加之内部桨叶、桨轴交错，操作者在敲击钢凿时，钢凿会触碰到桨叶、桨轴，导致扭曲变形，并会在杯筒内部留下划痕，这种情况常常发生。

1.4.2 坠落引起杯筒或桨轴变形

由于杯筒长期浸泡在稠化油中，杯筒外壁比较光滑，特别是在敲击的过程中，扶持者长期保持单一姿势，一旦失手，浆杯可能从工作台边掉落撞击地面，造成杯筒或桨轴变形，报废(已有此类事件发生)。

1.5 其他影响

由于劳动强度大，人员不同程度地存在自责、担心、抱怨、焦虑、烦躁的情绪；也有可能影响实验数据的精确度，并造成实验任务延迟，影响生产进度；同时浆杯部件的损坏会形成一定的经济损失。

2 拆除凝固后稠化仪浆杯作业的工艺安全分析

2.1 事故与隐患的关系

事故就是指生产、工作中发生的意外损失或灾祸，是已经发生的客观现象。隐患是因为某种因素在生产经营活动中存在可能导致事故发生的物的危险状态、人的不安全行为和管理上的缺陷。隐患不是事故，但是隐患与事故是有关联的。海因里希法则说明，在进行同一项活动中，无数次的不安全行为，必然会导致事故的发生。虽然对不同作业类型，其比例关系并不一定完全相同，而且受时代局限，仅从人的不安全行为进行统计。但随着事故致因理论不断发展完善，对人和物两种因素在事故致因中的地位的认识发生了很大变化，生产装置、生产条件的不安全问题越来越引起人们的重视。

2.2 轨迹交叉理论

在事故发展进程中，人的因素运动轨迹与物的因素运动轨迹的交点就是事故发生的时间和空间，即人的不安全行为和物的不安全状态发生于同一时间、同一空间，或者说人的不安全行为与物的不安全状态相通，则将在此时间、空间发生事故。

该理论作为一种事故致因理论，将物的因素在事故致因中的地位提高到与人的因素同样的地位。无论用哪种方式，只要轨迹不相交，即可避免事故。该理论不再简单地将事故的发生归咎于操作者中的“违章”。即便是人的因素，也应该考虑失误导致的是不安全状态，还是不安全行为。

2.3 拆除稠化仪浆杯作业中人和物的因素

在作业中，操作者往往精力集中于钢凿如何在杯内避开桨叶、桨轴等结构，寻找最佳着力点，而忽视了自身同时进行的钉锤敲击钢凿的动作，从而发生误砸伤事故。长时间保持单一姿势和在冲击震动的条件下，身体本能失去对双手紧握浆杯的力度控制，造成浆杯坠落砸伤；因后果不严重，放松警惕，处于麻痹大意状态；人的心理影响，如自责、担心、抱怨、焦虑、烦躁的情绪。这里包括了人的失误和不安全行为。

物的不安全状态，如锋利的桨叶、紧密设计的构造，杯筒外壁长期浸泡于稠化油中导致易滑脱。这样的设计在一般情况下，水泥浆未将浆杯凝固，呈现液态或塑性流态，拆除作业是很容易，相对处于比较安全的状态。但是外部因素的引入，如实验温度的增高、防窜水泥浆体系的引入，都会缩短 40～100Bc 稠化过渡时间，导致从稠化仪取出时浆杯已被水泥浆凝固，此时再进行拆除，浆杯的构造由相对安全状态转变成不安全状态。

人的不安全行为和物的不安全状态并不是一成不变的，在一定的条件下可以转换。其转换的临界点也会受个体的影响，比如性格沉稳、仔细的人员，或是经验丰富、具备一些安全知识的人，就会自我调控，相比性格急躁、经验欠佳的人员来说，失误就要少些，不安全行为的临界点就会高些。

物的不安全状态的直接原因是水泥浆在降温降压过程中凝固，致使拆除和清洗模式发生改变；间接原因是高温高压的实验条件和缩短过渡时间的防气窜水泥浆体系导致这样的情况大量发生。

2.4 预防措施

根据轨迹交叉理论，排除作业中的来自设备、工艺流程中不安全状态或者消除人为失误和不安全行为，使两事件链连锁中断，则两系列运动轨迹不能相交，危险就不能出现，就可避免事故的发生。很显然，人的因素可以通过培训、安全经验分享、作业分析等手段，降低不安全行为发生的概率，但对于失误或生理本能是不能完全消除的。对此只有通过对物的因素进行考虑：诱导设备（浆杯）从安全状态转换为不安全状态的直接原因是水泥浆在降温降压过程中凝固，致使常规拆除和清洗模式发生改变，从而产生敲击破碎水泥石的非常规拆除作业方式，引入了安全隐患。如果能寻找一种新的、安全的拆除凝固后稠化仪浆杯作业方式，就可以消除传统的敲击破碎水泥石的拆除方式所带来的安全隐患。这一思路是可行的。

3 液压式稠化仪浆杯脱离装置

为消除敲击破碎水泥石带来的安全隐患，发明了液压式稠化仪浆杯脱离装置。

3.1 原理

将杯筒固定，由液压千斤顶沿桨轴方向产生推力，使得水泥石及桨轴、桨叶一同推出杯筒，实现脱离。

3.2 装置示意图

整套装置由一个小型液压千斤顶和一台梯形支架组成，支架下板有固定千斤顶的凹槽，对应的支架上板，挖一个空洞，上部焊接螺纹连接浆杯，将浆杯卸掉底盖后，上到螺纹处，旋紧固定，通过下部千斤顶，将水泥石及桨轴等一并缓慢顶出浆杯，再卸下浆杯，从而实现脱离。使用液压式千斤顶作为动力，体积小，动力安全可持续，风险小。如图 5、图 6 所示。

3.3 装置细节

由于不知道水泥石与浆杯内壁的黏合力究竟在多大范围内，原则上考虑一定附加值，支架不能变形。材质选用强度等级高的 304 型不锈钢材质。支架下部要大些,有利于稳定,特别是在使用千斤顶时,杠杆可能会翘翻。必要时可由其他操作者用脚踩住压稳。四根柱子支撑防止千斤顶工作时产生的力使支架上、下板分离。支架柱子采用先加工螺纹,连接好后再焊接方式固定。千斤顶选用市面最小规格的 2T 型号。

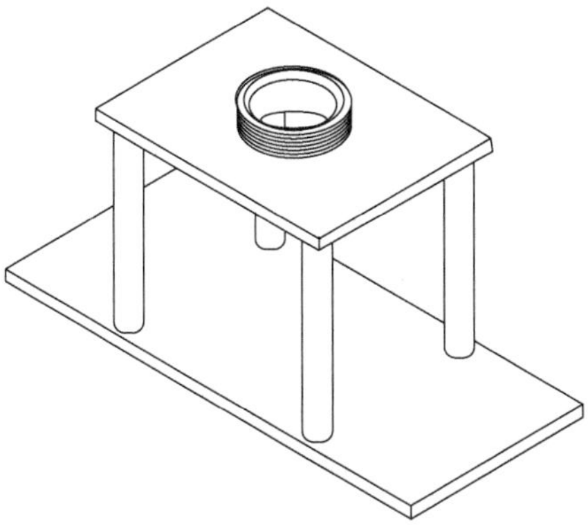

图 5 液压式浆杯脱离装置(支架)设计图

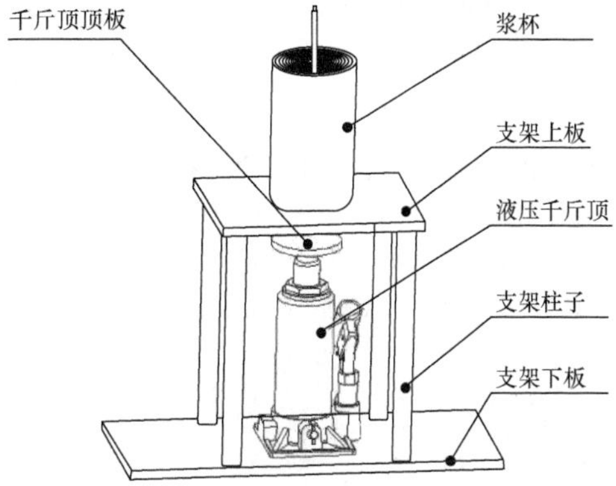

图 6 液压式浆杯脱离装置(工作状态)设计图

浆杯连接处采用废弃的水泥浆杯底盖,将底部水平部分挖空,形成 ϕ60mm 的孔洞,小于浆杯内径。将挖空的浆杯底盖焊接在支架上板中央,连同支架上板挖通一个直径为 ϕ60mm 的同心孔洞,确保千斤顶与顶板能够通过,同时保证水泥浆杯能使用原装同类型的浆杯底盖完全连接。

千斤顶顶板为 ϕ58mm 的圆形钢板,中部掏有 ϕ10mm 的小孔,确保桨轴突出水泥石的锥形下端能容纳其内,也便于清洁残渣,并最大可能保持与水泥石的接触面积,使得水泥石完整地与浆杯内壁脱离,不留残余物在杯内壁。

3.4 效果评估

将凝固的稠化仪浆杯通过浆杯连接处准确地上到支架上,旋紧,压动千斤顶,桨轴和水泥石慢慢上升,脱离浆杯,取出后,水泥石完整,浆杯内壁无残余物,整个过程简单、快捷。

操作过程中,千斤顶缓慢而均匀施加力,不会产生碎屑,人员和浆杯脱离接触,不存在对人员产生伤害和对浆杯产生损坏的隐患。

液压式稠化仪浆杯脱离装置推广应用后,无一例人员受伤和浆杯受损的案例发生。

4 结论

(1)由于降温降压时间增长和防窜水泥浆体系的使用,原本处于未凝固的稠化仪浆杯拆除工艺变为凝固后的浆杯拆除工艺,物的因素由原来的安全状态转变为不安全状态;采用新的工艺后,又转变为安全状态。在不同条件下,物的安全状态是可以相互转化的。

(2)生产装置的创新,工艺的更新,是消除事故的重要手段。

(3)装置的创新、研制,拓展了现有仪器设备的使用范围,也是对仪器设备设计的完善补充。

5 认识

这是一起由安全理论指导的隐患治理、事故预防的成功案例。分析了原有工艺的不安全状态产生的原因,通过研制装置、更新工艺,实现了再将物的因素转变为安全状态,从而将管控措施重点从对人的培训、考核转为通过对物的因素进行控制,达到本质安全的目的。

参考文献

[1] 中国安全生产协会注册安全工程师工作委员会,中国安全生产科学研究院. 安全生产管理知识[M]. 北京:中国大百科全书出版社,2011.

[2] 毛海峰. 现代安全管理理论与实务[M]. 北京:首都经济贸易大学出版社,2000.

[3] 吴穹. 安全管理学[M]. 北京:煤炭工业出版社,2002.

地震勘探在村镇周围施工的爆炸控制

李全良　张福生　卢　军

（中国石油集团东方地球物理勘探有限责任公司大庆物探二公司　吉林省松原市）

摘　要　为客观反映石油地震勘探施工过程中地震爆破作业对周围建筑物的影响程度，有效指导石油地震勘探在村镇周围的正常施工，本文以爆破危害为重点内容，通过爆破设计，综合采用多种安全有效、经济环保的防护措施，有效地将勘探施工中存在的安全危害、环境危害控制在许可范围内。

关键词　爆破危害　安全危害　环境危害　许可范围

引言

地震勘探是利用震源药包爆炸在地层中激起地震波，进行地质构造勘探的作业。当地震波传到两种不同岩层的分界面时，就会产生反射波回到地面，利用专门仪器将波的特征记录下来，经过分析研究，发现和找出有用的矿产资源。地震勘探爆破常用方法有水中爆炸、坑中爆炸、井中爆炸等，本文重点讲述井中爆炸控制。

爆炸控制是一种对爆破效果和爆破危害双重控制的爆破技术，可使爆破作业在村镇居民区等复杂环境下安全实施。由于村镇建筑物密集、地下管线复杂、人口集中、车流量大，必须严格控制爆炸施工中地震波、空气冲击波、飞石、粉尘、噪声等危害因素，以防止对邻近建筑物、行人、牲畜、车辆、环境等造成危害，同时又要保证施工质量符合工程要求。

爆炸危害和爆炸质量是控制爆破技术的核心，通过在吉林榆树弓棚子镇周围的农田进行爆炸试验，采集地震数据，对比相关标准中关于振动对各种建筑物结构、外设造成的影响值，得出不同井深、药量和距离对地震勘探施工所产生的影响，为施工作业安全距离提供有力支持。

1　试验概况

（1）制订试验方案，测量并定位采集点。现场测量定位各采集点位置，试验分6组，每组均设数据采集点9个，采集点距离炮点分别为5m，10m，20m，30m，50m，100m，200m，300m，500m。确定采集点位置后，布设专用仪器设备。

（2）测量定位单组炮点。为保证近炮点采集点与各炮点距离相同，围绕第1个距离5m采集点呈弧形测量定位，炮间距2m。各组井深不同，5口井为一组，每组从上至下井深分别为10m、15m、20m、25m、30m；4口井为一组，井深分别为15m、20m、25m、30m；3口井为一组，井深分别为20m、25m、30m。按不同药量设计6组，其中0.2～0.5kg、0.5kg、1kg、2kg组每组5炮，4kg组4炮，6kg组3炮，共27炮，合计药量57.4kg（4kg组补井1次）。

（3）钻井达到设计埋深后进行下药和回填，完钻井口插标签旗，旗上标明井深和药量。

（4）仪器调试至待接收状态后，单组每炮逐个激发，测量收集每炮采集的数据。

(5)第一组完成后进行下一组,组间除药量参数不同外,其他参数同上,组间距离20m。

2 爆炸控制可行性措施

2.1 爆破振动

爆破振动是指爆炸引起传播介质沿其平衡位置作直线或曲线往复运动的过程,是衡量爆破地震强度大小的物理量。影响爆破振动的因素错综复杂,爆破振动在产生和传播过程中,主要受爆源(包括炸药量的大小、炸药种类、药包形状、爆破方法等)、距爆源的距离、爆破振动传播区域地质地形条件影响。爆破振动具有如下特征:

(1)爆破振动持续时间很短。一次振动只有几十毫秒至几百毫秒。

(2)爆破振动频率较高,主振频率在5~500Hz,不易引起建筑物共振破坏,破坏性相对较弱。天然地震频率低,主振频率为0.5~5Hz,与大多数一、二层结构的民用建筑固有频率4~12Hz接近,易引起共振破坏,破坏性强。

(3)爆破振动主振频率受爆破类型影响大。

(4)爆破振动主振频率还与传播介质特征有关。一般来说,岩石越坚硬,其振动的高频成分越丰富,而在软弱风化岩石或土层中,其振动的高频成分会很快衰减。地震勘探爆破作业主要在土层中激发。按照爆破振动衡量标准及振动安全允许距离进行爆破时,我国采用爆破振动速度作为衡量标准。爆破振动速度 v 按经验公式(1)计算:

$$v = K(Q^{1/3}/R)^{a} \tag{1}$$

式中 v——爆破振动速度,cm/s;

Q——炸药量,齐发爆破取总药量,延迟爆破取最大一段炸药量,kg;

R——从建筑物到爆破中心的距离,m;

K——与地震波传播地段介质特性有关的系数;

a——地震波衰减指数。

K、a 值选取可参照表1;也可参照类似工程选取。由于地震勘探爆破作业使用药量较小,没有必要再进行试验来确定比较符合实际的 K、a 值。

表1 爆区不同岩性的 K、a 值

岩性	K	a
坚性岩石	50~150	1.3~1.5
中性岩石	150~250	1.5~1.8
软岩石	250~350	1.8~2.0

按式(1)计算出爆区附近建筑物的振动速度不得超过GB 6722—2014《爆破安全规程》规定的安全允许标准,见表2。

表2 爆破振动安全允许标准

序号	保护对象类别	安全允许质点振动速度 v,cm/s		
		$f \leq 10$Hz	10Hz $< f \leq 50$Hz	$f > 50$Hz
1	土窑洞、土坯房、毛石房屋	0.15~0.45	0.45~0.9	0.9~1.5

续表

序号	保护对象类别		安全允许质点振动速度 v,cm/s		
			$f \leqslant 10$Hz	10Hz $< f \leqslant 50$Hz	$f > 50$Hz
2	一般民用建筑物		1.5～2.0	2.0～2.5	2.5～3.0
3	工业和商业建筑物		2.5～3.5	3.5～4.5	4.2～5.0
4	一般古建筑与古迹		0.1～0.2	0.2～0.3	0.3～0.5
5	运行的水电站及发电厂中心控制室设备		0.5～0.6	0.6～0.7	0.7～0.9
6	水工隧洞		7～8	8～10	10～15
7	交通隧道		10～12	12～15	15～20
8	矿山巷道		15～18	18～25	20～30
9	永久性岩石高边坡		5～9	8～12	10～15
10	新浇大体积混凝土(C20):	龄期:初凝～3d	1.5～2.0	2.0～2.5	2.5～3.0
		龄期:3～7d	3.0～4.0	4.0～5.0	5.0～7.0
		龄期:7～28d	7.0～8.0	8.0～10.0	10.0～12

注1:表中质点振动速度为三分量中的最大值;振动频率为主振频率。

注2:频率范围根据现场实测波形确定或按如下数据选取:硐室爆破 $f<20$Hz;露天深孔爆破 $f=10\sim60$Hz;露天浅孔爆破 $f=40\sim100$Hz;地下深孔爆破 $f=30\sim100$Hz;地下浅孔爆破 $f=60\sim300$Hz。

注3:爆破振动监测应同时测定质点振动相互垂直的三个分量。

注4:根据工程经验,夯土堤坝安全允许质点振动速度标准在中频区域取4.0cm/s。

根据公式(2),可以得出爆破时对于某种保护对象的爆破振动安全允许距离:

$$R_a = (K/v)/a \cdot Q^{1/3} \quad (2)$$

式中 R_a——爆破振动安全允许距离,m。

可以采用以下措施将爆破振动对周围村镇建筑物的影响减到最少:

(1)控制一次爆炸药量,建筑物周围采用小药量施工作业。

(2)通过合理的施工变化观测系统,扩大被保护建筑物与炮孔的距离。

(3)加强施工现场监管力度,确保井深、药量符合施工设计,做好井口回填作业,确保炸药下到井底。

2.2 爆炸冲击波、飞石

爆炸冲击波是炸药爆炸的又一种外部作用效应。在距离爆源不同范围,其作用效果大不相同。临近爆源处,爆炸冲击波对人员具有杀伤力,对建筑物、设备也可造成破坏。

爆破个别飞散物(也称爆破飞石)往往是造成人员伤亡、建筑物和仪器设备等损坏的主要原因。在爆破作业中,控制爆破飞石,防止爆破飞石造成的事故,是确保爆破安全的重要内容。控制和降低爆炸冲击波、飞石的措施有:

(1)科学设计,精细施工,合理布置井深、药量。施工前检查周围房屋、桥梁、水堤、输电通信线路和输油输气管道等建筑物,根据GB 6722—2014《爆破安全规程》在安全距离外施工。

(2)设置警戒区。警戒距离按表3执行。激发过程中,在警戒区内设置岗哨和安全标识,禁止人、畜、车(船)进入危险区域。

(3)保证井口回填质量。保证回填深度、回填密实,填塞物中不得夹带碎石。

表3　警戒距离

地表为黏土、沙土层	不小于30m
地表为岩石、冻土层	不小于70m
小折射放炮	不小于100m

2.3　爆破有害气体

一氧化碳和氮氧化物是炸药爆炸后生成的主要有害气体，为降低其危害程度，在施工过程中将爆炸站设置在井口通视良好的上风方向；选用合格炸药，保证足够的起爆能量，使炸药迅速达到稳定的爆轰状态。

2.4　外来电流对爆炸控制的影响

在地震勘探爆破施工过程中，使用的专用地震勘探电雷管灵敏度高（安全电流不小于0.1A；最小发火电流不大于0.36A），因此应防止外来电流引起早爆。在地震勘探施工过程中，影响爆炸控制的外来电流主要为高压电、静电、雷电、射频电。为此，在施工过程中应在布置井口时，尽量远离高压输电线；涉爆人员穿戴防静电劳动保护用品；禁止携带、配置无线电通信设施的人员、车辆进入爆破警戒区；雷雨天气禁止从事涉爆作业。

3　现场试验

（1）由测绘人员进行定位，专家携带设备调试至待命状态（测试前，设备经国家指定单位检测鉴定），工作人员帮助专家布设仪器设备。

（2）钻井组根据现场指挥，在组长带领下钻井，井深严格按照本方案确定。

（3）钻井完成后，马上进行通井下药，第1组2口井下药0.2kg、另外三口井下药0.5kg；第2组每口井下药0.5kg；第3组每口井下药1kg；第4组每口井下药2kg；第5组每口井下药4kg；第6组每口井下药6kg。

（4）现场清场，施工设备和无关人员撤离至45m以外，保持现场安静。现场指挥施工人员利用爆炸机对测试井分别进行激发。每次激发后，在专家确定采集到数据并记录后，再根据指令进行下一点激发。

（5）共6组试验，组间距平移20m。差别在各组所用炸药量不同，前4组药量分别为0.2～0.5kg、0.5kg、1kg、2kg，每组激发5次；第5组药量4kg，激发4次；第6组药量6kg，激发3次。实际激发序号，药量及爆点埋深的关系见表4。

表4　实际试验工况表

序号	药量，kg	埋深，m	序号	药量，kg	埋深，m	序号	药量，kg	埋深，m
1	0.2	15	10	0.5	30	19	2	20
2	0.5	25	11	1	15	20	2	30
3	0.5	10	12	1	25	21	4	30
4	0.2	20	13	1	10	22	4	25
5	0.5	30	14	1	20	23	4	20
6	0.5	15	15	1	30	24	4	15
7	0.5	25	16	2	15	25	6	30
8	0.5	10	17	2	25	26	6	20
9	0.5	20	18	2	10	27	6	25

4 试验材料和参数说明

(1)试验震源药柱为辽宁庆阳民爆器材有限公司生产的胶质震源成型药柱,主要成分为硝化甘油、硝化棉、木粉、硝酸铵;激发雷管为辽宁华丰民用化工发展有限公司生产的勘探专用电雷管。

(2)试验井参数为:三马钻机钻头直径 8cm,钻井直径为 10 ~ 12cm,井深按方案要求深度并保证垂直地面进尺,保证药柱下到钻井深度。

(3)激发过程参数:采用双发勘探电雷管与震源药柱组成药包,药包尾端安装有防止上浮的尾翅,连接药包与爆炸机的线缆为井深长度加上地面 30m 长度炮线,由勘探专用爆炸机激发。

5 测试结果

根据现场实测,以及 GB 6722—2014《爆破安全规程》中关于建筑对振动的要求,进行数据处理,得到地面振动的主振频率与地面振动峰值速度。根据实验结果,结合式(1)与式(2),选择参数依据表 1 和表 2,得到在地震勘探作业中各类型建筑物、构筑物及设备安全距离(表 5)。

表 5 各类型建筑物、构筑物及设备安全距离参考值

药量 kg	深度 m	土窑洞、土坯房、毛石房屋 m	一般民用建筑物 m	工业和商业建筑物 m	一般古建筑与古迹 m	夯土堤坝 m	水工隧洞 m	交通隧道 m	矿山巷道 m	永久性岩石高边坡 m
0.2	30	10	5	5	50	5	5	5	5	5
0.2	25	20	5	5	75	5	5	5	5	5
0.2	20	30	10	5	75	5	5	5	5	5
0.2	15	30	10	5	75	5	5	5	5	5
0.2	10	30	10	10	75	5	5	5	5	5
0.5	30	50	10	5	100	10	5	5	5	5
0.5	25	50	20	10	100	10	5	5	5	5
0.5	20	50	20	10	100	20	10	5	5	10
0.5	15	30	20	10	100	20	5	5	5	5
0.5	10	30	10	20	200	10	5	5	5	5
1	30	75	20	20	200	20	5	5	5	5
1	25	75	30	20	200	20	5	5	5	5
1	20	75	30	20	200	20	10	5	5	10
1	15	75	30	20	200	20	20	5	5	20
1	10	100	30	20	200	20	20	5	5	10
2	30	100	50	20	200	30	20	5	5	5
2	25	100	50	30	200	30	20	5	5	5
2	20	100	50	30	200	30	20	10	10	20
2	15	100	50	20	300	30	20	10	10	20

续表

药量 kg	深度 m	土窑洞、土坯房、毛石房屋 m	一般民用建筑物 m	工业和商业建筑物 m	一般古建筑与古迹 m	夯土堤坝 m	水工隧洞 m	交通隧道 m	矿山巷道 m	永久性岩石高边坡 m
2	10	100	50	20	300	30	20	10	10	10
4	30	200	75	50	300	50	20	10	10	20
4	25	200	75	50	300	50	20	10	10	20
4	20	200	75	50	300	50	20	10	10	20
4	15	300	75	50	300	50	20	20	10	20
6	30	300	100	50	500	75	20	10	10	20
6	25	300	100	50	500	75	20	10	10	20
6	20	300	100	50	500	100	20	20	10	20

6 结论

通过在弓棚子镇周围农田的地震勘探爆炸实验项目,制订了安全环保、经济有效的爆破安全施工设计方案,控制了爆破危害的传播范围,最大限度降低了爆破作业产生的负面影响。同时,根据实验结果,得到了地震勘探作业中爆破点与各类型建筑物、构筑物及设备安全距离,为石油勘探在村镇周围爆破作业提供了一定参考。

参 考 文 献

[1] 公安部治安管理局编. 爆破作业技能与安全. 北京:冶金工业出版社,2014 年 2 月.

[2] GB 6722—2014　爆破安全规程[S].

[3] 田运生,张立国,陈超,等. 基坑开挖爆破振动速度的监测和控制[J]. 有色金属(矿山部分),2004,56(6).

[4] SY 5857—2013　石油物探地震作业民用爆炸物品管理规范[S].

[5] 谭卫华,林临勇,庄建康. 拆除爆破的飞石防护[J]. 爆破,2010 年 02 期.

[6] 陆基孟、王永刚. 地震勘探原理(第三版). 东营:中国石油大学出版社,2011.

分簇射孔作业安全环保风险对策探索与实践

雷绿银　刘其斌　廖志开

（中国石油集团测井有限公司西南分公司　重庆市渝北区）

摘　要　随着页岩气规模化开发以来，分簇射孔技术得到了大力推广应用。作为近年出现的新技术，其涉及环节多、工艺复杂、协作配合单位多，作业风险较高。本文通过对分簇射孔作业的安全环保风险进行系统辨识、分析原因，重点从工程、技术、管理等方面，对中国石油集团测井有限公司西南分公司（以下简称“西南分公司”）近几年的分簇射孔风险防控对策及其探索与实践进行了深入剖析，为下一步完善分簇射孔作业风险防控积累经验。

关键词　分簇射孔　安全环保风险　对策

引言

近年来，页岩气、致密油气等非常规油气资源因潜力大、分布广，逐渐成为能源发展新方向。但因其孔隙度低、渗透率低、开采难度大，对勘探开发工艺技术提出了更高要求。在这种情况下，分簇射孔工艺应运而生，它是目前非常规油气勘探开发的有效完井工艺之一。

西南分公司在国内率先研发、应用分簇射孔工艺，与此同时，西南分公司组织相关人员对该新工艺面临的安全环保风险进行了系统研究，对相应风险防控对策不断开展探索、创新和实践，并取得了较好成效。自从 2011 年在中国第一口页岩气井（W201 井）使用分簇射孔工艺以来，西南分公司先后在威远—长宁、焦石坝、昭通 3 个国家级页岩气示范区，壳牌金秋—富顺区块、道达尔苏南区块等二十多个油气区块安全、优质施工作业七百多井次，实现了工厂化作业、规模化应用，并创下了国内多项射孔纪录（表 1）。

表 1　国内分簇射孔记录

序号	地点	国内记录
1	卢××井	页岩气井深最深：井斜深 6095m/垂深 4324m
2	YS××井	上斜井斜最大：110.5°
3	YS××井	页岩气井水平段最长：2767m
4	威××井	连油射孔簇数最多：一次下井完成 9 簇
5	固××井	电缆泵送井口压力最高：101.5MPa

1　分簇射孔工艺简介

分簇射孔就是采用电缆和泵送流体将射孔管串和桥塞输送至目的层，完成桥塞坐封和多簇射孔联作，实现桥塞分段和射孔分簇，为后续水力压裂液进入地层和油气流入井筒创造清洁、高导流通道（图 1）。

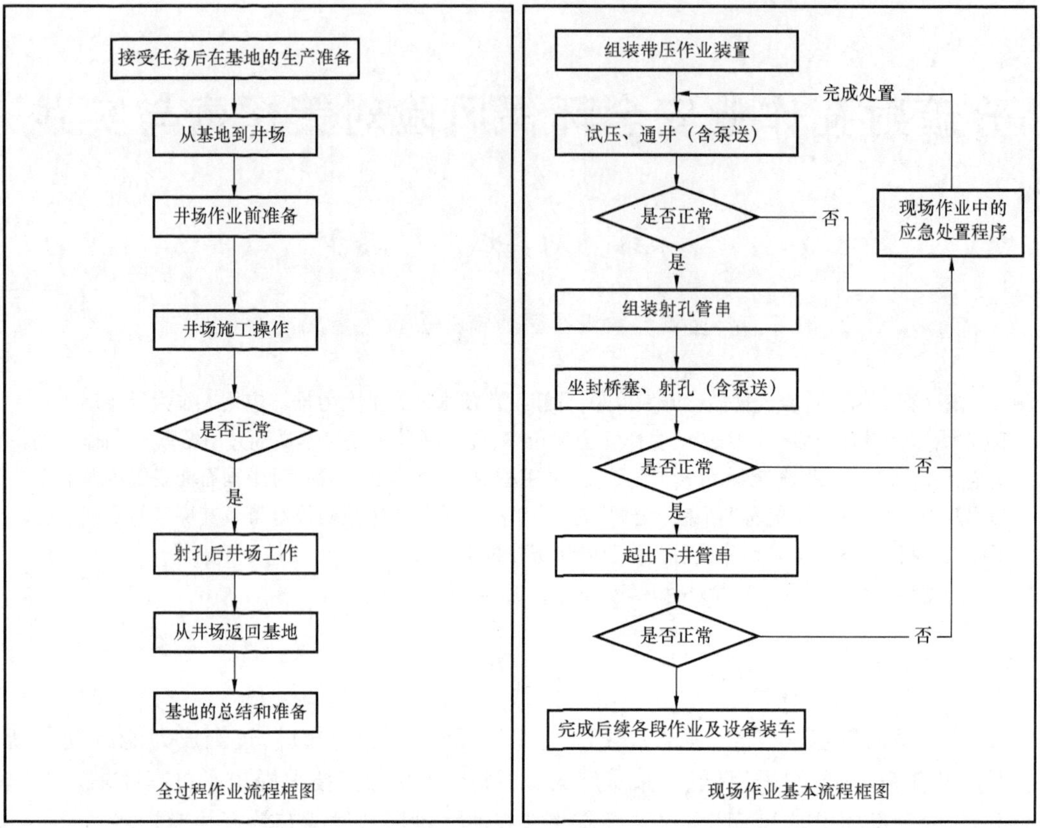

图 1　分簇射孔作业流程

2　分簇射孔作业主要安全环保风险及原因分析

分簇射孔作业涉及环节多、周期长、工艺复杂、协作配合单位多，受施工工艺和环境的影响，导致施工作业过程安全环保风险点多。归纳起来主要有以下八类风险。

2.1　民爆品意外爆炸

(1)分簇射孔作业使用的民爆品涉及的类型多、品种多，有电雷管、射孔弹、导爆索、传爆管、燃烧药柱等，分别属于起爆药类、猛炸药类、烟火剂类。

(2)运输路途距离长且频繁，从炸药库到施工作业现场，民爆品运输最远距离达数千公里。途中交通事故、剧烈碰撞、路途颠簸、雷电、车辆自燃等不确定性因素多。同时，根据国家和地方监管部门对民爆物品管理要求，民爆物品需要每天经历从库房到施工现场的运输，从而导致了交通风险的增加。

(3)现场作业环境复杂，人体静电、设备设施杂散电流、微波信号、人员误操作、铁质物体敲击、剧烈碰撞等，均易触发意外爆炸。民爆品意外爆炸，轻则导致设备设施损坏，重则导致人员伤亡。

2.2　民爆品丢失

(1)火工品从出库、运输、途中食宿临时停车、现场使用、现场临时储存，直至报废回收入库，路线长、历时久、环节多、经手人员多，涉及的点多面广。

(2)个别地区暴恐突出。民爆品丢失或被盗抢的风险较高。

2.3 高压伤害

(1)分簇射孔作业需用泵送流体将射孔器输送到目的层，在对防喷设备进行试压、泵送射孔器过程中，井口设备(管线)承受的压力有时超过100MPa，以固××井为例，该井电缆泵送井口最高压力为101.5MPa，按“防喷装置试验压力为预计最高井口施工压力的1.2倍”的要求，该井口防喷设备试验压力至少需达122MPa。

(2)压裂周期长，流体和支撑剂对压裂管汇的冲击和打磨也大大增加了压裂管汇的爆裂概率。因此，分簇射孔作业存在高压液体(或气体)泄漏、高压管线爆裂的风险。如图2、图3所示。

图2　分簇射孔作业期间防喷管爆裂

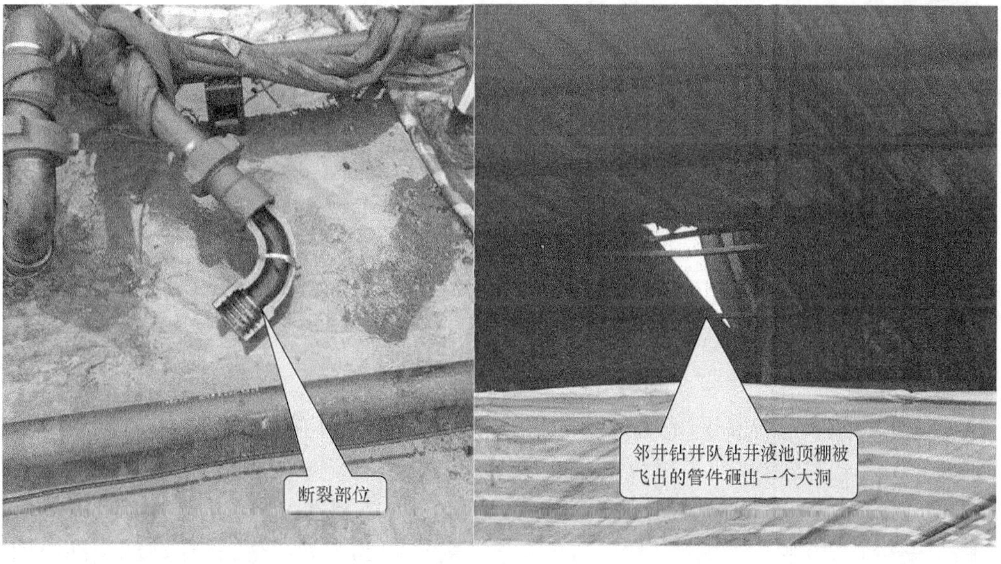

图3　2015年焦××井分簇射孔作业期间压裂管汇爆裂

2.4 井喷失控

分簇射孔作业期间，打开了地下产层通道，同时在泵送作业过程中，井筒压力会对井口防喷设备形成静态和动态的压力冲击。而防喷设备主要以橡胶件作为密封材料，在长时间承受几十兆帕的压力情况下，一旦密封失效、破损，均可能导致井喷甚至失控事故。

2.5 机械伤害

(1)作业现场设备的搬迁和安装全程需要吊装作业，特别是防喷设备及射孔器材的组装、拆卸频次较高。例如：威××井平台(有3口井，每口井需射孔作业25层)，该作业平台施工期间吊装作业高达150次(不含返工作业)。

(2)整个作业过程中，绞车滚筒、地滑轮、深度轮等部位一直处于高速旋转状态，易造成人员被卷入或挤压伤害。

(3)承载数吨拉力且高速运行电缆的剧烈抖动或意外断裂，也可能造成人员被弹力伤害。

2.6 高处坠落

(1)井口作业通常在2m以上，目前虽然都安装有井口操作平台，但施工过程的油脂、井液等致使井口平台湿滑。

(2)高处作业频次高，例如：威××井平台，每层射孔需2人到井口安装、拆卸活接头各1次，该作业平台施工期间需高处作业300人次(不含返工)。

2.7 火灾

(1)作业现场存在的油品种类多，存在车辆、发动机等动力设备使用的燃油，各种防喷设备使用的密封油脂，以及对桥塞座封工具进行清洗的油品等均可能导致火灾。

(2)射孔打开油气产层后，井筒内的天然气或石油窜至井口导致火灾。

(3)作业过程中产生的含油棉纱、手套等含油废物。这些易燃物品和介质操作不当或保管不善，也易引发火灾。

2.8 环境污染

作业现场各种密封脂、润滑油、清洗废油、棉纱等含油废物，各种设备油品的“跑冒滴漏”，以及电缆从井筒内带出的井液(例如压裂用化学材料)等，若未有效回收、处置，均易造成环境的污染。

3 风险防控对策

针对前面辨识的八大类主要风险，按照“标本兼治、综合治理”原则，在加强传统防控措施的基础上，结合分簇射孔工艺特点，西南分公司探索、创新了一系列行之有效的防控对策。

3.1 工程及技术对策

(1)改进工艺，探索在一定范围内用非爆炸物品代替民爆物品：推广应用电机助推桥塞坐封的新工艺，该工艺技术取代了传统的用火药燃烧助推桥塞坐封的施工方式等。

(2)降低民爆物品的危险性质：使用电子式多级点火控制器，通过专用面板实现电雷管的程序编译码选址和专用信号编码起爆，防止杂散干扰电能的意外起爆；作业现场全部使用防爆电器；用木质或铜质工具代替铁质工具进行民爆物品装配操作等。如图4、图5所示。

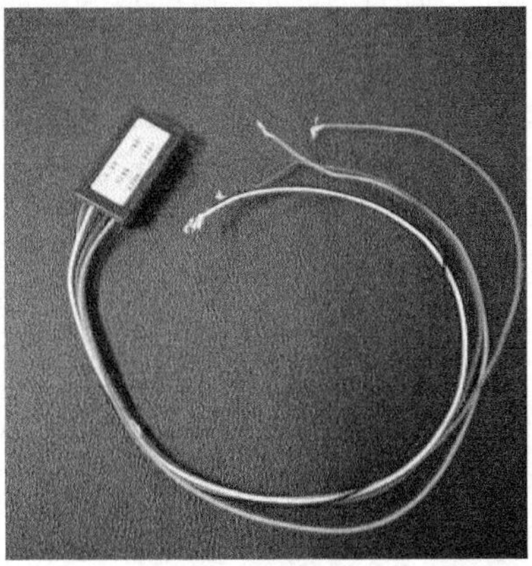

图 4　点火控制器

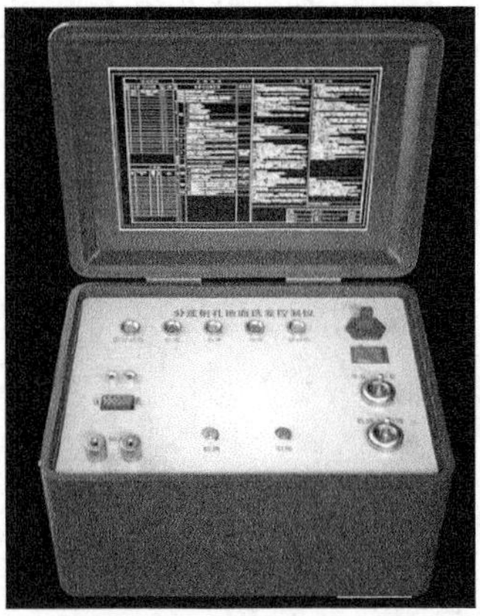

图 5　专用点火面板

(3)增加设备的保养频次和检测项目：根据防喷设备的使用时间和承受压力级别，增加了防喷设备三级维护保养的频次；在年检过程中，依据施工的特性，增设了对关键设备、关键部位的超声波、磁粉等探伤检测等。

(4)增设高压屏蔽设施：研造分簇射孔总装室，作为射孔器材装配场所；用加厚钢板加工制造防爆冲击墙，作业期间安装于高压管汇及射孔作业区域之间。这些措施有效降低了高压冲击伤害。如图 6、图 7 所示。

图 6　分簇射孔总装室

图 7　防爆冲击墙

（5）配置危废物品收集处置设备设施：在整个作业施工地面铺设防渗透塑料膜，四周设置防溢流围堰；研制了新型的集成式防喷盒和刮绳器，有效防止了密封脂洒落地面或随风飘散；现场配备了废油回收桶和固废回收筒，对各种废油及含油棉纱等危废物品进行依法合规处置。这些措施在防止环境污染的同时，也有效预防了火灾风险。如图8所示。

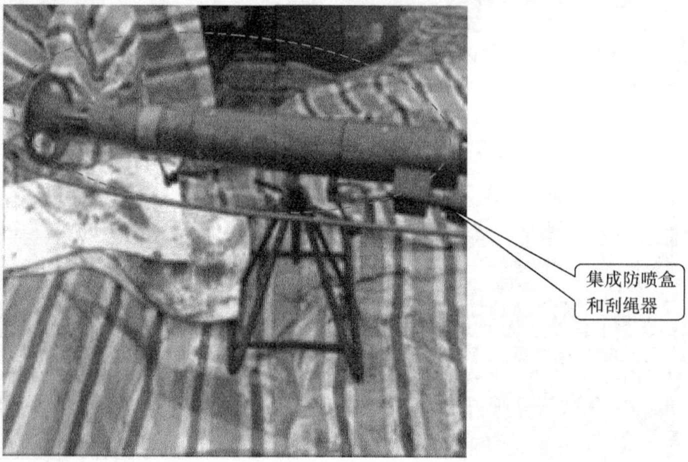

图8　危废物品收集处置设备设施

（6）优化工艺、配备安全防护及监测设备设施：创新"不倒防喷管换装入井管串"工艺，在提高时效的同时，减少防喷管在地面放置和提升的频次，实现了降低吊装作业频次的目的；新引进插拔式井口，通过设备的智能化改进，减少人员攀爬井口高处作业的频次；研制了带围栏的小型化井口操作平台，在平台上增设了安全带悬挂点，井口作业人员不仅有了一个安全的作业平台,而且也解决了“非钻井平台无法悬挂井口高处作业人员安全带”这一长期困扰的难题;在绞车滚筒、地滑轮等旋转部位加装防护罩,防止人员被卷入或挤压伤害;配备了视频监控,关键环节监控全覆盖、全天候。为绞车配备了参数监测系统,为火工品运输车安装了限速器并配备了 GPS,为火工品存放仓配备了防盗报警装置。如图 9 至图 11 所示。

图 9　插拔式井口装置

图 10　不倒防喷管工艺

图 11　带围栏的小型化井口操作平台

(7)开发管理软件系统:研发了集数据采集、分析、挖掘、处理功能于一体的分簇射孔泵送可视化软件,有效监控射孔管串在泵送过程中的运动状态,大大增加了施工过程的可控性。研发了“民爆物品信息管理系统”,实现“班组、基层单位、分公司”对作业现场、库房等关键环节危险品的动态监管,强化火工品管理,杜绝火工品管理失控等。如图 12 所示。

3.2　管理对策

3.2.1　建章立制,明确责任,规范行为

(1)完善安全环保职责。制订了覆盖全体作业人员的安全环保职责,细化了配套的责任

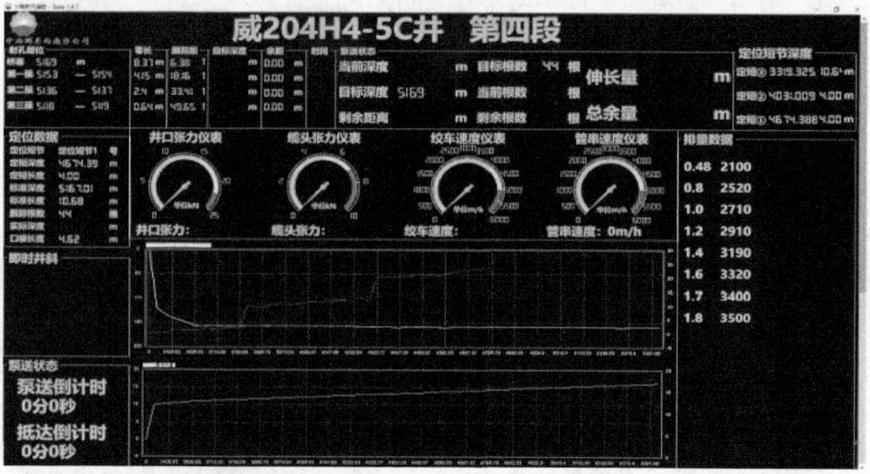

图 12　分簇射孔泵送可视化软件

制考核清单，明确 HSE 目标指标，每季度考核兑现，强化责任落实。

（2）制订管理正面清单和负面清单。在正面清单方面，制订了西南分公司民用爆炸物品安全管理实施细则，编制了分簇射孔标准化作业程序（SOP），构建了分公司、基层单位、作业班组 8 大类 43 个火工品管理流程，其中，分公司负责起草的《页岩气　储层改造　第 6 部分：水平井分簇射孔作业要求》等五个制度已上升为能源行业标准或企业标准。在负面清单方面，制订了西南分公司危险品管理"八条禁令"，编制了西南分公司隐患分级标准，按轻微、一般、较大、重大四级明确了典型违章行为 346 条，划定危险品管理红线，给违章行为"定标立界"。正面和负面清单进一步明确了分簇射孔作业人员应该做什么、不能做什么、先做什么、后做什么，有力规范了操作行为。

（3）制订分簇射孔作业应急处置措施。编制了民爆物品交通运输、地面爆炸及丢失、井喷失控、火灾等"一案一卡"的应急方案。

3.2.2　搭建培训平台，增强意识，提升能力

（1）以负责牵头实施中国石油天然气集团有限公司安全环保课题《测井队基层岗位 HSE 培训矩阵》为契机，编制了五个岗位（作业队长、操作工程师、绞车岗、井口岗、驾驶岗）、234 个子项的 HSE 培训矩阵。组织编写了《测井队基层岗位 HSE 培训矩阵编制与应用手册》，并在中国石油天然气集团有限公司测井专业推广应用。

（2）开发了员工培训系统，上载 HSE 培训课件 293 个、测试题 7587 个，实现了培训需求识别、培训计划审核、员工自主学习、在线答疑考试、证件到期提示、培训统计分析等培训业务全过程、全维度的大数据应用，为业务部门数据引用和领导决策提供了更可靠的依据。

3.2.3　构建监管系统，强化执行，督促落实

（1）建立"两级监督、两级监控"的监管系统。在分公司设立 HSE 监督站，配备专职安全监督，负责射孔作业区域巡查和重点项目旁站监督，编制分簇射孔工艺管控要点检查表，规范现场关键环节的监督检查行为；在射孔队配备班组安全监督，负责全作业过程的监督检查。在分公司设立 HSE 远程监控中心，专人 24h 值班监控，在检查单位设置视频监控岗，负责重点环节的监控。

（2）建立作业许可管理制度。以 HSE 作业计划书、火工品领还申请单、作业许可票、变更

申请单、HSE 专项管理方案等为载体，对火工品全生命周期、吊装及井控、人员设备及环境的临时变化、“四新”及科研项目在现场的应用等非常规、高危作业风险进行动态管理。

(3)建立以“奖励为主”为主的激励和约束机制。西南分公司鼓励自查自纠，岗位人员发现问题不处罚，而且对于质量高的问题，还按三个等级进行奖励。奖励制度的实施，有效调动了班组员工查患纠违的主动性和积极性。员工成为了查患纠违的主力军，彻底扭转了过去“查纠问题靠上级、整改问题靠督促”的现象，及时消除了大量事故隐患。同时，西南分公司对违章行为绝不姑息，凡是监管人员检查发现的，全部要严肃处理，属于严重的，还要纳入对各单位的季度 QHSE 考核。

(4)构建“三点两线”配送网络。成立火工品配送中心，组建专业运输车队。在威远、长宁等作业区域租赁民爆品库房，形成了“以隆昌总库为中心、以各作业区县临时库房为支撑点、以各作业点为目的地”的“三点两线”配送网络。临时库房离作业现场一般为几千米，可以少量、分批配送，实现了当班需多少就领多少，剩余火工品当天入库，有效解决了火工品长途运输、在作业现场存放过夜等难题，降低了火工品意外爆炸、丢失等风险。如图 13、图 14 所示。

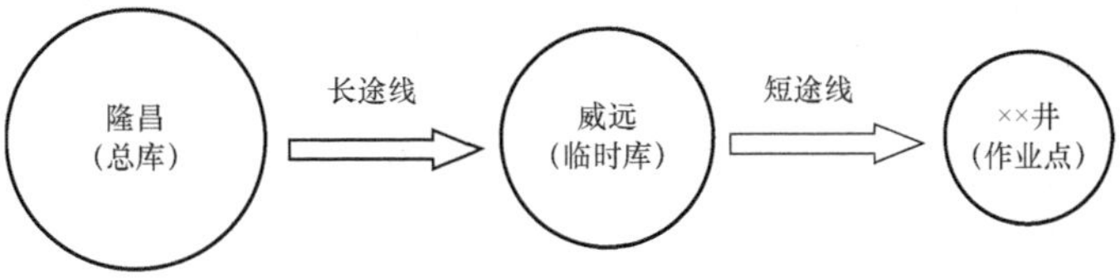

图 13 “三点两线”的配送示例

图 14 火工品长途运输车队

3.3 个人防护装备

为现场作业人员配备了防静电工作服、护目镜、全身式安全带、防静电接地护腕、正压式空气呼吸器、硫化氢报警仪等个人防护装备，实现了从头到脚的全副武装。

4 结束语

分簇射孔作为我国近年出现的新工艺，但目前已全面铺开大范围使用，一些新的风险还未充分识别。同时，由于该工艺技术复杂，涉及设备设施、作业人员、协助单位较多，因此安全环保风险较高，今后西南分公司将加强施工作业的总结和评估，全面、深入认识分簇射孔作业风险，标本兼治，综合治理，从工程、技术、管理等方面，不断探索、创新防控措施，切实消减或控制安全环保风险，使分簇射孔成为页岩气开发的一把利器，为企业高质量发展提供保障。

参考文献

中国石油天然气集团有限公司质量安全环保部编．测井队 HSE 培训矩阵编制与应用手册．北京：石油工业出版社，2018.